高等学校新闻传播学应用型系列教材

中国新闻事业史

THE HISTORY OF CHINESE JOURNALISM

主　编　彭红燕
副主编　姜小凌　范兴昕　吴鸿芳　李明

WUHAN UNIVERSITY PRESS
武汉大学出版社

图书在版编目(CIP)数据

中国新闻事业史/彭红燕主编. —武汉：武汉大学出版社,2011.6
高等学校新闻传播学应用型系列教材
ISBN 978-7-307-08715-6

Ⅰ.中…　Ⅱ.彭…　Ⅲ.新闻事业史—中国—高等学校—教材
Ⅳ.G219.29

中国版本图书馆 CIP 数据核字(2011)第 077783 号

责任编辑:易　瑛　卢　伟　　责任校对:黄添生　　版式设计:马　佳

出版发行：武汉大学出版社　(430072　武昌　珞珈山)
(电子邮件：cbs22@ whu. edu. cn　网址：www. wdp. com. cn)
印刷:武汉中科兴业印务有限公司
开本：720×1000　1/16　印张:20.5　字数:366 千字　插页:1
版次:2011 年 6 月第 1 版　2011 年 6 月第 1 次印刷
ISBN 978-7-307-08715-6/G·1993　定价:33.00 元

目　录

第一章 中国古代的新闻传播

第一节 中国新闻传播活动溯源

一、早期的新闻传播活动

信息传播活动的起源应当很早，可以肯定地说，从有人开始，就有了信息传播活动。因为人作为一种社会动物，共同的社会劳动必然要求协作，而协作中必然有信息传播的存在。人类最早和最常使用的传播方式是口耳之间的传播即口头传播。口头传播的辅助手段有结绳、图画、雕刻、标识、烽烟、旗鼓、木铎等。其中旗鼓、烽烟常用于军事。《孙子兵法》："言不相闻，故为金鼓；视不相见，故为旌旗"。木铎作为一种宣政采风者的标志而存在，与信息传播有一定关系。据《左传·襄公十四年》师旷引《尚书·夏书》称："每岁孟春，遒人以木铎循于路。"早在夏、商、周时期，就有这样一种被称为"遒人"的政府官员，摇动木铎，巡行于各地，既宣达政令，又进行采风。可以讲，这是我国新闻事业的最原始形态。故前人一度把木铎作为新闻事业的象征，近代的个别报纸曾以"木铎"作为自己的注册商标。

现在看来，中国历史上先秦时期主要的传播形式是口头传播，文字传播仅作为一种辅助存在。这首先是因为文字仅掌握在少数人手中，其次是因为传播载体的局限。但口头传播的情况如何，实已无法考证。

最早的文字传播载体是甲骨、金文和岩刻等。多见于夏商周，主要用于记载重大事件、祭祀、占卜、帝王诏书与国家法令、颂德纪功，起到一定的信息传播作用。至于春秋战国时期，则有竹木简出现。

推想起来，中国历史上信息传播的第一个发达期应是春秋战国时代。群雄割据，处士横议，必然促进了信息传播的发展。《左传》中就有许多记载，《春秋》甚至被称为"断烂朝报"。保存至今的诸子百家著作中，就有不少关于传播功能、传播效果、传播心理、传播技巧、传播规则等方面的分析和论述。

秦王朝应是加强文字传播功用的第一个时代。因为要建立与统治一个疆域广阔的帝国，没有文字传播几乎是不可能的。因此，秦代制订出全国统一的文字——小篆，解决了以文字形式向全国发布新闻的一个障碍。

两汉时代，用文字传播信息的活动进一步加强，逐步进入以文字传播为主的时代。汉代邮驿制度进一步发展，并设有相应的职能部门及负责人，封建政府内部的信息传播体制日趋完善，面向全国臣民的政令发布工作经常化、规范化。

甘肃北部、内蒙古额济纳旗的额济纳河流域是古“居延”地区，是驻军屯田之地，在1930年和1972年两次发掘中，获简牍3万余枚。1979年甘肃敦煌马圈湾汉代烽燧遗址中发掘出1217枚。简牍内容涉及政治、军事、日常生活等各个方面，有不少是来自朝廷的涉及国内政治军事方面的信息。

两汉时代早期传播载体以竹、木简和绢帛为主。造纸术始于西汉后期，至东汉和帝元兴年间（公元105年）基本完善，称为“蔡侯纸”。但当时产量较低，直到公元403年，东晋桓玄下令废简用纸以后，才开始大行其道。

三国魏晋南北朝时代是军阀割据、战乱纷扰的时代，也是新闻信息的传播与社会舆情十分活跃发达的时代。典型的是曹魏专门制定过《邮驿令》的单行法。布告与露布是主要的传播媒体。所谓“布告”，即“布告天下”的政府文告，在固定地方悬挂与张贴，内容主要是皇帝的诏书和各级政府的法令。“露布”则主要是帛或木板，“露面宣布，欲四方速知”。主要用于军事信息，特别是胜利消息的传播。宋代高承《事物纪原》说：“后魏每征战克捷，欲天下闻知，乃帛建于漆竿之上，名曰露布。”布告与露布这两种传播载体一直延续下来，后世直到明末仍有运用。

魏晋甚至秦汉时期就有了丰富的信息传播活动，是不是就可以说中国已经有了新闻传播事业了？答案是否定的。有了新闻传播活动并不等于新闻传播事业的诞生。一般认为，新闻传播事业出现至少有几个条件：一是要有一定的物质媒介作为载体；二是这种传播要面向一定数量的人群；三是传播活动要常态化；四是要有较为固定的从业人员。至少从现有的历史资料看，这些条件在魏晋时期还不具备。那么，中国的新闻传播事业起源于何时呢？

二、中国古代报纸的起源

1. 关于中国报纸起源的几种猜测

报纸是人类新闻传播事业所运用的最早的一种形式，有了报纸就意味着新闻事业的诞生。报纸（Newspaper），是一种以报道新闻刊载评论为主，定期向公众发行的出版物。这种出版物，严格说来，是在近代资本主义社会产生的。资本主义商品经济和信息交流活动，是它得以出现与发展的经济和社会基础。造纸工业和印刷技术，是它得以大量出版发行的必要条件。但是，世界上的一切事物，都有其自身的发展过程。这种完全意义的报纸，也不是突然一下子从天上掉下来的，而是经历了一定的过程，逐步地孕育发展起来的。在中国，这一过程十分悠久而漫长。

关于中国报纸的起源，有几种说法：

周朝说。持这种观点的主要是外国人。如日本后藤武男在《新闻纸研究》一书中说："原始新闻纸（编者按：即报纸。）的发行，中国比罗马还早，就是比着于西历纪元前60年罗马所发行的公报还早。较此早900余年前的同时，已经有所谓'京报'这种新闻纸在刊行。"① 日本新闻学者杉村广太郎和美国新闻学者白瑞华也都持这种观点。

宋朝的王安石曾经把孔子编辑的《春秋》称为"断烂朝报"，似乎东周时期就已经有了报纸。

以上这些说法，大多是揣测之辞，没有足够的史实根据。所谓《春秋》是最早的报纸，也只不过是就《春秋》所记录的史事和文风与后世的报纸作一些简单的类比，并没有把它们完全等同于报纸。可见此说难以成立。

汉朝说。日本人楚人冠在《新闻学》一书中探讨中国报纸起源的时候，曾说中国古代的邸报"始于汉朝"。并说："由汉朝以迄清季，初为诸侯所阅，继而民间亦阅。若从汉朝起，距今已两千年，亦为世界最古之新闻纸。"还有一位英国牛津大学的新闻史学家安东尼·史密斯，他在《报纸·国际历史》一书中写道："中国汉朝的统治者曾安排通过一个有条不紊的收集网，得到他们辽阔国土上的新闻报道。官吏写好报道，由邮驿传递。报道经核正后，在称之为'邸报'或'朝报'的手抄报纸上发表。"

著名新闻学者戈公振也持这种观点，1927年，他在一篇文章中指出："汉唐当藩镇制度盛行时，其驻在京师之属官，皆有'邸报'之发行。"② 当代新闻史学者姚福申和张涛，对近年出土的汉代竹木简进行了研究，认为这些简牍

---

① 后藤武男：《新闻纸研究》，转引自《中国新闻事业通史》，上海：光华书店1930年版，第16页。

② 《中国报纸进化之概观》，刊于1927年《国闻周报》四卷五期，转引自《中国新闻事业通史》。

具有官报的性质，张涛直接称之为“木简报”。但新闻史学者们普遍认为，汉朝虽具备产生报纸的一定的客观条件，史传中也多次提到，但还不曾有过关于报纸自然应运而生的记载。现存汉朝文献中，也看不到“邸报”字样。因此，汉朝说也是不能成立的。

目前为新闻史学界所承认较可靠的说法是：中国的报纸开始出现于唐朝。

2. 唐代的官报

中国古代报纸开始出现于唐代，最早的报纸是在封建官僚机构内部发行的政府官报。作出这一判定主要有三个依据：一是唐人的直接记载，二是唐代文字资料的间接证明，三是发现了两份实物。

(1) 依据之一：孙樵《读开元杂报》

该短文见于孙樵所著《经纬集》，全文如下：

> 樵曩于襄汉间，得数十幅书，系日条事，不立首末。其略曰：某日皇帝亲耕籍田，行九推礼。某日百僚行大射礼于安福楼南；某日安北奏诸蕃君长请扈从封禅；某日皇帝自东封还。赏赐有差；某日宣政门宰相与百僚廷争一刻罢。如此，凡数十百条。樵当时未知何等书，徒以为朝廷近所行事。有自长安来者，出其书示之。则曰：“吾居长安中，新天子嗣国及穷虏自溃，则见行南郊礼，安有籍田事乎？况九推非天子礼耶？又尝入太学，见丛甓负土而起若堂皇者，就视得石刻，乃射堂旧地，则射堂废已久矣，国家安能行大射礼耶？自关以东，水不败田，则旱败苗，百姓入常赋不足，至有卖子为豪家役者。吾尝背华走洛，遇西戍还兵千人，县给一食，力屈不支；国家安能东封？从官禁兵安能仰给耶？北虏惊啮边甿，势不可控，宰相驰出责战，尚未报功，况西关复惊于西戎，安有扈从事耶？武皇帝以御史窃议宰相事，望岭南走者四人，至今卿士龂舌相戒，况宰相陈奏于仗罢乎？安有廷诤事耶？”语未及终，有知书者自外来，曰：“此皆开元政事，盖当时条布于外者。”樵后得《开元录》验之，条条可复。然尚以为前朝所行，不当尽为坠典。及来长安，日见条报朝廷事者，徒曰今日除某官，明日授某官，今日幸于某，明日畋于某，诚不类数十幅书。樵恨不生为太平男子，及睹开元中书，如奋臂出其间，因取其书帛而漫志其末。凡补缺文者十三，改讹文者十一。是岁大中五年也。

孙樵，字可之，又字隐之，关东人，生卒年不详，大约在唐宪宗到僖宗时期。他“幼而工文，得其真诀”，是韩愈的再传弟子，晚唐著名散文家和中上级政府官员。他的这篇文章，以唐代人，写唐代事，并有所议论，历来被认为是研究唐朝新闻事业的重要文献。

文章中，关于开元杂报的外观提了两点：第一，“数十幅书”。也就是几十张未加装订的单页书面材料。第二，“系日条事，不立首末”。也就是按日记事，没头没尾，各页之间，互不衔接。

关于内容，举了几个例子，即：“某日皇帝亲耕籍田，行九推礼。”“某日皇帝自东封还，赏赐有差。”等等。并说这类纪事，“凡数十百条”。所举的这几件事，有些在《资治通鉴》中是可以查到的。这些事，已知的时间上限是开元十二年（724年），下限是开元二十三年（735年）。

开元时期，藩镇制度已初步建立，各地纷纷设立节度使，各节度使和未设节度使的地方诸道，都在首都设有邸，并派人主持工作。孙樵在“襄汉间”曾经读到的，很可能就是开元年间长驻首都的山南道邸吏们，根据当时中枢部门“条布于外”的时事性政治材料，传发到地方的。它的存在，为唐代中期以后逐步发展起来的“留邸状报”即后来的“进奏院状报”，提供了一个物证。

由于孙樵看到的这“数十幅书”“不立首末”，又无任何款识，因此并无正式名称。“开元杂报”只是孙樵在行文时随意加上的称呼，意为有关开元时期政事消息的杂乱报道。并不是它的原来名称。

《读开元杂报》一文，还记载了作者来到长安以后，“日见条报朝廷事者”这件事，并举出内容。这些记载说明，大中五年（851年）前后孙樵在长安时期，长安存在着每天传报皇帝起居和官吏任免之类政事消息的活动，存在着从事这项传报活动的人，存在着相应的传播工具。对于最后这一点，孙樵在文章中并没有做进一步的说明。但他是在和“开元杂报”类比的情况下提出来的，所感慨的是两者内容所反映出来的王朝的隆替和兴衰，可见他当时所“日见”的，正是和开元杂报同一类型的东西。这隐约地反映了唐代早期报纸的情况。

（2）依据之二：时人的间接记载

唐代是一个空前繁荣强大的朝代。其驿运制度比较完善，全国驿站的总数达1643所。唐代的造纸、印刷工艺，也有较大进展。这些都为报纸的诞生提供了必要的条件。

“有史记载的历时最久的信息工程是在中国实施的，因为大约从公元750年开始，中国宫廷就每半年一次发行有关臣民状况的报告，同时还发行月报和皇历。大约从1360年起，这类统称为邸报的公报每周发行，到了1830年，它们又成为每日出版物。后来人们称为《京报》的公报一直出版到1911年帝国终结时为止。另外一种为省级长官印制的出版物是在大约公元950年出现的，它也出版到1911年。”①

但从已掌握的材料看，初唐时期还没有发现关于报纸的记载。唐代报纸的孕育和发展，是和唐朝邸务及藩镇制度的发展紧密联系的。

自汉以后的中国各王朝，都允许地方在首都设邸。唐初，首都长安有不少京外诸道和诸州设置的邸舍。太宗贞观年间，曾下诏“就京城内闲坊，为诸州朝集造邸第三百余所”。主要供地方长官和诸侯们进京朝觐时作居停之用。

唐中期，开始在一些边疆地区建立藩镇，设置节度使。唐玄宗开元时，已在沿边地区设有河西、陇右、幽州、剑南、朔方、天兵、安西、北庭八个节度使。安史之乱后，又在全国广泛设置，“武夫战卒以功起行阵，列为侯王者，皆除节度使”。到9世纪初，全国节度使已发展到四十几个，这些节度使拥兵自重，成为地方上的实权人物，在全国范围内出现了藩镇割据的形势。

随着藩镇势力的日益发展，各节度使纷纷在京都设邸，除了作为居停的馆舍以外，还兼有藩镇们派驻朝廷的办事机构的作用。称呼上也由一般的邸，改为上都留后院或上都邸务留后院。代宗大历十二年（777年）后，又改称为上都知进奏院，有时也简称为邸或留邸。

进奏院负责人的正式职称，最初叫上都邸务留后使，简称上都留后或留后，大历十二年上都留后院改为上都知进奏院后，改称为上都知进奏院官，简称进奏官。由于进奏院和以前的邸有一定的历史渊源，各时期的进奏官也被社会上泛称为邸官、邸使、邸吏。最初担任进奏官的，有不少是地方藩镇留在京都的质子。及至藩镇力量渐长，派驻首都的进奏官也由质子换成亲信的将领。这些进奏官由地方派遣，只对派遣他的藩镇和诸道长官负责，不受朝廷管辖。其任务正如柳宗元在《分宁进奏院记》中所说，是“历闿阖，登太清，仰万乘之威而通内外之事，王宫九关而不间，辕门十舍而如近”。既为所代表的地方长官呈递章奏，下达文书，办理需要向政府中枢各部门请示、汇报、联系、交涉的各项事宜；也为地方了解、汇集和通报各项政治消息。

关于这种进奏官的报告，许多历史文献中都有提及，而且有“进奏院状报”、“状报”、“报状”、“邸吏状”、“报”等多种称呼。如《李义山文集》卷一《为濮阳公论皇太子表》：“臣得本道进奏院状报。”李义山即李商隐。崔致远《桂苑笔耕录》卷一《贺改年号表》：“今月某日得进奏院状报，奉

① 迈克尔·埃默里：《美国新闻史》，第9版，北京：中国人民大学出版社2009年版，第5页。

十一日宣下，改广明元年为中和元年。”崔致远名不见经传，只知曾任都统巡官和侍御史供奉，广明、中和前后任淮南节度使幕僚，《桂苑笔耕录》是他在淮南任职期间，代节度使高骈所写的表章和公私应酬之作，其中提到“进奏院状报”的不下十余处。如刘禹锡代杜佑作的《谢男师损等官表》：“伏见今月一日制，授臣长男师损秘书省著作郎、次男式方太常寺主簿，又得进奏官裴遘状报，伏承圣恩，特降中使送官告到臣宅，分付师损者。”等等，非常之多。

（3）依据之三：敦煌进奏院状

在现存的敦煌文物中，近年来先后发现了两份唐代的进奏院状。都是唐僖宗时由驻地在沙洲的归义军节度使派驻朝廷的进奏官发回沙洲的。因为沙洲在今敦煌地区，这两份进奏院状又曾被长期封存于莫高窟，属于敦煌文物，所以被称为“敦煌进奏院状”。

目前分散于世界上13个国家的数万件敦煌文物，是11世纪初，被当时人秘密封存在今敦煌莫高窟第16号窟内的。直到1900年6月22日，才在偶然的情况下，为当时主持莫高窟千佛洞香火的王圆箓道士所发现。1902年以后，开始零星地为地方官员和过往的外国人骗取，1904年至1911年这一段时期又大量为专程而来的外国人所豪夺。其中以英籍匈牙利人、地质考古学家斯坦因和法国汉学家伯希和取走的数量最多。前者于1907年和1914年两次到敦煌，仅以500两银子的代价，就取走了各种文物共31箱9600余件。现藏伦敦不列颠图书馆。后者于1908年到敦煌，也仅以每捆50两银子的代价，取走了各类文物共10余箱6000余件。现藏法国巴黎国立图书馆。新发现的这两份进奏院状，就分别属于这两家图书馆的藏品。

藏于伦敦的那一份，发现于1982年，是唐僖宗光启元年（887年）前后，长驻首都的归义军节度使进奏官张义则发回给归义军节度使张淮深的进奏院状报。当时，唐僖宗受到李克用的沙陀兵和河中节度使王重荣的威胁，被迫流亡到兴元（今汉中）。这份进奏院状实际上是在僖宗从兴元返回长安途中，从凤翔一带发回沙洲的。原状是一张长97厘米、宽28.5厘米的横条卷，纸的外观和质量近似于白色的宣纸，文字是自右至左、由上而下用毛笔书写。纸的背面抄有大汉三年季布骂阵词文64行。（季布骂阵词是唐代最宏伟的叙事诗，七言，共320韵，640行。抄在这份进奏院状背面的只是其中十分之一。这也许正是这份进奏院状得以保存下来的一个原因。）

残存的这份状，只有60行，开头部分较完整，后半部分已佚。

进奏院　　　　　　　　状上

当道。三般专使所论旌节次第逐件具录如左：右伏自光启三年二月十七日专使衙宋闰盈、高再盛、张文彻等三般同到兴元驾前。十八日使进奏。十九日对。廿日参见四宰相、两军容及长官，兼送状启信物。其日面见军容、长官、宰相之时，张文彻、高再盛、史文信、宋闰盈、李伯盈同行……①

从时间上看，它所报道的主要是光启三年（887 年）二月十七日至三月二十三日这一个多月发生的事。从内容看，主要是归义军节度使张淮深派往朝廷的三批专使们，在兴元、凤翔两地活动的情况：什么时候到达的兴元，什么时候见的皇帝，什么时候开始就张淮深要求旌节的问题和朝廷大员进行交涉，交涉的经过情况如何，碰到什么困难，他们内部有过什么分歧，发生过什么争吵，大家说了些什么，哪些人对求旌节一事持乐观态度，哪些人比较消极，等等。

旌节是古代高级官员出使或出行时，用以显示身份的一种仪仗。唐时专以赐给各地节度使。张淮深自懿宗咸通八年代张义潮守归义军以来，已经担任了近 20 年的归义军节度使，但没有得到过朝廷的正式任命，也没有“赐旌节”的待遇，所以有此请求。

藏于巴黎的那一份，发现于 1986 年，是当时派驻首都的复姓南公的归义军节度使进奏官，从长安发回给归义军节度使张淮深的进奏院状。状上没有明显的年号标志。据考证，可能是僖宗乾符五年（878 年）。发报时间比前引的早大约 11 年。形式和外观未见著录。首尾较完整，共 47 行。部分原文：

上都进奏院　　　　　　　　状上

当道。贺正专使押衙阴信均等，押进奉表函一封，玉一团，羚羊角一角，犀牛尾一角，十二月二十七日晚到院。二十九日进奉讫。谨具专使上下共廿九人，到院安下，及于灵州勒住人数，分析如后：一十三人到院安下，押衙阴信均、张怀普、张怀德，衙前兵兵马使曹先进……上四相公书启各一封、信二角。王相公、卢相公不受……右谨具如前。其敕书牒并寄信匹段，并专使押衙阴信均等押领。四月十一日离院讫。到日伏乞准此申

① 方汉奇：《中国新闻事业通史》，第 1 卷，北京：中国人民大学出版社 1992 年版，第 55 页。

上交纳，谨录状上。牒件状如前，谨牒。年　　月　　日　　谨状。①

这份所报道的，是僖宗乾符四年（877 年）十二月二十七日至乾符五年（878 年）四月十一日这段时间内的事情。它所介绍的，主要是归义军节度使派遣的贺正专使阴信均等一行 29 人的首都活动。贺正即贺新年，为例行的庆祝活动。状文中记载了贺正、进奉表函和礼物、上“四相公书启”、觐见皇帝和大臣、代本镇节度使请求赐给旌节、接受朝廷给本镇节度使及贺正专使一行的赏赐等事。

这两份进奏院状的价值，在于为我们提供了研究唐代进奏院状的珍贵实物。由于“开元杂报”没有留存，它们实际上已经成为我国，同时也是世界上仅存的年份最早的两份原始状态的报纸了。

当时的进奏官们是紧跟皇帝和朝廷中枢机关活动的。平常时期在首都，非常时期，如皇帝被迫流亡时期，则随着行在转移，即所谓的“行在进奏”。而且可以随时觐见皇帝和宰相、军容等高级官员。各藩镇设在首都的进奏院，除了通报信息联系工作外，还保留了汉邸所具有的“待朝宿”的这一传统职能。

由此可见，唐代进奏院状，是一种和后来的邸报相类似的新闻传播工具。它具有某种报纸的性质，如广泛采集新闻，先于官文书传达等。但在定期、公开发行等方面，还不具有正规报纸的要素。因而，只能是一种由官文书向正式官报转化过程中的原始状态的报纸。从单向、双边传递新闻信息这一点来看，它很近似于作为西方近代报纸前身的 16 世纪欧洲的“新闻信”。

关于唐代这种原始状态官报的名称，孙樵称之为“开元杂报”，这只是为了行文的方便而加上的一个称呼，意为开元时期的杂乱报道。尽管称之为“报”，但实际上没有明确的款识与名称。也就是仅为“数十幅书”，“系日条事，不立首末”。依据史料来看，其名称非常混乱，并没有一个统一的称呼。主要有“进奏院状”、“状报”、“报状”、“上都留后状”、“留邸报状”、“邸吏状”等。名称尽管不统一，但所指内容应该是一样的，即由各地方政府派驻首都的进奏官们传发到地方的原始状态的报纸。

关于唐代官报的内容，孙樵在其记载中列举了五项：“某日皇帝亲耕籍田，行九推礼”；“某日百僚行大射礼于安福楼南”……据此，其内容至少有皇帝的活动、宫廷的活动、臣属的奏请、政事活动等。再依据历史资料的相关

① 方汉奇：《中国新闻事业通史》，第 1 卷，北京：中国人民大学出版社 1992 年版，第 56-57 页。

记载，可以断定，这种官报的内容主要有以下几个方面：皇帝的活动，皇帝的诏旨，官吏的任免，臣属的奏请，重要的军事、政治信息。实际上，这些内容在超过千年的中国古代新闻活动中，一直占据主导地位。

总之，唐代驻首都的各地进奏院发布的，被当时人称为“进奏院状报”、“状报”、“报状”、“邸吏状”、“报”的这一类东西，已经具有一定的报纸的性质。是当时在封建政府机构内部发行和传递的官报，是一种原始状态的报纸。

第二节 官方邸报的发展与最终消亡

一、中国古代官报发行体制的变迁

1. 宋

中国古代报纸到了宋代有了较大的发展，由一种地方政府分散办理的原始状态的报纸进化为一种由中央政府统一管理、一定程度上统一编辑的中央级官方报纸。

宋初约20年间，基本沿用唐时旧制，各地方政府在京城设立“进奏院”，由各地方政府各自管理。其职能也相当于现在的各省、自治区、直辖市驻京办事处，但在负责接待地方政府进京办事人员、上递下传地方政府的有关文件以外，还像唐代的进奏院一样，负责收集有关中央政府的信息，通报给地方政府。然而，“外州将吏不乐久居京师，又符移行下率多稽迟，或漏泄机事。太平兴国初，起居郎何保枢奏置钤辖诸道都进奏院，以革其弊，人给铜朱记一纽”①。具体时间是在宋太宗太平兴国六年（981年），设立了一个“钤辖诸道都进奏院”，由门下省的官员“给事中”负责，对各地方政府进奏院的业务实行统一管理。后又干脆将各地方政府的进奏院合并，改组为中央政府的一个官署。至此，宋王朝的主要官方新闻信息传播就由中央政府统一实施。

进奏院的职责，按照有关历史资料推定，首先是将中央政府，包括皇帝、各省、枢密院等机关的有关旨意、文件下发地方机关；其次是负责将地方上报的奏章、报告等提交相关中央政府部门；再次是负责将官员升降奖罚等有关信息通报出来。邸报编辑定稿，手抄或雕版印刷复制后，交由驿站传递，最终

① （北宋）王辟之：《渑水燕谈录》。该书共10卷，所记大都是北宋开国（960年）到宋哲宗绍圣年（1094年）间的北宋杂事。是北宋史料笔记中的代表性作品。

“传之四方”，到达各级官员手中。

其发行周期，有每日发行，有每5日发行，也有每月发行，可能是根据当时的情况灵活处理。但在一个时期内是基本稳定的，能够做到周期化、定期发行，这是其体现“报纸”特征的一个重要方面。据《宋史·刘奉世传》记载：“进奏院每五日具定本报状上枢密院，然后传之四方。”《宋史·职官志》上有“月以事状录付院，誊报天下”的讲法，可知还有过每月发报的情况。《朝野类要》称：“朝报，日出事宜也，每日门下后省编定，请给事判报，方行下都进奏院，报行天下。”这就是日报了。

宋代对进奏院的传报活动实行“定本”制度，这是中国最早的报业事先检查制度，起始于宋真宗咸平二年（999年）。其基本做法是进奏官们采集来各种发报材料，经进奏院监官编好，送请枢密院或当权宰相审查通过后，产生一个邸报样本。《宋会要辑稿》载：进奏院所供报状每五日一写，上枢密院定本供报。进奏官们必须根据这一样本进行发报，不得超出样本的范围。这一制度在宋代（包括北宋、南宋）曾两度取消，但都在短期内恢复。大概是因为这种制度有利于加强中央政府当局对邸报的控制，使有关传报的禁令得以贯彻。

这种基本由中央政府统一编辑和直接发行的官报制度是宋代官报的最大特点，也是相较于唐朝进奏院状的最大进步，其性质明显属于由中央政府直接主持的类似现在的“政府公报”性质的东西，距现代报纸的距离变小了。

2. 元明清

元代信息传播事业还是较为发达的。元代疆域辽阔，要维持其统治，就必须有一个比较发达的信息传播系统。据《元史》记载，每十里或十五里、二十五里则设一铺，其驿传制度非常发达。

元代商业信息的传播活动应当达到了一个较高的水平。1985年，在湖南沅陵双桥元墓中出土了两张元代潭州油漆颜料广告实物。这是中国发现的最早印刷品广告实物。这种印刷品广告可兼作包装纸用，很可能是油漆棺木时遗留在棺中的。广告系用黄色毛边纸制作，一尺见方，完整无缺，四周印有花边图案，右上方的文字为：

> 潭州升平坊内，白塔街大尼寺相对住危家，自烧洗无比鲜红、紫艳上等银朱水花二珠雌黄坚实匙筯。买者请将油漆试验，便见颜色与众不同。四远主顾请认门首红字招牌为记。

这张广告的左上方另有字体略小的字两行。一行为收购原料的广告："主顾，收买银朱，请认元日。"另一行为："祖铺，内外图书，印号为记。"印号即为商标。该文物的出土地在沅陵，文中所提到的潭州即今之长沙，两地相距约250公里，可见元代印刷广告的传播活跃程度。

但是，元代并无类似宋代和唐代官方报纸的发行。估计其原因，一是元以武力得天下，重武轻文；二是以汉人为低等，瞧不起汉文化。所以元代几十年间，中国古代官方新闻传播的典型形态——邸报曾中断，到明代才恢复。

明代官方新闻传播体制在宋代的基础上又有所发展。其官方新闻信息的收集、传递主要通过三个环节：通政司，六科，提塘。

明代于洪武十年（1377年）七月，在"察言司"基础上设置通政使司（简称通政司，主官为正三品）。《明史·职官志二》载：

> 通政使掌受内外章疏、敷奏、封驳之事。凡四方陈情建言、申诉冤滞，或告不法等事，于底簿内誊写诉告缘由，赍状奏闻。凡天下臣民实封入递，即于公厅启视，节写副本，然后奏闻。即五军、六部、都察院等衙门，有事关机密重大者，其入奏仍用本司印信。凡诸司公文，勘合辨验允当，编号注写，公文用"日照之记"，勘合用"验正之记"关防之。凡在外之题本、奏本，在京之奏本，并受之，于早朝汇而进之。有径自封进者则参驳。午朝则引奏臣民之言事者，有机密则不时入奏。有违误则籍而汇请。凡抄发，照驳诸司公移及勘合，讼牒，勾提件数，给繇人员，月终类奏，岁终通奏。凡议大政、大狱及会推文、武大臣，必参预。

在明代行政体制中，通政司是一个负责收集各地信息的非常重要的部门，各处上报的奏章，除极少部分外，都是通政司上报皇帝的。

洪武元年（1368年），设置吏、户、礼、兵、刑、工六部，作为中枢部门。由皇帝直接领导，分别处理国家人事、户口、礼仪、军事、外交、建筑等事项，职位非常重要。

可能为方便皇帝对六部的直接控制，又特设吏、户、礼、兵、刑、工六科（大体上相当于对应于六部的皇帝秘书机构），其职责之一就是：凡内外所上章疏，分类抄出，参署付部，并驳正其违误。

皇帝批示，允许公开的奏章，以及皇帝对于有关事宜的处理决定，就由六科抄录并公开发布。

第三个环节是提塘。明代各省都有派驻京师的"提塘官"，其职责与唐代的进奏官有相似之处，主要是担任军情及各项公文上报下发任务；再就是抄传邸报。提塘官到六科抄出邸报，再复制多份，通过驿站传递给自己省的主要军政长官。其中，省级政府会安排人员再进行复制，分送省级各政府部门。省的各府县也安排人员在省城抄录邸报分送府县。就这样，一级一级复制、分发，最终到达县级政府。而且，有可能再进一步传抄，供一般官员、士绅、有钱人阅读。

通政使司收集各类奏章及各地信息上报；六科收集和发布皇帝处理过的奏章和诏令；各省驻京提塘官到六科抄出这些诏令和奏章，复制并传递到省，各府县再到省抄录复制下传。这样层层传递，在官员士绅中分阅。这就是明代官方报纸的基本组织体制。

清兵入关以后，政体组织上基本沿袭明代，其官报的发布方式、渠道与明代相似，亦是设立通政使司、六科、提塘三个环节完成，不再赘述。

二、中国古代报纸名称、报道内容及读者的演化

1. 名称

“邸报”作为古人对封建官报最常用的称呼，最早出现于宋朝。一般认为，在现存的文字资料中，北宋范仲淹于宋仁宗庆历二年（1042 年）所写的一封信中，最早使用了“邸报”一词。范仲淹在写给安抚招讨使韩琦的信中，有“顷接邸报，某有恩命改职增秩，诚为光宠”① 等语。这是我国公私文献中，关于邸报的最早记载。但最新的研究表明，“邸报”这一名称最早出现在田锡《成平集》卷二十五《贺杀下王均表》中，时间是公元 1000 年②。

“邸”的本义是诸侯王或地方官员朝见皇帝时在京城的住所，后来泛指官员办事或居住的处所。许慎《说文解字》：邸，属国舍也。《汉书·卢绾传》有“不能见舍燕邸”的句子。下注：“诸侯王及诸郡朝宿之馆，在京师者谓之邸。”到了唐代，这种机构有了一个专门名称“上都邸务留后院”，后又改称“上都知进奏院”，简称“进奏院”。宋代改进其职能，并将其称为“都进奏院”。但因为其与汉代“邸”的渊源关系，“邸”仍然作为类似机构的一般性称呼保留下来。相应地就有“邸报”称呼的产生。所以自宋初开始，“邸报”成为对中国古代报纸最常用的称呼一直延续下来。苏轼在《小饮公瑾舟中》

---

① 陆树声：《长水日钞》卷一，转引自方汉奇：《中国新闻事业通史》，第 1 卷，北京：中国人民大学出版社 1992 年版，第 50 页。

② 焦中栋：《“邸报”名称首次出现时间新考》，《国际新闻界》2008 年第 10 期。

诗中有："坐观邸报谈迂叟，闲说滁山忆醉翁。"明末清初顾炎武在《与公肃甥书》中有"忆昔时邸报，至崇祯十一年方有活板"之句。

宋代对官报的称呼很多，除"邸报"外，还有"朝报"、"邸状"、"报"、"报状"、"进奏院状报"、"除目"等等。至明、清两朝，"进奏院状报"的名称基本不用，而其他名称则基本沿用并一直混杂使用。

此外，从明代起，"京报"成为对封建政府官方报纸的主要称呼之一，因其从京城发出。但后来，"京报"不仅指官办报纸，也指民间报房所发行的报纸。清代还有所谓"阁抄"、"科抄"、"京抄"的名称。

由此可见，中国古代报纸的称呼非常多、非常混乱。究其原因，可能是当时的官报没有固定的报头。大家根据自己的习惯与喜好来称呼，所以不免有很多异称。而且，不管是什么称呼，听的人还是读的人都知道是指什么，也就没有人来规范其名称了。

2. 内容

宋代邸报的内容，据《宋会要辑稿》记载，主要有：朝廷政事设施、号令、赏罚、书诏、章表、辞见、朝谢、差除、注拟等。但实际上其报道范围不限于此。依据宋人的记载，至少包括以下几个方面：

首先是皇帝的诏旨，这是排在首位的内容。其次是皇帝的起居情况。再次是官吏的任免，这部分内容在邸报中所占数量最多。还有臣属的奏章，这部分往往所占篇幅最大。还有军事情况、刑罚以及最新法令条例，皇帝及政府机关要求公开发布的一些重要材料等等。

明代邸报，大体上与宋代的内容相同，但在"土木之变"后，因为军事活动较多，所以军事方面的信息比重越来越大。还有一些如"女子生髭"、新生小牛"一身两颈两头四眼四耳两口"之类的社会新闻以及科举方面的信息。

清代邸报内容，基本上分为三块：宫门抄、上谕、奏章。宫门抄主要是皇帝起居、官员参见请辞以及祭祀等信息。

可见，中国古代报纸虽历经多朝而主要内容基本相同：（1）皇帝的书诏谕旨；（2）皇帝的起居活动；（3）朝廷动态及官吏任免调动；（4）章奏谢表及法令条文；（5）军事外交。其目的是实现"庶几朝廷命令之出，天下通知"；以及"勉励天下之为吏者"。通过在统治阶层内部的信息传播加强、巩固封建统治。

正是为了加强邸报对王朝统治的作用，历朝对邸报的发布内容有很多的规定与限制。宋王朝一方面用"定本"制度从源头上加以控制，一方面对违犯规定的采取各种惩罚措施。据《宋会要辑稿》记载，宋哲宗时（1090 年），曾有礼部上言：凡议政得失、边事军机文字，不得写录发布；本朝会要实录，不得雕刻。违者徙二年，告者赏纸钱十万。总的来说，宋王朝对以下几个方面内容的发布有很多限制：

对水、旱、蝗灾、日食、地震等自然灾害和异常天象很少报道。在古代，这些现象被看成是上天对皇帝的不满，有损天子的威望，因而往往是禁止报道的。

军事信息，特别是失败的军事信息，如兵变、农民起义等，一般不作报道。

朝廷机事，大体上是指当权者不愿让人知道的事情，范围不定。

未经批准公布的臣属奏章。大臣们的奏章，经皇帝阅读批准后，才能公开发布；其他的，就在禁止传报之列。《宋会要辑稿》记载，宋徽宗曾下诏："臣僚章疏不许传报中外，仰开封府常切觉察。仍关报合属去处，内敕黄行下臣僚章疏，自合传报。其不系敕黄行下臣僚章疏辄行传报者，以违制论。"

明朝时期对于邸报内容的控制，主抓的是抄传这一环节。一般情况下，奏章只要皇帝同意，批了红，就可以由邸报抄传。因而，明代对于邸报控制是严格还是宽松，与皇帝的态度有很大关系。如万历年间，皇帝长期不理朝政，其对邸报内容的控制相当宽松。从《万历邸钞》保留的当时材料看，邸报的报道从不掩饰和隐讳万历皇帝与他的大臣们之间的矛盾，并且邸报的立场有时是明显地站在大臣们一边，指责皇帝的某些做法和某些行为，甚至达到无所顾忌、肆无忌惮的地步。最典型的是万历皇帝因宠爱郑贵妃，欲废长立幼。但是他的这一想法遭到了整个文官集团的反对，大臣们接二连三地上本表示异议。当时的邸报刊登了大量持不同意见官员们的章疏，如光禄寺少卿朱维京、涂杰、王学鲁和刑科给事中王如坚等，他们大胆抗议万历皇帝搞三王并封，迟迟不定太子。尤其是大理寺少卿雒于仁，更是直接攻击皇帝和郑贵妃之间的私生活。文官集团的强硬态度，有时逼得皇上也不得不让步以平息事态。

天启以后各朝，对邸报抄传活动的限制，明显加强。对于与皇帝和当权者观点相左的奏章，以及军事情况、影响较大的刑事案件、朝廷机密等，都严禁抄传。如崇祯十年发布上谕：凡关系机密者，不许抄传。

而清朝对"邸报"的掌握，"只有一个原则：有利于维护其封建专政的，就发布；反之，就不发布。这是封建专政的本质所决定的。皇帝极端重视并严格控制邸钞，甚至对于哪些谕旨章奏应发布，哪些不应发布，都亲自作出决定”①。一般说来，非明降的谕旨，经军机处通过驿递直接传送给地方重臣的“廷寄”，以及未经皇帝审阅批示同意公布的臣僚章奏，是不发抄的。在邸报上发布关于军事情报和战况、灾异等内容是要受到严格控制的，原因很明显：这类内容有可能引起人民的反抗，危害社会稳定，有可能动摇统治阶层的统治根基；而军事大捷的消息却能登在邸报上。不难看出，实际上是皇帝任中央机关报的总编辑，亲自掌握全国的宣传舆论大权。

3. 读者

唐代邸报的读者，主要是各藩镇和地方诸道长官。因为唐代邸报是由各地方政府派驻京都的“进奏官”们所编辑的类似于“新闻信”的一种原始状态的报纸。其主要的报告对象就是自己所负责的地方长官。读者范围非常有限，可能仅限于地方长官与其幕僚，一般人是看不到的。孙樵《读开元杂报》所记自己在求学期间所读到的，当是过期产品从而流传在外的。但在唐后期，其读者范围应该有所扩大。《读开元杂报》所谓：“及来长安，日见条报朝廷事者。”孙樵作为一个京官，能够见到这些东西，一方面说明唐朝末年的新闻事业比较发达，另一方面说明其邸报的读者范围至少已扩大到在京的部分官员。

宋代官报的发行范围，并无明确的史料记载。现存的宋代史料中，有不少关于官员及士大夫读报情况的记载。如宋代王辟之《渑水燕谈录》记载：

> 直史馆孙公冕文学政事有闻于时，而赋性刚明，以别白贤不肖为事。天禧中，连守数郡，暇日接僚吏，殊不喜谈朝廷除授，亦未尝览除目。每得邸吏报状，则纳怀中，不复省视。或诘其意，曰：“某人贤而反沈下位，某人不才而骤居显官，见之令人不快尔。”或讥其不广，然其好贤嫉恶之心亦可尚也。

描述了京官读报时的情况。

魏泰《东轩笔录》记载：

> 未几，文忠出为河北都转运使，见邸报，丘良孙以献文字召试拜官……

① 黄卓明：《中国古代报纸探源》，北京：人民日报出版社1983年版，第115页。

写的是欧阳修任地方要员时读邸报的情况。

据《茶余客话》记述，南宋“庆元党禁”时期，朱熹以“伪学”罪名落职，沈继祖请杀朱熹。朱熹得朝报，不语，散行庭中云：“我这头且暂戴在这里。”移时又曰：“自古圣人不曾被人杀死。”这就说明，即使是退职的官员，也有办法读到邸报。

宋代周密在《武林旧事》（卷六）中介绍南宋临安商业情况时，在“小经纪”一条中，有“供朝报”一项，与“写牌额”、“卖字本”并列，可见，在南宋时，至少在都城里有公开出售“朝报”的地方。

根据这些以及相关材料推断，宋代邸报的读者主要是政府官员与士大夫知识分子。他们阅读邸报，固然是关心国家形势，也有借此获知朝政，以决定个人进止的意思。而一般人是不大可能阅读的。首先是邸报的内容所决定；其次，社会整体文化水平较低，一般老百姓识字者非常少，自然不必谈读报了。

明清两朝，邸报的读者大体与宋相似。其特别之处在于，明代邸报主要供给各级官吏阅读。其他人的报纸来源有两个，一是花钱抄录邸报；一是购买由民间报房翻刻邸报出版的所谓“京报”。

清代这种形势更加明显。清初有禁止“胥役市贩”阅读官报的记载。咸丰元年（1851年），江西巡抚张芾奏请刊刻“邸报”，结果遭到咸丰帝严斥。说他“识见错谬，不知政体，可笑之至”，“国家设官分职，各有所司。逐日所降明发谕旨及应钞发内外臣工摺奏，例由内阁传知各衙门通钞，即由各该管卫门兴知各直省，或由驿站，或交提塘分递。该衙门自能斟酌缓急轻重，遵令妥办。岂有各省大吏无从闻知之理？所有刊发钞报，乃民间私设报房，转相递送，与内阁衙门无涉”。① 可见，官报主要是在官僚机构内部流通，是为官员们了解朝政服务的。但对于民间翻印、抄传邸报也没有多加限制。

三、万历邸钞、天变邸钞与急选报

明代官方邸报，没有原件留存。所保留下来的，官方邸报只有一个抄本《万历邸钞》。民间报房的报纸，通过文人文集保存下来一篇《天变邸钞》。另有一个类似“号外”的，属于临时发行的《急选报》。为我们提供了较为直观的明代报纸资料。

1. 万历邸钞

明《万历邸钞》共32册，原藏吴兴刘氏嘉业堂。北京图书馆藏有传抄本

① 戈公振：《中国报学史》，上海：上海古籍出版社2003年版，第59页。

18册。此书后被运到台湾，为台北中央图书馆收藏。

《万历邸钞》的抄本，未署原抄录者姓名。抄手不止一人，所抄万历年间的邸报，起于万历元年（1573年），止于万历四十五年，中间有几年缺失，因而不是万历一朝邸报的全豹。

该抄本将万历一朝的邸报，按照时间的先后顺序抄录而成。抄录者还作了一些编辑整理工作。如万历元年正月部分只有300字，万历三年全年只有600字，显然有所筛选。其他年份的章奏，也有明显的删节痕迹，并不都是全文。有的加了标题，如“谕皇长子出阁读书”、“虏寇辽东”、“湖广武昌大火”、“乾清宫门伪阉章龙伏诛”等，多数放在有关“上谕”和章奏正文的前面，目的在于方便查阅。还有的进行了综合处理，主要是对抄录涉及事件的说明，如在报道后面“附录”和“又录”的补充和说明。较为突出的是万历十一年（1583年）“执游民娄佛显诏狱”的报道，既有关于娄佛显这位金华石匠，如何皈依佛门，如何到处“劝人吃斋行善”等背景情况的介绍，又有娄如何和他的门徒吴讨等一道闯入京城禁地，妄称要度化万历皇帝，因而被捕这一过程的介绍。此外，还提到了东厂的报告和万历“着锦衣卫拿送镇抚司打问”的谕旨。最后以“已而，刑部拟上：娄佛显监候处决，吴讨等口外为民”这样一段话作为结束。综合、整理相关材料的痕迹非常明显。

明代的士大夫知识分子当中，不少人是有抄录邸报的习惯的，目的在于了解朝政和积累材料。顾炎武的嗣祖顾绍芾就是其中的一个。他一共抄了14年的邸报，分订成册。据顾炎武的回忆是：“阅邸报，辄手录成帙。”又说：“手录邸报，止纪大事，其迁除月日，多有未详。”可见当时的邸报抄录者，都是根据自己的兴趣和需要来抄报的，各人抄的详略不同，而且都必然有所取舍。由此推断，《万历邸钞》确实保存了大量当年邸报的原文，但并不全都是原文。因此，它只是部分地反映了当年邸报的面貌。

所抄录的内容，以谕旨和章奏为大宗，涉及皇帝行止、宫廷内务、官吏任免奖黜、军情、战报、科举、国家财政、兵变、民变、刑狱、灾异和外交等多方面的信息，和明人记载中所说的当时邸报的内容，没有太大的出入。

2. 天变邸抄

《天变邸抄》是一份专门报道明熹宗天启六年（1626年）五月初六日北京“天变”情况的邸报。

所谓“天变”，其实是一次发生在北京内城西南隅，以王恭厂火药库附近一带为中心，波及周围近百里地区的特大灾异事件。曾被我国的一些自然科学工作者列为“世界三大自然之谜”之一，有可能是因地震引起火药库爆炸而造成。

《明史》、《明实录》等书均有记载，但十分简略。报道这次事件的邸报，当时曾在社会上广泛流传。不少京内外人士，都是通过邸报才了解这次事件的详细情况的。《天变邸抄》的原件已经无存。但它的全文，被人以附录方式辑入文集或丛刻，间接保存下来。如金日升的《颂天胪笔》、黄煜的《碧血录》。

《天变邸抄》全文2000余字：

天启丙寅五月初六日巳时，天色皎洁，忽有声如吼，从东北方渐至京城西南角，灰气涌起，屋室动荡，须臾大震一声，天崩地塌，昏黑如夜，万室平沉。东自顺城门大街，北至刑部街，长三四里，周围十三里，尽为齑粉，屋以数万计，人以万计。王恭厂一带糜烂尤甚，僵尸重叠，秽气熏天。瓦砾盈空而下，无从辨别，街道门户伤心惨目笔所难述。震声南自河西务，东自通州，北自密云昌平，告变相同。城中即不被害者，屋宇无不震裂。狂奔肆行之状，举国如狂。象房倾圮，象俱逸出。遥望云气有如乱丝者，有五色者，有如灵芝黑色者，冲天而起，经时方散。合科道火药局失火，缉拿奸细，而报伤甚多。此真天变，大可畏也。

钦天监占语曰：候得五月初六日巳时地鸣，如霹雳之声从东北艮位上来，行至西南方，有云气障天，良久未散。占曰：地鸣者，天下起兵相攻，妇寺大乱。又曰：地中汹汹有声，是谓凶象。其地有殃，地中有声，混混其邑必亡。魏忠贤谓妖言惑众，杖一百，乃死。

后宰门火神庙栋宇殊巍焕，初六日早，守门内侍忽闻音乐之声，一番粗乐过，又一番细乐，如此三叠，众内侍惊怪。巡缉其声，出自庙中，方推殿门跳入，忽见有物如红球从殿中滚出，腾空而上，众共瞩目，俄而东城震声发矣。

哈哒门火神庙庙祝，见火神飒飒行动，势将下殿，忙拈香跪告曰：火神老爷，外边天旱，切不可走动。火神举足欲出，庙祝哀哭抱住，方在推阻间，而震声旋举矣。张家湾亦有火神庙，积年扃锢不开，此日锁钥俱断。

有一乔老儿，骑一马行至泊子街，地动堕马，此老头旋眼暗，自疑痰晕曰：不好了，我中风也。急觅路旁一酒柜靠定，少顷明亮，抬头见左右伏两人，一人纱帽无翅，一人纱帽盖眉，细看之俱是豸补，各面面相觑而散去，此老方知不是痰晕。

屯院何廷枢全家，覆入土中，长班俱死。屯院内书办雷该相与持锹镢，立瓦砾上，呼曰：底下有人可答应。忽应声救我。诸人问曰：你是谁？曰：我是小二姐。书办知是本官之爱妾，急救出，身无寸缕，一书办脱大褦襶裹之，身无裙裤，骑驴而去，不知所之。

前门上一卖棺店，初七日有一人买棺二十四口，讶其多。又有一人至曰：吾要买五十二口。主人曰：没有许多。其人曰：没有便小的也搭上几口罢。主人曰：你要几口大几口小。其人曰：你不要管，只与我五十二口，我回去自配。

皇上此时方在乾清宫进膳，殿震急奔交泰殿，内侍俱不及随，止一近侍掖之而行，建极殿槛鸳瓦飞堕，此近侍脑裂，而乾清宫御座御案俱翻倒。

有一绍兴周吏目之弟，殊贫，因兄荣选，思做公。弟到京才两日，从菜市口买一蓝纱褶摇摆，途遇六人拜揖，尚未完，头忽飞去，其六人无恙。

有一部官，家眷于私宅中因天黑地动，椅桌倾翻，举家惊惶无措，妻妾抱柱而泣，随仆于地乱相击触，逾时天渐明，俱蓬跣泥面若病也。

大殿做工之人，因是震而坠下者约有二千人，俱成肉袋。

潘云翼夫人，虽同来京已十年，夫妻不相见，夫人独住后房一带，日事持斋诵佛。变起之时，夫人抱一铜佛跪于中庭，其房片瓦不动，前房十妾俱压重土之下。

北城察院，此日进衙门，马上仰面，见一神人赤冠赤发，持剑坐一麒麟，近在头上，大惊堕马伤额，方在喧嚷间，东城忽震。

嘉兴项氏寓，不损墙屋，压死一儿，养一骏马，腾空而去。客来唁者，问其仆曰：你家无伤损否？仆曰：一个官官，一个妈妈。

有一人王姓者，在寓临池，忽心动出位，一声响亮，椅桌迸碎，拾一铁弹丸，大如鹤卵，称重三斤四两。

粤西会馆路口，有蒙师开学童子三十二人，一响之后，师徒俱无踪迹。

初六日五鼓时，东城有一赤脚僧沿街大呼曰：快走，快走。

草厂在东城，巡更逻卒见一白须老人忽出忽入，知是草场土地。

所伤男妇俱赤体，寸丝不挂，不知何故？有一长班于响之时，鬃帽衣裤鞋袜一霎俱无，生者如此，死者可知。

有一人，因压伤一腿，卧于地，见妇人赤体而过，有以瓦遮阴户者，有以半条脚带掩者，有披半边褥子者，有牵一幅被单者，顷刻得数十人，是人又痛又笑。

屋宇至东华门坍颓稍缓，闻内阁格窗倾毁殊甚。

宣府新推总兵拜客，行至圆宏寺街，一响连人和马同长班共七人并无踪影，闻其马买以千金者。

一相公夫人，单裤走出街心，相公从阁内步奔回来，亲救得免，家中古董毁伤殆尽。

都城隍庙中道士，初五夜，闻殿中喧嚷叫呼，绝似唱名之声。

王恭厂一小太监，初五日给假城外省亲。初六日早至厂，见团团军马围住，听得内边云：来一个，缚一个。疑是驾上拿人，此太监飞奔回家。行出城，响声大震。

大轿在路打坏者薛凤翔、房壮丽、吴中伟。缙绅伤者甚多，而董可威、邱兆麟、牟志夔、萧命官为甚，但无致死者。其压死家眷者，难以枚举。嗟乎！此变幸出白日间，倘若发于暮夜瘖寐中，当无噍类矣。

五月初一日，山东济南知府往城隍庙行香，及庙门，忽然官吏舆从俱各昏迷。有一皂隶之妻来看其夫，见其前夫死已多年，乃在庙管门。前夫曰：庙里进去不得，天下城隍在此造册。

四月廿七日午后，有云气似旗，又似关刀见，在东北角上。其长亘天，光彩初白色，后变红紫，经时而灭。五月初三日，又见于东北方，形如绦，其色红赤。初四日，又见类如意，其色黑。占者曰：此太白蚩尤旗之变幻，总一物也。五月初二夜，鬼火见于前门之楼角，青色荧荧，如数百荧火，俄而合并，大如车轮。

绍兴周姓者，同数人夜饮归，共见正阳门上有人，呵曰：小鬼辄敢如此。

京师鬼车鸟昼夜叫，及月余，其声甚哀，更聚鸣于观象台，尤异。

长安街一带，时从空飞堕人头，或眉毛和鼻，或连一额，纷纷而下。大木飞至密云石驸马街，有五千斤，大石狮子飞出顺城门外。

承恩寺街，有女轿八肩来过，震后止见轿俱打坏在街心，妇女舆人都不见。

圆宏寺街有女轿过，一响掀去轿顶，女人衣饰尽去，赤体在轿，竟亦无恙。

新选陈州吏目纪姓者，寓石驸马街，与一陈姓者相交好。初五夜陈忽得一梦，为金甲神呼去，至一大衙门，系累者相属，纪吏目亦在其内。闻内呼曰：无脚的俱斩。忽点名至陈，旁一人曰：此人无罪。堂上主者曰：

可放去。陈行数步，忽呼转曰：便宜了他，与他腰下着二锁。鬼卒把锁讫，梦醒。明日，陈正与纪同饭，地动，陈忆昨梦，急走出户外，房倒纪已压死矣。陈无恙，二锁之故尚未验也。

震后有人来告，衣服俱飘至西山，挂于树梢。昌平州教场中衣服成堆，人家器皿、衣服、首饰、银钱俱有。户部张凤达使长班往验，果然。

德胜门外堕落人臂、人腿更多。

苏州城东角，震坍坏屋数百间。是州离京一百八十里，初十日地中掘出二人尚活，问之云：如醉梦。又掘出一老儿，亦活。

以上俱天启丙寅五月初六一日事。

文章首先对事件作了概括性的报道，有点像一般新闻中的导语。再依次介绍“天变”发生那一刹那各方面情况，“天变”当天各方面情况，以及“天变”前十天内发生的有关“天变”各种征兆。时间和地区，由近及远。基本上是“倒金字塔”式的写法。而且提供了很多细节，诸如：“所伤男妇俱赤体，寸丝不挂”；“长安街一带，时从空飞堕落人头”等。最后以“以上俱天启丙寅五月初六一日事”这样一句话作结。这篇报道涉及的时间近一个月；涉及的地区，方圆六七百里；涉及的人物，上自皇帝、钦天监、知府、总兵等政府官员，下至吏目、蒙师、内侍、赤脚僧、卖棺者等社会各阶层人士。可见在编写前作了大量的采访和汇集情况的工作，下了一番工夫。

《天变邸抄》出于官方提塘报房的可能性较小，出于民间报房的可能性较大。应该说，它属于临时发刊，大量复印出售，广为传播的民间报纸。“邸抄”只是对它的一种泛称而已。

“天变”的前一年，在宦官魏忠贤的专权下，发生了杨涟、左光斗等东林党人受迫害惨死诏狱事件。不久，又发生了苏州逮捕周顺昌，激起民变的事件。这次特大灾异事件发生后，不少同情东林党人或对宦官不满的人，大多借“天变”抨击阉党，迫使后者暂缓刑狱。这是《天变邸抄》流传的政治背景，也是它广泛传播的原因之一。

3. 急选报

这是保存至今的唯一一份明代报纸原件，出版于万历八年四月二十二日(1580 年 5 月 5 日)，现存北京图书馆。

雕版印刷，长 24.6 厘米，宽 14.4 厘米，共 6 页。黄纸封面，左上端印有加黑框的报头，内有“急选报”三个大字和“四月份”三个小字。正文以“吏部一本急选官员事，奉圣旨，计开”开头，以下分四栏刊出被选中官员的姓名、籍贯和任命官职，共162人。纸张和印刷质量都不高。

没有注明出版单位和编辑人员，估计很可能是民间报房所出的“邸报”之外的众多“报儿”的一种。

这是世界上现存最早的自称为“报”的印刷品，为我们提供了一份实实在在的明代“报儿”的实物，至少说明最晚在万历八年，中国就已经有民办的雕版印刷报纸了。

第三节　古代民间报纸的发展过程

一、宋之小报

宋代有民间私自发行的报纸，它无固定报头和名称，也并非出于一人一家之手，宋人习惯性称之为“小报”，被认为是中国新闻事业史上最早的非官方报纸。小报的具体诞生时间，已不可考。从宋人常以邸报为常、以小报为非常，以邸报为合法、小报为非常的提法来看，很可能是产生于北宋初年，盛行于南宋。

《宋会要辑稿》中有关于小报的最早记载。真宗大中祥符元年诏：“不得非时供报朝廷事宜，令进奏官五人为保，犯者科违制之罪。”仁宗天圣九年诏，“如闻诸路进奏官报状之处，别录单状，三司开封府在京诸司亦有探报，妄传除改，至感中外。”从一般逻辑来讲，这种在“进奏官报状外”的“供报朝廷事宜”的“别录单状”很可能就是后来的“小报”，只不过在北宋初还没有名称，到南宋后盛行开来，就有了“小报”的称呼。

南宋时有不少资料，较详尽地介绍了“小报”的有关情况。

赵升《朝野类要》：

> 朝报，日出事宜也，每日门下后省编定，请给事判报，方行下都进奏院，报行天下。其有所谓内探、省探、衙探之类，皆衷私小报，率有漏泄之禁，故隐而号之曰新闻。

赵升的这一段文字，是中国历史上最早将报纸与新闻联系在一起的文字资料。尽管“新闻”一词的含义与现在不同（相当于一句黑话，隐语）。

周麟之《海陵集·论禁小报》：

方陛下颁诏旨，布命令，雷厉风飞之时，不无小人闻诪张之说，眩惑众听，无所不至。如前日所谓旧臣诏用者，浮言胥动，莫知从来。臣尝究其然，此皆私得之小报。小报出于进奏院，盖邸吏辈为之也。比年事之有疑似者，中外未知，邸吏辈必竞以小纸书之，飞报远近，谓之小报。如曰："今日某人被召，某人罢去，某人迁除"，往往以虚为实，以无为有。朝士闻之，则曰："已有小报矣!"州郡间得之，则曰："小报已到!"他日验之，其说或然或不然。使其然焉，则事涉不密；其不然焉，则何以取信？此于害治，虽若甚微，其实不可不察。臣愚欲望陛下深诏有司，严立罪赏，痛行禁止。使朝廷命令播之天下，天下可得而闻，不可得而测，可得而信，不可得而诈。则国体尊而民听一。

《宋会要辑稿·刑法二》所载绍熙四年（1193年）的一则"臣僚言"（即群臣在朝廷应对时的发言）：

近年有所谓小报者，或是朝报未报之事，或是官员陈乞未曾施行之事，先传于外，固已不可。至有撰造命令，妄传事端，朝廷之差除，台谏百官之章奏，以无为有，传播于外。访闻有一使臣及阁门院子，专以探报此等事为生。或得之于省院之漏泄，或得之于街市之剽闻，又或意见之撰造，日书一纸，以出局之后，省、部、寺、监、知杂司及进奏官悉皆传授，坐获不赀之利。以先得者为功，一以传十，十以传百，以至遍达于州郡监司。人情喜新而好奇，皆以小报为先，而以朝报为常，真伪亦不复辨也。

根据各种材料判断，小报的情况大体如下：

（1）小报始于北宋初中期，盛于南宋时期。（2）小报有手抄本，也有印刷本，所谓"别录单状"即是手抄，而"印卖都市"当是刻印。（3）小报的影响还是很大的，"以小纸书之，飞报远近"，"眩惑众听，无所不至"。（4）小报报道迅速，时效性比官方报纸强。（5）"小报"消息比较灵通，除刊载当朝政事、宫廷消息外，还编发一些朝廷不愿公布的政治事件和民间传闻，以致为朝廷严令查禁。

《宋会要辑稿》载宋孝宗淳熙十五年（1188年）正月二十诏令："近闻不逞之徒，撰造无根之语，名曰小报，转播中外，骇惑听闻。今后除将进奏合行关报已施行事外，如有似乎之人，当重决配。其所受小报官吏，取旨施行。令临安府常切觉察禁戢，勿致违戾。”前引周麟之《论禁小报》也是建议对小报“严立罪赏，痛行禁止”。但从实际情况来看，终宋一朝，小报禁而不绝。甚至到元代仍有遗存，明代民间报纸也应当是滥觞于宋代小报。

二、明代京报

大约从明中叶（16 世纪初）开始，当时的都城北京开始出现民间报房，从事抄报印报工作。这种行业后来逐步扩延到一些省会及大城市如南京、苏州等地。

可惜的是，迄今为止，既没有发现实物，也没有直接的资料或较为详细的记载描述。所以无从对明代民间报纸的出版发行情况作出详细的说明。从现在能够找到的只言片语中仅能作出最基本的判断。

“设有造膝附耳之谋，不可使暴于众，居然传播，是何政体。又如外夷情形，边方警急，传闻过当，动摇人心，误事大矣。报房贾儿博锱铢之利，不顾缓急。当事大臣，利害所关，何不力禁。”① 这段文字写的是明万历年间的事。从中可以得出如下判断：首先，明代万历年间确有民间报房的存在。其次，是以营利为目的。最后，是公开活动的。“报房贾儿博锱铢之利”，这些人被称为“贾儿”，只能是一般小商人，不可能是指官方的邸报，因为官报至少在当时是不可能以营利为目的的。“何不力禁”，表明在此之前是不禁止的。

崇祯年间任御史的祁佳彪在其日记中有段记载：“何甥来，云送邸报为业。予乃送之至李子木，令其服役焉。”② 这说明，当时就有以“送报”为职业的人。而且这个职业算不得高贵，所以祁佳彪才走了个后门，“令其服役焉”。据考证，祁佳彪的这个外甥叫何光烨，这是中国新闻事业史上第一个有姓名可考的与报纸发行活动有关的人。

万历年间户部尚书有一份题奏，其中有“今查得宛大二县原编一百三十二行……将……豆腐行、抄报行、卖笔行……共三十二行，仰祈皇上特赐宽恤，断自今年六月初一日以后免其纳银”③。此中反映出“抄报”成为三百六十行之一，且得到减免税收的优待。

---

① 于慎行：《谷山笔麈》，转引自方汉奇《中国新闻事业通史》，第 1 卷，北京：中国人民大学出版社 1992 年版，第 102 页。

② 祁佳彪：《祁忠敏公日记》，转引自方汉奇《中国新闻事业通史》，第 1 卷，北京：中国人民大学出版社 1992 年版，第 103 页。

③ 沈榜：《宛署杂记》，转引自方汉奇《中国新闻事业通史》，第 1 卷，北京：中国人民大学出版社 1992 年版，第 103 页。

有人办报以获利，有人靠送报作为谋生手段，“抄报”成为社会行业之一，这些至少证明，明代确有民间报房的存在，而且形成了一定规模。

三、清之提塘小报

清代民间报纸活动中，首先是清初提塘小报。这是一种半官方的，且读者对象主要是各级政府官员的小报，其存在的时间是清初的顺治、康熙、雍正、乾隆四朝。

清承明制，其官方邸报是通过通政使司、六科、提塘三个环节发布。提塘的负责人多为高级武官，由兵部管理，和地方及中央政府都保持一定的联系。提塘除了传递、上报地方给中央的文书、奏章，传递、下发中央给地方的公文及旨意外，抄传发行官方“邸报”也占有相当重要的地位。

为了及时处理邸报的复制发行工作，提塘自行建立了“报房”，以利邸报的抄录、印刷复制和发行。这些报房是由官方机构建立起来的，但其工作人员并无任何官方职位，且只对提塘个人负责，总体上是一个半官方机构。在发行邸报之余，提塘们还自行采集一些“科抄”之外的消息，甚至一些不允许发布的奏章之类，编制为小报，另名小抄。以为有关省份的官员们提供更多的朝廷消息。

据《东华录》记载：康熙年间，左都御史揆叙在奏章中称：“近闻各省提塘及刷写报文者，除科抄外，将大小事件采取写录，名曰小报。”证明了这种情况的存在。

提塘小报在起初，应当是公开发行，作为一种科抄之外的补充而存在。并没有被当局视为非法。而且其主要的读者也是各地官员。但由于提塘小报所刊消息是报人自行采集，所以出现了一些泄密，甚至有不实的报道，从而影响了皇权的权威，这就超出了封建统治者所能容忍的范围。从康熙末年开始，就开始对小报进行限禁。再经雍正、乾隆两朝的严厉查处，提塘报房发行小报的活动基本上被禁绝。

四、清之京报

由于雍正和乾隆初年都禁止胥役市贩卖阅邸报和私抄邸报，获准公开发行邸报的，在当时仅限于提塘及其所设的报房，因此清代民间报房的出现和盛行，应当是乾隆中叶以后的事情。

清代民间报房是怎样诞生和怎样发展起来的？目前有两种说法。一种是长白山人在《北京报纸小史》中所说的：“当年东华门外，设有白本报房一所，该所雇佣数十名文贫，由内阁领到宫门钞，众文贫分写数百本，派人送投各衙门、各大员邸第，报费每月1两2钱，但因代价昂贵，中下级官吏及商民等无力订阅，于是黄皮报房应时而出。黄皮报者，系以白本报作底稿，用活字版排印，其内专刊奏折，另印一纸，专刊宫门钞上谕。每日于上午10时前后送达阅户，每月报价约银两钱，其有专阅宫门钞者，其价仅两吊。经营黄皮报房者，均为山东人，所谓京报房是也。"① 一种是戈公振在《中国报学史》中所说的："据北京报房中人言，清初有南纸铺名荣禄堂者，因与内府有关系，得印《缙绅录》及《京报》发售。时有山东登属之人，负贩于西北各省，携之而往，销行颇易。此辈见有利可图，乃在正阳门外设立报房，发行《京报》，其性质犹南方之信局也。"②

保存至今的清代京报实物表明，活动时间最早的民间报房是"公慎堂"。国内收藏家收藏的乾隆三十五年（1770年）的邸报和日本国会图书馆收藏的乾隆三十六年至四十一年及嘉庆六年（1801年）的邸报，都是这家报房出版的。之后直至清王朝覆灭，见于记载和有原报可查的北京民间报房有十余家，名号如：聚兴、聚升、杜记、集文、同顺、天华、公兴、聚恒、同文、信义、连升等。其中以聚兴报房的历史为最长，从咸丰年间开张，直到民国十年（1921年）还坚持营业，持续的时间超过了半个世纪。

从由提塘及其所设报房垄断邸报的抄录、刊刻、发行活动，到一部分人分化出来以刻报为谋生手段，进而私设报房，刊刻抄报，这就是清代民间报房诞生和发展的基本历史轨迹。

乾隆、嘉庆等朝民间报房所出的报纸，一般没有报头，没有封面。每天一期，每期一册，每册4～10页不等，每页长宽约为24厘米×18厘米，每册第一页的第一行印有出版时间，版心部分印有"题奏事件"四个字。每册第一页和最后一页的空白处都印有报房的堂名。这大约就是所谓"白本报"的一般模式。早期的官报和民间报房所出的报纸，很可能就是这个样子。

同治以后的报纸在外形上有了明显的变化。其一是普遍地加上了封面。大部分的封面使用黄色连史纸。这可能就是黄皮报房、黄皮京报这些名称的由来。其二是普遍地有了报头。报头通常为"京报"两个字。一般用刻有这两个字的木戳，蘸上红色的颜料，盖在封面的左上角。封面的右下角则通常盖有××报房的名戳。少部分不用黄纸作封面的，则在白色的封面上加印

① 管翼贤纂辑：《新闻学集成》，第6册，中华新闻学院1943年版，第280页。
② 戈公振：《中国报学史》，上海：上海古籍出版社2003年版，第48页。

“一品当朝”、“指日高升”、“天官赐福”、“加官晋禄”等红色图案，把“京报”这两个字和报房的名称也嵌在其中。每期一般为4～10页，每页对折之后用纸捻装订成册。

乾隆以后所出的京报，基本上都是印刷的。条件好的报房用木活字或胶泥活字印刷，条件较差的则用泥版印刷。所谓泥版，又称“豆腐干儿板”，是直接刻在石膏一类的泥版上，用火烤硬后付印的。一般都用锅煤烟子加胶水调成的墨水，刷印在一种质量很差的薄川连纸上，纸色墨色都十分暗淡。直到光绪末年，才开始陆续采用铅印。

京报一般一天一出，全部为竖排，一行到底，每行一般为22个字，每页14～18行不等，每期的总字数也不完全一样，少的时候仅千把字，多的时候可以达到5000多字。

京报的内容基本上是宫门钞、上谕和章奏三大部分。宫门钞部分所发表的主要是当天上午或前一天的朝廷重大政事活动。包括召见某官、皇帝出巡、旱年京师得雨几寸等等，多数都与皇帝有关。内容较庞杂，但文字极简略，基本上是一句话新闻。上谕部分主要照发皇帝的某些谕旨，以任免、申斥、褒奖、赏赐之类的居多。章奏部分所发表的主要是经皇帝同意发布的京中各衙门及各省督抚将军河督们的题奏。所有章奏，一律照发原文。章奏后面的皇帝批示，如朕安、知道了、著照所讲等，也照登不误。京报上偶尔还刊登过文选单、武选单、鼎甲单和朝审犯人勾到单之类的稿件，为读者提供科举和司法等方面的信息。

京报的全部稿件都来自内阁和科抄，没有自己采写的新闻，也没有任何言论。编辑工作很简单，把收到的宫门钞、上谕、章奏大体分一下类，照发就行了。各报房所出的京报因而大同小异。所异的，仅在上谕和章奏，特别是一般章奏的选择上。

报房出版的京报，以营利为目的，报费是其主要收入来源。每月的报费，在白本报房时期，约为一两二钱。实行大量刻印以后，每月报费仅需二钱，后来调整到三百文，即每份十文。篇幅较小的，价钱递减。

京报的总发行量，在白本报房时期只有数百本。实行刻印以后，销数激增，最多的时候估计在一万份左右。这是累计的数字，各报房印发的份数有多有少，不完全相同。京报出版后，即由各报房雇用的送报人直接送给订户。从事送报工作的多为山东人，总人数据光绪三十一年（1905年）的统计，约为200人。一般在上午10时左右，就能够把前一天印好的报纸，送到城区订户们的手中。外地订户的京报只能隔几天派送一次。边远省份则往往要一个月或一个多月才能送一次。

报房京报的读者，绝大部分仍然是朝野的官绅和士大夫知识分子。《林则徐日记》中所记的阅邸报或邸抄，有时指提塘送到地方的官报，有时指民间报房发行的京报。大抵在衙署里办公事时看的是官报，在私宅里或客中从朋友处借来看的，就有可能是民间报房的报纸。到了清朝末年，民办报房京报的订户，已经不限于诗礼簪缨之家，个别市井商人也跻入读者的行列。流行于光绪之际的一首打油诗，反映了这一变化："惟恐人疑不识丁，日来送报壮门庭。月间只费钱三百，时请亲朋念我听。"但这样的人毕竟还是少数。报房京报的主要读者，仍然是官绅阶层。

除出版发行京报外，报房为扩大业务增加收入计，还有一些附属的出版物。其一是谕折汇存，即将内阁发抄限于篇幅未能在京报上刊出、又有一定价值的谕旨题奏，连同已经刊发的汇总起来，陆续分册出版。其二是小说和唱本。

清代北京的民间报房，是从一部分提塘报房中逐渐分离出来的。开始和提塘及其报房还有一定牵连，后来逐渐脱离关系，成为完全独立的"民间私设报房"。它们所办的报纸，也成为"与内阁衙门无涉"的纯粹的"私家报纸"。在经营的过程中，这种报纸的商品化程度不断提高。但是，内容没有太大的变化，基本上是官报的翻版。这也是清朝的封建统治者对它们的出版采取宽容态度而没有加以限制的一个原因。

中国古代报纸有1200年的历史，民间"小报"有近千年的历史，它们存在的时间都不算短，但无论是形式还是内容都没有多大的变化。其发展迟缓的原因，一是封建君主专制制度的影响，二是封建自然经济这一基础的制约。鸦片战争之后，中国自然经济解体，封建政府的闭关锁国政策被打破，西方近代报纸传入中国，中国古代报纸才最终为近代化的报纸所取代。1907年10月26日，在《政治官报》问世的同一天，清政府发布命令，责令《京报》附出的报纸停刊，此后又由宪政编查馆饬令《京报》不得使用铅印。至此，延续千年之久的中国古代形态报纸终于寿终正寝，而近代形态的报刊从此成为报业的主流。

思考题

1. 为什么说中国古代报纸产生于唐朝？
2. 宋代邸报的发行制度有哪些特点？进奏官在编发工作中处于什么样的

地位？

3. 宋代小报有哪些特点？
4. 明代官报的发行制度与宋代相比有什么不同？
5. 什么是《万历邸钞》、《天变邸钞》、《急选报》？
6. 什么是"定本"制度？
7. 清代的提塘、提塘报房和民间报房之间是什么关系？

第二章 中国近代报刊的诞生

中国是世界上最早发明活字印刷术的国家，也是世界上最早出现报纸的国家之一，但由于漫长的封建体制和落后的封建经济的制约，原始形态的新闻传播模式竟持续了1000多年。中国真正意义上的近代报纸直到晚清的鸦片战争前后才出现，比西方晚了200年之久，而且还是由外国人首先创办的。

19世纪初，当中国还是一个闭关锁国的封建国家时，西方已经完成了资产阶级革命和工业革命，进入资本主义时代。为了追求更多的利润，西方各国不断扩大商品生产，奖励科技发明，使资本主义的社会生产力得到了迅速发展。商品经济的迅速发展和商品的大量积聚，促使资本主义国家急于向海外拓展市场，从而掀起了争夺殖民地的潮流。在亚洲，最先开始工业革命的英国殖民者首先统治了东方大国印度，另一个更大的封建国家——中国，自然成了他们开拓和征服的又一个对象。

但英国等西方国家向中国的势力扩张，受到了闭关自守的清朝政府的抵制，尤其是1637年英国武装商船发生的炮击虎门炮台事件证明，用武力打开经商大门的条件尚不成熟。因而，英国等西方资本主义国家调整了急功近利的策略，决定先进行思想文化征服，企图以资本主义思想和世界观来改造中国国民，也为打开中华帝国的大门作舆论上的准备。他们选择了派遣传教士来华办报传教的方式。

首先来中国办报的是英国的基督教传教士。"传教士的根本职业是通过口头在教堂传教，但那时清政府对传播西教控制很严，传教士只好用文字传播物宣扬教义并传播文化科技信息和少量新闻。"① 因此，中国的第一批中文近代报纸，就是由西方各国派遣来华的传教士创办的。他们从思想意识形态方面积极为西方列强的扩张效力，充当着殖民主义、帝国主义侵华的先锋。从1815年8月第一家近代报刊《察世俗每月统记传》创办开始，陆续出现了第一批中文近代报刊；同时外国政客和商人也不甘落后，他们在中国也为了各自的利

---

① 曾宪明：《中国百年报人之路》，呼和浩特：远方出版社2003年版，第2页。

益办起了外文报刊。

鸦片战争既是中国历史的转折点，也是在华外报发展的分水岭。鸦片战争前，清政府严禁外国人在中国传教和办报，如1810年，嘉庆皇帝发布谕旨："如有洋人秘密印刷书籍或设立传教机关，希图惑众，及有满汉人等受洋人委派传扬其教，及改成名字，扰乱治安者，应严为防范，为首者立斩。"① 外国人只能以各种隐蔽的方式在中国沿海地带进行办报活动。从1815年到鸦片战争结束，外国人在南洋马六甲、雅加达和中国广州、澳门等地一共创办了6种中文报刊和11种外文报刊。前者主要以中国人为读者对象，基本上属于宗教性质；后者主要以在华的外国人为读者对象，多为商人所办，内容上以新闻和商业报道居多。

鸦片战争之后，随着一系列不平等条约的签订，中国海禁大开。西方列强利用洋枪洋炮的威力，取得了在中国办报的特权。外国人办的报刊在中国大地上迅速地发展起来。无论是办报的数量还是办报的地域，都大大超越了鸦片战争前的规模，中国的新闻事业几乎被外报所垄断。

第一节　外国传教士来华办报

鸦片战争前，传教士和教会在靠近中国的南洋和沿海地带办报，主要创办了6种中文报刊，其中最有影响的是《察世俗每月统记传》和《东西洋考每月统记传》。

一、《察世俗每月统记传》

1. 马礼逊、米怜与《察世俗每月统记传》的创办

罗伯特·马礼逊（Robert Morrison，1782—1834年），英国传教士，基督新教（16世纪欧洲宗教改革，基督教分成新旧两派，旧派称天主教，新派称基督教）派遣到中国传教的第一个人。

1804年，年仅22岁的马礼逊主动上书英国海外组织伦敦布道会（London Missionary Society，成立于1795年），请求到中国来传教，并于1807年春开始了前往中国的航程，当年9月到达广州。为了尽快工作，马礼逊以全副精力学习中文，不到3年就能操一口流利的中国官话和粤语，并翻译《圣经》、编纂

① 麦沾恩：《中国最早的布道者梁发》，《近代史资料》1979年第2辑（总第39号）。

《华英辞典》以及编写宣传基督教义的小册子。但由于清政府严禁外国传教士传教，马礼逊无法开展传教活动。为了扩大宣传，他一面向伦敦布道会求援，一面仍冒着杀头的危险，以重金诱使中国印刷商出版《新约》和宣传教义的小册子，其间结识了中国印刷工人蔡高、梁发等人，并介绍他们入教。

1813 年，英国伦敦布道会派遣米怜来华协助马礼逊工作。威廉·米怜（William Milne，1785—1822 年）也是英国传教士，鉴于当时在中国境内发行传教宣传品极其危险，米怜建议将对华传教和出版基地暂时先放在南洋群岛一带，得到了马礼逊的许可。1814 年初，米怜试探性地去南洋群岛向华人聚居地传教，竟受到当地官绅的礼遇。经过 8 个月的试探性考察，米怜的活动获得了很大的成功。回广州后，米怜便向马礼逊建议，将出版基地设在马六甲。因为马六甲离中国很近，和广州往来方便；同时周围地区居住着大量华人，而荷兰殖民当局也支持传教。马礼逊立刻接受了米怜的建议，将对华传教和出版基地移往马六甲。米怜带着刻工梁发于 1815 年 5 月下旬到达马六甲，按原定计划开始了紧张的工作，不到 3 个月，就办起了专供贫苦华人学习的义务学校——立义馆，建立了中、英文印刷所。当年 8 月，在马六甲创办出版了第一家中文近代报刊《察世俗每月统记传》（以下简称为《察世俗》），也是外国人所办的第一家以中国人为宣传对象的近代刊物，《察世俗》实为中国近代报刊之开端。

《察世俗》刊名取“察世俗人道，分是非善恶”之意，月刊，采用木板雕印，形式如我国古代线装书，每期 5 页，约 2000 字。初印 500 册，至 1819 年初每期增至 1000 册，后达 2000 册，至 1819 年 5 月共印 3 万余册，免费在南洋华侨中散发，其中一部分还由人带到广州、澳门分发，影响也逐渐扩大。1821 年，《察世俗》因主编米怜病重，出至年终停刊。历时 7 年，先后共出版 80 多期。

马礼逊不仅仅是第一个来华的基督教传教士，而且也是最早将华人引入近代报刊传播工作的第一人。先后被他雇请并为其出版事业而工作的华人有 5 人，其中刻字工梁发从 1815 年随米怜前往马六甲创办《察世俗》以后，长期从事基督教书刊传播工作，被称为“我国近代正式服务报界之第一人”①。1821 年《察世俗》停刊后，已经成为基督教忠实信徒的梁发仍然采取撰写小册子的方法传教布道，直到 1855 年去世，终身为外国人传教。他的宗教传播工作得到了外国传教士的高度赞扬，曾编辑过《中国丛报》的牧师裨治文将

① 戈公振：《中国报学史》，北京：中国新闻出版社 1985 年版，第 56 页。

梁发与耶稣并举；马礼逊称赞他“不但能坚守真道，而且勇气日进”；伦敦布道会的老牧师皮尧士也评价他“是基督徒在试练奋斗及患难中为道作证的好模范”和“一个伟大的先驱者”①。

2.《察世俗》的内容和宣传技巧

《察世俗》属于宗教性质，其宗旨是以“阐发基督教义为根本要务”。从内容上看，全刊总发表文章为244篇，其中直接宣传教义的文章206篇，占全刊的绝大部分；其次是宣传伦理道德，如忠孝节义、君臣父子等；再次是介绍世界各国情况及天文地理等方面的科学知识。一些实用知识，如蒸汽机、农业技术、急救方法等等，既为中国社会所需，又可反映西方科技水平，改变中国人对西方文化的看法。

《察世俗》上新闻较少，但却开创了中文近代报刊上的几个新闻之最。如该刊第2期刊登了中国近代报刊史上的第一条预报性新闻《月蚀》：“照查天文，推算今年十一月十六日晚上，该有月食。始蚀于酉时约六刻，复原于亥时约初刻之间。若此晚天色晴明，呷地诸人俱可见之。”还有一篇记述道光元年(1821年）四月初九出现在马六甲东街纳地区祭祀痘娘娘的活动，该文配有一帧《事痘娘娘悬人环运图》，形象地记录了当时祭祀痘神时银钩吊人回旋转动的情形，是中文报刊上最早的新闻图画。

《察世俗》前5卷对政治时事问题均未涉及，第6卷起增加“全球各国纪略”一栏，介绍世界各国概况，但十分简略。

在内容的编写上，《察世俗》表现出明显的宗教色彩。它常常将宣传科学与宣传神的威力、将华人的伦理道德与上帝的万能混在一起谈，即便是举办善事和介绍科学文化方面的文章，大多也与传教有关。如讲到天体运行时，最后说：“若神一少顷取去其全能之手，不承当宇宙，则日必不复发光，天必不复下雨，川必不复流下。”认为天体的运行由神主宰，所以“天地之万人，皆当敬畏神”，这说明《察世俗》以“阐发基督教义为根本要务”的宗旨始终没有改变。

马礼逊、米怜为了达到传教的目的，十分讲究宣传策略和办报技巧。他们顺应中国的民族传统，注重研究读者的心理，赋予报纸中国化的外衣。作为《察世俗》的主编和主要撰稿人的米怜，非常注重迎合中国读者的民族心理，在编辑和撰稿时，尽量运用中国的传统形式，迎合中国人的阅读习惯。突出表

① 麦沾恩著，胡簪云译：《中国最早的布道者梁发》，《近代史资料》1979年第2辑(总第39号)。

现在四个方面：

第一是附会儒学，常常引用孔孟程朱的语言。《察世俗》每一期的封面上都印有“子曰：多闻，择其善者而从之”的字句；在文章中更是大量引用“四书”、“五经”和孔孟程朱的言论。例如《论不可泥古》一文中的第一句是：“子曰：君子之于天下也，无适也，无莫也，义之于比。”《立义馆告帖》的第一句：“礼记曰：玉不琢不成器。”此外，还经常引用儒家言论来阐释《圣经》文句，以示两者的思想和精神的一致性。米怜附会儒学的目的是要告诉中国读者：基督教义和儒家学说是并行不悖、相得益彰的。这是他的一种宣传策略，因为他清楚，如果不附会儒学，基督教义就很难被对基督教义十分生疏的中国人接受。

第二，在文章的写作上，他们常采用中国文学特别是章回体小说的表现手法，即使是解释天文现象的文章结尾也必然用上“欲知后事如何，且听下回分解”、“现今未知如何，下月细传”这类句子，“甚至在写到海军交战时，也要写上‘大战几个回合’，把中国古典小说中的交战描写用到了近代战争上来”①。米怜的论说文，常采用对话体方式，他善于抓住人们思想上的一些矛盾，假托两位知心朋友促膝谈心，在和谐而活跃的气氛中，一步步将所要讲的道理表达出来，这种写作方式为以后传教士在中国写布道书所借鉴。

第三，在行文口气上，他们总是用自家人的口气讲话，尽量做到亲切自然，不板起面孔说教，著文一般不署名，每期主编不写“米怜”，而是“博爱者”，还经常讲“我们是中国人”如何如何。他们十分懂得，要使中国人的思想“西方化”，先得把自己装扮得“中国化”。如此做法，无非是通过与华人心理上的接近，达到良好传播效果的目的。

第四，在文章的语言运用上，注重短小通俗、流畅生动。马礼逊、米怜认为，《察世俗》的读者“富贵之人不多，贫穷与工作者多”，这些人都很忙，“读不得多书，一次不过数条”，所以“察世俗之每篇必不可长也，必不可难明白”。《察世俗》一般没有超过千字的文章，对于说教性很强的长文章，常常采用分篇连载的方式和讲故事、打比方的形式，使读者易于接受。

《察世俗》虽然已经具备了近代报刊的规模和系统，但由于其新闻性较弱，而且是免费赠阅的，因而它不能算真正意义上的近代报刊，只能算一份向近代大众传播媒介过渡的报刊。

---

① 单波：《跨文化新闻传播论》，http：//media. whu. edu. cn（武汉大学媒体发展研究中心网站）。

二、《东西洋考每月统记传》

1. 郭士立与《东西洋考每月统记传》的创办

查尔斯·郭士立（Charles Gutzlaff，1803—1851 年），德籍传教士，1823 年加入荷兰布道会，1826 年在荷兰鹿特丹神学院毕业后被任命为牧师，同年被派往东方荷属殖民地传教。1827 年受荷兰布道会的派遣来华传教，起初在爪哇等地活动，两年后，和荷兰布道会脱离关系，转而同英国在华的传教士、商人、官员建立了广泛的联系。1833 年 8 月，郭士立神秘地在广州创办了中文近代报刊《东西洋考每月统记传》（以下简称《东西洋考》），成为外国传教士打入中国本土创办的第一份中文近代报刊。

《东西洋考》于 1833 年 8 月创刊，1834 年 5 月休刊，第二年 2 月复刊后至 7 月再度休刊，1837 年 2 月在新加坡复刊，1838 年停刊。目前所见最后一期出版于 1838 年 4 月。

2.《东西洋考》的内容和编辑业务

与《察世俗》相比，两者的共同点在于：都由基督教传教士所创办，刊名相似，形式上均为中国线装书式，封面设计也相似，但由于创办者的办报宗旨有异，两者差异也显而易见。

第一，从内容上看，两者均由宗教、伦理道德、科学知识三部分组成，所不同的是三者的比重不同。《东西洋考》中，宗教内容比重大大下降，以科学文化知识为主，尤其是用大量篇幅宣传中外人士之间的行为准则，如中国人不要称外国人为“蛮夷”，中国人和外国人做生意要讲究公平、诚实，中国应学习各国的长处等等。同时介绍西方的科学与民主思想，一方面增进中国人对西方的了解，打破国人闭关自守的观念；另一方面美化英国殖民统治，目的是显示西方文明的优势。而《察世俗》中科学文化知识较少且偏重天文，主要显示上帝造万物之功。

第二，《东西洋考》对时事政治很关注，具体表现是注重新闻和言论。在《东西洋考》中，新闻成为必备一栏，主要刊登政治新闻，社会新闻也开始出现。该刊关于酒徒打人致死的报道和一位 105 岁老翁娶妻并生子的消息，是迄今所见中文近代报刊中最早的社会新闻。《东西洋考》重视言论，每期必有，且置于首页，并且言论已不重在阐发宗教教义，而是转向社会的政治、经济、文化方面。

第三，在编辑业务上，《东西洋考》较之《察世俗》也有了新的发展，体现出报刊近代化的特征。《东西洋考》每期在卷首都刊有本期内容目录，引导读者阅读；它还采用分类编排、固定栏目的方法，将所刊文字分为序（论）、史、地理、新闻、天文、贸易、杂文、煞语（结束语）等专栏，分别介绍了科技、经济、动物、人物、文学、政治、教化等内容，这种分类编纂的方法，对中国后来期刊的编排产生了深远的影响。正如方汉奇先生所言，《东西洋考》“在编辑方面每期在卷首都刊有本期内容目录，清晰醒目，便利读者阅看。栏目基本稳定，随着需要的变化略有改动。在稿末编者有时还加上编者按语。这些做法，后来中文报刊经常采用，但当时还是第一次出现。总之，在业务上，《东西洋考》已在相当程度上具有近代报刊的基本特征了”①。

值得一提的是，1834 年 1 月，《东西洋考》发表《新闻纸略论》一文，全文 331 字，叙述了报纸的起源、新闻自由和当时西方一些国家的报纸出版情形。这是我国中文报刊上刊载的第一篇新闻学专文。

郭士立是一个对西方文化传播、东西文化交流颇有兴趣的人，他的办报实践表明他已经不是一个普通的传教士。

首先，郭士立以增进中国人对西方了解、促进中西文化交流为办刊宗旨。他在 1833 年 6 月 23 日《创刊计划书》中说：“当文明几乎在地球各处取得迅速进步并超越无知与谬误之时（即使排斥异见的印度人也开始用他们自己的语言出版各种期刊），唯独中国人却一如既往，依然故我。尽管我们与他们长久交往，可是他们却仍然自称是世界上第一个民族，而把其他民族看成是‘蛮夷’。如此妄自尊大，严重地影响了住在广州的外国居民利益以及他们同中国人的交往。本月刊是为维护广州和澳门的外国公众利益而开办的。它的出版意图，就是要使中国人认识我们的工艺、科学和道义，从而清除他们那种高傲和排外的观念。刊物不必谈论政治，也不要在任何方面使用粗鲁的语言去刺激他们。这里有一个较为巧妙地表明我们并非‘蛮夷’的途径，就是编者采用摆事实的方法，让中国人确信他们需要向我们学习的东西还是很多的。”②这段话明确表示创办刊物的目的是为维护西人的在华利益，扩大对中国的交往，进而为西方的商业资本进入中国打开大门。但目前急需解决的问题是必须用巧妙的宣传方法，即以用事实展示西方科学文化优越的办法来消除中国人对他们的轻蔑和敌视态度，这也正是《东西洋考》中科学文化知识所占比例较大的原因所在。从这个角度来看，他创刊的首要任务，已经逐步背离了《察

---

① 方汉奇：《中国新闻事业通史》，第 1 卷，北京：中国人民大学出版社 1992 年版，第 183 页。

② 黄时鉴整理：《东西洋考每月统记传》，北京：中华书局 1997 年版，影印本导言。

世俗》以“阐发基督教义为主要任务”的宗旨。

其次，郭士立为了达到目的，常常采取取悦读者、拉近和中国人之间距离的办法。《东西洋考》与《察世俗》相同，处处附会儒学，《东西洋考》在每一期的封面上都大量引用孔孟的语录，如“人无远虑，必有近忧”、“子曰亦各言其志也已”、“好勇不好学其蔽也乱，好刚不好学其蔽也狂”等。在创刊号仅800字的序中，郭士立引用《论语》就达10次之多。引文多在突出以下思想：一是强调多闻多学的好处，意即中国读者应学习西方文明，否则将“闭目塞听”；二是强调四海一家，意即中国人应视外国人如兄弟。与此相适应，《东西洋考》主编的署名是“爱汉者”。

不仅如此，为了拉近与中国人之间的距离，郭士立还学说中国话，包括官话、广州话和福建话，穿中国服装，甚至安装了一条假辫子；他遵守中国习俗，把自己打扮成中国人，甚至不惜拜一个福建郭姓人做干爸爸，取中文名字为“士立”，以此取得中国亲属的身份；此外他还用有限的医学知识和药物免费给人治病，以此来笼络和取悦中国人。所有这些的最终目的是了解当地的风土人情，进而了解政治和经济。他擅长贿赂中国官员。1836年，义律新来广州，请教郭士立推销鸦片的方法，郭说：“清政府要路显官，尽为私人奸佞之徒”，“倘以贿赂扩张贩路，必能达到目的。”① 可见郭士立颇精于贿赂之道，这也许是《东西洋考》能在广州创刊、并公开出版两年之久而未被查禁的主要原因所在。

第三，在体裁的运用上，郭士立大量采用颇具亲和力的书信体以达到其宣传目的。《东西洋考》从甲午四月号开始登载《子外寄父》，后来陆续刊登了11封书信，构成了该刊一个突出的栏目。这些书信都是借旅居海外华人之口来叙述介绍外国的情况，大肆吹嘘西方国家（主要是英国）的文明，通信者之间是父子、叔侄和好友关系，显得贴心亲切，真实可信。

与其他传教士相比，郭士立是面目最复杂，涉足领域最广泛的一个，无论从宗教角度还是政治、经济、中西关系史角度考量，他都不可被忽略。一方面他是个传教士，一个中国通，甚至可以说是一个汉学家。他精通多国语言，一生著述颇丰，其中中文著作最多，占75%左右。从这个角度来讲，他无疑是中西文化交流的拓荒者之一。但从他一生的诸多经历来考察，他已不再是个纯粹的文化传播者，而是有着深刻的经济背景和政治背景的情报人员。

从1831年起，郭士立10次乘船考察了中国的东南沿海，收集了大量关于

① 吴廷俊：《中国新闻史新修》，上海：复旦大学出版社2008年版，第32页。

中国方面的情报。他在《中国丛报》上发表文章证明“中国之门”是可以被打开的，为此要采取更有效的措施：“没有什么东西比我们架置妥帖的大炮更能激起他们对我们的尊敬。”他很肯定地表明：如果我们以敌人的身份来到这里，整个中国的抵抗不会超过半小时。所以他参与了鸦片战争的全过程，曾任英国侵略军头目义律的首任翻译官；战争结束后，他和马礼逊之子马约翰以翻译的身份，参与了《南京条约》的谈判和签订；他还任美国侵略军在定海、宁波、镇江等地的民政长官，之后又做了 8 年香港驻华商务总督的秘书，直至 1851 年病死于香港。他以多次航海获得的情报与西方的商人和政客建立了紧密的联系。从这个角度来讲，说郭士立是文化间谍和侵略者并不过分。

三、鸦片战争前传教士创办的其他中文报刊

鸦片战争前外国传教士来华传教和办报，除了以上两种外，其后有英国传教士麦都思、吉德等人先后在巴达维亚、马六甲和中国广州等地创办的《特选撮要每月统记传》、《天下新闻》、《依泾杂说》以及《各国消息》等几份中文近代报刊。

1.《特选撮要每月统记传》

1821 年 12 月，《察世俗》因主编米怜病重无力主持编务而停刊。当时正在巴达维亚（今雅加达）设立布道中心从事传教活动的英国传教士麦都思，决心继承米怜开创的事业，于 1823 年 7 月办起了《特选撮要每月纪传》并自任主编。该刊从内容到形式均效仿《察世俗每月统记传》，只是稍微增加了些地理、历史知识。仍是月刊，雕版印刷，并自称是《察世俗》的续刊。他在创刊号中云：“……弟如今继续此《察世俗》书，则以其书之名，且叫做《特选撮要每月统记传》……”① 麦都思强调该刊的宗旨是多讲“创造天地，主宰万人，养活万有者之理”，使“无一人不遵神天之令”。很明显，麦都思像其他传教士一样，企图用宗教来麻醉中国人民。但是，《特选撮要每月统记传》也为华人提供了不少历史、天文、地理等方面的知识，尤其是关于东南亚地理知识记述最为详尽，并附有多幅地图。该刊出至 1826 年停刊，共出 4 卷。

2.《天下新闻》

1828 年，英国伦敦布道会系统出版的第三份中文月刊《天下新闻》在马

---

① 姚福申：《〈察世俗每月统记传〉的再认识》，《新闻大学》1995 年春季刊，第 36 页。

六甲创刊，主持该刊编务的是该布道会传教士吉德。虽然是一份宗教性刊物，但内容包括中外新闻、科学、历史和宗教等，并以欧洲和中国的新闻报道居多，宗教和道德方面的文章已退居次要地位。1829年停刊。

3.《依泾杂说》

在1827年至1828年间，还有一份中英文对照的报刊《依泾杂说》，在当时为葡萄牙的殖民属地澳门出版。该刊创办于1827年，后因揭露官府陋规，被清政府所严禁。《依泾杂说》是在中国出版的第一家中英文合璧的近代报刊。

4.《各国消息》

继《东西洋考》之后，在中国境内出版的中文报刊还有1838年广州出版的《各国消息》，由麦都思创办，创办目的同《特选撮要每月统记传》一样，也是为了改变中国人思想闭塞状况和宣扬英国统治殖民地的威力与德政。该刊率先采用石印技术，在印刷史上是个不小的进步。1839年5月停刊。

综上所述，自1815年后，外国传教士在中国境内和南洋出版的中文报刊共6种，其中出版时间最长的是6年，即《察世俗每月统记传》；在中国境内出版的中文报刊时间最长的是2年，即《东西洋考每月统记传》。这些报刊均为月刊，创办人也都与伦敦布道会有关，属于宗教性报刊，或是阐发教义，或是宣传西方文化。但是，随着社会形势的变化，这些报刊的宗教色彩渐趋淡薄，政治与经济色彩越来越浓厚，对新闻信息的传播也越来越重视，体现出向近代化报刊发展的趋势。

四、鸦片战争前的外文报刊

鸦片战争前，除了外国传教士创办的中文报刊外，还有商人和政客创办的一批外文报刊，作为交流信息、沟通观点的工具。截至1839年，外国人在中国境内出版的外文报刊有17种之多，且一般规模都较大，出版时间也较长，有的长达十几年或二十年之久，地点则集中于澳门和广州两地。其中影响较大的如澳门教会领袖安东尼奥主编的葡萄牙文周刊《蜜蜂华报》，英国鸦片商人马地臣主编的英文双周刊《广州纪录报》以及美国第一个来华的基督教传教士裨治文主编的英文杂志《中国丛报》等。

1.《蜜蜂华报》和澳门葡文报刊

澳门是最先出现外文报刊的中国领土。1822年9月12日，葡萄牙文周刊《蜜蜂华报》(A Abelha da China) 创刊，为澳门出版的、也是中国境内出版的第一家外文报纸。该报是当时的葡萄牙执政党在澳门创办的政府机关报，由安东尼奥（Erey Antonnio）任主编。1823 年 12 月 6 日，由于葡萄牙执政党被推翻而被查封，仅出版了一年多。

1824 年 1 月 3 日，第二份葡文报刊《澳门报》（又译为《澳门钞报》）问世，以宣传葡萄牙国内保守派的主张为主要内容，1826 年因财政问题而停刊。

此后，葡文报刊在澳门成批出现，但时间都较短，内容多是葡萄牙本国和澳门问题，对中国事务很少有兴趣，因而对中国社会影响不大。

2.《广州纪录报》和广州英文报刊

这一时期对中国社会产生重大影响的外文报刊，则是英、美等国商人在广州等地出版的英文报刊，其中影响较大的有 4 家：《广州纪录报》、《中国周报》、《中国差报和广东钞报》以及《中国丛报》。

《广州纪录报》（Canton Rcgister）是我国境内第一份英文报纸，1827 年 11 月 8 日创刊，双周刊，1834 年改为周刊，逢周四出版。该报由英国鸦片商人马地臣（James matheson）出资创办，美国商人伍德（William. W. Wood）为第一任编辑，撰稿人有马礼逊、施赖德等。不久后，伍德因与马地臣意见不合而离开，改由马地臣和马礼逊担任编辑。

《广州纪录报》是一张商业性报纸，货价行情、航运消息占主要篇幅。创刊时声称："我们的主要努力是发展丰富而准确的物价行情。"实际上该报关注的领域很广，广泛刊登政治时事新闻和评论，政治色彩较浓。由于老板就是鸦片商，所以公开鼓吹侵华政策，为鸦片贸易辩护；攻击中国官员对外国人傲慢无礼，无视外商的利益，主张英国政府对华应采取强硬政策。由于对中国问题的关心，该报中关于中国的新闻和材料占相当多的篇幅。

《广州纪录报》当时影响最大，读者远及南洋、印度及英美一些主要商埠。1839 年，《广州纪录报》因中英关系紧张迁往澳门出版，鸦片战争结束后又迁往香港，改名《香港纪录报》，直至 1863 年停刊。

继《广州纪录报》后，又一家颇有影响的英文报纸《广州周报》于 1835 年 9 月 12 日在广州创刊。《广州周报》的新闻报道内容广泛，评论颇有见地。对中国问题的关注更超过《广州纪录报》，关注中国情势，重视报道当地新闻，林则徐组织翻译的"澳门新闻纸"大多译自该报。1839 年，该报因中英关系紧张而迁至澳门出版，1844 年 3 月停刊。

《中国差报和广东钞报》（Chinese Courier and Canton Gazette）和《中国丛报》（Chinese Repository）是美国人在广州创办的英文报刊，代表美国商人的在华利益。《中国差报和广东钞报》创办于 1831 年 7 月 28 日，是美国人在华创办的第一份报纸，创办人和编辑为美商伍德。同样以宣扬殖民政策，鼓吹不平等贸易为宗旨。1832 年 4 月 14 日改用简称《中国差报》，1833 年 10 月停刊。

《中国丛报》创刊于 1835 年 5 月，该报由马礼逊倡议，在美国商人奥利芬（广州同孚洋行老板）的经费和物资帮助下创办。每月出版一期。主编裨治文是美国方面派遣来华的第一个新教传教士。

《中国丛报》创办的目的在于搜集中国多方面的情报，以发表文章为主，也刊载新闻。该报大量发表有关中国的政治、经济、军事、外交、文化等各方面的材料，为殖民主义者提供“有关中国及其邻邦最可靠、最有价值的情报”①，它为读者提供情报资料的同时，还就对华政策进行讨论，在更深层面上为西方侵略者服务。由于该刊的撰稿人都是一些文化素养和社会地位较高的在华西方人士，所以其舆论受到西方社会的重视，对英国和美国政府的决策有明显影响。

《中国丛报》每期约 50 页，销量最高时为 1000 册以上。由于局势紧张，1839 年 5 月迁至澳门出版，鸦片战争后销量顿减，1844 年 10 月迁至香港，后重返广州出版。1851 年，《中国丛报》只有 300 家订户，年底停刊，共出版 20 年之久。

作为外国侵略者的舆论工具，鸦片战争前在中国出版的外文报刊，一般都以提供情报和新闻信息为主。但是，就其新闻业务而言，采写编评水平较高，均已达到近代报刊应有的水准。

第二节　鸦片战争后在华外报的发展

一、鸦片战争后传教士报刊

鸦片战争是中国历史的转折点。随着鸦片战争及战后《南京条约》、《望厦条约》和《黄埔条约》等一系列不平等条约的签订，中国的国门大开，外国人取得了在中国办报的诸多便利条件，各种各样的在华外报从沿海到内地都发展起来，形成了一个在华外报网。

率先使用在中国境内办报这个特权的还是一向重视“文字播道”工作的传教士和西方教会。1846 年，道光帝发布了“毋庸查禁”的解除禁教的指令，

① 转引自方汉奇：《中国新闻事业通史》，第 1 卷，北京：中国人民大学出版社 1992 年版，第 190 页。

传教士创办的报刊由此大量涌现。据统计，从1856年第二次鸦片战争到1890年，传教士和教会在中国共出版了76种刊物，主要集中在广州、上海和北京。与鸦片战争前相比，这些教会报刊“并不十分热衷于‘阐发教义’，而是把主要篇幅致力于所谓‘和平’、‘友谊’的宣传……其次，也刊载一些‘西学’文章，借以炫耀西方国家的物质文明”①。

这个时期传教士所办的报刊主要有《六合丛谈》、《万国公报》以及《遐迩贯珍》等。

1.《六合丛谈》

《六合丛谈》(Shanghai Serial) 于1857年1月26日在上海创刊，第二年停刊，前后出版约13期。它不仅是上海的第一家传教士报刊，同时也是上海的第一家中文近代报刊。主编为伦敦布道会传教士亚历山大·伟烈亚力(Alexander Wylie)，由英国伦敦布道会传教士麦都思在上海创办的墨海书馆负责印刷出版，每月出版一册，每册售价12文。

《六合丛谈》不是纯粹宗教性刊物，而是教会综合报刊。其主要目的是为了打破中国人的仇恨排外和以天朝自居、固步自封的心理，同时也是宗教宣传的一种需要。以这样的办报思想做指导，《六合丛谈》内容以科学知识、文学常识为主，虽然仍保留“宗教”一栏，但已不占主要地位，间或也刊载一些新闻，是一份兼具知识性和新闻性的刊物，虽然存在的时间不长，但传播了近代科学的观念，介绍了一些重要的科学知识。中国学者王韬也参与了该刊的编辑和撰写工作。

2.《万国公报》

《万国公报》(Chinese Globe Magazine) 原名《中国教会新报》，1868年9月5日在上海创刊。在教会报刊中，《万国公报》是历史最长、发行最广、影响最大的一份报刊。

《万国公报》每周出版一期，主办人是美国监理会传教士林乐知(Young Gohn Allen，1836—1907年)。林乐知，1858年在美国埃默里大学毕业后当上传教士，1860年6月，携妻带女抵达上海。他学中文甚至学说方言，直到能读中文本《圣经》，能用方言与当地人交谈。在接手《万国公报》前，他在上海方言馆教书兼译书。1868年，他接任傅兰雅任《上海新报》主编，同年以“林华书院主人”名义创办中文周刊《中国教会新报》，自筹资金，自任主编，并自己发行。该刊创刊时是一份宗教性报纸，宗旨是“宣传宗教、联络教徒

① 吴廷俊：《中国新闻史新修》，上海：复旦大学出版社2008年版，第36页。

教友以及沟通传教活动信息”。林乐知在《中国教会新报》第一期上发表的《中国教会新报启》一文中写道：“俾中国十八省教会中人，同气连枝，共相亲爱，每礼拜发给新闻一次，使共见共识，虽隔万里之远，如在咫尺之间，亦可传到外国有中国人之处。”所以创刊时该报着重刊登阐释教义的文章，以及沟通教徒教友情况的“各地教友来信”等。

《中国教会新报》从第201期始改名为《教会新报》，出至第300期止。1874年9月5日，从第301期《教会新报》改名为《万国公报》，仍为周刊，1883年出至第750期时因经济原因停刊。

1889年2月《万国公报》复刊，成为广学会（Christian Literature Society for China）的机关报，同时改为月刊，仍由林乐知主编，李提摩太和丁韪良等外籍传教士也参与过编撰工作。售量约为4000份。复刊后的《万国公报》发表了大量涉及中国政治、经济、军事问题的新闻和评论，大力推广“西学”和“新学”，对中国维新运动的兴起影响很大。

1907年5月30日林乐知在上海病逝后，《万国公报》也在7月出至第977期时终刊。

《万国公报》是在中国发行最久，影响最大的一份杂志。当时的人称“西学新知之总荟”，尤其受到维新人士和地方要员的重视。从李鸿章、张之洞这些重要的政府官员到日本天皇都长期订阅这份杂志。孙中山先生所写“致李鸿章书”，“上李鸿章书”也都在《万国公报》上发表。光绪皇帝曾购回广学会出版的89种书籍和全套《万国公报》。在1896年维新前后，《万国公报》发行量曾高达38 400份，1903年发行量达5.4万多份，成为当时中国发行量最大的刊物。

3.《遐迩贯珍》

《遐迩贯珍》是在香港出版的第一份中文报刊，1853年9月3日创刊，由伦敦布道会对华文教机关英华书院和马礼逊教育会出版，英国传教士麦都思主编。麦都思曾参编和主编过多种中文报刊，具有丰富的编辑出版工作经验。以后的主编是奚礼尔和理雅格，1856年理雅格因英华书院院长事务繁忙，无暇顾及，该刊遂于5月1日停刊，共出33期。

《遐迩贯珍》是最早使用铅字印刷的中文报刊，刊有中英文对照的目录，这是中文报刊的创举。该刊虽然为教会所办，但内容却以时事政治和新闻评论以及“洋货时价”、“本地货时价”之类的商情报道为主；其次是介绍科学文化知识的内容，最后才是宗教类文章，这种编排明显反映出鸦片战争后传教士报刊由“教”而“政”的变化。

《遐迩贯珍》中新闻报道的评论总体上都是站在英国殖民主义者立场，但在报道中国内部消息时，因不必顾忌清政府的干涉，还能比较客观地反映事物的真实面貌，如关于太平天国、小刀会起义的报道，关于法国公使到南京与太平天国将领会谈的报道，都较及时准确地反映了事实真相。《遐迩贯珍》上发表的欧美、日本、东南亚新闻和介绍的西方文明，开阔了中国人的视野，对帮助中国人了解中国和世界也有启迪和借鉴作用。

《遐迩贯珍》在新闻业务上也有了重要发展，它的消息、通讯、短讯、评论都已具雏形，还出现连续报道的形式。与以前的中文期刊相比，在新闻业务方面有了长足的进步。自1855年起，《遐迩贯珍》增出附刊《布告篇》，刊登各类广告，初次每50字收费一银元，50字以上，每字加1先令。如果再次刊登同一广告，收费减半，这是在我国中文报刊上首次出现的收费广告。

二、鸦片战争后外商在华办报

鸦片战争后，中国近代报业首先在香港、上海以及其他沿海口岸发展起来。第二次鸦片战争以后，汉口、九江、镇江、天津、烟台等地均成为通商口岸，外国人在华的办报活动又从东南沿海扩展到中原腹地，直至在清王朝的首都北京也出现了外国传教士主办的近代报刊。中国近代报业的发展，实际上是在华外报的发展。在一个不算太长的时间内，外报独占了中国的报坛，并形成了一个以上海为中心、几乎遍布全国的庞大网络。

1. 外文商业报刊

鸦片战争之前，在清政府严格的海禁中，对外国人在中国办外文报刊稍为宽和，因此战前在华外文报刊的发展比中文报刊要快得多。战前外国人在中国创办的17种报刊中，外文报刊就有11种；从地点看，战前的外文报刊主要集中在澳门和广州两地；从文字类别看，主要是葡文和英文两种；从内容来看，这阶段的外文报刊主要是帮助在华的外国人了解中国情况，通报一些简单的商务情报和人事动态消息，介绍一些当时当地发生的大事。这些报刊发行量小，中国人能直接读懂的寥寥无几，因而影响不大。

鸦片战争结束之后，海禁大开，世界资本主义国家的官吏、商人、流氓、传教士、冒险家纷纷来华，留居在中国的外国人人数逐年上升。直接以这些外国人为读者对象的外文报刊也迅猛发展。办报地点也由沿海到内地，文种也由葡文、英文两种增加到英、日、葡、德、法、俄六种。以刊期计，有日刊、三日刊、周刊、月刊、年刊等，总数达120多种。在外国人创办的外文报刊中，就数量讲，以日文最多，就时间讲，以葡萄牙文最早，但就势力讲，以英文最大。这些外文报刊的编辑和主笔，一般都不是普通的文化人，而是外国殖民主义者派遣来华的文化特务。这些办报人往往是集办报、传教、贩毒、直接参加侵华活动四位于一体。他们的目的很明确，就是为殖民主义侵略撞开中国大门而出谋献策。因此，这些外文报刊成了帝国主义侵略者的喉舌，它们在敌视中国人民的宣传方面，比外国人办的披着温文尔雅面纱的中文报刊要放肆得多。在这些外文报刊中，出版时间最长、影响最大的是《字林西报》。

(1)《字林西报》的创办及其影响

上海的第一家近代报刊是1850年8月3日创刊的《北华捷报》(North China Herald)，一份商业性周刊，该报每星期六出版，每期对开一张，共4页。1864年7月改名《字林西报》(North China Daily News)，日刊，属英商字林洋行所有，该报1951年才自行停刊，前后共出版101年。

《字林西报》最早的创办人是奚安门(H. Shearmam)，历任编辑有奚安门、李德立、壁克、鲍林、裨治文、林乐知、丁韪良、巴尔福等。他们中有的是商人，有的是英国驻华的官员，有的是传教士，但大多是中国通，如巴尔福就以描写中国生活的散文著称。

《字林西报》主要反映在华英国资本家的观点和要求，奚安门所写的发刊词就公开表示："我们别为自己假扮……我们的热情的努力，将唤起一种对于广大的商业和亲切的国际政治关系之安适。"它有一个口号，印在言论版的上端，叫做"公正而不中立"，它是公开为英国侵华政策和英国在华商人效劳的，被视为英国驻沪领事馆和租界当局的喉舌。为了刺探中国情报，《字林西报》的触角伸得很长，几乎在中国内地每一个设有教堂的城镇(包括甘肃、新疆等边远地区)都聘有通讯员，专门负责收集当地资料，为英帝国主义制订侵华政策和英国商人在华做生意提供情报。

《字林西报》十分重视新闻报道，曾一度获得独享路透社电讯的特权。同时也很重视言论，经常对中国政局与中外关系发表意见。该报报道面广，信息及时，内容丰富，受到中外人士的重视，社会影响较大。

这一时期上海出版的英文报刊中除了《字林西报》外，还有《中国之友》(Mercury)等。《中国之友》1866年由广州迁往上海，改为晚报继续出版，为上海第一份晚报，1869年停刊；《华洋通闻》1874年创刊，由葡萄牙人创办，出版后不久即由巴尔福继任主编，曾发表他的《远东浪游》一书的主要内容；《文汇报》1879年4月17日创刊，晚刊，英人克拉克等人为主编，乃上海的主要晚报之一，也是国内最先使用煤气引擎轮转机印报的报纸，后并入美国人主办的《大美晚报》。该报对中国问题的报道与评论肆无忌惮，为清廷所不容。

至19世纪90年代，上海形成了《字林西报》、《华洋通闻》和《文汇报》三足鼎立的局面。

（2）香港外文商业性报刊的兴起

鸦片战争后，香港为英国政府所控制，大量英国移民涌入香港，使该地区的外国侨民居全国第一位，为英文商业报纸的发展创造了极为有利的条件。《中国之友》（Friend of China）、《香港纪录报》（HongKong Register）、《德臣报》（China Mail）和《孖剌报》（Daily Press），是香港最先出现的4家最有影响的商业性报纸。

《中国之友》于1842年3月17日创刊于澳门，同年3月24日自第2期起迁往香港，并与《香港公报》合并，改名《中国之友与香港公报》，1844年恢复本名，单独发行，持支持香港政府的态度。1850年8月，英商台仁特（William Tarrant）购得产权担任主编后，持反对政府的态度。

该报特别重视中国新闻，对太平天国做过系统报道，对太平军持同情态度，这在香港外文报刊中是少见的，曾引起香港舆论界的广泛注意。台仁特对香港政府的弊政和腐败行为进行猛烈攻击，敢于指名道姓揭露香港政府高级官吏的丑闻，曾因此于1859年被控诽谤罪入狱。当年9月21日，《中国之友》停刊，1860年迁往广州复刊。

2. 外商中文报刊

鸦片战争前，中文报刊几乎全为传教士所办，外文报刊多为商办。战后情况发生了很大变化，外商办报十分活跃，除外文商业报纸外，中文商业报纸发展十分迅速，并很快成了外国殖民主义者在华报刊的主要势力。

（1）香港外商中文报刊

鸦片战争后，香港的传教士报刊基本上被商业报刊所取代。香港外商报刊以外文尤其是英文报刊为主。虽然也创办不少中文报刊，但数量和质量都不及上海。香港的第一张中文商业性报纸，是《香港船头货价纸》。该报由孖剌报馆于1858年初创办。周三刊，每星期逢二、四、六印发，主要刊登商情、船期和广告，每期也有二、三条新闻。1865年初，《香港船头货价纸》改名为《香港中外新报》，新闻进一步增多，发行对象从一般商人扩大到普通市民，并另出“行情纸”，为读者提供市场信息。1873年改为日报。

香港中文商业报纸除了《香港中外新报》外，较有影响的还有德臣报馆于1871年3月创办的《中外新闻七日报》。该报以报道中外新闻为主，也有一些评论。1872年4月6日，《中外新闻七日报》停刊，改出《香港华字日报》，独立发行，仍由德臣报馆印刷。与《香港中外新报》对垒，逐渐发展成为香港最重要的两份中文报刊。

(2) 上海外商中文报刊

在第二次鸦片战争后不久，上海凭借其优越的地理位置成为中外贸易主要集散地，并取代香港成为全国的商业贸易中心。随着西方资本主义国家商品的大量倾销，他们迫切需要有一种中文报刊为其产品做广告，于是外商中文商业报刊便应运而生。

外商中文报纸的发展以 1872 年《申报》的创刊为界，分为前后两个阶段，前一阶段以《上海新报》为代表，后一阶段以《申报》、《新闻报》为代表。

①《上海新报》的创办

《上海新报》(《The Chinese Shipping List & Advertiser》)，创刊于 1861 年 11 月，由字林西报馆出版，是上海最早的外商中文报刊。初为周刊，自 1862 年 5 月 7 日起改为周三刊，每星期二、四、六出版。1872 年 7 月又改为日刊。该报由英商字林洋行出资创办，始终由西方传教士任主笔，第一任是伍德，第二任是傅兰雅，第三任是林乐知。因与《申报》竞争失败，于 1872 年 12 月 31 日停刊。

《上海新报》主要是为商业贸易服务，把商情、船期、物价表等放在首位，这一点从其英文报名可明显看出。创刊号上刊登的字林主人的启事，阐述了该报的创办目的：

> 大凡商贾贸易，贵乎信息流通。本行印此新报，所有一切国政军情，市俗利弊，生意价值，船货往来，无所不载。类如上海地方，五方杂处，为商贾者，或以言语莫辨，或以音信无闻，以致买卖常有阻滞，观此新报，即可知某货定于某日出售，届期亲赴看货面议，可免经手辗转宕延，以免买空盘之误。①

《上海新报》初创时只有两个版面，第一版为商业信息和新闻，第二版几乎全是商业性内容。1868 年 2 月扩为四个版面后，除第二版刊有新闻和偶尔登一点言论外，其余一、三、四版全部是广告、船期、行情等商业信息。

《上海新报》自 1862 年 2 月 1 日起采用英国式的固定版面安排的方法，便

① 吴廷俊：《中国新闻史新修》，上海：复旦大学出版社 2008 年版，第 42 页。

于读者阅读：第一版为广告，第二版为中外新闻，第三版是广告及船期表、行情表，第四版是行情表及机器图说。值得指出的是，从 1870 年 3 月 24 日起，《上海新报》开始采用新闻标题，每条新闻上均加简明标题，而且字号也比正文大。用头号活字排印，正文则用 4 号活字。加标题后，读者只看标题便可知新闻的大概内容。此前，国内各报没有专门介绍新闻内容的标题，个别报刊上出现过栏题。

②《申报》的出版及与《上海新报》的竞争

在《上海新报》创刊 10 年之后，一个强劲的竞争对手在上海出现了。这个竞争对手就是 1872 年 4 月 30 日创刊的《申报》。《申报》原名全称为《申江新报》，是旧中国最有影响的一家报纸，起初由英国商人美查、伍华、普莱亚、麦基洛等四人合资创办，后产权归美查一人所有。1909 年产权归国人所有。1949 年 5 月《申报》停刊，先后出版 77 年。

美查于同治初年（即 19 世纪 60 年代初期）来华经营茶叶、缫丝等出口贸易。当时资本主义各国对中国的经济侵略是以商品输出为主要形式，在中国大量推销商品和掠夺资源。美查经营茶、丝亏本，无奈之际，想改行经营其他赚钱。他的买办陈莘庚看到《上海新报》销路好，利润大，便建议办报。美查没有选择独资办报，而是和其他 3 人订立合同，每人投资 400 两银子，合资办报。无论盈余或亏损都划分为 3 份，美查独占两份，其他 3 人共占一份，并将报名定为《申江新报》，简称《申报》。初创时为双日八版报纸，从第 5 号改为日报。

《申报》在创办之初，就决定同当时上海报业的龙头老大《上海新报》决一雌雄。为了达到经营盈利和竞争获胜的目的，《申报》针对《上海新报》的弱点，进行了一系列的改革。

一是增强时效性，降低成本和报价。针对《上海新报》是逢周二、四、六出版的周三刊，而且使用的是上等新闻纸，每份售铜钱 30 文的情况，《申报》从第五期后将原双日刊改为日刊，并使用国产毛太纸印刷，降低成本，每份零售只收 8 文，到报馆购买只收 6 文。《上海新报》只得从 7 月 2 日起也改为日报，忍痛赔本将报价降为 8 文。

二是改革言论，增加政论文章，拓宽读者市场。《申报》针对《上海新报》不设论说的缺点，开发论谈内容。创刊时头版就刊载“论说”，打破了此前包括《上海新报》在内的商业性报刊不发表论文的惯例，而且每期必有，很引人注目。仅创刊第一个月就发表评论文章 72 篇，迎合了外商和中国官僚士绅的需求。美查等人重视报纸言论，他们认为“利”和“义”并不是完全对立的，办报虽要得利，但必要时要“上关皇朝经济之需，下知小民稼穑之苦”①。《申报》的言论或为中国富强献计献策，或对陈规陋习、苛税政治口诛笔伐，具有明显的启迪民智的作用。

三是改革新闻报道，重视新闻真实性，让社会新闻唱主角。《申报》为了满足各方面读者的需要，不断改进新闻报道，扩大报道面，增加新闻量。《申报》创刊初期，每期只有几条新闻，10 年后增加到一二十条，90 年代增加到四五十条。《申报》很重视新闻的真实性。1874 年派访员赴台湾实地采访日军侵台战事，发表了具体生动的《台湾军事实录》等战地通讯，这既是上海中文报纸上最早的军事通讯，也是《申报》重视新闻真实性的反映。《申报》很重视社会新闻，注意新闻反映社会实际。1873 年 11 月，浙江余杭（今杭州）发生了轰动朝野的“杨乃武冤案”，《申报》从 1874 年 1 月 6 日开始报道到 1877 年 4 月 7 日止，连续报道三年多。这是当时中文报刊中最早最长的连续报道。该报道披露了冤案的真相，形成了社会舆论，对这个问题的最后解决起了积极的作用。1882 年 1 月 26 日，《申报》登载了发自天津的中国第一条国内新闻电讯。

四是重视副刊性文字和广告。虽然《上海新报》此前已经开辟了专栏，但和当时其他报纸一样，方式是收费为文人刊登文艺作品。《申报》看准了文人群体，公开征集、免费刊登文人的文艺作品，特别是语言通俗、音调轻快的竹枝词。这一创造性的举措，使文人雅士和普通市民读者趋之若鹜，为《申报》打开销路起到了不小的作用，也被后起的《字林沪报》、《新闻报》所效仿，同时开了报纸副刊的先河。广告也是《申报》经营的重点。在创刊后几天的《招刊告白引》中云：“尝游通都大邑，见中国一城一邑，一岁一市之中，有怀一端之事思告白于人而无由遍诉者……西人之为民下者亦尝患此久矣，思夫善其术以出之。盖有新闻纸出，而民之情不至拥于上闻矣。”“告白一事，俗之所不能免，而事事有相关也。”② 这是我国早期报纸刊载的论述广告的一篇较为重要的文章。《申报》的广告，内容无所不包，在版面上占据相当的篇幅。“在中国报刊史上，《申报》第一次将近代报纸的新闻、言论、文艺副刊及广告这四项基本内容综合在版面上，是中国新闻史上形态最完备的近

① 《本馆条例》，1872 年 4 月 30 日《申报》，转引自吴廷俊：《中国新闻史新修》，上海：复旦大学出版社 2008 年版，第 43 页。

② 转引自吴廷俊：《中国新闻史新修》，上海：复旦大学出版社 2008 年版，第 44 页。

代报纸。"①

五是开发新的销售发行渠道。《申报》除了和《上海新报》一样，在上海市内广设销售点外，还在城外甚至外省创设分销处。其中报贩早晨在城外分销点取报时不交钱，晚上交钱时还可退回售不完的报纸。《申报》创刊半年后便在杭州设立分销处，为该报有外埠通讯员之始，而《上海新报》始终未设外省分销处。此外，《申报》还广聘中国文人如赵逸如（经理）、蒋芷湘（主笔）、何桂笙、钱昕伯、吴子让（编辑、撰稿）等负责经营和编撰工作，以赢得中国读者的喜好。

这样，《申报》经过精心策划并实施的改革措施，仅用了8个月时间，便击败了强大的竞争对手——老牌的《上海新报》，在上海站稳了脚跟。

之后，《申报》吸取《上海新报》的教训，开始着手扩大报刊业务和谋划经营策略。为了与其他报纸竞争，不断扩大版面容量，将字号变小，增加内容；为了提高印刷速度和质量，将人力手摇印刷机换成大印架单滚筒电力印刷机；拓展经营业务，除出版《瀛环琐记》月刊外，还于1876年3月创办了一种为便利"稍识字者"阅读的白话报《民报》（周三刊）；1877年4月，又创办不定期的《环瀛画报》；1884年5月，还办起了以新闻时事画为主的《点石斋画报》（旬刊），开我国新闻画报的先河。

美查创办《申报》是他商业活动的继续。《申报》的宗旨是"以行业营生为计"，即办报是为了"营生"，为了赚钱，这是它同以往的宗教性报刊和其他商业性报刊的主要区别所在。宗教报刊重在宣传，不在营利，常免费赠阅；以往商业报纸旨在利用报纸宣传为主人所从事的商业贸易盈利，主要不在报纸本身赚钱。商业报纸中出现以办报直接赚钱的《申报》，标志着中国近代报纸开始了一个新的阶段。因此，《申报》是中国新闻史上第一家商业性报纸，美查便是中国近代新闻业史上的第一个报业资本家。

美查靠办《申报》发财后，又陆续经营了江苏药水厂、燧昌自来水局、申昌书局、点石斋石印局和肥皂厂等工业企业，同时，还在新加坡东北的沙岛开办了一个占地4万亩的农场，拥有资产过百万，形成了报纸、事业经营、企业经营的完整链条。

③《新闻报》的出版及其与《申报》的竞争

《申报》打垮《上海新报》以后，几乎垄断了上海的商业性报纸，直到《新闻报》创刊，才打破了《申报》的垄断局面。在《新闻报》创刊之前，

① 吴廷俊：《中国新闻史新修》，上海：复旦大学出版社2008年版，第44页。

还有一种报纸叫《字林沪报》。1882年5月由字林洋行创办，为《字林西报》的中文版。字林洋行在它的《上海新报》停刊10年之后又重整旗鼓，而且将《申报》总编辑蔡尔康挖了过来，很显然是为了报10年前的“一箭之仇”。

《字林沪报》在创办之初恰逢中法战争爆发，由于该报有《字林西报》作后盾，消息来源广泛、迅速，经翻译处理后，稿件观点鲜明，刊登时间均比上海一般报馆要早几天，比素以报道迅速见长的《申报》新闻也要早一天。此外，该报还采取扩大版面、取消星期日休刊等改革措施，一度成为当时上海与《申报》竞争最激烈的一家商业报纸。中法战争结束，一般国际新闻不为读者注意，该报利用外文稿的优势日益见弱，相反，《申报》不断采用电报传递消息等手段进行重大新闻的报道，使得该报相形见绌。

在与《申报》竞争中，蔡尔康没有多大的创新精神。他任《字林沪报》的主编后，处处摹仿《申报》，亦步亦趋，后来竟采用贿赂《申报》排字房工人和买通电报局电报生、盗取《申报》电讯稿的拙劣手法，以此与《申报》抗衡，在读者中造成极坏影响，声誉大跌，同时也遭《申报》和其他报馆同业的非议。此后频繁更换经营和编撰人员，经营每况愈下，最后被迫停刊了。不过，《字林沪报》有一个创举，就是开始创办副刊，并固定副刊版面。《字林沪报》1897年11月24日创办附张《消闲报》，开我国报纸副刊之先声。

《字林沪报》没有打破《申报》的垄断局面，直到《新闻报》创刊以后才打破了这种局面。《新闻报》是1893年2月27日创办的，这是几个外国商人和中国商人合资创办的一张报纸，创办人是英国商人丹福士。但报纸在他们手上并无起色，几年后卖给了美国商人福开森，才获得了长足发展，打破了《申报》的垄断局面。

《新闻报》获胜的法宝，不外乎两点：一是善于用人，敢于用人；二是打造经营特色，填补市场空白。

福开森不仅是商人，还是文化人。他和中国政界关系比较密切，因此视野比较开阔。福开森能够使《新闻报》打开局面，最主要的是他大胆起用一个人——汪汉溪。福开森在买这个报纸的时候，当时还是南洋公学的校长，他必须找一个能经营管理的人来办报，被他聘请来的蔡尔康只是个文人，不懂经营。经过长时间观察，福开森选定了一个人——汪汉溪来替他经营管理报业。汪汉溪当时还只是南洋公学里的小会计，但有很强的敬业精神。福开森每天坐马车上班的时候，看到第一个签到的是汪汉溪，最迟签退的还是汪汉溪，从来不迟到、不早退。作为会计，汪汉溪不仅账管得非常好，字写得也很漂亮。所以福开森大胆起用汪汉溪，从一个普通职员一下子提拔为《新闻报》的总经理。为了感激福开森的知遇之恩，汪汉溪勤勤恳恳地工作了一辈子。

为了同《申报》展开竞争，福开森和汪汉溪商量制定出一个很好的办报方针。他分析到《申报》的市场主要是读书人和官场，因为它主要报道政治新闻和社会新闻。经过再三研究，根据当时上海商业化程度已经很深的状况，他们决定以经济新闻特别是商业新闻为重点，把读者定位为商人，在为商业服务上获得突破。他们用大量版面刊登商业新闻，刊登商品行情。于是他们在上海市区商界一下子打开了销路。在上海，大到洋行，小到理发店、洗澡堂，凡是要做生意的人都要看《新闻报》，所以没过多久，这张报纸就与《申报》并驾齐驱并向全国发展了。

这一时期的商业性报刊对中国社会的影响，从传播思想来讲可能不如传教士报刊明显，但是其对中国报业发展的推动作用却是巨大的。商业性报纸的涌现，推动了新闻时效观念的提高，原来的中文报刊均为月刊、周刊，而中文商业报纸则多为周三刊和日报。由于刊期缩短和信息时间要求的加快，通讯手段和编采工作进一步改进和加强，印刷条件也日趋先进，有力地促进了新闻业务的进一步提高。为了争取快速出版，中文商业性报纸已经摆脱了以往的书本形式，形成近代报纸散页出版物的模式，从而使报纸的版面编排更加丰富多彩。商业性报纸要求信息量大、及时、真实，使报纸充分体现新闻纸的特性，因此消闲性的志怪传奇之作被日益排除在新闻之外。总之，中文商业性报纸的发展，有力地推动了中国近代报业的发展。

第三节　鸦片战争前后在华外报的变化及对中国社会的影响

一、鸦片战争前后在华外报的变化

纵观从 1840 年到 19 世纪 90 年代外国人在华办报的情况，与鸦片战争前 25 年比较，他们的办报活动发生了巨大变化，具体表现在以下几个方面：

1. 办报数量和地点的变化

从数量上看，战前，外国人创办的中文报刊只有 6 种，外文报刊约 17 种，共 20 多种；战后，从 19 世纪 40 年代到 80 年代的近半个世纪中，外国人来华创办的中外文报刊有 200 多家，占当时中国报刊总数的 70% 以上。从地点上看，从海外移至内地。战前创办的 6 家中文报刊中有 3 家是在海外创办，其他几种也是在广州、澳门等地区发行。战后，随着英美势力的加强，其办报中心首先从海外和澳门移至香港。1861 年后，上海成为外国传教士和商人的办报中心。新闻传播活动几乎遍布了我国中东部的所有大城市。

2. 报纸内容和读者对象的变化

这一点突出表现在以华人为主要读者对象的中文报刊中。战前，由于清政府的排外政策，只有少数传教士来华，传播受众主要是“贫穷和工作者居多”的中下层读者，所以为数不多且以华人为对象的中文报刊，其内容多是“阐发宗教教义”和较少的天文地理知识，基本上与政治无关。战后，宗教宣传色彩明显弱化，以介绍西方科学文化知识为主，增加了大量的非宗教性内容，尤其是加强政治新闻与评论两大内容版块，成了以时事新闻为主的综合性报刊。读者对象也随之由鸦片战争前面向中下层人士、以普通平民为主，转为面向中上层人士、以清政府各级官员及广大士大夫阶层为主，希望通过自上而下的方式来影响和控制中国人的思想，从而达到使基督教在中国生存和传播的目的。

3. 办报主力群体的变化

纵观19世纪外国人来华所创办的报纸，大致可分为3种类型：以传播宗教为主要内容的综合性报刊，可称为宗教报刊；以传播商业新闻和信息为主的综合性报纸，可称为商业报纸；以时政新闻和评论为主的综合性报纸。战前最先登陆的一批传教士，创办的6种中文报刊全是宗教报刊，他们是主力办报群体；战后虽然传教士报刊仍然方兴未艾，但商业报纸势头更强劲，如商业大报《上海新报》、《申报》以及《新闻报》等等，因此外商成为办报的主力群体。到19世纪后半叶，外商报纸已经取代了传教士及教会报刊，成为外国人在华报刊的主要力量。

4. 新闻业务上的变化

“19世纪我国报刊业务是随着报人的认识和西方近代报纸越来越多地被介绍到中国来而发展变化的。”① 1840年前的宗教报刊无论从办报理念和方法还是报刊内容与形式来说，都是不成熟的报刊。但随着时间的推移，尤其是近代中文商业性报刊在上海的兴起与发展，我国近代报刊的业务有了很大改进。表现在：(1) 信息传播的速度和时效性不断提高。由于信息采集及时和印刷设备的不断更新，使得新闻报道速度和印刷速度越来越快，质量也越来越高，刊期越来越短。(2) 报纸内容和形式更趋完善，成为真正的新闻纸。在内容和版式上，鸦片战争前的中文报刊上新闻和评论少而单调，没有广告和副刊，战后的外报逐渐形成了新闻、评论、文艺副刊和广告为基本要素的格局。新闻比

① 曾宪明：《中国百年报人之路》，呼和浩特：远方出版社2003年版，第12页。

重大大增加，社会新闻和时政新闻地位突出。其他如新闻标题的运用、简单的分栏以及新闻画和新闻画报的应用与出现等，都体现了报纸业务方面的明显进步。

二、在华外报对中国社会的影响

从总体上说，19 世纪在华外报的出现及其迅速发展，是与西方殖民势力的入侵和扩张同步进行的，是西方列强侵华活动的组成部分，是外国殖民主义势力侵略中国的舆论工具。鸦片战争前后来华的外国人，有一些本着传教的目的，也有一些怀着侵略野心，更多的是想寻找发财的机会。但是，他们的所作所为，实际上是将中国逐步推向殖民地的境地。

鸦片战争之前，大多数外报，特别是英文报刊，都积极为英国倾销鸦片政策辩护，鼓吹对中国实施武装侵略；鸦片战争以后，又为新的侵略扩张行为制造舆论，为助纣为虐的"洋枪队"屠杀太平军大唱赞歌。一些外报特别赞扬西方殖民主义统治下的印度，鼓吹中国应走印度的道路，其殖民主义的立场是十分明显的。甚至有不少在华外报的主持人，直接投入到侵华活动中去。例如，郭士立曾为英国侵略军充当向导，在英军侵占舟山时，还直接担任当地的行政长官；麦都思曾担任英国侵略军的翻译，担任上海工部局董事；裨治文担任过侵华美军司令的翻译，参与了签订《望厦条约》的活动。这些传教士集"办报、传教、贩毒和直接参与侵华活动"四位于一体，是西方列强侵华活动的马前卒。在外国人办的报纸中，数英文报纸的侵略性最强，反华的叫嚣也最露骨。当然，也有个别英国人主办的英文报纸例外，如英商台仁特主持的《中国之友》。

在客观上，在华外报充当了西文东进的桥梁。"外报关于西方文化、科技、天文、地理等信息和世界新闻的报道，打开了长期封闭的中国人的眼界，增长了中国人的见识，从而刺激了中国人求进步求发展的思想。"① 主要表现在：(1) 外报将西方自然科学技术介绍到中国来。《察世俗》等中文报刊的出版，把诸如日食、月食、地球运转等自然科学知识向中国读者做了通俗化的介绍，是很有积极意义的。随着洋务运动的兴起，实用科技方面的介绍也越来越多，如治河、防火、炼钢、探矿、造纸、织布等；还介绍一些新的科技发明，如轮船、火车、电灯、电话、电报、照相机、望远镜、显微镜等，使中国读者大开眼界。(2) 介绍西方人文科学和社会科学方面的成果，深刻地影响了中

① 曾宪明：《中国报人之路》，呼和浩特：远方出版社 2003 年版，第 15 页。

国社会。外报广泛介绍了世界各地的地理、历史和现状，宣扬英美等国政治开明、社会繁荣，介绍西方的富强之道等。尽管办报的西方人士刊登这些科技知识有其多种用意：或显示西方文化优越，以取得中国人对他们的尊重；或表示对中国人的友好，将知识传播给读者；或作为一种手段吸引中国人入教。但在客观上，通过对西方有益有用的科学知识和先进技术的介绍，为中国传统文化注入了新鲜血液，促进了东西方的文化交流。尤其是为了破除中国传统的封建文化，在华外报自19世纪70年代后，陆陆续续地介绍了西方的政治制度、经济制度和社会制度，使中国人知道了市场经济、议会政治、出版自由、男女平等、民主法制等新事物。自由、平等、博爱等资产阶级革命的口号在中国也逐渐深入人心。这些外报所宣传的社会科学和人文科学方面的知识，对长期处于封建思想禁锢下的中国读者，具有深刻的启蒙作用。（3）从新闻业务角度来考察，在华外报先进的办报方法和理念，为中国近代报刊的产生奠定了坚实的基础，也为后来国人自办报刊准备了条件。它“不仅将近代报纸的实物展示在中国人面前，而且以其成功的实践和新鲜的理论成为中国人创办近代报刊的启蒙之师”①。

鸦片战争前传教士在中国办报，他们所掌握的办报技术已经相当成熟，只是为了适应中国人的传统习惯，采取线装书的形式。但是当1827年第三种中文报刊《天下新闻》问世时，已改为单张形式，更接近于一张近代报纸了。在华出版的外文报刊在形式上与欧美先进的报刊并没有多少区别。鸦片战争后，对外国人办报活动的限制已经解除，他们可以像在本土一样自由进行采访、编辑、出版，并且雇用中国文人当助手，从而使西方的新闻采访与编辑业务、新闻事业的管理方法和发行、广告、印刷等技术陆续为中国人所掌握，培养出了一批中国的新闻工作者，为中国报业发展开辟了一条捷径。当时著名的报人王韬、钱昕伯、蔡尔康、何桂笙等，无一不是在外报的工作实践中成长发展起来的。

报刊的石印和铅印技术也是随着外国人的办报活动传入我国的，为中国人自办报刊创造了有利条件。石印技术在鸦片战争前夕引入我国，1838年创刊的《各国消息》便是石印出版的。当时在广州已有石印机3架。1874年上海天主教土山湾印书馆设立石印部，已有中国石印技师，《点石斋画报》便是聘请中国石印技师印刷的。1827年广州出版的《广州纪录报》是用英文铅字印刷机印制的；鸦片战争后，英华书院于1844年从马六甲迁来香港，成了中国

① 吴廷俊：《中国新闻史新修》，上海：复旦大学出版社2008年版，第52页。

第一家拥有中文铅字设备的印刷机构。1853 年创刊的《遐迩贯珍》，便是由英华书院铅印设备印刷的。

因此，从业务角度来考察，外国人在华的办报活动，直接促进了中国近代报刊的产生和发展。如果不是外国人来华办报，中国近代报刊的出现可能还要推迟许多年。

思考题

1. 为什么中国最早的近代报刊是由传教士创办的？
2. 鸦片战争前，有哪些中文报刊和外文报刊？
3. 《察世俗每月统记传》和《东西洋考每月统记传》的内容有什么不同？
4. 鸦片战争前后在华外报有什么不同？
5. 谈谈近代在华外报对我国的影响。
6. 为了和《上海新报》竞争，《申报》早期进行了哪些业务改革？

第三章　中国民族报业的兴起与维新派的办报活动

第一节　国人自办报纸的开始

一、国人办报的呼声

鸦片战争前后，随着在华外报的发展和西方资产阶级新闻思想的传入，一部分激进的政府官员和知识分子开始受到世界文化的熏陶，对近代报刊的社会作用有所认识，国人办报的呼声也随之出现。通过借鉴外报经验，中国的一些有识之士开始自己创办报纸传播思想，揭开了中国新闻事业的新篇章。

1. 林则徐和《澳门新闻纸》

国人办报是从译报开始的，通过译报认识到报刊及其社会功能。林则徐的《澳门新闻纸》首开译报之风。林则徐（1785 — 1850 年），字元抚，又字少穆、石麟，晚号俟村老人等，福州人，是鸦片战争时期我国杰出的政治家，也是近代中国“睁眼看世界”的第一人。他为抵抗西方侵略，组织翻译西方书报，探求西方知识，成为我国近代历史上向西方寻找真理的先驱者。

1838 年 3 月，林则徐以钦差大臣的身份到广东禁烟，发现自己对鸦片知识及鸦片洋商情况一无所知，从而认识到“探访夷情，知其虚实。始可以定控制之方”①，他选择澳门作为“探访夷情”的“窗口”，并派人到澳门搜集外国人出版的各种书报，包括商业情报和传教小册子，以及介绍西方历史、地理的书籍；同时聘用梁发的儿子梁进德、袁德辉等精通外文的中国人在府中秘密组织翻译班子，将从澳门收集来的《广州周报》和《广州纪事报》两家英文周报以及其他购自澳门的外国报纸中有关鸦片贸易和其他政治军事方面的消

① 林则徐：《密陈驾驭粤夷情形片》，选自《林则徐集·奏稿》中卷，北京：中华书局 1965 年版，第 765 页。

息、言论翻译成中文，提供给两广总督、广东巡抚、海关监督和军方，并抄报朝廷，作为制定对外政策的参考。这种翻译材料先是零散的，并无名称，后来汇集成册，被称为《澳门新闻纸》。现存6册，共171条。另外，林则徐在译抄《澳门新闻纸》的基础上，又选择其中的部分内容，亲自加工润色，按类编为《澳门月报》。分为《论中国》、《论茶叶》、《论禁烟》、《论兵事》、《论各国夷情》等5辑，共52条。

《澳门新闻纸》的主要内容是禁烟和兵事两个方面，由于它只送给林则徐、广东巡抚怡良和道光帝等几个特定的对象参阅，不公开发行，不向社会传播，因此不能算是报纸，只能算是情报工具，可视为我国最早的译报。

《澳门新闻纸》及其之后的译报活动，为国人自主办报培养和储备了报纸人才，加快了国人自办报刊的步伐。

2. 魏源《海国图志》中“夷情备采”的译报思想

继承和发展林则徐译报思想的是他的好友魏源。1841年6月，林则徐被罢职，发往新疆伊犁，途经江苏镇江时，会见魏源。他把在广州禁烟斗争中编写的《四洲志》和收集到的外报资料，全部交给了魏源，托他将这些资料整理成书。1848年9月魏源完成了50卷《海国图志》，他将林则徐的译报思想简要地归纳为“师夷之长技以制夷”，并将《澳门月报》5辑收入《海国图志》之中，署名“林则徐译”。

在《海国图志》中，魏源提出了“夷情备采”的译报思想。他目睹了林则徐禁烟和反击侵略者所取得的初步胜利，认为关键在于“知夷情”，因而他提出了“筹夷事必知夷情”的观点。为达到“知夷情”，主张“立译馆，编译书”。在他看来，搜集外报、编译外报，是为了“夷情备采”，最终目的是“师夷长技以制夷”。

魏源还以赞赏的口吻介绍了西方的新闻事业：“澳门所谓新闻纸者，初出于意大里亚（即意大利。编者注）国，后各国皆出，遇事之新奇及有关系者，皆许刻印散售，各国无禁。苟当事留意探阅，亦可觇各国之情形，皆边防所不可忽视也。”① 又称：“探阅新闻纸，亦驭夷要策。”将购阅新式报刊与“制夷”结合起来，探阅“新闻纸”是为通晓“夷情”，进而达到“制夷”抵抗外国侵略的目的。初步阐述了他对外报的观点，意识到新闻的重要性。

魏源在《海国图志》一书中，还较早地介绍了西方报刊新闻的舆论监督

① 魏源：《海国图志》，卷三十四，转引自黄瑚：《中国新闻事业史》，上海：复旦大学出版社2001年版，第34页。

作用。他说：英国“刊印逐日新闻纸以论国政，如各官宪政事有失，许百姓议之，故人恐受责于清议也”①。把办报与西方民主联系起来，可以说是中国人揭示报纸社会政治功能的最早陈述。

魏源继承和发展了林则徐的译报思想，在中国新闻思想史上起着承前启后的作用，但由于受时代的局限，魏源新闻思想还显得不够成熟。

3. 洪仁玕《资政新篇》中关于新闻事业的构想

太平天国时期，干王洪仁玕在其撰写的《资政新篇》中，提出了他对新闻事业的设想，被称为“中国近代报刊思想史上的最初阶段的一个逐步递进的阶梯”②。他高度评价了“新闻篇”（即报刊）在社会结构中的重要地位，成为中国第一个明确提出新闻构想的人。

洪仁玕的主要新闻观点包括以下几个方面：

一是对于设立新闻机构的认识。洪仁玕认为朝廷应该设立新闻机构和新闻官，便于了解各地舆情，为朝廷制定政策提供依据。新闻机构和新闻官应该享有独立权，不受地方行政机关和人事的限制，直接对天王负责。

二是对于报纸作用的认识。洪仁玕认为报纸的作用主要表现在：①报纸是维系中央政权、加强集中统一领导的有力工具，可以通过报纸去禁朋党之弊。②办报是实现民主政治的手段。可以通过报纸这座桥梁沟通太平天国领导集团和民众之间的公议。③报纸可以教育民众、移风易俗。④报纸有监督政府的作用。利用报纸发动人们写检举信揭露阴谋篡权者，使之无处藏身，从而达到“上下情通”、“权归于一”。

三是对于新闻特性的认识。洪仁玕认为，新闻“只须实写，勿着一字浮文”，提倡反映真实情况的报道，反对空洞无物的虚假之作。为此他对新闻官的选拔也作了一些具体规定：新闻官须“性品诚实不阿”。

洪仁玕的这些主张和建议，应该说是很有见地的，洪秀全也表示大体上同意，只是认为“俟杀绝残妖后行未迟也”。不久，太平天国覆灭，洪仁玕的办报主张未能得到实施。

尽管由于社会政治的原因，洪仁玕的新闻思想未能付诸实施便夭折了，但它对中国近代报人的办报实践尤其是维新派的办报提供了理论上的支持。作为

① 魏源：《海国图志》，卷三十四，转引自黄瑚：《中国新闻事业发展史》，上海：复旦大学出版社 2001 年版，第 34 页。

② 方汉奇：《中国新闻事业通史》，第 1 卷，北京：中国人民大学出版社 1992 年版，第 468 页。

中国最早最完整的新闻思想，洪仁玕的新闻设想十分具有前瞻性，他对于报纸的作用、功能以及对报人要求的阐述，奠定了中国近代新闻理论的基础，即使在今天看来，它们仍然是新闻理论中最重要、最基本的组成部分。

4. 郑观应的新闻思想

郑观应是近代有影响的工商业民族资本家，一个具有爱国主义思想的实业经营家。他一生著述很多，但最有影响的是《盛世危言》。其中有两篇关于新闻学的专论，即《日报》上、下篇，虽然篇幅不长，但对报纸的作用、性质和办报原则等都有深刻的论述，集中反映了他的新闻思想。归纳起来，包括以下 3 个方面的内容：

（1）对报纸的作用和功能的认识

在谈到日报的作用时，郑观应的看法主要有两个方面：政治辅助功能和社会教化作用。就前者而言，郑观应将报纸与西方的议院相提并论，认为报纸和议院，都是发表公议的地方，在联系政府与民众方面可起到独特的桥梁作用，是民主政治的枢纽。他从日报有助于政治这个总前提下，具体分析了日报的功能：报纸是国家之耳目，可起到“通民隐、达民情”、进而“得民心，张国势”的作用。为此，必须要建立议院，广设日报。就后者而言，郑观应认为报纸丰富的内容和雅俗共赏的特征有助于“增人智慧，益人聪明”，从而扩大人们的见识，促其明晓义理，最终推进社会风气的改良。

（2）对新闻法制的认识

在《日报》中，郑观应明确提出了新闻立法的建议，呼吁政府制定法律，保护报馆事业的正常运行，保护人民的言论出版自由。他认为允许自由地创办各种报纸，是中国变法自强的一个重要方面。郑观应是中国新闻史上最早提出新闻法制的思想家。

（3）对新闻文体文风和新闻工作者职业道德的认识

对于新闻的文风，郑观应认为，新闻文体的基本要求是语言上浅近质直，“文义粗浅，取其易知”、“尽删浮伪之风”；内容上要“据事直书，实事求是，无妄言谰语、子虚乌有之谈”。他反对中国传统的“深文曲笔”、“隐而不发”的行文方式，认为它们与新闻格格不入，应彻底摒弃。

对于新闻工作者，郑观应认为“执笔者尤须毫无私曲，暗托者则婉谢之，纳贿者则峻拒之，胸中不染一尘，惟澄观天下之得失是非，自抒伟论”①。就

① 郑观应：《日报上》，转引自徐新平、杨晓青《郑观应的新闻思想》，《新闻三昧》2006 年第 6 期，第 52 页。

是说，新闻工作者应该具备公正廉洁的作风，保持独立的人格，不能以文谋私；新闻工作者还要追求新闻事实的准确，“据事直书，实事求是”，防止“子虚乌有之谈”（《日报下》），这可以看做是郑观应对新闻真实性原则的见解。

郑观应虽然没有全面地参与办报活动，他所提出的关于新闻事业的许多构想都源于西方各国的办报实践和办报理念，但是他的这些新闻主张在当时仍不失为出类拔萃的远见卓识，对后世也有一定的参考价值。

二、早期国人自办报刊的尝试

经过两次鸦片战争洗礼之后，一些激进的政府官员、商人和知识分子，受到外报的启发，开始创办自己的报纸，传播自己的思想。从19世纪70年代到1894年甲午战争前的20年左右的时间里，国人办的报纸虽然数量不多，时间不长，且道路艰难，但毕竟开创了国人自办报刊的新纪元，具有里程碑式的意义。

1. 汉口：《昭文新报》

究竟是谁最早办起了国人的近代化报纸，说法颇多：林则徐说已被否认，伍廷芳说值得商榷。有人认为：我国最早的资本主义报刊，是1858年伍廷芳在香港创办的《中外新报》①。戈公振也认为它是“我国日报最早的一种”。这里有一个关键问题在于《中外新报》是香港英文《孖剌报》附出的中文报纸。尽管由伍廷芳、黄胜和陈霭亭等华人全权负责，但由于隶属关系所制，说这就是国人“自办”报纸还值得商榷。就目前掌握的资料看，艾小梅说得到广泛认可。

1873年8月8日，艾小梅创办于汉口的《昭文新报》被认为是国人在内地自办的第一家近代化报纸。初为日报，三个月后因读者较少而改为五日报。采取书册式装订方式，内容以奇闻轶事和诗文杂作为主。但仍然销路不佳，不到一年便停办了。

2. 上海：《汇报》和《新报》

继《昭文新报》后，上海也出现了国人自办的近代报刊，后与广州一起成为早期国人自办报刊的两大基地。

1874年6月16日，容闳在上海发起并集资创办了《汇报》（News Collector）。这是国人在上海创办的第一份中文日报，每日2张8页，新闻占4页，

---

① 梁进禄：《中国新闻业史》，南宁：广西人民出版社1984年版，第61页。

行情、船期和广告合占4页。由于股东们担心办报惹祸，特聘英国人葛理任名义上的总主笔，而实际上主持报务的是广东人邝其照。

《汇报》创刊时宣布："本局为中华日报，自宜求有益于中华之事而言之。故于有裨中国者，无不直陈，而不必为西人讳。"① 《汇报》注重论说，并因常在消息和评论中涉及政事而遭官府非议，股东们怕祸及己身也纷纷要求退股。《汇报》只办了两个半月即进行改组，于同年9月1日改名《彙报》继续出版，由葛理出面任发行人，以求得政治上的庇护，由管才叔任主笔。后因管理不善，于1875年7月改名为《益报》，仍然每况愈下，年底停刊。

《汇报》存在的时间虽不久，但它作为近代中文报刊之一种，仍具有重要历史意义。在西方列强侵华、民族矛盾日益尖锐的时刻，容闳主办的《汇报》站在中国人民一边，旗帜鲜明地谴责侵略者的行为。当英国人欲侵犯中国主权、擅自在上海修建吴淞铁路时，《汇报》又明确表示反对，并与英国在上海的舆论喉舌《字林西报》和《申报》展开针锋相对的斗争。《汇报》还极力鼓吹向西方文化学习，以求尽快改变中国的落后面貌。

从《汇报》创办和多次改名的过程中，可以看到这时期中国人办报的艰难。

1876年11月23日，上海又出现了一份国人自办的报纸——《新报》。该报名为商办，实际上受上海道台冯焌光控制，走上官商合办之路。因此，它宣布"国政则不可议也"，规定凡"疾世愤时"之作一律不予发表。由于得到官府的支持，《新报》维持了6年，到1882年2月才停刊。

3. 广州：《述报》和《广报》

1884年4月18日，《述报》创刊。这是国人在广州办的第一家中文日报，也是当地影响重大的报纸。由海墨楼石印书局印刷发行，创办人及编辑皆不可考。每日出4页，逢十停刊，每月汇编成册，第1、2页为中外新闻和评论，第3页选登西方书报译稿，第4页为商业行情、轮船班期和广告，署名"述报馆主人辑"。

《述报》创刊之日，正是中法战争紧张进行之时，故70%的版面都用于有关中法战争的新闻和评论，发表了许多爱国立场鲜明、且颇有见解的评论。值得一提的是，《述报》十分重视图片新闻的报道，它刊登图片比《申报》要早。自创刊之日起，每期必登一幅或多幅新闻图画，与文字新闻穿插编排，以求图文并茂。

① 黄瑚：《中国新闻事业发展史》，上海：复旦大学出版社2001年版，第37页。

1885年4月3日，《述报》突然刊登《本馆告白》称因“更定章程，增聘主笔”而停刊3日，但从此再没出版过。

1886年6月24日，广州的第2家中文日报《广报》创刊。创办人是邝其照。《广报》的内容除中外新闻外，也刊登一些匡正时弊的文章。它的发行面很广，除广东各地和香港、澳门、上海外，还发行到新加坡等地，颇受海外侨胞欢迎。1891年，该报因发表了一条某政府要员被参的消息，触犯了广东总督李小泉而被查封。

三、王韬与《循环日报》

第一批国人自办报刊虽然举步维艰，且存在时间都不长，但它们毕竟打破了外报垄断中国新闻事业的局面。在初期的国人报业中，以王韬在香港出版的《循环日报》最为成功，在我国新闻传播史上占有重要地位。

1. 王韬与《循环日报》的创办

王韬（1828—1897年），原名利宾，苏州甫里人，出身于封建书香门第。1862年避难香港时改名韬，字仲弢、紫诠。他自幼受到严格的儒家教育，且天资聪慧，18岁考取秀才，22岁去上海，在外国传教士麦都思办的“墨海书馆”做编校工作，受到西方资本主义科学文化和思想意识的熏陶。1861年回家探亲时，化名黄畹上书太平军将领刘肇钧，后因此事泄露被清政府通缉而逃往香港，受到英华书院院长理雅格的赏识，协助其翻译中国典籍，并主编《近事编录》，让他更自由广泛地接触了西方的文化知识。1867—1870年间，他随理雅格到英国“佐译经籍”，又两度游法，使他的思想发生了质的变化。在此期间，他对西方资本主义社会进行了直接考察，“眼界顿开，几若别一世宙”①。1870年回到香港后，他与友人黄平甫集资购得英华书院的印刷设备，组成中华印务总局，接着便创办了《循环日报》。王韬在该报主持笔政10年，于1884年回到上海定居。晚年曾担任上海格致书院院长，创办52国书局，并尽其余力从事著述，1897年病逝。主要著作有《弢园文录外编》等。

《循环日报》1874年1月5日创刊于香港。它以“强中以攘外，诹远以师长，变法以自强”为办报宗旨。从编辑上看，它既不同于外国人开办的报纸，也不同于此前国人自办报纸，而是学西方国家报纸的做法，每日在首栏发表论文一篇，彰显出以政论为灵魂的特点。王韬在报纸上发表了数百篇评论时政、鼓吹变法自强的文章，因而被誉为我国第一位报刊政论家。《循环日报》也被

---

① 王韬：《漫游随录：扶桑游记》，长沙：湖南人民出版社1982年版，第16页。

称为我国第一份以政论为主、开我国政论报纸先河的报纸，对我国近代报业的发展作出了卓越的贡献。

2. 王韬的办报思想

王韬比较系统地提出了他的办报主张。在《倡设日报小引》、《本局日报通告》、《论日报渐行于中土》、《论各省会城宜设新报馆》和《论中国自设西文日报之利》等文中，他提出了以下几个观点：

其一，办报的目的是“立言”。王韬在创办《循环日报》时，明确宣布其办报宗旨是“借日报立言”，即通过报纸来宣传变法自强主张。认为只有“立言”，才可以为朝野论政提供论坛，才可以对执政者进行监督，从而为政治改革创造条件。此后，“办报立言”成为中国报刊的传统特色之一。

其二，认为报纸的功能和作用是“通”，报纸可以使“民隐得以上达”、“君惠得以下逮”、“达内事于外”和“通外情于内”。王韬认为朝廷的弊病在于“君民相隔”和“一人主治于上而百执事万姓奔走于下”的单向信息流通。他十分强调创办报刊介绍西方的国政民情，以便师其所长，避其所短。因此他建议设立翻译外报的专门机构，使朝廷随时掌握国内外情况。

其三，提倡言论出版自由。王韬在中国最早提出了言论自由的要求，呼吁朝廷放宽言禁，允许民间创办报纸，允许报纸“指陈时事，无所忌讳”，希望各级政府对报纸的言论要本着“言之者无罪，闻之者足戒”的态度去对待。

其四，关于报纸的文风问题。王韬认为文章应该直抒胸臆，词达而已。王韬说：“文章所贵，在乎纪事述情，直抒胸臆。俾使人人知其命意之所在，而一如我怀中之所欲吐，斯即佳文，至其工拙，抑末也。”① 他甚至愤慨地说：“时文不废，天下不治。”时文是指当时盛行于文坛的桐城派古文。

其五，关于报馆人员的素质问题。王韬认为，报纸的编辑人员应该是知识广博的“通才”，他们应该品德高尚，持论公平，不得“挟私讦人，自快其忿”，因此报纸的编辑人员须慎重选择。

3. 王韬报刊政论文体的基本特征

王韬办报以“立言”为目的，政论是报纸的核心与灵魂。在主办《循环日报》期间，他撰写了大量的报刊政论，利用报纸纵论中外形势，指陈时弊，褒贬得失，提出建议，使人耳目一新。王韬撰写的政论立场鲜明，短小精悍，深入浅出，通俗易懂，而且富于感情，后来发展成为一种新的报章文体，对当时的报业和以后的维新派办报活动都有很大的影响。王韬后来把他撰写的政论

① 王韬：《弢园文录外编·自序》，上海：上海书店出版社 2002 年版，第 1 页。

文章收入《弢园文录外编》一书中，因而有人把《弢园文录外编》称为中国第一部报刊政论文集。

具体来说，王韬的政论文体有以下特征：①直陈时弊，内容广泛。王韬政论文针对国内外发生的重大时事政治事件，进行论述和评价。说理深刻，褒贬得当。从内容上看，“既有国政大事、洋务外交，又有读书随感、新书序跋，不仅如此，他还将友人的送迎、学校的创办都作为政论文章的内容”①。②主题明确，中心突出。王韬的政论，每篇都各有一个明确的主题，但通观他所有的文章，有一个突出的中心，即分析严峻形势，提倡变法图强。阐明“强邻环视，伺机而动”的国际形势，揭露西方列强的侵华野心，认为同仇敌忾、抵御外侮乃当务之急；同时力陈革除积弊、实行新政，以富国强民。王韬的这些政治改革思想是中国资产阶级在外国强权的欺凌下，要求改革政治、强中攘外的最早呼声。③篇幅短小，文字通俗。王韬认为，文章应该适应社会的变化，不能拘泥于章法，墨守成规。他的政论，观点鲜明、短小精悍，一般在1000字左右，超过1500字的很少见，偶有长文也分篇连载；而且内容浅显，通俗易懂，极少引经据典，力求用最平白的语言表达。王韬的政论文所流露出的活泼气息和战斗风格，一扫桐城派那种刻意模仿、无病呻吟、刻板空洞、令人窒息的文风，开创了一代崭新的报刊政论文风。

第二节　维新改良派创办的报刊

一、维新变法运动与政论报刊

1895年甲午战争的失败，尤其是《马关条约》的签订，给平静、苟安的中国社会沉重一击。一方面加剧了中华民族的危机，加深了中国社会的半殖民地化程度；但另一方面唤醒了更多的中国人，同时也使清政府不得不睁眼正视现实。在中国资产阶级强烈要求变法图强的呐喊声中，清政府开始广求强国之策。于是，一场声势浩大的维新变法运动，在当时政治上较为开明的年轻君主光绪皇帝的支持下，以“公车上书”为起点，在古老的中华大地掀起。1898年6月11日（清光绪二十四年四月二十三日），光绪皇帝下“明定国是”诏，宣告变法，将这场运动发展至高潮，至9月21日慈禧太后发动政变、再出训政为止，史称“百日维新”。

① 吴廷俊：《中国新闻史新修》，上海：复旦大学出版社2008年版，第64页。

在维新运动的推动下，国人办报出现高潮。据不完全统计，戊戌变法失败前3年里，全国出版的中文报刊有120种。其中80%左右是国人自办报刊。这些报刊中，又以资产阶级维新派以及与它有联系的社会力量创办的报刊数量最多，影响最大。这些报刊的出版地区遍及全国沿海和内陆的很多城市，它积极推动了维新运动的发展，打破了外报在华出版的优势，成为中国社会舆论的一支主要力量。

资产阶级维新派（又称改良派，后期称保皇派）在维新时期的报刊活动以1896年为界，分为前后两个时期：前阶段从1895年8月到1896年8月，维新派通过办报进行维新运动的发动和准备。这一阶段的主要报刊有《中外纪闻》和《强学报》；后一阶段，从1896年8月到1898年9月，维新运动已经形成高潮，维新派将办报作为组织运动、领导运动、指导运动的主要手段。这一阶段，维新派的报刊主要有上海的《时务报》，天津的《国闻报》，长沙的《湘学报》、《湘报》。此外，在广州、澳门、香港、成都、重庆、福州、桂林等地也办有维新派的报纸。

在这次办报热潮中，不仅出现了一大批有影响的政论报刊，有力地推动了维新运动的发展；而且打破了外报在华的强势地位，国人办的报纸成为中国社会舆论的主要力量；同时还涌现出一批杰出的维新报人，他们不仅热情地从事报刊实践工作，而且对新闻思想的发展也做出了贡献，这些思想对中国新闻事业的发展产生了深刻的影响。

二、康有为与《中外纪闻》和《强学报》

康有为（1858—1927年），字广厦，号长素。出身于广东南海县一个封建官僚地主家庭，从小受到严格的封建传统教育，有着良好的文化修养。

在利用报刊宣传改良前，康有为三个10年的生活经历对其后来思想的形成和办报活动产生重大影响。第一是从1868年康有为11岁那年起，父亲去世，此后他到在连州做训导的祖父官府生活，其间接触到中国的邸报，通过报纸了解了朝政大事，并立下干一番大事业的宏愿。第二是从1879年起，22岁的康有为结识了具有西方新思想的翰林院编修张鼎华，受他的影响，于当年年底到英人统治的香港考察，感受到资本主义社会和商品经济的先进性，并买回大量西学书报学习研究，其中对他影响最大的是外国传教士林乐知在上海办的《万国公报》和王韬在香港创办的《循环日报》。至此，资产阶级改良主义思想基本形成。第三是自1888年始，他进京会试。原以为自己学贯中西，中举乃易如反掌之事，结果却因他的答卷带有新思想气息，被顽固派考官抽调而两次落选，这件事对他打击很大。回到南海后，他立刻给光绪帝呈送了《上清帝第一书》，提出“变成法，通下情”等改良政治的主张。1893年他考取了举人，过了两年他又携自己的学生梁启超进京。当时正值甲午战争之后，《马关条约》签订的消息传来，群情激愤。康有为联合当时1300多名参加会试的举人，举行了闻名中外的“公车上书”，要求朝廷变法维新，准许老百姓办报。1895年6月在《上清帝第四书》中康有为又提出“设报达聪”和翻译外报的建议。与此同时，为了维新变法，康有为、梁启超不等清王朝同意就办起报来。

维新派办的第一份报刊是《万国公报》，1895年8月17日在北京创刊，因广学会机关报《万国公报》在中国士大夫阶层中影响很大，故康有为将自己的报纸也叫《万国公报》。该报是木版雕印的两日刊，由康有为独资创办，他派自己的学生梁启超、麦孟华分别负责编辑和出版发行，委托民间报房雕印，主要对象是在京的官员，这是维新派欲开民智先开官智的理论的实践。内容上主要宣传富国强兵之道，教民新民之法。每期一般刊登梁启超的短论一篇，长篇论文则分期连载。发行量最多时达3000份左右。

《万国公报》出版以后，虽然受到守旧者的疑谤，但却受到具有维新思想的士大夫的欢迎，正如康有为所说：“报开两月，议论渐明。初则骇之，继而渐知新法之益，吾复挟书游说，日出与士大夫讲辩，并告以开会之故，明者日众。”① 1895年11月中旬，康有为在北京成立了京师强学会（又称强学书局），这是中国资产阶级改良派成立的第一个具有政党性质的团体。由于广学会李提摩太的抗议，《万国公报》改名为《中外纪闻》，作为强学会的机关报，于1895年12月16日正式出版，它是中国政党报纸的萌芽。

《中外纪闻》已与《万国公报》大不相同。从经费来源看，《万国公报》的经费由康有为独立支撑，而《中外纪闻》则接受了袁世凯等人的捐款，资金雄厚得多，前者为免费赠阅，而后者则必须购阅；从性质上看，《万国公报》不具有机关报的性质，而《中外纪闻》已被明确规定为强学会的机关报；从内容上看，《中外纪闻》除论说外，还有上谕、外电、译报和各报选录等。

1895年11月，康有为南下到上海宣传其维新变法主张。同年12月，在梁鼎芬、黄遵宪、汪康年、张謇等维新党人的协助下和两江总督张之洞的资助下创设强学会上海分会。并于1896年1月12日创办了上海强学会机关报《强学报》。该报由康有为的弟子徐勤、杨树龄主编，五日一出，铅字印刷，页数

① 《康有为自编年谱》，见《戊戌变法》（4），转引自黄瑚：《中国新闻事业发展史》，上海：复旦大学出版社2001年版，第41页。

不等，免费派送。

《强学报》的政治色彩较《万国公报》和《中外纪闻》更为浓厚，它旗帜鲜明地倡导变法维新，发出了“穷则变，变则通，通则久，不变则不能久矣”的警告；明确提出了“明定国是”、“开设议院”的政治主张。这种激进的宣传，引起封建顽固派的恐惧和仇恨，纷纷上书弹劾，一时“谣诼蜂起”。1896 年 1 月 20 日，光绪皇帝迫于后党的压力，下令封闭京师强学会，《中外纪闻》和《强学报》分别于 1 月 6 日和 1 月 25 日被迫停刊。《中外纪闻》只出版 1 个月零 5 天，而《强学报》只存在了 14 天，出版了 3 期。

京、沪两地的强学会及其机关报《中外纪闻》和《强学报》，虽然被封建顽固派和洋务派扼杀了，但它们的影响是深远的。强学会的成立，标志着酝酿了几十年的变法维新，已由思想宣传转变为有组织的政治活动；维新派三家报刊的出版，冲破了封建“言禁”，为即将到来的国人办报高潮拉开了序幕。更重要的是，这些活动培养和锻炼了维新派的办报骨干，为维新派报刊宣传活动的全面展开打下了基础，使变法维新成为不可阻挡的时代潮流。

三、梁启超与《时务报》

1. 梁启超生平

梁启超（1873—1929 年），字卓如，号任公，广东新会人。曾用笔名有饮冰室主人、哀时客、少年中国之少年、中国之新民等 40 余个。维新派主要领导人之一，清末影响较大的报刊宣传家之一。戈公振评价他说：“我国报馆的崛起，一切思想的发达，皆由先生启其端。”① 他自小熟读经史，12 岁中秀才，16 岁中举人，17 岁上京会试，落榜而归，遂拜康有为为师，学习今文经学，并大量阅读西方书籍和传教士在中国所办报刊。1894 年，21 岁的梁启超跟随康有为再次进京会试，并参与随后的“公车上书”，从此开始了他的社会政治活动。从 1895 年到 1898 年，他作为康有为的得力助手，创办维新报刊，指导维新运动，在全国产生巨大影响。

戊戌政变后，梁启超和康有为一起逃到日本，先后创办《清议报》和《新民丛报》，宣传维新主张，鼓吹改良，同时与资产阶级革命派展开报刊大论战。此时是梁启超事业的顶峰时期，他的思想和文章在舆论界影响巨大，被誉为“舆论之骄子，天纵之文豪”。

---

① 戈公振：《新闻学撮要》（插页），转引自吴廷俊：《中国新闻史新修》，上海：复旦大学出版社 2008 年版，第 73 页。

辛亥革命后，梁启超回到北京，很快卷入民初的政党之争中。他支持袁世凯，与孙中山领导的国民党争夺政治权力。1913 年，袁世凯称帝的野心暴露，梁启超愤然撰文《异哉所谓国体问题者》予以揭露，并积极参与反袁斗争。袁世凯死后，1917 年梁启超又出任段祺瑞北洋政府财政总长兼盐务总署督办。11 月，段内阁被迫下台，梁启超也随之辞职，从此退出政坛。

1918 年底，梁启超赴欧，了解到西方社会的许多问题和弊端。回国之后开始以主要精力从事文化教育和学术研究活动。1922 年起在清华学校兼课，1925 年应聘任清华国学研究院导师。1927 年，离开清华研究院，1929 年病逝。

梁启超是中国近现代史上影响巨大的人物。他既是杰出的启蒙思想家、政治活动家，又是杰出的报刊政论家和报人，同时还是一个百科全书式的学者。他一生著述颇丰，内容几乎包括所有的社会科学知识。作为报人，梁启超丰富的报刊活动长达 27 年，一生亲自创办和主编的报刊达 11 种，而他发表在报刊上的政论文章影响了一代人。

2. 梁启超与《时务报》

《中外纪闻》被迫停刊之后，梁启超的衣服、用具、书籍均被没收，“流浪于萧寺中数月”而“办报之心益切”。这时，黄遵宪等人在上海筹办《时务报》，邀他南下主持笔政，他便毅然来到上海，主持《时务报》。

1896 年 8 月 9 日，《时务报》创刊，书本式，旬刊，每期 20 多页，三四万字，共出 69 期。《时务报》由梁启超任总撰述，汪康年任总经理，稍后康有为又派其弟子徐勤、麦孟华、欧榘甲去协助梁启超工作。

初期，《时务报》的编撰工作由梁启超一人负责，不仅每天要写四千多字的评论，还要撰写、修改两万多字的文稿。他只能夜以继日地工作，“六月酷暑，汗蜡皆变流质，独居一小楼上，挥汗执笔，日不遑食，夜不遑息”①。梁启超在《时务报》上发表了数千篇鼓吹维新变法的文章，代表作是《变法通议》。这篇长文在《时务报》上连载 43 期，涉及当时的政治、经济、文化、军事等各个方面的问题，第一次全面系统地阐明了维新派的变法主张。

《时务报》上的文章不仅见解大胆新颖，而且文字平易流畅又富有感情，使朝野大为震动，因而“举国趋之，如饮狂泉”。尤其是梁启超撰写的文章，更是风靡一时，以至于“自通都大邑，下至僻壤穷陬，无不知有新会梁氏

---

① 梁启超：《创办时务报原委》，转引自黄瑚：《中国新闻事业发展史》，上海：复旦大学出版社 2001 年版，第 43 页。

者”。从普通读者到官宦士绅都争相订阅，使《时务报》的发行量与日俱增：创刊时发行3000多份，半年后增至7000多份，一年后增至12000多份。而最高发行量则达到17000份，创造了当时报刊发行的最新纪录。成为维新派最重要的、影响最大的机关报。

《时务报》既是维新派重要的宣传机关，也是他们推行新政、开展变法运动的重要基地。他们经常借此与社会上倾向和同情维新思想的人士联系工作，来信来访者竟日络绎不绝。不少学会团体就设在馆内，有的还委托报馆代收会费、办理会员登记等事宜。所有这些活动，不仅冲击了清王朝数百年来严禁士人集会结社、议论政治的传统法令，向资产阶级民主政治生活迈进了可贵的一步；同时也使变法维新运动从口头宣传迈向实践行动的阶段。

1897年10月，梁启超因忍受不了张之洞和汪康年的排挤，应湖南时务学堂的邀请，愤然离开《时务报》。其他维新派激进人士也先后离去，康、梁失去了这块重要的舆论阵地，《时务报》落入汪康年手中，变成洋务派的喉舌。

3. 梁启超与“时务文体”

为了宣传维新变法，梁启超此时改革和发展了王韬的报刊政论文体，并形成了自己的风格。王韬的报刊政论文虽然较桐城文体通俗易懂，但仍属于文言文的范畴，梁启超及此时的维新派人士从根本上突破了文言文写作的框框，开创了一种通俗、自由、新颖的报刊政论文体。这一前所未有的“新文体”被时人称为“报章体”或“时务文体”，成为其他维新派报刊撰文的楷模。

时务文体从梁启超在《时务报》上发表洋洋洒洒数万言的《变法通议》开始形成，到1898年出版的《清议报》上的文章臻于成熟，至1902年在《新民丛报》上发表《新民说》、《少年中国说》等一系列文章达到顶峰。

关于“时务文体”的特点，用梁启超自己的话概括，有下列几条：

其一，“纵笔所至不检束”。即要求解除写作上的清规戒律、条条框框，摆脱各种古文义法的束缚，打破古文、时文、散文、骈文的界限，实行文体上的大解放。顺于时势，畅所欲言，用自己的笔写自己要说的话，用通俗的文字发挥新颖的思想。

其二，“务为平易畅达，时杂以俚语、韵语及外国语法”。即要求文章的语言浅显流畅，明白通晓，摒弃矫揉造作、艰涩冷僻的文字；同时又允许根据内容的需要，使用俗语、韵语及外来的词汇、句式和语法来论证问题、说明道理。

其三，“条理明晰，笔锋常带情感”。即要求文章层次清楚，逻辑性强；汪洋恣肆，酣畅淋漓，以饱带情感之笔，写流利畅达之文，使读者为之倾倒，受到感染和鼓动，在不知不觉中被说服，进而接受他们的主张。对梁启超而言，他希望用自己情感激越的文字，把亡国的危险高山兀立般地展现在国人面前，引起警觉，启迪蒙昧。因此，他的文章写得感情充沛，气势磅礴，“雷鸣怒吼，恣睢淋漓，叱咤风云，震骇心魄，时或哀感曼鸣，长歌代哭，湘兰汉月，血沸神销，以饱带感情之笔，写流利畅达之文，洋洋万言，雅俗共赏，读时则摄魂忘疲，读竟或怒发冲冠，或热泪湿纸”①，“对于读者别有种魔力”。梁启超的好友、清末著名诗人和思想家黄遵宪对梁启超的文章也给予了很高的评价：“惊心动魄，一字千金，人人笔下所无，却为人人意中所有，虽铁石人亦应感动。从古至今文字之力之大，无过于此者。”

以梁启超的政论为代表的时务文体，自由放纵，不拘一格。它不仅风靡一时，对辛亥革命时期乃至五四运动以后的文风也都有极其深远的影响。报纸文体改革的成功，在很大程度上要归功于梁启超。

四、改良派其他有影响的报刊

随着维新运动的深入，各地维新志士以极大的热情创办报刊；“百日维新”期间光绪皇帝发布准许官民办报的诏书，更促进了各地报刊的迅速发展。自 19 世纪 70 年代兴起的国人办报活动在维新变法运动中发展到了一个新的阶段，打破了外报在中国新闻舆论界的垄断地位，使中国人的报刊成为社会舆论的中心。因此，维新变法运动阶段的国人办报活动，被称为第一次国人办报高潮。

这次办报高潮的主流，则是宣传变法维新的政论性报刊。除了上述的《时务报》外，比较重要的还有湖南长沙的《湘学新报》与《湘报》、天津的《国闻报》、《国闻汇编》等。

1. 唐才常、谭嗣同和《湘学新报》、《湘报》

（1）唐才常和《湘学新报》

《湘学新报》和《湘报》是戊戌变法时期维新派在华中地区的重要舆论阵地。《湘学新报》又名《湘学报》，1897 年 4 月 22 日创刊于长沙，是湖南的第一家报纸。该报由湖南当时的学政江标创办，维新志士唐才常任主编。

《湘学新报》是一份以讲求实学、新学为主的旬刊，以倡新学、开民智、育人才、图富强为宗旨，设有掌故（后改为时务）、史学、舆地学、算学、商

① 新闻界人物编辑委员会：《新闻界人物》（6），北京：新华出版社 1985 年版，第 131 页。

学、交涉学六个固定栏目，每个栏目均由专人编辑，每期装订成册。从第 21 册起改名为《湘学报》，唐才常（1867—1900 年），字绂丞，湖南浏阳人，是戊戌时期著名的政治活动家和宣传家，与谭嗣同合称“浏阳二杰”。他一人兼任史学、时务、交涉三个栏目的编撰，发表了大量文章。

《湘学新报》的出版，受到读者热烈欢迎。仅“长沙一城，销千数百份”①，有人称它与上海的《时务报》、香港的《知新报》乃三足鼎立，可见其影响之大。《湘学新报》共出 45 册，于 1898 年 8 月 28 日停刊。

（2）谭嗣同和《湘报》

鉴于《湘学新报》10 日一出，周期太长，且偏重于学术，不能满足日益高涨的维新运动的需要，于是创办一份比较通俗的日报的要求越来越强烈。1898 年 3 月 7 日，湖南的第一份近代日报《湘报》便应运而生。该报仍由唐才常任主编，仍采用书册式，每日一册，页数不等，免费发行。内容有论说、奏疏、电旨、公牍、本省新闻、各国时事、商务、新书选录、答读者问等栏目，已粗具近代综合性报纸的规模。

与《湘学新报》相比，《湘报》除报道各地维新运动的动态外，还发表了大量政论，对封建专制制度进行猛烈抨击，对民权、平等学说进行热烈鼓吹，明确提出了变法维新的一系列主张，其激进程度超过《时务报》、《知新报》和《湘学新报》。《湘报》还比较注重新闻报道，除转载外，还有自采新闻，而且经常刊登社会新闻，以增强文章的可读性。与同时期其他维新派报纸相比，《湘报》更具有群众性，影响也更为广泛。康有为称它是“全国最好的一张维新报纸”；梁启超也说它是戊戌时期日报中的“巨擘”。

《湘报》的主要领导人和撰稿人之一谭嗣同（1865—1898 年，字复生，号壮飞，维新时期重要的政治活动家和报刊政论家，“戊戌六君子”之一）在《湘报》工作的半年间，发表了 25 篇政论文章，除了阐述报纸的作用外，主要为维新变法运动大造舆论，内容涉及政治、经济、法律、教育等各个方面。就其风格而言，他的政论呈现出见解深刻、援古论今、气势雄健、感情充沛的特征。

由于顽固派的威胁和打击，也由于当时的维新力量的薄弱，《湘报》自 5 月底文章格调平缓许多，7 月 19 日则停刊。

---

① 谭嗣同：《与唐绂丞书》，选自《谭嗣同全集》（上），北京：中华书局 1981 年版，第 262 页。

2. 严复和《国闻报》、《国闻汇编》

在北方，维新派最重要的舆论阵地是《国闻报》，它是维新派创办的第一家日报，1879 年 10 月 26 日在天津创刊，主要创办人是严复。

严复（1854—1921 年）字幼陵，福建侯官（今福州）人，出生于名医世家，曾受过严格的传统文化教育。1876 毕业于福州船政学堂，第二年被派往英国海军大学留学。他深感中国封建制度的落后腐败，积极探索救国复兴的道路。回国后发表大量报刊文章，猛烈抨击帝国主义的侵略，揭露封建制度的弊端，提倡民主、民权，主张“变法自强”。在维新派办报高潮的推动下，严复与天津维新派代表人物王修植、夏曾佑、杭辛斋等人集资，于 1897 年 10 月 26 日在天津创办《国闻报》，它是维新派在华北地区唯一的报纸，也是维新党人创办的第一份日报。

《国闻报》以广译各国报刊和介绍西方资产阶级社会政治学说与自然科学知识为己任，在维新派报刊中独树一帜，很有特色。表现在：内容上它以“通外情为要务”。《国闻报》（包括其后的《国闻汇编》）从创刊时起，就特别重视外国报刊、书籍的翻译介绍工作。严复他们不惜重金聘请英、法、德、日文译员，大量译载西方资产阶级的社会政治学说和自然科学知识，以及外电、外报的消息和评论。

另外，《国闻报》“消息确而速，又极多极详”。《国闻报》的稿源很充足，加上天津离北京较近，信息传递方便，这使得它报事迅速而准确。它对重大事件还做跟踪报道。如 1897 年 11 月，该报创刊不久就发生了胶州湾事件，从 1897 年 11 月 18 日到 1898 年 1 月 2 日，《国闻报》共发连续报道 29 篇，直到 1898 年 2 月 19 日才结束报道。有几天甚至一天两篇报道，新闻的时效性极强。

《国闻报》的出版地点离北京很近，加上几个主持者都是朝廷命官，他们的一言一动必然受到封建顽固派的注意；为了保住这个重要的舆论阵地，严复等人不得不采取一套特殊的斗争策略。他们把报馆的地址选择在天津租界里，推出一个不知名的福建人李志成充当“馆主”。从 1898 年 3 月起，又谎称因“销行不广，资本折阕”，已将报馆盘给日本人西村博，并在报上加印“明治”年号，这实际上是一种障眼术。严复等人则从未踏进报馆大门，有事均在王修植家中商议，发表文章也从来不署名。正因为采取了特殊的斗争策略，在戊戌政变发生后，许多报刊都被查封的情况下，《国闻报》还能如实地报道谭嗣同“戊戌六君子”在北京“视死如归”殉难的新闻，实属难能可贵。一直到 1899 年 2 月才真正由日本人主办，至 1900 年还在出版。

(3)《国闻汇编》的创办

《国闻汇编》是国闻报馆出版的旬刊，创刊于1897年12月8日，每期一册，约3万字。严复比较重视旬刊，亲自担任主编。《国闻汇编》的内容分为两部分，前半部分为西方学术论著译稿，后一部分为外国报纸上新闻和评论的译文，译著者均署真实姓名。

使《国闻汇编》享有盛誉的是严复翻译的《天演论》和《群学肄言》(部分)。尤其是他翻译的赫胥黎的《天演论》在《国闻汇编》上发表后引起了强烈的反响。这部著作破天荒地向中国人介绍了进化论思想和资产阶级社会学理论，脍炙人口，风靡一时，在当时中国思想文化界引起强烈震撼。过去维新派政治家宣传变法只从救亡图存角度来讲，没有从理论上阐明为什么必须变法。严复通过介绍达尔文关于生物界"物竞天择，适者生存"的进化论思想，从自然生存法则的角度强调优胜劣汰、弱肉强食是自然和人类社会的共同规律，这就从根本上推翻了封建顽固派所奉行的"天不变，道亦不变"的谬论，为变法维新提供了理论依据，这对维新派和全国人民都有更大的启蒙作用。而"物竞天择、适者生存"则成为社会上流行的口头禅，这也是《国闻报》和《国闻汇编》在历史上的贡献。

五、维新变法运动中新闻立法的尝试

在维新变法运动中，康有为等维新志士继王韬之后再次公开提出废止封建文化专制主义的法律制度、建立以言论出版自由为本的近代新闻法律制度的要求。面对蓬勃发展的报业形势，尤其是为维新精神所感动，具有开明思想的光绪帝对中国旧有的封建法制进行了近代化转型的初步尝试，在此背景下，中国历史上第一次新闻立法活动也得以启动，揭开了中国近代新闻法制建设的第一页。

1. 清政府新闻立法的背景

近代中国新闻立法的初步尝试是主客观因素综合作用的结果。从客观因素上讲它是中国近代新闻事业的蓬勃发展推动的结果。

鸦片战争后，外国侵略者在我国不断扩大办报规模，但患有"恐洋症"的清朝政府并没有对其采取过限制措施或制定什么新闻法规。随着第一批国人自办报刊的出现，尤其是在第一次国人办报高潮的推动下，面临内忧外患、力图探索救国之策的光绪皇帝，对变法逐渐采取了赞助的态度。

从主观上讲，中国近代新闻自由和新闻法制思想的广泛传播对新闻立法的步伐也起到推动作用。自19世纪中叶以来，从魏源、林则徐到王韬、郑观应，早期睁眼看世界的一批中国人，根据他们了解的西方文明，并结合中国新闻事业发展的实际情况，特别是他们自身的新闻工作经验，发出了建立近代新闻法制的呼声。他们不仅开始全面系统地介绍与阐释言论出版自由的理念，而且勇敢地要求清政府开放“言禁”、“报禁”，给人民言论出版自由的权利。从新闻官的选拔到报馆的设立，从对报纸性质、功能的认识到对新闻立法的建议的提出，都反映出早期改良主义思想家对中国新闻法制的期盼。维新变法运动中，以康有为、梁启超为代表的维新人士继承早期改良派知识分子要求改革新闻法治的思想，再次发出建立以言论出版自由为本的近代新闻法律制度的要求。在中国新闻事业蓬勃发展、新闻自由思想日益深入人心、新闻立法呼声不断高涨的形势面前，清政府也不得不顺应时势的发展，开启了新闻立法的初次尝试。

2. *维新时期新闻立法的进程和主要内容*

清初，对于报纸的管制尚未专立条例，那时处理有关报纸的案件都援用“大清律例”中的刑律盗贼类中的“造妖书妖言”条。其主要规定有“凡造谶纬妖书妖言，及传用惑众者，皆斩”。“各省抄房，在京探听事件，捏造言语，录报各处者，系官革职，军民杖一百，流三千里。”① 从清初一直到“大清印刷物专律”颁布前，清廷大都援用此法规定。

甲午战争惨败后，年轻的光绪皇帝面对严峻的内忧外患，不甘心做亡国之君，同时为了摆脱慈禧太后的控制，以亲掌大权，面对蓬勃发展的国人报刊，在维新精神的感召下，于1898年6月11日开始变法。在仅仅持续了103天的“百日维新”期间，光绪皇帝多次发布具有法律效力的上谕，正式承认官报、民报均具有合法的地位，“报禁”、“言禁”的藩篱终于第一次被冲破。

7月26日，光绪皇帝就管理官书局大臣孙家鼐《奏遵议上海〈时务报〉改为官报折》发布上谕：“报馆之设，所以宣国事而达民情，必应官为倡办。该大臣所拟章程三条（第一，令主笔者对文章慎加选择；第二，请开除胪陈利弊之禁忌；第三，无庸另筹官报经费），似尚周妥，着照所请，将《时务报》改为官报，派康有为督办其事，所出各报，随时呈进。其天津、上海、湖北、广东等处报馆，凡有报章，着该督抚咨送都察院及大学堂各一份。择其有关事务者，由大学堂一律呈览。至各报体例，自应以胪陈利弊，开扩见闻为主，中外时事，均许据实昌言，不必意存忌讳。用副朝廷明目达聪，勤求治理

---

① 戈公振：《中国报学史》，转引自张宗厚《清末新闻法制的研究》，《新闻与传播研究》1981年第3期。

之至意。所筹官报经费，即依议行。”① 这一上谕，是中国历史上第一个公开宣告开放“报禁”的法令，在中国新闻法制建设中具有里程碑式的意义。

它的基本精神有二：一是开办中央政府机关报，将上海《时务报》改组为官报，迁北京出版。二是公开承认各地报馆的合法地位，并准许报刊“据实昌言”。② 这道上谕是清政府第一次对报业问题明确表态。此后，光绪帝还发布了多道具有法律效力的上谕，进一步扶植、鼓励官绅士民创办报刊。

8月9日，光绪帝应康有为《恭谢天恩条陈办报事宜折》中所请发布对官报予以支持的上谕，命官报局所需经费，照官书局之例，由两江总督按月筹集拨银一千两，另拨开办经费六千两。

8月16日，光绪帝发布鼓励臣民创办农报的上谕：“其各省府州县，皆立农务学堂，广开农会，刊农报，讲农品。由绅富之有出业者试办，以为之率。”

8月26日，光绪帝发布对书报实行免税的上谕：“书籍报纸，一律免税。均着照请行。”对书籍报纸实行免税，是光绪帝应梁启超之请而做出的一项非常难能可贵的进步政策，即使在当时的西方资本主义国家，对书报免税以扶助其发展者也不多见。

9月12日，光绪帝发布上谕劝谕官绅士民踊跃办报：“报馆之设，原期开风气而扩见闻。该学士所称现商约同志于京城，创设报馆，翻译新报，为上海官报直续等语，即着瑞洵创办以为之倡。此外官绅士民，并着顺天府五城御史切实劝谕，以期一律举行。”

3. 第一次新闻立法尝试的失败及其历史意义

正当新闻立法工作开始起步时，仅仅维持了103天的变法，由于主客观方面各种复杂的因素制约，以失败而告终，刚刚取得的一些新闻立法成果，也由于顽固派的反攻倒算而付之东流。

1898年9月21日，慈禧太后发动政变，囚禁光绪皇帝，并大肆抓捕维新党人。9月26日，清廷发布上谕，宣布废除官书局，停办《时务官报》，查禁报馆，严拿报馆主笔。10月11日，清廷更进一步发布禁立会社的命令，对出版报刊最力的各种社会团体一律予以严禁。腐朽反动的清王朝，逆历史发展之潮流，重施“报禁”、“言禁”制度。

在戊戌变法期间，中国的新闻立法活动，以光绪皇帝发布具有法律效力的

---

① 方汉奇：《中国新闻传播史》，北京：中国人民大学出版社2002年版，第99页。

② 黄瑚：《中国新闻事业发展史》，上海：复旦大学出版社2001年版，第54页。

上谕为主要形式，迈出了具有历史意义的伟大一步，“报禁”一度被解除，“言禁”一度被放宽，新闻法的制定也被正式提上了政府的议事日程。虽然这次新闻立法活动以失败而告终，但作为中国新闻史上的第一次勇敢的立法尝试，为中国今后的新闻立法提供了借鉴，奠定了思想基础。

第三节 维新派在海外的报刊活动

戊戌政变失败后，资产阶级改良派在国内的舆论机关丧失殆尽。康、梁等人逃到海外。除了创立保皇会外，他们还重新组织力量创办报刊，继续进行维新宣传。其中影响最大的是《知新报》、《清议报》和《新民丛报》。

一、澳门:《知新报》

《知新报》是维新派在华南地区的重要舆论阵地，1897 年 2 月 22 日在澳门创刊。它是一份创办较早、出版时间最长的维新派报刊，是在具有爱国思想的澳门巨商何廷光的支持下，由康有为亲自策划创办起来的。

康有为选择澳门作为维新派办报基地，其原因一是澳门是葡萄牙的租地，为清朝政府势力所不及，比在内地办报少受一些限制；二是想在华南地区建立一个舆论阵地，与上海《时务报》南北呼应，为维新运动造声势。

《知新报》初创时为五日刊，后改为周刊、半月刊，由何廷光、康广仁任经理，梁启超、何树龄、韩文举、徐勤、吴恒炜等任撰述，还有英、葡、德、法、日文翻译，阵容相当强大。

《知新报》是《时务报》的姐妹刊物，两报的编辑方针是一致的，但也有不同于《时务报》的特点：一是宣传报道更为大胆，敢言《时务报》所不敢言；二是以沟通中外信息、传播西方科技知识为重要内容。

《知新报》的历史意义，不仅在于它是维新派在华南地区的重要舆论阵地，更重要的是自政变发生到 1898 年 12 月横滨《清议报》创刊之前的 3 个多月的时间里，国内各地维新派报刊扫地以尽，唯独《知新报》能幸存下来，歌颂为变法死难的烈士，谴责发动政变的后党，指名道姓地痛骂慈禧太后和荣禄等人是“逆贼”、“奸党”，竭力为光绪皇帝和康有为辩诬等，成为同封建顽固派作针锋相对斗争的唯一报刊。《知新报》一直出版到 1901 年 1 月 20 日才自动停刊，总共出了 133 期。

二、日本：《清议报》

《清议报》是在旅日华侨冯镜如等人的资助下，于1898年12月23日在日本横滨创办的。它是戊戌政变后，康、梁在海外创设的第一个舆论机关。旬刊，冯镜如为发行人，梁启超为实际主持者，麦孟华、欧榘甲辅助之。1901年12月21日停刊，共3年时间，出版100册。停刊的主要原因是清政府"严禁入口"，即严禁《清议报》进入国内。《清议报》虽然在日本出版，但用的是汉字，并以国内读者为主要对象，清政府一旦"严禁入口"，报纸便难以办下去；另一原因是《清议报》刚出至100册时，报馆遭遇火灾而被迫停刊。

纵观《清议报》100册，它的主要内容是攻击清政府的腐朽没落，谴责"逆后贼臣"（西太后、荣禄）的独断专行，提倡破坏主义和民权自由，鼓吹改良。

对于《清议报》的特色，梁启超谈到以下几点：一是倡民权，即倡导民权自由，这也是他们始终抱定的独一无二的宗旨；二是衍哲理，即将东西方有名的著作及其学说，输入中国，对国民进行思想启蒙；三是明朝局，即阐明国家局势和重大事件真相。如戊戌政变等事件，其中清政府的阴谋毒手、祸国殃民等劣迹，该报通过揭露其隐蔽的真相，指斥权奸，从不宽容；四是厉国耻，即帮助中国民众了解中国在世界上的"位置"及列强对待中国的"政策"，呼吁国人奋起救亡。

《清议报》发行3年，影响是深远的。它是维新派在日本早期反对清政府的言论机构。正因为如此，清政府严禁在国内出售该报。尽管如此，该报在国内仍然畅销。当时在国内销售的该报约有4000份，读者约有4万人。

《清议报》在出版100册后宣布停刊的当日，还特别举行了百号纪念庆典，梁启超发表了《清议报第一百册祝辞并论报馆之责任及本馆之经历》。为表示纪念，这一期改为特大号。《清议报》在停刊两年之后，还有人想翻印它的旧报，而张之洞则严禁翻印，这一事实进一步说明《清议报》的影响之大。

三、《新民丛报》和《新小说》

1. 梁启超与《新民丛报》

《清议报》停刊后不到两个月，梁启超又在横滨创办了《新民丛报》。从1902年2月8日创刊到1907年11月20日终刊，前后历时6年，共出版96

期。编辑和发行人署名冯紫珊，实由梁启超负责，刊物上的重要文章也大都出于梁启超之手。《新民丛报》是一家大型综合性半月刊，在梁启超主持的报刊中历时最久、影响最大。

从政治倾向上看，《新民丛报》的内容以1904年为界，分为前后两个时期：

前期主要是进行“新民”的工作。《新民丛报》创刊号《本报告白》称：“本报取名《大学》‘新民’之义，以为欲维新吾国，当先维新吾民。”通过大力宣传西方资产阶级的文化思想，对国民进行反封建的思想启蒙工作。他们积极从西方的思想宝库中寻找武器，向人们鼓吹了一整套资产阶级的世界观、人生观和社会政治学说，在社会上产生了很大影响，客观上也为当时文化思想界做了很多有意义的工作，至今仍是研究中国近代政治、文化不可或缺的重要刊物。

1903年是资产阶级民主革命浪潮急剧高涨的一年，也是梁启超的政治思想和《新民丛报》的宣传内容发生根本转变的一年。这年2月，梁启超赴美游历。12月，梁启超从美洲回日本，政治态度和言论大变。他开始在《新民丛报》上发表大量文章反对当时蓬勃兴起的资产阶级民主革命运动，不遗余力地鼓吹“君主立宪”和“开明专制”。《新民丛报》的言论格调也日趋走低，在读者心目中的威信也每况愈下，最终在与资产阶级革命派报刊《民报》的论战中惨败而停刊。

《新民丛报》初创时，主要论文几乎都出自梁启超之手，所撰长篇政论《新民说》，是当时较有代表性而影响广泛的文章。《新民说》全文共20节，约11万字，分34期刊载，历时5年。在该文中，梁启超强调新民为中国第一要务，号召国民摆脱奴性，树立独立自由的思想，养成自尊、进步、利群、进取、冒险的精神。《新民说》一发表，立即在国内外引起强烈反响，人们开始意识到“国民”对于国家的重要，尤其是“新民”对于“新国家”的迫切与必要。而此时梁启超的文章较维新时期更为成熟，时有“新民文体”之说。梁启超也被誉为“舆论之骄子，天纵之文豪”。

2. 梁启超与《新小说》

1902年11月，梁启超在横滨又创办了我国最早刊载新小说的刊物《新小说》月刊。它是中国近代第一份以刊登新体小说为主，兼及戏曲、诗歌、文艺理论等的文艺刊物。名义上编辑兼发行人是赵毓林，实际主编人是梁启超。该刊前后延续3年多，1906年1月出至第24期停刊。

对于《新小说》创办的目的，梁启超在该刊第一号上发表的《论小说与群治之关系》中说："欲新一国之民，不可不先新一国之小说。欲新道德，必新小说；欲新宗教，必新小说；欲新政治，必新小说。"这说明，《新小说》创办的目的仍然是"新民"。

以往，小说被人们视为茶余饭后的消遣娱乐之资，而梁启超公然声称，编辑《新小说》是"专欲发表区区政见，以就正于爱国达识之君子"。把小说与国家前途联系起来，与"新民"联系起来，《新小说》为第一刊，梁启超为第一人。正是认为小说对于国家社会有巨大的作用，所以必须办一个刊物主要发表小说。在这样思想指导下，《新小说》发表了许多政治小说、历史小说、社会小说，还发表了戏曲、诗歌等，鼓吹改良。

从1898年12月到1902年11月，梁启超在日本先后创办了《清议报》、《新民报丛》、《新小说》三大报刊，宣传了一整套当时在中国仍然是先进的、新颖的资产阶级意识形态，启迪了几代青年志士的思想，这是梁启超作为资产阶级启蒙宣传家影响最大、贡献最多的黄金时期。

四、梁启超新闻思想的初步形成

对梁启超27年的办报生涯，新闻学界一般以戊戌政变为界，将他的新闻活动分为前后两个时期，而他的新闻思想也相应地以此为界分为前后两个时期。前期的新闻思想集中体现在他的《论报馆有益于国事》一文中；而后期的新闻思想则集中体现于他的《敬告我同业诸君》、《清议报第一百册祝辞并论报馆之责任及本馆之经历》和《自由书·传播文明三利器》中，下面将分别对之进行分析。

1. 梁启超前期新闻思想

戊戌政变前，梁启超主办了《中外纪闻》和《时务报》，《时务报》风行海内，影响极大，成为维新派的舆论中心。梁启超在利用这些报刊进行政治宣传过程中，初步形成了自己的新闻思想，主要反映在两个方面：一是对报刊的性质功能的认识，即"耳目喉舌"论的提出；二是对"报章体例"的认识①。

关于报刊的性质与功能，梁启超认为：

第一，报刊是国家和国民的"耳目喉舌"，是"去塞求通"、促使国家富强的重要工具。在《论报馆有益于国事》中，他指出国家强盛与否的关键在于是否通，"觇国之强弱，则于其通塞而已……上下不通，故无宣德达情之

① 徐新平、何纯：《论梁启超前期的新闻思想》，《湖南大学学报（社科版）》2003年第4期，第98页。

效……内外不通，故无知己知彼之能”，即上下、内外不通则国必不能强。如何求通？就是办报，此即“去塞求通，厥道非一，而报馆其导端也”①。也就是说报馆是通内外、通上下的重要途径，他以中国古代和西方的报馆活动作为例子，指出“阅报愈多者，其人愈智。报馆愈多者，其国愈强。曰：惟通之故”。报馆可以使政事通，而政事通则可以使国家强。所以他说国之有报纸，犹人之有耳目喉舌。他痛感中国报业的不发达，致使“比邻之事而吾不知，甚乃同室所为不相闻问”。主张应该学习西方各国，民间要大力创办报刊，国家要大力保护报刊，充分发挥报刊“上下通”、“内外通”、“去塞求通”的功能，使国家臻于富强。

第二，他认为报刊具有强烈的政治性、党派性，是政治斗争的利器。

以梁启超为代表的维新派人士认为，报刊是唤起舆论、造成舆论，揭露社会现实问题，抨击清廷弊政，宣传变法维新思想，争取实现政治革新的重要武器和救国手段，用他们自己的语言概括，就是参与政治斗争的“利器”。梁启超并不讳言自己所办报纸的政治性、党派性。他坦然承认，他主编的《时务报》、《清议报》以及《知新报》就是“以一党之利益为目的”的党报（见《清议报第一百册祝辞并论报馆之责任及本馆之经历》）。他一再强调报纸的社会政治作用。把报纸当做救国的手段，是梁启超的远见卓识，在当时是难能可贵的。正是基于这种认识，在现实的政治斗争中，梁启超等人往往先办报，用报刊造成舆论，打开局面，扩大影响，争取群众，使报刊成为进行政治组织、政治宣传的有力工具。

第三，他认为报刊是“开民智”、“育人才”的重要手段。

梁启超极其重视报刊在教育读者、提供新知、开通民智、培育人才等方面的功能。他一再强调：“故言自强于今日，以开民智为第一义”。他提出了三条途径：一是办学校，二是兴学会，三是开报馆。而梁启超更看重报纸的作用，因为报纸除了兼具其他两者功能外，还具有信息传播的空间更大、影响更深广的优势。

此外，梁启超还根据中国国情，在《论报馆有益于国事》中提出了在中国办报的具体做法，即“广译五洲近事”，“详录各省新政”，“博搜交涉要案”，“旁载政治学艺要书”。而这些具体的做法也体现了他的报纸功能观，即报馆的作用在于“去塞求通”，办报的目的是富国强民，所以报刊要刊登这些

---

① 梁启超：《论报馆有益于国事》，转引自张之华主编《中国新闻事业史文选》，北京：中国人民大学出版社 1999 年版，第 18 页。

能够让人民了解世界的强大、中国的新政、外交的耻辱和民主政治知识方面的内容，以便让国民知耻而有为，最终实现“报馆有益于国事”的目的。

对于报章文体，梁启超也有自己的看法。这里的报章体例，不仅包括内容，还包括文风问题。认为报章文体应该是“义足可取，言之有文”。“义足可取”是内容上的要求，“言之有文”是形式上的要求，着重强调的是语言风格。梁启超在创办《时务报》之后就将这种理论主张一直贯穿于自己的报刊实践之中，创造了一种崭新的报刊政论文体，即“时务文体”。

梁启超这一时期的新闻观，代表了资产阶级改良派最初的新闻思想，即希望通过办报变革弊政，巩固现有的政权，反映了新兴资产阶级急于向西方学习，希望国家民族富强的热切愿望。

2. *梁启超戊戌政变后的报刊思想*

戊戌变法失败后，梁启超逃亡到日本，他接触了更多的西方社会政治学说和资产阶级的新闻理论，这使他的新闻思想发生了许多变化。这种变化反映了梁启超个人对新闻事业理解的深入，以及那个时代的新闻学者对新闻客观规律的积极探索，同时也反映了资产阶级新闻思想形成时期的基本面貌。后期梁启超新闻思想的主要内容和变化集中表现在以下几个方面：

第一，关于报纸性质与功能，梁启超改变了以往的观点，认为“报馆者，非政府之臣属，而与政府立于平等之地位者也”①。即报馆是与政府有着平等地位的社会单位。他援引西方资产阶级的话，认为报馆是超乎于“贵族、教会、平民三大种族之外”的“第四种族”。在这一点上，梁启超的观点与以前有了很大的不同，以前他认为报纸是政府的耳目喉舌，是替皇帝“宣德达情”的工具，而此时则把报纸看成是独立于政府、与政府有着平等地位的自由体②。而对于报纸的党派性，此时他的看法也发生了变化。主张报纸应该脱离一党之报的范围，成为一国之报、世界之报；办报不应以一人、一公司或一党的利益为目的，而应以国民的利益进而以全世界人类的利益为目的。

由于对报纸性质的看法发生了改变，因而在对报纸功能的认识上，梁启超的观点也与前期有了很大的不同。他在《敬告我同业诸君》这篇文章中，明确地提出了报馆的两大功能：“某以为报馆有两大天职：一曰，对于政府而为

① 梁启超：《敬告我同业诸君》，转引自张之华：《中国新闻事业史文选》，北京：中国人民大学出版社 1999 年版，第 47 页。

② 张鑫、姚海燕：《论戊戌政变后梁启超的新闻思想的变化》，《株洲工学院学报》，2001 年第 1 期，第 110 页。

其监督者；二曰，对于国民而为其向导者。”也就是说报馆的功能一是监督政府，二是引导国民。

对于监督政府，首先，梁启超认为，政府有着重大的权力，为了免于其滥用权力，必须要对政府进行监督；其次，梁启超认为监督政府的方法有法律监督、宗教监督和名义监督，其中名义上的监督是不逊于前两种方法的有效的监督。因为名义监督的权柄操于舆论之手，是以强大的社会压力来监督的；最后，梁启超提出舆论的代表是报馆，因为报馆具有言论自由的特点，不受政府的控制，所以能够而且可以充分地发挥监督政府的作用。

对于引导国民，梁启超说，报馆对国民的引导功能与著书、学校的引导国民不同在于：著书立说着眼于全局和长远利益；学校是基础教育和专业教育的基地，重在给人以知识与智慧，培养人才；而报馆则执行培育普通民众的社会教育功能，起着引导人民追求真理、追求先进事物的作用。更有意义的是，梁启超还谈到了引导国民的具体做法，即以激进的言论来引导国民。因为他认为，真理只有在偏激观点的激烈碰撞中才会产生，而国民也在偏激观点的激烈碰撞中更好地理解和掌握了真理。梁启超的这种认识和前期的单纯靠传播各种知识来引导国民的观点已大不相同，而是更多地认同了西方自由主义新闻思想一些观点。

第二，梁启超还提出了评价报刊好坏的几条标准：“一曰宗旨定而高，二曰思想新而正，三曰材料富而当，四曰报事确而速。”① 关于“宗旨定而高”，梁启超认为办报必须要定一个宗旨，而好的报纸的宗旨应该有一个崇高的目的，他认为报纸最高的目的是“以国民最多数之公益为目的”；关于“思想新而正”，即要以新的思想来引导国民；关于“材料富而当”，即报刊上应登载各种各样的知识、材料；关于“报事确而速”，这是报纸之所以成为报纸并受人欢迎的一个特点。这一点涉及梁启超对新闻本身特性的认识，即认为新闻具有真实性和新鲜性。

第三，除了上面几个方面以外，梁启超还提出了全面的舆论观和新闻自由观。他对舆论问题作了系统研究，认为舆论是“多数人意见之公表于外者”；健全的舆论观很重要，报馆应该成为健全的舆论机关。他还十分赞赏西方国家的新闻自由，认为思想自由、言论自由和出版自由是一切文明之母。

总之，在戊戌变法失败后，梁启超的新闻思想发生了很大的变化，这变化

---

① 梁启超：《清议报一百册祝辞并论报馆之责任及本馆之经历》，转引自张之华主编《中国新闻事业史文选》，北京：中国人民大学出版社 1999 年版，第 38 页。

总体来说有三点：一是在某些问题上他改变了原有的观点，如关于报纸的性质、功能的问题；二是更深入地探讨了一些问题，如报纸引导国民的功能、报纸与强国的问题；三是更广泛地涉及了新闻学的许多问题，如新闻的特点、新闻自由、报纸经营、报纸的评判标准等等问题①。而这些变化的实质则是拖着封建主义尾巴的新闻思想向真正资产阶级新闻思想的转变。

3. 梁启超新闻思想变化的原因及意义

梁启超新闻思想发生变化的原因在于他政治思想的改变。改变前，"梁启超是个刚刚从封建士大夫阶层脱胎而出的资产阶级在政治上的代表人物，他的世界观没有脱离封建士大夫的世界观的范畴，故只能从'言官'职责角度去演化出报馆的职责"②。又由于其政治思想主要是在维护现有政权的基础上改良不合理的政治，对梁启超来讲就是在维护清王朝统治的基础上进行政治改革，所以在对报纸性质的认识上，很自然地就把报纸当成是维护、巩固、改良现有政权的工具，也即梁启超新闻思想中报纸是政府的"耳目喉舌"，是"去塞求通"的工具。相应地，在对报纸功能的认识上，就是"宣德达情"、"去塞求通"。戊戌政变后，梁启超主要侨居国外，接受了更多的西方资产阶级的民主思想，加上在日本时和中国的资产阶级革命派有了更多的接触，他的政治思想中逐渐有了许多民主、自由、人权的概念，所以他也很自然地接受了西方的新闻自由的思想和观念，新闻思想不仅较前期丰富多了，而且无论是对报纸性质、报纸功能、报馆地位的认识，还是关于言论自由、舆论监督等的论述，都更加深刻了。

通过对梁启超新闻活动的历程及新闻思想的变化的了解，我们可以看出梁启超始终是把办报活动作为富国强民的重要途径的。戊戌变法时期他希望通过办报、"去塞求通"来使国家富强，戊戌政变后他希望通过报纸的力量来监督政府、引导国民，同样是希望以此来达到国家富强的目的。

梁启超戊戌政变后新闻思想的变化反映了他个人在新闻事业上的不断探索，也不断丰富了那个时代的新闻思想。同时也反映了梁启超作为一个爱国知识分子在积极寻求救国真理道路上的不懈努力。方汉奇教授认为"梁启超是

① 张鑫、姚海燕：《论戊戌政变后梁启超的新闻思想的变化》，《株洲工学院学报》2001年第1期，第111页。

② 吴廷俊：《中国新闻史新修》，上海：复旦大学出版社2008年版，第102页。

改良派新闻思想的集大成者，也是中国资产阶级新闻思想的开拓者”①。梁启超戊戌政变后新闻思想的变化还反映了那个时代中国的新闻从业人员对新闻客观规律的积极探索，其中许多积极探索的结果对今天的新闻研究者仍有一定的启发意义。

思考题

1. 试评价洪仁玕的新闻观。
2. 郑观应的新闻思想有哪些？
3. 简述王韬创办《循环日报》的经过和意义。
4. 试述王韬的报刊思想。
5. 王韬政论文体有哪些特征？
6. 简述资产阶级维新派的办报活动。
7. 分析梁启超“时务文体”的特征。
8. 分析并评价“戊戌政变”前后梁启超新闻思想的变化。

① 方汉奇：《中国新闻事业通史》，第1卷，北京：中国人民大学出版社1992年版，第975页。

第四章　辛亥革命前后的新闻事业

第一节　清政府“新政”实施与报刊的勃兴

一、背景及概况

辛亥革命时期是指从1894年兴中会成立到1912年民国成立这一历史时期。1898年戊戌变法失败之后，维新派或死或逃，慈禧权位更加牢固。然而1900年八国联军攻入北京，西太后被迫挟光绪帝仓皇“西狩”。

逃出深宫微服出走的西太后不仅威严丧尽，而且饱尝颠沛流离之苦。难堪痛楚之余，不能不引起西太后对基本国策的反思：“深念近数十年积习相仍，因循粉饰，以致成此大衅，现在议和，一切政事尤须切实整顿，以斯渐图富强。”1901年1月29日，西太后以光绪的名义在西安颁布了“预约变法”的上谕。上谕一方面强调“不易者三纲五常”和君主政体不可更改外，也确有一些改变成法，进行政治体制变革的主张。首先，明令各级官员“各就现职情形，参酌中西政治，举凡朝章、国教、吏治、民生、学校、科举、军制、财政，当因当革，当省当并……各举所知，各抒己见”。在两个月内提出自己的意见。其次，批评洋务运动的变法模式“舍其本源而不学，学其皮毛而又不精，天下安得富强耶?”表明了新政所求者将深于“皮毛”，直溯本源。实质上否定了戊戌政变以来的基本国策，表现出对维新派变法思想和纲领的全面认同。

1901年7月，两江总督刘坤一与湖广总督张之洞响应号召，联衔会奏《变通政治人才为先遵旨筹议折》、《遵旨筹议变法谨以整顿中法十二条折》和《遵旨筹议变法谨以采用西法十一条折》，史称“江楚会奏三疏”。

“江楚会奏三折”上奏后，西太后认为“事多可行”，以此为范本，通过一系列政令，发起了“新政”。

然而，清末新政毕竟是一场来得太晚的变革，而且其根本目的是图谋维持加强满洲贵族统治。西太后的本性是“但知权利，绝无政见”，在其主持下的变革最终也没能挽救腐朽透顶的清政府。

可喜的是，伴随着清政府的“新政”，严酷的“报禁”、“言禁”有所放松，使得中国民族新闻事业进入了一个蓬勃发展的新时期，形成了中国新闻业的第二个高潮。

首先是办报数量明显增长。这10年间，报纸数量激增，每年平均新办报刊达到了105种。据不完全统计，1901年共有34种报刊创办，1902年为46种，1904年为71种，1906年为113种，新创报刊的数量呈逐年增长趋势，到1911年，仅一年时间即有209种报刊创办。

第二个特点是办报地区广。此前外国人所办报纸和早期国人所办的报纸多集中在上海、天津、广州、香港等沿海城市，因为这些地方经济相对比较发达，人们对信息的需求也比较充分。而这一时期，报刊出版地点由上海、南京、广州等沿海大城市扩展到内地的中小城市。如太原、三原、保定、开封、镇江、常熟、厦门、安庆、梅县、台山、武昌、汉口、宜昌、九江、长沙、宁乡、成都、重庆、桂林、昆明、济南、烟台、青岛、营口、哈尔滨、齐齐哈尔、兰州、伊犁、贵阳甚至西藏等60多个城市和地区，遍布全国。

第三个特点是报刊的宣传作用得到很大发扬。这一时期新创报刊中，政党报纸是主流。其中，资产阶级革命派的报刊在其中占据了主导地位。革命派在发动武装起义的同时，大办报刊，一方面宣传推翻满清统治、建立共和的政治主张，一方面与维新派展开论战。资产阶级维新派除办有一些改良报刊外，在清廷宣布“预备立宪”后，康有为将保皇会改组为国民宪政会（后改为帝国宪政会），在原有维新派报刊的基础上，带领其他一些资产阶级派别创办了一批报刊来宣传“立宪”，在全国范围内形成了一个不小的立宪宣传运动。清政府主办的新式官报也有发展，清廷地方要员，各省、中央开始创办新式官报，以控制新闻舆论、抵制革命派及民办报纸的影响。

二、官报的创办

官报活动是基于清政府高层“新政”的思想而出现的。核心是强调沟通上下之间和国内外之间的信息交流，培养“新政”人才，达到立宪自强的目的。即所谓“预备立宪之基础，必先造成国民之资格，欲造国民之资格，必自国民皆能明悉国政始……欲开民智而正人心，自非办理官报不可”。

1902年12月25日，直隶总督兼北洋大臣袁世凯为鼓吹新政、抵制民办报纸“诡激失中之论”，率先在天津出版《北洋官报》，附带发行《北洋学报》、《北洋政学旬报》。标志着清末官报大发展时期的到来。1903年，商约大臣吕海寰、伍廷芳奏请仿办《南洋官报》，销行江苏以南沿海长江各地。清朝廷在批复中不仅准其所请，还要求各省仿行。于是各省纷纷大办官报，如《山西官报》、《安徽官报》、《四川官报》、《江西日日官报》、《山东官报》、《湖北官报》等。1906年清政府开始实行预备立宪，不仅各地官报数量大增，也出现了中央政府主办的官报。1907年4月23日，清廷设立官报局，着手筹办中央级官报。11月25日，宪政编查馆主办的《政治官报》在北京创刊，这是中国历史上第一份由中央政府直接出版发行的机关报，标志着清末官报活动达到高潮（该报在1911年清政府成立内阁后，改名为《内阁官报》，改组为公布法律、命令的内阁机关报）。

从1901年到1911年，清各级政府共办有官报110多家，在当时是一个不小的报种。官报内容以官方文书为主，占将近60%，新闻比重不大，只有10.88%，其余有一些论说、艺文、广告等。和《京报》之类的古代形态报纸相比，官报属于近代形态的新式报刊，报社内部设有各类编辑部门，版面按内容分类编排，新闻多转载自其他报刊，少数官报则可以直接接受外电。尽管官报不大受社会欢迎，采取的是“派销”这样的强制订阅方式，但是它在政务公开和传播新闻方面还是有价值的，因为有些偏远地区没有其他报纸。官报的大量出现，表明官方对于报业发展的态度由阻禁转为支持和利用，这是有积极意义的。在一定程度上提高了报纸的社会地位和作用，促进了新闻技术和业务的进步与发展。

三、民营报纸勃兴

这一时期，国内各地还出现了一批由民间改良派人士、保皇派人士以及其他具有改良主义倾向人士自行创办的报刊。较有影响的是《大公报》、《时报》、《东方杂志》。

1. 英敛之的《大公报》

《大公报》1902年6月17日（光绪二十八年五月十二日）创刊于天津，日刊。是一份在旧中国各个时期都有很大影响的资产阶级报纸。

创办人英华（1867—1926年），字敛之，号安蹇，晚年号晚松野人。满洲正红旗人，姓赫佳氏。自称“家世寒微，生长陋巷”，自学成才。22岁时入天主教，与一些天主教徒和外国神父关系密切。

英敛之是一个具有改良主义、保皇主义思想的满族知识分子。戊戌变法期间曾著文《论兴利必先除弊》，表示推崇康有为的变法主张。戊戌政变发生后，因害怕株连而由北京逃亡天津。1901 年，天津紫竹林天主教堂总管、天主教资本家柴天宠想集资办一个报纸，特请英敛之主持。《大公报》初创时主要的资本来源就是柴天宠、王郅隆（天津大盐商，字祝三），少量股份则来源于法驻华公使鲍渥、法国天主教驻北京主教、天津德商荣华洋行买办张连璧、天津法国领事馆翻译李敬宇等。英敛之主持报务，自任社长，也写一些政论文章，总揽言论和经营权。1906 年英敛之联络天津新闻界人士，倡议召开天津各报发行人和主笔协作会议及成立“报界俱乐部”，当年 7 月 1 日，主持召开了第一次协作会议，会上成立了天津“报界俱乐部”，这是我国近代第一个新闻团体。

英敛之主持《大公报》约 10 年时间，民国成立后，便无心于新闻业，携夫人退隐北京香山，1916 年，干脆将《大公报》出售给了王郅隆。

这一时期的《大公报》，政治上以宣传保皇立宪为中心，提倡变法维新，主张君主立宪，也反对革命。要求民族独立，反对外来侵略。创刊开始，就明确宣称其宗旨“在开风气，牖民智，挹彼欧西学术，启我同胞聪明”，“忘己之为大，无私之为公”，所以取名“大公报”。在对外关系上，先是亲法，1905 年，英敛之应日本人之邀赴日访问，随后逐渐转向亲日。

报纸长期与法、日驻华外交人员往来密切，有外国人作背景，报纸又在天津租界出版，清政府对它无可奈何，因而《大公报》敢于揭露政府黑暗与官吏横行的罪行。时任直隶总督的袁世凯曾下令不许《大公报》在租界以外发行，反而提高了该报声誉，致使销量大增。英敛之出身低微，对百姓的悲惨有同情心，所以经常在报上为穷人鸣不平，揭露达官贵人欺侮百姓的罪恶。这些为报纸赢得了“敢言”的美名。《大公报》以其严肃的报风、敢言的美名、“替劳苦大众说话”的特点，很受读者欢迎，逐渐发展成为华北地区最有影响的报纸之一。

《大公报》现仍在香港出版，在旧中国一共出版了 47 年，是一份在各个时期都有较大影响的报纸。

2. 狄楚青的《时报》

自 1904 年起，保皇派就潜回国内创办报刊，《时报》是戊戌政变后维新派在国内所办的第一份报纸。在全国大型日报中，以锐意革新著称。

1904 年春，梁启超秘密回国，会同维新派人物狄楚青，于 1904 年 6 月 12 日在上海创刊《时报》。“其命名曰《时报》及发刊词与体例，皆任公（即梁启超）所撰述”，在筹备期间，康、梁曾一次拨给 7 万元作为开办费。为防止清政府的迫害，挂日商招牌，名义上的发行人是日本人宗方小太郎，由狄楚青任总经理，罗普（孝高）任总主笔，陈景韩、雷奋、包天笑等担任编辑。初创时日出对开两大张，民国时期一度扩增至四大张。

报名取义于《礼记》“君子而时中”一语，主张“道国齐民，莫贵于时”；声称该报内容既要与时相应，又要随时而变。“于祖国国粹，固所尊重也，而不适于当世之务者，束阁之；于泰西文明，固所崇拜也，而不应于中国之程度者，缓置之。”政治上主张君主立宪，提供社会改良，抨击清政府的伪立宪，反对外国侵略。初期成为保皇派在国内的重要喉舌。

《时报》在中国新闻史上最大的贡献是其在报纸业务上的革新，狄楚青曾对人说：“我的办报并不是要革新舆论，乃是想要革新代表舆论的报界。”《时报》在报纸版面、内容及编排方面进行了一系列重大改革。

最为重要的是首创“时评”专栏，即时事新闻及时事政治评论，这一新闻体裁始于梁启超的《新民丛报》，并非《时报》首创，但形成专栏并产生重大影响是从《时报》的“时评”开始的。该报有三个主要新闻编辑，每人都有自己的评论专栏：陈景韩负责“时评一”，主评国内新闻；包天笑负责“时评二”，主评外埠新闻；雷奋负责“时评三”，主评本埠新闻。都是一二百字的短评，密切配合当天的重大新闻，短小精悍，应时而发，在读者中产生了广泛的影响。在《十七年的回顾》中，胡适曾回忆自己在上海求学期间，特别喜爱读《时报》，一天不读就不舒服。“我现在回想当时我们那班少年人，何以这样爱恋《时报》呢？我想有两大原因：第一，《时报》的短评，在当日是一种创体，做的人也聚精会神的大胆说话，故能引起许多人的注意，故能在读者脑筋里发生有力的影响。……这种短评，在现在已成了日时的常套了。在当时，却是一种文体的革新。”

其次是对于副刊的重视与革新。该报从创刊时起，就另出“附张”，开辟“小说”专栏。翻译刊登了不少世界文学名著，如《八十天环绕地球》（当时译名为《环球旅行记》）、《悲惨世界》（译名《逃犯》）、《哈姆雷特》（译名《海姆兰脱》）等，大部分是用白话文，通俗易懂，满足了文学爱好者的要求。设立副刊《余兴》，由包天笑主编，专载除新闻、评论以外的杂著如诗词、杂文之类。在它的影响下，当时上海著名的报纸《申报》与《新闻报》也创设了自己的副刊，一时蔚然成风。中国报纸周刊的设立也是起源于《时报》，一战后，该报设立了教育、实业、妇女、儿童、英文、图画、文艺等周刊，在当时就成为各报模仿的榜样。

在版式与版面等方面，《时报》也有创新。在此之前，中国报纸主要采用书册式。《时报》首创对开四版两面印的现代版式。版面编排实行分栏设目，评论、重要新闻都在固定的版面位置。国内新闻分地域、国际新闻分国家编排。首先采用1至6号铅字排版，“论说批评中之主眼，新闻中之标题，皆加圈点以为识别”。最重要新闻用大字，次者中字，寻常新闻用小字，编排醒目，方便读者阅读。

从创刊到1911年，《时报》办得欣欣向荣，影响很大，“申”、“新”、“时”三家并称于上海。民国成立后，该报开始走下坡路，最终发生经济困难而难以维持，不得不于1921年转让给黄伯惠，坚持到1939年终因经济困难而停刊。

作为《时报》的创办人及早期主持人，狄楚青在《时报》的发展过程中扮演了重要角色。狄楚青（1873—1939年），原名葆贤，字楚青，号平子，别署平等阁主、平情居士等。江苏溧阳人。早年中举，1898年戊戌变法期间支持维新运动，戊戌变法失败后东走日本。1900年回上海，参加资产阶级改良派发起的中国国会活动。1904年在上海创办《时报》。后与保皇党人发生意见分歧，关系逐渐疏远。辛亥革命后，独资经营《时报》，还创设有正书局，出版《民报》、《妇女时报》和《佛学丛报》等。晚年笃信佛学。1939年在上海逝世。

3. 商务印书馆《东方杂志》

《东方杂志》于1904年3月11日由商务印书馆创办于上海，先后在上海、长沙、香港、重庆、上海等地出版。1948年12月停刊，历时45年，是旧中国历史上刊行时间最长的大型综合性学术期刊。发行量最高时达6万份，在读者中享有极高的声望。初创时为月刊，1920年起改为半月刊。

开始时的《东方杂志》类似于文摘报，除了自撰的一篇“社说”和“广辑新闻”之外，还“选录各种官民月报、旬报、七日报、双日报、每日报名论要件”，分类刊登。目的是为了让“内地人士，无力遍阅各报者，得此亦足周知中外近事”。1911年3月起，开始大量刊载政治、法律、宗教、哲学、伦理、心理、文学、历史、地志、理化、博物、农工、商业等方面的“最新论著”，兼及小说、诗词等文学作品。其中有不少是“直接延请名家撰写的”。20世纪30年代以后进入鼎盛时期，逐渐形成为一份辟有东方论坛、内外时事等近40个栏目，兼有时政和学术评论及大量文献资料，图文并茂的综合性学术杂志。

《东方杂志》初创时的宗旨是“介绍新知”和“启导国民”。热衷于立宪运动，不赞成用激烈的革命手段去改变现状。1915年新文化运动初起的阶段，《东方杂志》的态度一度趋于保守，曾经受到过《新青年》的批评。但不久就发生了很大的变化，开始广泛介绍各种资产阶级学派的学说和社会新思潮，曾刊登过《俄国社会主义运动之变迁》、《社会主义与社会政策》等介绍和探讨社会主义的文章。1932 年 10 月至 1933 年 4 月胡愈之担任该刊主编时期，《东方杂志》一度成为宣传进步思想的舆论阵地。发表过不少文章，主张抗日，介绍苏联社会主义，评论国际形势，揭露德意法西斯企图控制全世界的狼子野心。抗战时期仍然坚持了抗日救亡的基调。

《东方杂志》是以民族资产阶级的上层知识分子为核心创办起来的。作为一份综合性的学术刊物，《东方杂志》之所以深受读者的欢迎，在中国的文化学术界始终享有很高的声望，还因为它具有以下的一些突出特色：

一是始终注意保持刊物的高品位高质量。《东方杂志》在它近半个世纪的出版过程中，始终保持着很高的学术水平。所刊发的文章，绝大部分都是精品，平庸的、媚俗的、应酬的文字，很少见诸版面。二是始终坚持爱国主义的立场。刊物从一创刊起，就致力于爱国救亡的宣传，强调要对读者进行"救亡教育"，要启发他们的"爱国之精神"，要他们"明耻"，进而"雪耻"。三是始终关注学术的繁荣和学术研究的社会效益，探究有关国计民生的重大问题，寻求国家富强的策略和出路。四是始终关注东方文化的弘扬，可以称得上是旧中国为弘扬东方文化作出过贡献的众多刊物中的巨擘。

四、各种白话报纸的创办

在中国新闻事业发展史上，白话报刊开始是在部分文言报刊中孕育的，经过戊戌维新、辛亥革命之后，渐成燎原之势。从 1876 年到 1919 年，大约共出了 200 种白话报刊。到"五四"之后，文言报刊即逐渐为白话报刊所取代。

1896—1898 年，资产阶级维新派为实现"开通民智"，除了极力改造报章文体以求"平易畅达"之外，还创办了 5 种白话报刊：《演义白话报》、《平湖白话报》、《无锡白话报》、《通俗报》、《女学报》。

戊戌变法失败后，民族危亡日益严重，为了争取民众尤其是下层民众支持，资产阶级革命派与维新派都积极创办白话报刊进行宣传，使得白话报刊在辛亥革命前后有了很大发展。不仅数量激增，而且地域扩大，基本上遍布全国。甚至在拉萨，也在 1907 年创办了《西藏白话报》。新疆第一份报纸《伊犁白话报》也是 1910 年由革命派所办。

这一时期创办的白话报刊中，一部分是革命派报刊，较著名的有《杭州白话报》、《中国白话报》、《安徽俗话报》、《直隶白话报》、《白话新报》等。一部分是改良报刊，较著名的是《京话日报》、《苏州白话报》、成都的《启蒙通俗报》、创刊于上海的《宁波白话报》、镇江的《扬子江白话报》、《吉林白话报》和《预备立宪官话报》等。其中影响最大的是《京话日报》、《中国白话报》、《杭州白话报》、《安徽俗话报》。

1.《京话日报》

《京话日报》1904年8月16日创刊于北京，1906年9月28日停刊，是一份以普通市民为主要读者对象的时事性政治报刊。日出铅印一小张，售价3文。设有“演说”、“紧要新闻”、“本京新闻”、“各省新闻”、“各国新闻”、“宫门抄”、“告示”、“电报”、“小说”、“时事新歌”、“儿童解字”、“来函”和“商情广告”等栏目。“通篇概用京话，以浅显之笔，述朴实之理，纪紧要之事”，很受读者欢迎。发行数量一度超过1万份，成为当时北京销路最大，影响最广，声誉最隆的一份报纸。同时期的《大公报》发行人英华曾说：“北京报界之享大名者，要推《京话日报》为第一。”

创办人彭翼仲（1864—1921年），名诒孙，号子嘉，苏州人，长期客居北京。八国联军侵占北京期间，他生活无着，以做小生意为生，因而对下层人民的生活有所了解。八国联军撤退后，他开始致力于办报。除《京话日报》外，他还办过《启蒙画报》、《中华报》，《京话日报》是他所办三家报纸当中最成功、影响最大的一个。为了办好这份报纸，他吃足了苦头。开始由于经费不足，自己的积蓄又已花光，被迫卖掉他堂兄弟的房产来抵付欠款。最后又被捕入狱，落得充军新疆的结局。

办报目的有二：一是“开发民智”，即以报纸为手段，扩大人民的见闻，增加人民的知识，提高人民的文化水平，进而达到国富民强的目的。二是建立一个能够为中国人说话的舆论阵地，因为当时的北京各报，多数为外国人所掌握。

《京话日报》在宣传报道上比较突出的，一是有关反帝爱国主义思想的宣传，二是揭露社会阴暗和反映人民疾苦的宣传。刊载了不少揭露性的评论和报道，最突出的是连续一个月揭露那王府的王爷指使管家常九在王府内活埋侍妾的暴行。认为“如此野蛮”，“太无情理”，“世界黑暗到这样地步，真叫人气愤不平”。当王府方面对报社威逼利诱、要求停止报道时，又公开声明：“那王府活埋人的事，真而又真，本馆访友亲眼目睹，宝钞胡同一带居民异口同音，如有虚假，本馆甘认其罪。”把这一无理要求顶了回去。

在政治上，《京话日报》所主张的是变法和立宪。对资产阶级革命派持反对态度，多次称革命党人为“不守规矩的华人”，称他们的反清革命活动为“瞎闹”，并且盛赞慈禧太后圣明。

该报揭露权贵恶行，倾诉中下层人民的不幸和不平的报道受到了读者的热烈欢迎，但也因此得罪了不少封建的权势者。终于在1906年9月28日被北京警察当局查封。罪名是："妄议朝政，容留匪人。"彭翼仲被捕，判流配新疆。此后，它还两度复刊。一次是1913年彭翼仲从新疆放回北京以后，只出版了很短一段时间，就因触怒袁世凯而再度被封。袁死后，它再度复刊，继续出版到1922年才最终停刊。

2.《中国白话报》

《中国白话报》1903年（光绪二十九年）12月创刊于上海，为革命党在上海出版的第一家白话报刊，是这一时期革命白话报刊中影响最大的报刊。该报面向社会底层群众，所刊文章通俗易懂，生动形象，深受读者欢迎。

初为半月刊，自第13期起改为旬刊。1904年10月出至24期停刊，最后4期合一册发行。设有"论说"、"历史"、"地理"、"传记"、"新闻"、"时事问答"、"科学"、"实业"、"小说"、"戏曲"等栏目。每期60至80页，约3万字，32开本，采用洋式装订。内容以"鼓吹爱国救亡"为宗旨，"巴不得我这本白话报变成一枚炸弹，把全国的种种腐败社会炸裂了才好"。明确宣传反帝爱国；反对"和平"改良，鼓吹暗杀和排满，号召工人、农人结合起来，用革命手段推翻清王朝；反对封建专制，主张"建立独立共和的政府"，载有《黄梨洲》、《说君祸》、《白话扬州十日记》等文章，揭露列强侵略罪行及清政府的黑暗统治，激发人民的反清革命热情；此外还宣传"天赋人权"、"人人平等"等民主观点，也宣传过大汉族主义、无政府主义思想。但总体上具有鲜明的民主革命立场，以其巨大的影响力远超同时期的其他革命派白话报刊。在北京、广州、香港、西安、成都、武汉等全国大中城市设立46个代销处，销量颇好。

主办人林獬（1873—1926年），又名万里，字少泉，自号白话道人，笔名地雷、白水，福建侯官人，清末民初著名报刊活动家和出色的白话文宣传家。戊戌变法期间即参加报刊活动，之后进入《杭州白话报》工作，宣传革命主张，自称是中国"以白话宣传革命的第一人"。1902年与蔡元培、章太炎等发起中国教育会，同年赴日留学。1903年回国后，独立创办并主编《中国白话报》，又参加《俄事警闻》、《警钟日报》等报工作，并为其他报纸撰写评论。辛亥革命后，一度在北洋军阀政府任职，后又办《社会日报》，抨击奉系军阀。1926年8月6日在北京为军阀张宗昌杀害。

3.《杭州白话报》

1901年6月，以杭州名士项藻馨（兰生）为首的几个具有新思想的知识分子，集资创办了《杭州白话报》。创刊初期着力于宣传维新改良，宣称宗旨是“开民智和作民气两事并重”，要求还政于光绪，认为只要光绪皇帝能够当政，中国的事情就顺了。

1903年以后，由于孙翼中的加入，《杭州白话报》由改良转向革命。孙翼中，字耦耕，别号江东，杭州人。1902年在日本留学期间加入革命团体青年会，担任《浙江潮》主编。1903年夏回国，在项藻馨的推荐下主持《杭州白话报》的工作。不久孙又加入光复会，使该报成为革命的舆论机关与革命党人的秘密联络点。

该报在平民中普及科学文化知识，激发爱国热情。经常报道国外自强自立的新闻，揭露清廷丧权辱国和华人受欺凌虐待的情况，批判封建迷信、陈腐思想。对清政府的黑暗与腐败进行不遗余力的揭露。公开指出捐例、逐利和官吏是当时社会的三大公害。1904年4月26日，上海《警钟日报》曾发表评论《论白话报与中国前途之关系》，对《杭州白话报》的历史作用作了如下评价：“溯白话报之出现，始于常州，未久而辍。及《杭州白话报》出，大受欢迎，而继出者遂多。若苏州、若安徽、若绍兴，皆有所谓白话报，而江西有《新白话报》，上海有《中国白话报》，又若天津之《大公报》，香港之《中国日报》，亦时参用白话，此皆白话之势力与中国文化相随而发达之证也。”

该报创刊时为月刊，后增扩为旬刊、周刊、三日刊，直到日刊，期发行量多时达5000份。到1910年2月停刊，是辛亥革命时期存在时间最长的白话报刊。

4.《安徽俗话报》

在辛亥革命前革命派知识分子所办的白话报刊中，《安徽俗话报》是最具代表性的一家。主编和主要撰稿人为陈独秀。

陈独秀（1879—1942年），字仲甫，安徽怀宁（今属安庆市）人。新文化运动的倡导者之一，中国共产党早期的主要领导人。1901年因为进行反清宣传活动，受清政府通缉，从安庆逃亡日本，入东京高等师范学校速成科学习。1904年初在芜湖创办《安徽俗话报》。1905年组织反清秘密革命组织岳王会，任总会长。1911年辛亥革命后不久，任安徽省都督府秘书长。1913年参加讨伐袁世凯的“二次革命”，失败后被捕入狱。1915年9月，在上海创办并主编《青年》杂志（一年后改名《新青年》）。1917年初受聘为北京大学文科学长。以《新青年》、《每周评论》和北京大学为主要阵地，积极提倡民主与科学，提倡文学革命，反对封建的旧思想、旧文化、旧礼教，成为新文化运动的倡导者和主要领导人之一。1920年初潜往上海，发起成立中国共产党，成为主要创始人之一。从“一大”到“五大”，均被选为中央委员，先后任中央局书记、中央局执行委员会委员长、中央总书记等职务，是中国共产党早期的主要领导人。大革命后期，他的右倾思想发展成为右倾机会主义，1929 年，因为在中东路问题上发表对中共中央的公开信，而被开除党籍。1932 年 10 月，在上海被国民党政府逮捕，判刑后囚禁于南京，抗战爆发后出狱，1942 年 5 月在贫病交加中逝世。

《安徽俗话报》1904 年 3 月 31 日创刊，出至翌年 9 月 14 日停刊，共出了 22 期。除陈独秀外，房秩五、吴汝澄、汪孟邹等也参加了编辑发行工作。该报在安庆编辑，社址设在芜湖的科学图书社，并由科学图书社承担发行业务。因为芜湖没有印刷厂，稿件由陈独秀编好以后，寄往上海，由与他熟识的东大陆书局印好后再寄回。

版式为 32 开本的半月刊，每逢初一、十五出版。每期 40 页，共约 1.5 万字。篇幅不多，文章短小精悍，生动活泼，并且门类齐全，有“论说”、“要闻”、“本省新闻”、“历史”、“地理”、“教育”、“实业”、“小说”、“诗词”、“闲话”、“行情”、“要件”（如条约、奏折等）和“来文”等 13 个栏目。从第 8 期又增加了“兵事”、“卫生”、“格致”3 个栏目。除了“论说”是政论文章以外，其他大多数是文艺和科普方面的文章，通过文艺作品和科学知识，向读者宣传反对帝国主义，反对封建专制及其所造成的愚昧、迷信等等恶俗。陈独秀用“三爱”笔名发表了多篇文章，以流利酣畅的白话文议古论今，以古喻今，谈天说地，如天马行空，纵横驰骋。

“教大家通达学问，明白时事”，这就是陈独秀开办《安徽俗话报》的动机和目的。他的服务对象相当广泛，主要是城镇的小资产阶级和家境贫寒、没钱多读书的平民。

第二节　资产阶级革命派报刊的兴起与发展

历史上的辛亥革命时期，指从 1894 兴中会成立到 1912 中华民国临时政府成立。这是一个中华民族危机空前严重的历史时期，也是翻天覆地的历史时期。维新改良的思想经过几十年的酝酿，终于在 1895 年甲午战争之后的戊戌变法中达到了高潮。就在维新改良思潮如日中天的时候，中国资产阶级革命思想悄悄诞生了。1901 年后清廷开始“新政”，苟延残喘，但革命已不可避免。资产阶级改良思潮由盛转衰，维新所进行的新闻宣传活动也经历从兴盛到被革命派所取代的过程；资产阶级革命思潮由弱到强，取代了改良思潮，资产阶级革命宣传由星星之火终至燎原之势，最终在武昌起义前夕达到顶峰。

1894年冬，孙中山创立了中国第一个资产阶级革命团体兴中会，标志着以孙中山为代表的资产阶级革命派的初步形成。早期的革命派精力集中于发动武装起义，其宣传活动主要靠个别党人游说、演讲、编辑翻印一些宣传小册子、向报刊投稿进行，明显对报刊宣传活动不够重视。

1900年，革命派创办了第一份报纸，自此开始了自己的报刊宣传活动。从1900年到1912年，先后在海内外创办了约160种报刊，其中日报60多家。在地域分布上，海外集中于日本、美洲、东南亚，国内则以上海、香港和广州、武汉为中心。时间上分为两个阶段，1905年前为早期革命宣传及初步开展报刊活动的阶段。1905年同盟会成立到1912年，为报刊活动全面深入开展的时期。

革命派所进行的报刊宣传活动，对于宣传以“排满”为中心的民族主义、宣传民主革命起到了积极作用。对于廓清改良保皇思想的影响，明确中国发展的革命道路意义非凡，尤其是以《民报》为中心发起的针对改良保皇思想的大论战，一举改变了改良思想在国内外占主导地位的状况，使得革命思潮一日千里。同时，革命派所办的报刊，往往又是革命党人进行武装活动的组织、联络机关，对于中国资产阶级民主革命的成功做出了不可磨灭的贡献。

一、香港广州地区的革命派报刊

1. 第一份革命派报刊《中国日报》

中国资产阶级革命派出版的第一份正式机关报是1900年在香港创刊的《中国日报》。由孙中山领导，陈少白具体操作，是兴中会的机关报，被誉为“中国革命提倡者之元祖”。

1899年，孙中山领导的革命派开始筹办自己的报纸。由于香港是兴中会早期活动的基地，有一定的革命基础，而且与广东接近，是革命党人进入华南的门户，又处于港英当局统治之下，清政府专制力量作用较小。因而孙中山等人决定将报纸办在香港。

当时孙中山因几年前策划在广州起义而被清政府通缉，遭港英当局驱逐出境的禁令未除。陈少白被派往香港主持事务，孙中山则在日本筹措经费，采购设备，物色编辑、记者等。

陈少白（1869—1934年），原名闻韶，号夔石，广东新会人。陈少白天资聪颖，勤奋好学。1890年与孙中山相识，两人一见如故，志同道合。在香港读书期间与孙中山、尤列、杨鹤龄共谋推翻帝制、建立共和的大业，被清廷称为“四大寇”。广州起义失败后，流亡日本，剪辫易服，取名服部次郎。

陈少白在当时有“才子”之称，是兴中会文字宣传的骨干。1899 年底，到香港创办《中国日报》，任社长兼总编辑。直到 1906 年辞职，集中精力于以戏剧形式宣传革命，先后组织创办过“采南歌”、“优天影”等剧社。辛亥革命后，一度出任广东都督府外交司长，但不久即辞职兴办实业。晚年回到家乡，热心家乡建设。

1900 年 1 月 25 日，《中国日报》在香港创刊，报名取“中国者，中国人之中国”之义。除陈少白外，先后主持笔政的有洪孝充、陈春生、郑贯公等人。同时出日报和旬刊，日报主要有“论说”、“国内新闻”、“外国新闻”、“广东新闻”、“香港新闻”、“来稿”、“船期货价表”等栏目，日出 4 开一张半，6 版，后来扩增至 2 张 8 版。旬报称为《中国旬报》，创刊日期约比日报晚两个月。每月 3 期，杂志型。内容是在日报的基础上编成，但在言论方面更为注重。其最有特色的栏目是原附于篇末的“杂俎”（从第 11 期起，改名《鼓吹录》。1901 年 2 月，旬报停刊，《鼓吹录》并入日报成副刊），“专以游戏文章、歌谣、杂俎讽刺时政”，亦谐亦庄，雅俗共赏。当时广州、香港出版报纸虽多，但大多没有副刊，而《中国日报》由于大量运用“粤讴”这一地方戏曲及谐文形式，抨击时政，宣传新思想，道出人民的心声，因而深得群众欢迎。

“粤讴”属于广东地区的民间通俗说唱文学。这一文学形式的创始人是 19 世纪中叶的落拓文士招子庸。粤讴最初不过用以吟风弄月，谈情说爱而已。因其短小精悍，生动活泼，文词易懂易唱，有利于传诵，被利用来配合政治内容，成为革命派斗争的武器。

创刊之初，因为担心香港当局的政策，加之思想上尚未同改良派决裂，政治上试图与之合作，所以重在“维新”、“复兴”的口号下宣传开民智、醒民众、救中国的观点。在《中国报序》中宣称的办报宗旨大体是“开中国人之风气识力，祛中国人之萎靡颓庸，增中国人奋兴之热心，破中国人拘泥之旧习，而欲使中国维新之机勃然而兴，莫之能御”，与改良报纸区别不大。半年以后，革命色彩日渐鲜明。

《中国日报》总体上的宣传内容有以下几点：

一是宣传爱国救亡。八国联军入侵中国和 1903 年拒俄抗法运动中，进行了一系列救亡和革命宣传。对于人民群众的反帝运动，作了声援宣传，如称赞义和团运动是“与外国争权”，是中国“民气未死”的证明。

二是宣传排满，抨击清政府的封建专制。这是一个相当突出的内容，1900

年8月就全文发表了章炳麟所写的《请严拒满蒙人入国会状》、《解辫发说》等强烈宣传排满的文章。

三是与保皇派进行论战，反击保皇派对革命的进攻。《中国日报》创刊初期曾引改良派为同志，甚至转载保皇派的文章，说康有为是“英雄”。但随着形势的发展，保皇派反对革命的态度日益恶劣，《中国日报》上相应的批驳文章也多了起来。1903年初，洪全福等计划在广州发动起义失败，广州的保皇派报纸《岭海报》借此攻击革命排满为大逆不道，《中国日报》严辞反击，双方笔战逾月，这是革命与改良两派报刊的第一次正面交锋。

20世纪伊始，正是资产阶级改良思潮由盛转衰，民主革命思潮逐步形成发展的时期。《中国日报》的出版，一举改变了革命派没有机关报的局面，使兴中会的宣传从依靠口头演说、散发小册子的初级阶段进入运用大众传媒、连续开展的阶段，成为比较正规的资产阶级民主革命宣传的开端。《中国日报》对革命思潮的发展起了积极的推动作用。1900年前，全国舆论视孙中山等人为“乱臣贼子”。而1900年10月惠州起义后，则鲜闻一般人之恶声相加，有识之士多为之扼腕叹息，恨事之不成。这种变化，与《中国日报》的宣传不无关系。

1912年，《中国日报》迁到广州出版。到1913年8月，“二次革命”失败后，被广东都督、军阀龙济光下令查封，前后共出版13年多。

2. 香港、广州其他革命报刊

1900年到辛亥革命前，除《中国日报》外，革命派还在香港办起了12家报刊。

《世界公益报》创刊于1903年12月29日，郑贯公主编。公开主张“变专制为共和、变满清为皇汉”，是继《中国日报》后香港出版的第二家革命报刊，辛亥革命以后停刊。

《广东日报》创刊于1904年3月31日，依然是郑贯公主编。自称以“发挥民族主义，提倡革命精神”为宗旨，主张用暴力手段实现民主共和，大力批驳保皇的立宪思想。1906年停刊。同时单独发行文艺副刊《无所谓》(1905年改名《一声钟》，同年底停刊)，以白话论说、历史故事、粤讴、南音等通俗文艺形式进行革命宣传活动。

《有所谓》，全称《唯一趣报有所谓》，由开智社同人集资于1905年6月4日创办，郑贯公主编。言论激烈，宣称要“以言论寒异族独夫之胆，以批评而褫一般民贼之魄，芟政界之荆榛，培民权之萌孽”。该报以分析鞭辟入里，文章庄谐并举、雅俗共赏而吸引了港澳、广州地区广大读者。销量一度超过

《中国日报》。是这一时期香港、广州地区办得最好的革命报纸。1906 年，因郑贯公病逝，报纸又在内地被清政府禁销而易名《东方报》，到 1907 年 1 月停刊。

以上三报，均曾由郑贯公主编。郑贯公（1880—1906 年），原名道，字贯一，笔名自立、仍旧，广东中山人，辛亥革命时期才华横溢的著名报刊活动家。16 岁因家贫辍学，东渡日本谋生，业余时间自学维新派书报，受知于梁启超，准其免费入大同学校。在校学习期间，与孙中山等革命党人交往，遂倾向于革命。离校后，任《清议报》助理编辑，并与冯自由、玛斯奕创办《开智录》半月刊。以倡言革命被《清议报》解职。1901 年春，经孙中山介绍，去香港担任《中国日报》记者。1903 年，脱离《中国日报》，参加《世界公益报》工作，以言论受资本家限制辞职，另创《广东日报》发刊年余，以资本不足停刊。1905 年，创办《有所谓》，进行"反美抗约"宣传。1906 年染疾逝世，年仅 26 岁。

此外，还有《日日新报》、《香港少年报》、《东方报》、《社会公报》、《真报》、《新少年报》、《人道日报》、《珠江镜报》（香港版）、《时事画报》（香港版）等。

这些革命报刊，除在香港发行外，主要销往广东。它们与《中国日报》紧密配合，在揭露清政府的黑暗统治、抨击保皇派、宣传三民主义、报道各地武装起义消息、反对外国侵略、维护民族权益方面发挥了巨大的宣传作用。

这一时期在广州创办的革命报刊先后有 18 家，它们是《拒约报》、《时事画报》、《群报》、《珠江镜报》、《国民报》、《平民日报》、《可报》、《人权报》、《平民画报》、《南越报》等。除个别是同盟会创办外，大多是革命党人自筹资金，以个人名义创办，因而其主张态度不同，宣传基调也不一致。由于广州为革命派活动重点地区，清廷控制严格，报纸大都出版时间不长。但在提高人民觉悟、推动民主革命运动方面起到巨大作用。民国成立后，孙中山曾以临时大总统的名义给还在出版的报纸以褒奖。

二、上海地区革命派报刊

辛亥革命时期，上海是革命派在国内办报进行宣传活动的中心之一，与海外、广州、武汉等地的宣传活动互为呼应。

上海之所以成为革命派报刊宣传活动的重要中心之一，有以下几个原因：

首先上海水陆交通便利，可以方便地辐射长江沿岸内地。其次是因为当时的上海工商业发达，又是全国的重要文化中心，为报刊的印刷出版准备了充足的条件。再次，当时光复会的成员大都是江浙人，主要在上海活动，同盟会和光复会的一些重要机关都常驻上海。最后，上海有租界这一特殊条件可资利用。据统计，到1910年，上海租界约有60万中国人，13000外国人，几乎占上海总人口的一半。租界享有所谓“治外法权”，租界当局当然不会袒护革命报刊的宣传活动，但清政府要想查禁租界内的革命报刊，困难相对较大，根本无力取缔所有带革命倾向的出版物。所以，革命派往往以租界为基地进行革命宣传。

从1902年到1911年，革命党人在上海办了20多种报刊。从时间上来讲分为前后两期，前期从1902年底到1905年3月，计有《大陆》杂志、《童子世界》、《苏报》、《国民日日报》、《俄事警闻》、《警钟日报》、《中国白话报》、《二十世纪大舞台》、《女子世界》。1905年3月《警钟日报》被查封，革命党人在上海的办报活动进入为期1年左右的沉寂。从1906到1911年，计有《竞业旬报》、《中国女报》、《神州女报》、《神州日报》、《民呼日报》、《民吁日报》、《民立报》、《越报》、《中国公报》、《民声丛报》、《天铎报》、《克复学报》、《锐进学报》、《大陆报》等。

《大陆》杂志创办于1902年12月9日，是革命派在上海创办的第一个刊物，初创人戢翼翚，月刊，共出47期，1906年1月停刊。

《童子世界》是清末革命派所办的第一份以青少年为读者对象的刊物，由“爱国学社”创办，日刊，1903年4月6日创刊，同年6月16日被迫停刊。

《女子世界》，1904年创刊，1906年停刊，创办人丁初我，以引导女子参加政治活动为目的，是当时出版时间最长、影响最大的妇女刊物。

《中国女报》，以通俗文字为主的妇女杂志，秋瑾于1907年1月创办，月刊，仅出两期。

《大陆报》，英文名为China Press，创刊于1911年8月29日，是革命派在国内创办的第一份，也是唯一的英文报纸，目的在于争取国际舆论对中国革命的支持。由孙中山在国外募集资金，委托美国朋友密勒、克劳、佛里许创办。“二次革命”失败后变为美商报纸。

1.《苏报》与“苏报案”

《苏报》，1896年6月26日创刊于上海，创办人是胡璋。胡璋（1848—1899年），字铁梅，清末著名画家，我国海派早期山水画家中风格独特，画技尤佳者。擅长人物山水，兼善画梅。胡璋曾旅居日本，以“润笔极丰”而享誉日本艺坛，追随学艺者络绎不绝。日本天皇闻讯后，特召胡璋入宫，请他给素胎胆瓶作色绘画。画成后，大加赞赏，赐金牌以致谢意。胡璋死后就葬在日本神户。

胡璋以日籍妻子生驹悦的名义向上海的日本领事馆注册，于是《苏报》成为一家日商报纸。与日本外务省和黑龙会的关系密切。胡璋往往利用报纸肆意吹捧或攻击他人，然后又向当事人要挟勒索，所以报纸声誉不佳，导致经营困难而出售给了陈范。

陈范（1860—1913 年），字叔柔（一说叔畴），号梦坡，晚年更名蜕庵。常州府阳湖县人，著名报人。1889 年考中秀才，后任江西省铅山县知县。1894 年以教案被劾罢官，退居上海。1900 年购得《苏报》，“苏报案”后东逃日本，与孙中山、陈少白等革命党人结识后，往来于东京、横滨、香港。1913 年初病逝。

民国初年，所谓革命志士多有以“手造共和”自居，要求论功行赏。而陈范绝口不提任何功绩。蔡元培等念及陈范功绩，多次要求政府发还清廷没收陈的财产，并对陈有所抚恤。陈范说：“谢诸君，勿以我为念，养老之资现犹勉能笔耕砚耨，聊免饥寒……吾辈正谊明道，非以计功利，岂容贪天之功为己为。”他晚境凄凉，孤身一人，贫病交加。章士钊说他《苏报》案后，“亡命十年，困踬以终，不闻有何怨言”。

陈范接办《苏报》后，言论上倾向于改良，1902 年后，思想渐渐倾向于革命。1902 年夏天，上海南洋公学学生发生了集体退学风潮。《苏报》竭力报道事件经过，对学生表示同情。退学学生 50 余人在蔡元培、吴稚晖、章炳麟（又名章太炎）等人创办的中国教育会帮助下，于当年 11 月成立爱国学社。陈范欣然出席开学典礼，并每月资助 100 元，学社师生则轮流为该报撰稿。1903 年，南京陆师学堂的退学学生章士钊等 40 余人，也因同样原因到上海加入爱国学社。

与爱国学社合作后，《苏报》便开设了“学界风潮”专栏，大量报道各地的罢课、退学、散学风潮，以至“国内学子都以罢课为当然，江南一带学生均受此影响”。还有不少鼓吹革命的文章刊出，《苏报》实际上成了爱国学社的机关报。这些言论很快引起清廷的关注，当时的湖广总督端方和江苏巡抚恩寿大约在 1903 年四五月间，就注意到上海爱国学社所进行的革命宣传活动，并决定“严密查拿，随时惩办”。

1903 年 5 月 27 日，陈范礼聘章士钊担任《苏报》主笔。章士钊（1881—1973 年），字行严，曾用笔名黄中黄、青桐、秋桐等，湖南长沙市人。1903 年章士钊在南京江南陆师学堂闹学潮失败后到上海爱国学社，入主《苏报》时年仅 22 岁。

章士钊应聘当天，便发了一篇《中国当道者皆革命党》，并发表邹容《革命军自序》，激烈鼓吹反清革命。第二天清晨，陈范急忙去找章士钊，声称《苏报》不应如此肆无忌惮，现在这样做，是自取覆亡。当时的情况是在国外的报纸清廷鞭长莫及，但对国内宣传革命、攻击清廷的报刊查办非常严酷。他要求章改变态度，务必温和，不要激进。章士钊面壁无言，自思助人办事，覆人之产，坏了人家一家的生计，确不应该，但是，违背自己思想，作违心之论，也不愿意。章士钊在《苏报案始末记叙》中说："正彷徨无计间，傍晚而梦坡（陈范）至，出语壮烈，较前顿若两人。并毅然执余手曰：本报恣君为之，无所顾藉。余大喜过望。"

章士钊立即将《学界风潮》提到头版加以突出，并增设《舆论商榷》栏。宣称："吾将大索天下之所谓健将者，相与鏖战公敌，以放一线光明于昏天黑地之中。"随后，激烈的革命文章便在《苏报》层出不穷。

自与爱国学社合作之日开始，到1903年7月7日被封之日，《苏报》发表了几十篇反清革命文章，尤其是从5月27日开始的40多天时间里，几乎天天都有慷慨激昂鼓动革命的文章出笼。《中国日报》、《鹭江报》等报纷纷转载，当时人称其为善造风潮之报。其产生重大影响的活动，一是对《革命军》一书的宣传，二是刊出《康有为与觉罗君之关系》。

1903年4月间，从日本留学回国的邹容写了一部两万多字的小册子《革命军》，力主推翻清朝统治，反抗外国侵略，建立独立自主的"中华共和国"。该书由革命党人集资在上海出版。此书出版后，人们为其勇往直前的精神所感动，产生了很大影响。章炳麟非常欣赏邹容，说《革命军》"语虽浅直，然感动普通社会，非如此不可！"并为之作序，称"改制同族，谓之革命；驱逐异族，谓之光复。今中国既亡于逆胡，所当谋者光复也，非革命云尔。容之署斯名，何哉？谅以其所规划不仅驱逐异族而已矣；虽政教学术，礼俗材性，犹当革命焉，故大言之曰革命也"。

《苏报》为《革命军》一书做了很多宣传工作。6月9日在"新书介绍"栏以《介绍革命军》为题，评介该书"其宗旨专在驱除满清，光复中国。笔极锐利，文极沉痛，稍有种族思想者，读之无不拔剑起舞，发冲眉竖。若能以此书普及于四万万人之脑海，中国当兴也勃焉"。同一天刊载章士钊所写的《读〈革命军〉》一文，盛赞《革命军》"以国民主义为干，以仇满为用"，"驱以犀利之笔，达以浅直之词。虽顽懦之夫，目睹其事，耳闻其语，则罔不面赤耳热，心跳肺张，作拔剑砍地、奋身入海之状。呜呼！此诚今日国民教育之第一教科书也"。第二天，又刊出章炳麟所撰序文。这种宣传，进一步扩大了《革命军》的影响，该书曾辗转翻印，总销量超过100万册，在中国出版史上是一次空前的纪录。

6月29日，在显著位置刊登章炳麟所写《康有为与觉罗君之关系》。该文是针对康有为《答南北美洲诸华商论中国只可行立宪不可行革命书》而发，为章炳麟写给康有为万言公开信的一部分。有力地论证了革命的重要性和必然性，其中有"载湉小丑，未辨菽麦"的词句，断言"非种不锄，良种不滋，败群不除，善群不殖，自非躬执大彗，以扫除其故家污俗，而望禹域之自完也岂可得乎！"不革命是不行了。

早在1903年5月间，江苏巡抚就命上海道台向租界当局发出照会，要求捉拿《苏报》及爱国学社有关人员，但租界当局没有理会。6月26日，两江总督正式派出南京候补道台俞明震，与上海道台袁树勋一起加强查封《苏报》的活动。6月29日，章炳麟的文章刊出，直呼光绪的名字，且讽刺其为"小丑"，这在当时实属"大逆不道"。当天，俞明震和袁树勋就向租界当局提出控告，最后约定，由租界工部局抓人，在会审公廨由中外官员会审。

当天，巡捕到《苏报》馆抓人，先抓走了账房程吉甫。陈范就在报馆中，但巡捕不认识，当巡捕问"陈范在吗？"陈回答："不在。"巡捕就扬长而去。第二天，众人纷纷逃避，蔡元培事先已经到了青岛，吴敬恒与陈范、邹容躲了起来，章炳麟坚决不走。当巡警再来捕人时，说："余人俱不在，要拿章炳麟，就是我。"邹容本来躲到了一位教士处，听说章被抓，感于义气，自动投案，最后共有6人被抓。而《苏报》的主笔吴敬恒与章士钊因与俞明震的儿子有交往，且章士钊与俞明震有师生之谊，竟然没有被列在抓捕名单中。所以《苏报》由章士钊主持继续出版，7月6日还刊登了《章炳麟狱中答〈新闻报〉记者书》，章炳麟针对《新闻报》记者的攻击，宣称"天命方新，来复不远，请看五十年后，铜像巍巍立于云表者，为我为尔，坐以待之，无多聒聒可也"。第二天，租界工部局就查封了报馆，并没收报馆全部财产，此即"苏报案"。

英租界会审公廨组织法庭，驻沪各国领事与清政府上海道在租界审判该案。这场官司，历时10个月，先后7次开庭。期间清政府多次要求引渡章、邹两人到南京，但租界当局出于维护其"领事裁判权"与"治外法权"的考虑，加上当时舆论的反对，没有同意。直到1904年5月21日，判决章炳麟3年监禁，邹容2年监禁，期满逐出租界。

邹容不堪狱中折磨，身染重病，于1905年4月3日亡于狱中，年仅21岁。章炳麟于1906年6月29日出狱，同盟会特地派人从东京来上海迎接，当晚便东渡日本。

"苏报案"是晚清革命风潮中的标志性事件。其对当时的革命运动起了极大的推动作用，因其在租界公审，引起了国内外的一致关注。正是通过这一案件，许多外国人才知道中国有反对清政府的革命力量。孙中山在《总理全集·自传》中谈到清末反清运动时说："在上海则有章太炎、吴稚晖、邹容等借《苏报》以鼓吹革命，为清廷所控，太炎、邹容被拘囚租界监狱，吴亡命欧洲。此案涉及清帝个人，为朝廷与人民聚讼之始，清朝以来未有也。清廷虽讼胜，而章、邹不过仅得囚禁两年而已。于是民气为之大壮。邹容著有《革命军》一书，为排满最激烈之言论，华侨极为欢迎，其开导华侨风气，为力甚大。"为了表彰邹容的功绩，1912 年，临时大总统孙中山追赠邹容为"国民革命军陆军大将军"。

2.《苏报》后继起的革命派报刊

"苏报案"发生后，革命派没有灰心，在上海陆续创办了《国民日日报》、《俄事警闻》、《警钟日报》、《中国白话报》、《二十世纪大舞台》等报刊。

(1)《国民日日报》

《苏报》被封后一个多月，1903 年 8 月 7 日，《国民日日报》就创刊了。章士钊、陈独秀等筹办，章士钊任主编。以"高尔茂"（A·Gomoll）的名义在英国领事馆注册。

该报辟有"社说"、"讲坛"、"外论"、"中国警闻"、"政海"、"学风"、"实业"、"短评"、"地方新闻"、"文苑"等近 20 个栏目。宗旨仍以革命为主，发行后不久就风行一时，被时人称为《苏报》第二。《国民日日报》以大量版面详细报道著名报人沈荩被慈禧残酷杖死的惨状，发表了很多追悼沈荩的诗文。对《苏报》的被封经过与审理过程进行了详细的连续报道，控诉政府的迫害，号召进行武力反抗封建君主专制。同时，该报对保皇派"立宪"、"维新"、"温和主义"论调进行了批判。此外，设有文学附刊《黑暗世界》，可以说是《中国日报》开辟的以文学副刊形式宣传革命的延续，曾连载长篇小说《南渡录演义》，借宋人抗金的历史故事作革命宣传。

在宣传策略上，《国民日日报》吸取《苏报》的教训，不作过于激烈的宣传。宣传手法上，采用冷静态度，迂回曲折地宣传革命思想。在处于反动统治下革命报纸如何开展宣传，如何将原则的坚定性和策略的灵活性相结合等方面进行了可贵的探索。

该报出版后，清政府发布命令禁止阅读，禁止邮政局邮递，妄图将其扼杀，但效果有限。可惜的是，数月后，报社内讧，竟然导致停刊，时间大约在

1903 年 12 月 3 日后。

（2）《俄事警闻》

1903 年 10 月间，沙俄出兵占领奉天（今之沈阳），引起了全国性的拒俄运动。刚从青岛返回上海的蔡元培组织了“对俄同志会”，创办《俄事警闻》以宣传鼓动拒俄运动。

该报创刊于 1903 年 12 月 15 日，由中国教育会会员陈竞全出资，蔡元培、林白水、江允宗、柳亚子等担任编辑撰稿工作。该报大量刊载揭露俄国侵占东北和清政府外交失败的稿件，启发人们将拒俄与反清结合起来。设有“社说”、“要闻”、“外论”、“现势”、“杂录”、“时评”等栏目。最有特色的是“社说”和“漫画”。“社说”每天刊登文言和白话评论各一篇，既注重向知识分子宣传，也注重向文化水平不高的普通民众宣传。所刊漫画，附有解释性的文字浅近的“图说”，力求通俗。这也是我国报纸最早刊登的漫画作品。

（3）《警钟日报》

该报是《俄事警闻》的延续，1904 年 2 月 26 日出版第一期。开始由蔡元培任主编，半年后由汪允宗接任。

1904 年 2 月，日俄战争爆发，这是日本与沙俄为重新划分在我国东北及朝鲜的势力而进行的一场战争。“对俄同志会”由此改为“争存会”，《俄事警闻》也改名《警钟日报》，以便“一面为对付俄人之策，一面又宜为对付日本人之策”。

该报贯彻了《俄事警闻》中反对帝国主义侵略的宗旨。初期详细报道日俄战争的进行，以后又对各帝国主义侵略我国领土，侵占我国主权的行为进行猛烈抨击。谴责清政府的外交政策，抨击其无能。同时对官吏贪污、腐败、无能的情形进行揭露。

1905 年春，《警钟日报》揭露德国侵占山东权利的种种罪行，遂被德国领事勾结上海道台于 3 月 25 日强行查封。

3. 于右任与“竖三民”

同盟会成立后，革命派逐步加强了在国内的宣传活动。在上海，从 1906 到 1911 年的 5 年时间里，先后出版了 10 多家报刊，形成了一次宣传高潮。在这些报刊中，最为著名、影响最大的是于右任先后创办的《神州日报》、《民呼日报》、《民吁日报》和《民立报》。后三份报纸一脉相承，且其报名中均含有一个“民”字，版面为竖排，故被称为“竖三民”，在中国新闻史上有重要的影响。

于右任（1879—1964 年），陕西三原人，原名伯循，字诱人，曾用名刘学裕、原春雨，后以谐音“右任”为名；笔名“神州旧主”、别署“骚心”，号“髯翁”，晚号“太平老人”。

于右任是光绪年间举人，刊印《半哭半笑楼诗草》讥讽时政，中有“太平思想何由见，革命方能不自囚”，“爱自由如发妻，换太平以颈血”的词句，被清廷通缉，亡命上海，进入震旦公学。

于右任从家乡逃亡到上海后，深感革命报刊宣传的重要性，于1906年到日本考察报业并募集资金，得见孙中山并加入同盟会。返回上海前，孙中山任命其为长江大都督，勉励他办一份革命机关报，联络东南八省党务，开展宣传工作。

《神州日报》1907年4月2日于上海创刊，于任主编，其他主要人员有杨笃生、王无生、李梦符等。取“以祖宗缔造之艰难和历史遗产之丰实，唤起中华民族之祖国思想”而定名《神州日报》。《发刊词》中表明其宗旨是“挥政客之雄辩，陈志士之危言，澡雪国魂，昭苏群治，回易众听，纪纲民极”，宣传民族、民主思想。

该报为革命派所办的第一份现代化对开大报，内容上广告与宣传文字各半，日发稿量2万3千字左右。

该报内容丰富，除用大量篇幅对各地武装起义的消息进行报道外，还对揭露清廷腐败、帝国主义侵略活动的新闻进行报道。另开辟“本埠商情”、“商务调查”等栏目，详细报道上海地区有关金融、经济、税收、企事业发展等动态消息。

《神州日报》宣传手法上比较隐蔽，版面上很少有刺目标题，也很少有激烈词句。所发大量革命运动消息，一般不由本报记者出面，而是以“有闻必录”为借口，刊载政府文告、通报以及转载外报、外电。评论中也很少直接鼓吹革命，而是旁敲侧击，如以指责沙皇暴政来影射清廷的专制。

《神州日报》问世后不久即成为当时上海最畅销的报纸之一，发行量超万份。但出版仅37天，就因隔壁房屋失火殃及池鱼。报社全部设备、资料都被烧毁。幸而报社事先投了保险，在保险金的支持下，仅中断一天即恢复出版。然而由于人事关系及重建事务的繁杂，于右任在1907年6月20日宣布辞职，其主持《神州日报》仅80天。之后该报由叶仲裕、汪彭年主持，革命色彩逐渐淡化，民国后一度沦为袁党报纸，至1926年停刊。

于右任离开《神州日报》后，得到陕西富商柏筱鱼、信成银行协理沈漫云等的资助，筹资6万元，于1909年5月15日创办起《民呼日报》，于自任社长，陈飞卿为主笔。

该报以“实行大声疾呼，为民请命”为宗旨，重在揭露官吏鱼肉百姓的事实。特别是集中全力揭露陕甘总督升允三年匿灾不报，税赋不免，造成陕甘赤地千里的罪行，就此遭到忌恨，升允勾结上海道台蔡乃煌，唆使他人以诽谤罪向上海公共租界当局诬告《民呼日报》毁坏名誉。最后将于右任逐出租界，报馆查封。《民呼日报》仅出92期。

于右任被释后即与同盟会派来援救的景耀月筹办新报。于1909年10月3日在法租界创刊《民吁日报》，由朱葆康任发行人，范鸿仙任社长，于在幕后负责。

于右任自述报名由来：“以吁为呼，字形相近，表示人民愁苦阴惨之声；而分析吁字，又适为‘于某之口’，于沉痛中，尤含幽默意味。”

创刊后，即重点揭露日本妄图侵占中国领土的野心和种种侵略行径。10月下旬，日本前首相、策划中日甲午战争、侵略中国和朝鲜的元凶伊藤博文在访俄途中，到我国东北进行阴谋活动。26日，在哈尔滨火车站被年仅22岁的朝鲜爱国志士安重根刺杀。《民吁日报》在事发第二天即以整版篇幅进行详细报道，并配发评论。之后又进行连续报道，前后共发文60多篇。赞扬安重根的爱国行为，嘲弄伊藤博文，说他是“淫昏”的“歌舞英雄”，死得其所。

日方恼怒至极，驻沪日本领事松冈以《民吁日报》“任意臆测、煽惑破坏、幸灾乐祸、有碍中日两国邦交”为由，照会上海道台蔡乃煌，要求惩办该报。蔡便伙同租界当局，以会审公廨判决：《民吁日报》永远停止出版，机器不准作印刷报纸之用。《民吁日报》仅出48天即被迫停刊。

于右任并不死心，积极谋求东山再起。幸得时任上海中国区商会会长的沈漫云相助，集资10万元，于1910年10月11日创刊《民立报》，报名“民立”，暗寓立定脚跟，为民喉舌，继续呼吁之意。

创刊之日正值重阳节，于右任以“骚心”为笔名发表《中国万岁民立万岁》的发刊词，将《民立报》喻为“植立于风霜之表、经秋而弥茂”的晚节黄花，写得文采斐然，传诵一时。

创刊不久，日发行量就达到2万份，是当时国内发行量最大的一家日报，也是当时国内影响最大的一家革命报纸。

该报编辑采访力量雄厚。于自任社长，吴忠信、董弼臣任经理，宋教仁任主笔，编辑班子有范鸿仙、陈其美、徐血儿（天复）、章士钊、张季鸾等报界俊秀，还在巴黎、伦敦、华盛顿、柏林等地聘请了专职记者和兼职记者。

该报设有“社论”、“外论”、“小说”、“天声人语”（时评、小言论）、“上谕”、“宫门钞”、“专电”、“译电”、“新闻”、“通信”、“杂录”等栏目，内容丰富而精彩。尤其是漫画与图片最具特色，几乎每天一幅漫画，作为小说连载、时事评论或社会新闻的插图，效果明显。

《民立报》创刊之时，正是国内革命形势迅速发展的时期。该报在站稳脚跟后，对清廷攻击尖锐、辛辣，成了革命宣传的重镇。革命党人往来日本、香港、南洋等地，以及在长江中游的活动，多以《民立报》社为联络中心，使之实际上成为革命的枢纽。

武昌起义爆发时，清廷极力封锁消息，严禁各报登载所谓“乱事”消息。《民立报》在两天后，即冒着很大的风险，在上海各报中率先对起义消息作了报道，之后又做大张旗鼓的连续报道。

孙中山回国后，首先访问的就是民立报馆，并亲笔题词：“戮力同志”、“UNITY”。南京临时政府成立，于右任、景耀月、宋教仁等多位《民立报》成员入阁，社务就由范鸿仙主持。1913 年“二次革命”失败，范鸿仙被暗杀，于右任逃亡日本，《民立报》随之停刊。

于右任所创办的《神州日报》和“竖三民”，在辛亥革命时期发挥了巨大的宣传鼓动作用，功不可没，在中国新闻事业史上留下辉煌的篇章。对于这四份报纸，于右任曾说：“《神州日报》以沈郁见长，《民呼》、《民吁》则以发扬蹈厉见长，《民立报》时代可算是同盟会运动的急进时代。我们的任务一面在揭发清政府之鸩毒，唤起民众；一面在研究实际问题，作建国的准备。”①

三、武汉地区革命派报刊

革命派所办报纸大都集中于沿海地区，内地比较集中的仅有武汉一地。因武汉是当时仅次于上海的第二大商埠，又是长江中上游革命党人活动的中心。辛亥革命时期，武汉地区的革命报纸具有特殊地位。

1904 年，刘静庵、胡瑛等人建起了武汉地区第一个革命组织“科学补习所”，谋划发动武装起义，但事情不密，成员被通缉而解散。1906 年，刘静庵等人又组织了“日知会”，名义上是教会设立的提供书报阅览的组织，以教会名义订购了许多革命书籍并公开借阅，吸引了许多进步青年。后来被人告密，刘静庵等被捕。1908 年，湖北新军中的杨王鹏等人组织“群治学社”，1910 年又改名为“振武学社”，联络益知社、武学研究会等一些革命小团体，于 1911 年 1 月组成了“文学社”。由蒋翊武、詹大悲等负责，活动非常活跃，成

① 傅德华主编：《于右任辛亥文集》，转引自方汉奇《中国新闻事业通史》，第 1 卷，北京：中国人民大学出版社 1992 年版，第 875 页。

为发动武昌起义的重要组织。

同时共存的另一个大的革命组织是“共进会鄂省总会”，是从东京共进会派生而来，刘公、孙武是其主要领导。这两个革命组织都加入了同盟会。武昌起义时，两会合作，组成统一的指挥部，推举蒋翊武为湖北革命总指挥，孙武为参谋长，刘公任军政府总理，共同组织领导了武昌起义。

这些革命组织一方面策划起义，一方面创建报刊，进行革命宣传活动。从1905年到1911年，先后办起了10多种报纸，计有《楚报》、《江汉日报》、《武昌白话报》、《湖北日报》、《商务日报》、《雄风报》、《大江报》、《政学日报》、《夏报》、《白话新报》等。起义后有《大汉报》和《中华民国公报》、《新汉报》、《民心报》、《震旦民报》等。由于清政府统治的严酷，革命派在武汉所办的报纸大多是旋生旋灭，出版时间不长。但革命志士前赴后继，表现出了百折不挠的革命气概。

1.《大江报》

辛亥革命前夕，詹大悲主持的《大江报》是武汉地区知名度最高的报纸。

詹大悲（1887—1927年），近代民主革命者，报刊宣传活动家，湖北蕲春人。1903年到武昌、汉口从事革命活动，先后参加革命团体群治学社、振武学社、同盟会。主编《商务报》、《大江白话报》、《大江报》。1911年初，与蒋翊武等主持改组振武学社为文学社，任文书部部长。以《大江报》为阵地，宣传革命，被捕下狱。武昌起义后出狱，任军政府汉口分府主任。1913年“二次革命”前后，在湖北和江西积极策划反袁武装斗争，失败后逃亡日本，参加中华革命党，进行护国、护法斗争。1923年10月，他参加起草了《中国国民党改组宣言》。1924年出席中国国民党第一次全国代表大会，拥护孙中山实行三大政策。1927年，蒋介石、汪精卫相继发动反革命政变，詹大悲一面利用自己的身份将“在汉被捕的共产党嫌疑分子二三百人全部释放”，一面在《汉口民国日报》、《楚光日报》等报刊上反复揭露反动派的罪行，高呼“国共两党合作万岁”。同年12月17日，被两湖清乡督办胡宗铎以“赤化分子阴谋暴动罪”杀害。

1910年12月14日，受革命影响的富家子弟胡为霖出资创办《大江白话报》，聘詹大悲、何海鸣为正副主笔。该报言论激烈，很快为社会瞩目。胡父担心事态扩大，急将其子召回，报务陷入停顿。詹大悲筹资接办，任经理兼主笔，于1911年1月3日更名为《大江报》，使之成为湖北革命团体振武学社的机关报。振武学社被取缔后，该报又成为革命团体文学社的舆论阵地。《大江报》笔锋锐利，遇事敢言，每日著论“攻刺时政，鼓吹革命不稍讳”，在武汉地区各报中，其“敢言之名，惟该报首屈一指”。1911 年 1 月 21 日，英国巡捕无理殴毙汉口人力车夫吴一狗案发生，清朝地方当局为讨好帝国主义者，特通知各报不准撰文评载。在此高压下，各报“噤若寒蝉”，独《大江报》“据实直书，无所畏惮”，以头号字标题，公开予以揭载，并著社论《洋大人何敢在汉口打死吴一狗》，谴责英帝国主义者的暴行。文中指出：“外人这样虐待我们，与当局的腐朽无能是分不开的。”不仅揭露了内外反动派狼狈为奸的丑恶面目，而且暗存革命深义。《大江报》自此为社会注意，“大悲之名，遂喧腾于报界”。

该报的主要读者对象是湖北新军士兵和下级军官。在各标营聘有特约记者、特约编辑和通讯员，经常反映新军士兵的疾苦，诉说他们的不平，与新军的关系非常密切。在《大江报》的影响下，许多新军士兵加入革命团体，到起义前夕，新军中的革命党达 5000 人，占湖北新军编制的 1/3，这些人成了发动武装起义的骨干力量。

当年 7 月 17 日，针对清政府所谓“和平改革”，《大江报》发表何海鸣所撰时评《亡中国者，和平也》，猛烈抨击清政府出卖领土主权和立宪派叩头上书的改良主义主张，警告国民如不奋起革命，必将招致亡国。过了几天，革命党人黄侃路过武汉，留宿《大江报》社，詹大悲约黄侃起草一时评。黄侃挥毫，一气呵成。大悲阅后，拍案叫绝，称赞为“振聋发聩之作”，代拟标题为《大乱者，救中国之妙药也》，于次日（7 月 26 日）在《大江报》正版刊出。该文标题显赫，痛切直书，号召革命，惊世骇俗，大掀革命狂潮，严重动摇满清王朝的反动统治，其实是辛亥革命武昌起义爆发前的一篇战斗檄文。全文如下：

> 中国情势，事事皆现死机，处处皆成死境，膏肓之疾，已不可为。然犹上下醉梦，不知死期之将至。长日如年，昏沉虚度。软痈一朵，人人病夫。此时非有极大之震动，极烈之改革，唤醒四万万人之沉梦，亡国奴之官衔，行见人人欢然自戴而不自知耳。和平改革既为事理所必无，次之则为无规则之大乱，予人民以深痛巨创，使至于绝地，而顿易其亡国之观念，是亦无可奈何之希望。故大乱者，实今日救中国之妙药也。呜呼！爱国之志士乎！救国之健儿乎！和平已无可望矣。国危如是，男儿死耳！好自为之，毋令黄祖呼佞而已。①

---

① 奇谈：《大乱者，救中国之妙药也》，刊于 1911 年 7 月 26 日《大江报》时评栏，转引自吴廷俊《中国新闻史新修》，上海：复旦大学出版社 2008 年版，第 118 页。

该文署名“奇谈”，“大乱”实际是“革命”的代名词。短评发表后，脍炙人口，一时传诵。鄂督瑞徵惊恐万分，立即以“言论激烈”，“扰害治安”为名，查封《大江报》，将詹大悲、何海鸣逮捕入狱，此即“大江报案”。两个多月后，武昌起义爆发。

1912年6月《大江报》复刊，复刊的《大江报》本着一贯敢言的作风，畅所欲言，毫无顾忌，对拥袁的共和党痛加抨击，尤其对该党党魁黎元洪攻击厉害，文字激烈的程度，甚至有以“断头”署名者。后又刊登鼓吹“社会主义”文章，并配发宣传性的时评，被黎元洪抓到了把柄。黎即以“专取无政府主义，为乱党秘密机关，擅造妖言，摇惑人心”为罪名，派军警封报捕人。命令捉到《大江报》人，立即就地正法。又一次制造了震惊全国的报界大案“大江报案”。

2. 武昌起义后出刊的报纸

武昌起义后，为扩大起义声势，宣传革命主张，革命党人迅速创办了一批报刊，其中影响较大的有《大汉报》和《中华民国公报》。

《大汉报》于1911年10月15日（即武昌起义后5天）在汉口创刊，是武昌起义后革命党人新出版的第一份报刊，堪称民国第一张报纸。最初由胡石庵一人独立主持，油光纸单面印刷，日出一小张。

胡石庵（1879—1926年），亦名人杰、金门，号天石、忏憨室主，湖北天门人。17岁以案首入学，博闻强识，被誉为“鄂中奇才”。19岁赴北京，与谭嗣同交好，戊戌变法失败后返回武昌。1900年唐才常组织“自立军”起义，胡任参谋，事败后被捕入狱。获释后继续在武昌、上海等地从事文学、革命活动，著有《新儒林外史》、《马上儿女传》、《楚囚十日记》等小说和散文，成为当时武汉地区知名的报刊小说家。1926年10月23日在汉口病逝。

1910年，胡石庵集资在汉口歆生路创办“大成汉记印刷公司”，出版革命书籍，编印白话小说、报纸，宣扬民族主义。革命党人所办《江汉日报》、《商务报》、《大江报》皆赖大成公司印刷发行，公司成为党人联络点。

《大汉报》采用黄帝纪元，用“中华民国政府”名义发表“檄文”、“禁令”，实际上是胡石庵个人所办，胡一人承担采访、撰稿、校印发行。创刊当天即销售1万份，一时轰动武汉三镇，后增加为2万份仍供不应求。外地读者纷纷函电订阅，京津地区，甚至有人愿以五十金求一份《大汉报》。不少报刊转载甚至翻印该报，欧美通讯社也大量转载该报新闻及评论。被称为“革命之先锋”，革命党人称赞“胡石庵一支笔，胜过吾辈三千毛瑟枪”。当时流行童谣："《大汉报》真个巧，见了它，胆大了；《大汉报》胆真大，别人怕，它不怕。"

《大汉报》为保卫革命成果，稳定革命形势，发表了不少具体生动的新闻，起到了巨大作用。但是也杜撰了不少假新闻，如创刊第二天假冒孙中山的名义发表《孙大总统告同胞书》，当时临时政府还未成立，根本没有总统一说，但当时许多人信以为真。创刊号上的《黄州巡防营独立》、《九江独立，下游上驶军舰均被截获》等四条新闻专电都是捏造。武昌告急时也发了不少虚构新闻。对此，胡的理由是"既可以安军心，又可以丧敌胆，这个谎非扯不可"。

1914 年 3 月，袁世凯长子袁克定到武汉，湖北督军段芝贵恃势欲以重金买名伶王克琴献之，王誓死不从。胡撰文在《大汉报》揭露此事，段芝贵派人封闭《大汉报》，逮捕胡石庵及报社全体人员，关进了陆军监狱。袁死后胡石庵方得出狱。1917 年又复刊《大汉报》。1926 年胡石庵病逝，《大汉报》也随之最终停刊。

《中华民国公报》创刊于 1911 年 10 月 16 日，是中国历史上第一个资产阶级政权的正式机关报。开办经费由黎元洪从藩库存银中拨给，军政府每月津贴 5000 元，利用湖北官报局旧址创办。

第一任社长张樾。自称"暂为本军政府参谋部附设机关"，"宗旨即以军政府之宗旨为宗旨，以颠覆现今之恶劣政府，改建共和民国为主义"。创办初期主要报道有关起义和各省光复、清政府顽抗情况，大量刊登军政府及有关部门的公告，评论革命形势和军政府的政策。每天免费发行 4000 份，不登商业广告。

1912 年，中华民国成立以后，南京临时政府于元月 29 日创办公报，武汉的《中华民国公报》就不再具有政府公报的性质，后为黎元洪控制，成为其言论机关。

四、海外革命派报刊

1. 留日学生办报活动

资产阶级革命派在日本的办报活动，与 20 世纪初中国人留学日本热潮密切相关。1868 年，日本建立起明治政府，随即开始了自上而下的资产阶级改革，史称"明治维新"。借此日本逐步发达起来，走上了对外扩张的道路。1894 年中日甲午战争以中国的失败而告终，中国的知识分子和统治阶层中比较开明的官吏就提出以日本为法。加之到日本留学非常方便：交通便捷，不需护照，来去自由，生活费用低廉，生活环境相近。到20世纪初，留学日本成为一种时尚。据统计，在日本的中国留学生，1900年大约有100名，1902年增加到1000名，1906年最多，约有15000名。很多留学生参加了改良运动和革命运动，有的甚至成为革命的骨干。从1900年到辛亥革命，留日学生办起了一批又一批报刊，鼓吹西方资产阶级民主，从事革命宣传。据《中国近代报刊名录》记载，清末中国人在日本创办的报刊共109种，其中革命报刊65种，使日本成为革命派报刊活动的最大基地。

留日学生报刊活动大体可分为三个时期：1900—1902年为第一个时期，只有少数进步留学生以自己的力量进行报刊活动；1903年前后为第二个时期，大多以留学生同乡会的名义创办；第三个时期为1905年同盟会成立以后，多是数个同盟会会员或参加同盟会的各革命团体成员所办。

第一时期中，有《开智录》、《译书汇编》、《国民报》三种。

《开智录》于1900年11月1日在横滨出版，是留日学生创办的第一个刊物，“开智会”的机关报，该会为中国留日学生早期社团之一，由郑贯公于1900年冬创立。半月刊，次年夏停刊，共出10余期。借《清议报》印刷所印刷，并随之一起发行，在南洋、美洲一带华侨读者中很受欢迎，称赞其“文字浅显，立论新奇”。

其宗旨是“倡自由之言论，伸独立之民权，启上下之脑筋，采中、东(指日本)、西之善法”。其内容有译有论，栏目分为“本会论说”、“言论自由录”、“杂文”、“译书”、“小说”、“词林”、“时事笑谭”、“粤讴解心”等。该刊发表了《民约论》、《自由略论》、《民权真义》、《法国革命史》以及《义和团有功于中国说》、《论帝国主义之发达及二十世纪世界之前途》等颇具影响的文章。由于该刊革命倾向明显，引起保皇派的强烈反对，保皇总会下令解除郑贯公的《清议报》编辑职务，清议报社也不再承印，《开智录》遂被迫停刊。

1900年12月6日，《译书汇编》创刊于东京，月刊。由我国第一个留日学生团体“励志会”成员戢元丞、杨廷栋等创办，以编译孟德斯鸠、卢梭、斯宾塞等人的政治著作为特色。第9期起，改为发表同人所著政治文章为主，以编译为辅，共出21期。1903年改名为《政法学报》，到1904年4月停刊。

这两个刊物，重在宣传民主思想，但都还没有提出明确的革命主张，同改良派的政治分野不很明显。第一个具有明显革命倾向的刊物是《国民报》，该刊于1901年5月10日在东京创刊，被誉为“留学界提倡革命之第一种刊物”，月刊，同年8月停刊，仅出4期。由秦力山、程家柽、沈翔云、冯自由、雷奋等创办并主持。其特色是用尖锐犀利的笔锋大力提倡革命排满，发表《说汉种》、《中国灭亡论》、《二十世纪之中国》等文章，抨击封建专制制度以及对内实行种族压迫，对外投降的清政府，并明确提出以暴力推翻清廷统治的主张。第4期发表章太炎的《正仇满论》，是资产阶级革命派反对保皇派的第一篇文章。

1902年以后，留日学生人数激增，其反清革命思潮也日益高涨。各省留日学生纷纷按省份成立同乡会，以同乡会的名义出版了一批报刊。较有影响的是《游学译编》（湖南同乡会）、《湖北学生界》、《直说》（直隶同乡会）、《浙江潮》（鲁迅第一篇小说《斯巴达之魂》即在此刊上发表）、《江苏》等，此为第二个时期。

这些刊物大都在日本出版，在国内发行，对国内革命形势的发展起到了推动作用。早期的宣传内容主要是从爱国、爱家乡的角度出发，宣扬团结御侮，救亡图存；翻译传播资产阶级民主革命理论，以“开民智、广见闻”。1903年“拒俄运动”和“苏报案”的发生，使留学生们认识到了清廷的本质而与其决裂，开始直言不讳地鼓吹反清革命运动。

由于没有统一的领导，宣传上很难互相配合，加上经济没有保障，这些报刊出版时间都不长，最多的仅出了12期，到1904年6月便先后停刊了。

1905年，中国革命形势进入高涨时期。孙中山领导的兴中会和华兴会、光复会等革命组织在东京成立了资产阶级革命派的联合组织——中国同盟会。革命派报刊的发展进入了一个新的发展阶段。除创办同盟会机关报《民报》外，革命派还号召各省留日学生创办地方刊物，以扩大革命声势。留日学生刊物进入第三个发展时期，据统计，到1907年，这类杂志有27种之多。主要有《二十世纪之支那》、《醒狮》、《复报》、《云南》、《鹃声》、《洞庭波》、《汉帜》、《汉风》、《中国新女界杂志》、《二十世纪之中国女子》、《大江七日报》、《天义报》、《四川》、《河南》、《晋乘》、《关陇》、《夏声》、《江西》等。

2. 同盟会机关报——《民报》

（1）《民报》的创建

1905年，孙中山由欧洲到达日本进行活动，中国留日学生的革命形势为之高涨。在孙中山的倡导下，以兴中会、华兴会和光复会等团体为基础，在8月20日组建“中国革命同盟会”，以便团结革命力量，统一领导革命运动。孙中山被推举为总理。以“驱除鞑虏，恢复中华，创立民国，平均地权”十六字为同盟会纲领。在成立大会上，黄兴提议将《二十世纪之支那》改组为同盟会机关报，获得一致同意。

《二十世纪之支那》于1905年6月3日在东京创刊，是湖南、湖北、广东、江苏、安徽等省留学生联合创办的一个革命刊物，宋教仁主持，程家柽主编。就在准备好办理移交手续时，该刊被日本军警查封，因为第2期刊登《日本政客之经营中国谈》一文，揭露了日本对中国辽东半岛的领土野心。同盟会决定改名《民报》另行出版。又经过两个多月的筹备，同盟会的第一个大型机关报——《民报》，1905年11月26日终于在东京创刊。

《民报》是一个大型政论时事性刊物，月刊，32开，每期150页左右，约6—8万字。设有"论说"、"时评"、"译丛"、"谈丛"、"纪事"、"撰录"等栏目。1910年2月最后停刊，该报虽为月刊，但由于脱期和中途停刊，5年时间里共出26期。

前6期的主编，名义上是张继，实际上是胡汉民。7—18期，由章炳麟主编。第19期，章以脑病辞职就医，就由张继主编；20—22期，由陶成章主编。23、24两期，仍由章炳麟主编。时值清政府赴美谈判特使唐绍仪途经日本，唆使驻日清使向日本政府交涉，要求查禁《民报》。日本政府就以《民报》24期所载汤增璧《革命之心理》一文有提倡暗杀、扰乱治安的嫌疑为借口，在1908年10月19日下令封禁《民报》。章炳麟、黄兴等人虽极力抗争，但仍无效果。1年后，受孙中山委托，汪精卫到日本复刊《民报》，于1910年1月1日在东京秘密出版第25期，假托在巴黎出版，实际仍在东京。但仅出两期，汪精卫就因忙于回国搞暗杀活动而停刊。

《民报》撰稿人主要有章炳麟、胡汉民、汪精卫、朱执信、汪东、廖仲恺等人，前后有68人。章炳麟写得最多，共计近60篇。胡汉民有20多篇，《民报发刊词》即由其执笔，孙中山改定。汪精卫也有20多篇。这两人在当时被看做孙中山的左膀右臂。

《民报》的宗旨，是宣传"三民主义"的政治纲领。如其发刊词所言：

> 近时杂志之作者亦夥矣，婞词以为美，嚣听而无所终，摘埴索涂，不获则反复其词而自惑。求其斟时弊以立言，如古人所谓对症发药者，已不可见；而况夫孤怀宏识，远瞩将来者乎？夫缮群之道，与群俱进，而择别取舍，惟其最宜。此群之历史既与彼群殊，则所以掖而进之之阶级，不无后先进止之别。由之不贰，此所以为舆论之母也。
>
> 予维欧美之进化，凡以三大主义：曰民族、曰民权、曰民生。罗马之亡，民族主义兴，而欧美各国以独立。洎自帝其国，威行专制，在下者不堪其苦，则民权主义起。18世纪之末，19世纪之初，专制仆而立宪政体

殖焉。世界开化，人智益蒸，物质发舒，百年锐于千载。经济问题继政治问题之后，则民生主义跃跃然动；20世纪不得不为民生主义之擅场时代也。是三大主义皆基本于民，递嬗变易，而欧美之人种胥冶化焉。其他旋维于小己大群之间而成为故说者，皆此三者之充满发挥而旁及者耳。

……

翳我祖国，以最大之民族，聪明强力，超绝等伦，而沉梦不起，万事堕坏；幸为风潮所激，醒其渴睡。旦夕之间，奋发振强，励精不已，则事半功倍，良非夸嫚。惟夫一群之中，有少数最良之心理，能策其群而进之，使最宜之治法适应于吾群，吾群之进步适应于世界。此先知先觉之天职，而吾《民报》所为作也。抑非常革新之学说，其理想输灌于人心而化为常识，则其去实行也近。吾于《民报》之出世觇之。①

在这一发刊词中，孙中山首次将其革命主张概括为民族、民权、民生三大主义，后被简称为“三民主义”。在第三期上，胡汉民发表《民报之六大主义》，系统阐述了同盟会的六大纲领，可视为对“三民主义”的发挥：一、倾覆现今之恶劣政府，二、建设共和政体，三、土地国有，四、维护世界真正之平和，五、主张中国日本两国之国民的联合，六、要求世界列国赞成中国革新之事业。

围绕这一中心，《民报》主要从三个方面进行宣传：一是以排满为中心的民族主义。这方面的比重较大，不仅刊出了很多排满思想强烈的文章，还有很多明末抗清事迹及岳飞等民族英雄的画像及资料。二是以创立民国为中心的民权主义。明确提出“平等自由”，号召建立民主共和国。三是以土地国有、平均地权为中心的民生主义。同时对历史上和正在进行的各国民主革命运动和民族解放斗争进行了关注，如法国、俄国民主运动以及印度的抗英斗争。再次是对西方社会政治学说进行介绍，包括马克思主义在内。朱执信以“蛰伸”的笔名在第2期上发表《德意志社会革命家小传》，文中介绍了《共产党宣言》的要点。

1907年3月以后，孙中山等离开日本，同盟会的活动中心移往南洋。留在东京协助章太炎主编《民报》的是刘师培、黄侃等。《民报》除了进一步宣传“三民主义”，也刊登了很多主张“光复”，宣扬佛学、国粹的文章，与孙中山的分歧越来越大。

① 孙文：《发刊词》，《民报》第1号，东京：1905年11月25日。

《民报》的发行，主要采取伪装封面公开付邮和秘密捎带的办法在国内发行，影响范围很大，反响也极其强烈。其创刊号印了7版，其他期也多次再版，仍供不应求。发行量最高达17000份。

(2)《民报》与《新民丛报》的论战

革命派与改良派的分歧论争由来已久。1901年8月，东京的《国民报》就发表章太炎的《正仇满论》，对改良派的政治主张进行批驳，这是革命与改良论争的最早一篇历史文献。1902年改良派的《岭海报》攻击革命派策划广州起义是大逆不道，《中国日报》予以驳斥，双方笔战逾月。1903年，康有为发表《南海先生最近政见书》，海内外革命派报刊纷纷发文批驳，如《中国日报》刊出黄世仲《辩康有为政见书》，《苏报》刊出章太炎《康有为与觉罗君之关系》。1903年底到1904年初，孙中山在夏威夷组织《檀山新报》与改良派的《新中国报》进行论战。可以说，双方的论争尽管比较分散，规模也小，但随着时间的推移，火药味越来越浓。

在同盟会成立之前，中国占主流的思想潮流仍然是维新改良，不清除维新立宪改良思想的影响，革命思想就无法深入人心，革命阵营就无法扩大。正是认识到这一点，《民报》一创刊就以“主帅”的身份，率先对保皇派发起了攻击。创刊号上刊登了汪精卫《民族的国民》、陈天华《论中国宜改创民主政体》和朱执信《论满洲虽欲立宪而不能》三篇文章，指名道姓地批判康有为、梁启超君主立宪的主张。

保皇派很快作出回应，1906年春，《新民丛报》将反对民主革命、鼓吹立宪的《开明专制论》、《申论种族革命与政治革命之得失》等文章，编辑成题为《中国存亡一大问题》的小册子，广为散发。形成了《民报》与《新民丛报》两军对垒的论争局面。

1906年4月，《民报》第3期以号外形式发表胡汉民的《〈民报〉与〈新民丛报〉辩驳之纲领》，将论战双方的重大分歧归纳为12条，表示要“自第四期以下，分类辩驳”。两报之间的大规模论战由此展开。

《民报》论战的主将是汪精卫、胡汉民与章炳麟，《新民丛报》是梁启超。双方论战主要围绕以下几点进行：

第一，要不要实行民族革命，推翻清政府的统治？《新民丛报》的观点是，满人早已与汉人同化，因此不存在民族差别问题；排满必然会引起民族仇杀，造成天下大乱。主张拥戴光绪，推动朝廷实行自上而下的改革。《民报》则认为，满洲贵族统治对内实行民族压迫，对外投降卖国。要靠这样的政府对内实行改革，对外反抗侵略，已无可能，满洲统治必须推翻。

第二，要不要实行民权革命，建立共和政体？《新民丛报》认为中国落后，人民“学识幼稚”，没有资格成为共和国民。只能实行“开明专制”和君主立宪，进行逐步改良。《民报》则说在君主专制制度下国家秩序和人民权利都没有保障。中国人民完全有民权立宪之能力，主张废除君主，建立民主共和国。

第三，要不要实行民生主义，实行土地国有、平均地权？《新民丛报》否认中国存在贫富差别悬殊现象，认为没有进行社会革命的必要。更反对实行土地国有、平均地权，认为实行土地国有是一种“掠夺”，是讨好社会下层、造成社会混乱的政策。《民报》则认为封建的土地政策造成贫富严重不均的现象。只有实行土地国有、平均地权，才能消除贫富差别，解决社会民生问题，取得民主革命的胜利。

第四，革命会不会招来帝国主义的干涉，导致中国被瓜分？《新民丛报》认为，革命一旦爆发，则“杀人流血”，引起内乱。就会遭到帝国主义的干涉，使中国被列强“瓜分”，导致亡国灭种的下场。《民报》则认为，革命的目的是为了建立资产阶级民主共和国，不会出现像历史上为争帝位而造成的内乱。革命只“革”本国政府的命，不是排外，不会损害帝国主义的利益，因此不可能招来干涉。如果不革命，国家只会越来越弱，最终难逃被瓜分的命运。

这场大论战，持续到 1907 年 11 月《新民丛报》停刊才结束，历时近两年，以《民报》的大获全胜而终结。《民报》之所以胜利，一在于其顺应历史潮流，革命较之改良更符合当时人民的愿望与要求。二在于双方力量的对比，《民报》论战主将有 3 人，参战者有 20 多人；而《新民丛报》主将仅有梁启超 1 人，参战者也极少。三在于事实的力量，清廷的腐败、统治者的专横有目共睹。

这场大论战，极大地削弱了保皇派的影响，使革命思想深入人心，形成思潮。许多支持改良的人士转而支持革命，革命思想的传播一日千里，革命就此形成不可扼抑之势。1906 年 12 月，《民报》在东京召开 1 周年纪念会，到会者有 1 万多人。1907 年 8 月，梁启超、蒋智由等在东京组织“政闻社”，成立大会上，政闻社成员仅到 200 多人，而革命派却到了 1000 多人。梁启超登台演讲，话刚开头，革命派人士纷纷喊打，梁启超狼狈而逃。论战也促进了革命派报刊的发展，此后，革命派报刊在海外迅速发展，且由海外而国内，逐渐取代改良报刊而成中国报刊业之主流。

3. 在南洋、美洲等地出版的革命报刊

孙中山曾说“华侨是革命之母”，他早期的革命活动主要是在华侨中开展的。孙中山组织的兴中会的第一批成员和赞助人几乎都是华侨，而以后的会员中华侨占70%以上。为了在华侨中宣传民主革命思想，促进革命运动的开展，从1900年起，革命派开始在华侨集中的美洲、南洋等地加强宣传活动。到辛亥革命前，在海外创办或主持的报刊有30多种，主要有美洲《檀山新报》、《大同日报》、《民生日报》、《自由新报》、《大声杂志》、《少年中国晨报》、《华美日报》、《大汉报》、《民醒报》等；南洋地区《图南日报》、《仰光新报》、《南洋总汇报》、《中兴日报》、《星洲日报》、《南侨日报》、《槟城新报》、《吉隆坡日报》、《光华日报》、《四洲周报》、《华暹日报》、《全缅公报》、《苏门答腊报》、《华铎报》、《公理报》等；澳大利亚有《警东新报》和《民国报》。这些报纸吹响了民主革命的号角，为激发华侨的爱国热情、积极支持国内资产阶级民主革命做出了不可磨灭的贡献。下面选择其中重要的予以介绍：

《檀山新报》，又名《隆记檀山新报》，为美洲第一份由革命党人主办的中文报纸。原名《隆记报》，1881年由华侨商人程蔚南创刊于檀香山。初创时为石印周刊，后改为日报。1894年，孙中山在檀香山创建兴中会，该报曾是孙中山联络革命志士和募集经费的重要据点。戊戌变法失败后，康有为、梁启超流亡日本，孙中山曾争取与他们合作，共图革命。康有为坚决拒绝，而梁启超表示接受，想与孙中山合作反清。1899年冬，梁启超受康有为之命到檀香山，临行前，请孙中山写了一封介绍信以便与当地的革命人士联络，表示“诚意皈依革命”。但梁到后半年多的时间，大肆鼓吹保皇思想，建立保皇会，并在1900年4月创刊《新中国报》进行宣传。受其“保皇即革命”等宣传口号的影响，夏威夷保皇会发展迅速，甚至有许多人脱离兴中会加入保皇会。

1903年，孙中山再到檀香山，《新中国报》当时的主笔陈继俨害怕孙中山的到来会影响保皇会的势力，就在报纸上对孙中山进行丑化攻击。为了同保皇派进行斗争，孙中山将《隆记报》改组为兴中会在檀香山的机关报，名字改为《檀山新报》。并亲自领导与保皇派进行了一次论战。

1903年12月，孙中山发表《敬告同乡书》，1904年1月，又发表《敬告保皇会同志书》。针对保皇派散布的“保皇即革命”、“满汉不分，君民一体”共同爱国、革命会招致瓜分、民主要有过渡等观点进行批驳。并从香港调集人员加强《檀山新报》的宣传力量。经过这一论战，革命派在夏威夷的力量获得了发展，兴中会会员人数猛增。

1906年后，程蔚南因年迈将报纸转让给同盟会员曾长福等人，改名《民生日报》继续出版。

《图南日报》，为南洋第一家革命报刊，1904年由陈楚楠和张永福创于新加坡，两人均为华侨商人，具有强烈的民族民主革命思想。1903年曾集资翻印《革命军》5000册，加上伪装的封面，在南洋各地散发。该报特聘原任香港《中国日报》记者的陈诗仲任总编，兴中会的外围中和堂的组织者尤列被聘为名誉编辑。初创时日印1000份，但订阅者很少。为打开销路，1904年底特意编印带有宣传革命文字的彩色月份牌，随报赠送，受到读者欢迎，销量升到2000份，在南洋华侨中颇有影响。1905年冬天，终因经营困难而停刊。

《大同日报》，1902年创刊于美国旧金山，由洪门致公堂出资，聘康有为弟子欧榘甲为总编。欧是保皇会的骨干，在他的主持下，该报成为改良派的喉舌。

洪门是旧中国的秘密帮会之一，他们一致的对外称呼是“天地会”或“红帮”，对内则称洪门。“洪”是明太祖朱元璋洪武年号的“洪”，其目的是反清复明。洪门主要在福建、广东及长江流域一带活动，随着淘金热，这些秘密会社组织逐渐蔓延至南洋及美国各地。致公堂是洪门的一个海外分支机构，清咸丰、同治年间致公堂成立，又称义兴公司，逐步发展成为最大的海外华侨会党组织。致公堂总部设于旧金山，纽约、芝加哥等地设有分堂。19世纪末20世纪初，美国华侨约有9万人，十之八九加入了致公堂。1904年孙中山为联络华侨而在檀香山加入致公堂，接受“洪棍”（洪门称“元帅”为“洪棍”）之职。在总堂大佬（会长）黄三德支持下重订同盟会章程为“驱除鞑虏，恢复中华，创立民国，平均地权”。1905年由爱国华侨司徒美堂任总监督。1911年（宣统三年）曾与同盟会联合组成洪门筹饷局（对外称国民救济局），筹款支援辛亥革命。1925年，以洪门致公堂为基础，美洲各地、香港、澳门和上海等地的洪门组织起了华侨政党——中国致公党。

1904年4月，孙中山抵达旧金山，在华侨中进行革命宣传，但遭到当地保皇派的攻击。欧榘甲利用《大同日报》，接连发表文章攻击孙中山是“伪革命党”。致公堂领导人劝告欧与孙中山合作，但欧坚决拒绝，引起致公堂的不满，最终将其辞退，并请孙中山推荐人来主持《大同日报》。这一事件即是中国新闻史上著名的《大同日报》易帜事件。

1904年夏，参加过《湖北学生界》编辑工作的刘成禺接任《大同日报》的总编辑。《大同日报》“大倡革命排满，放言无忌”，由保皇派的喉舌一变而为革命派的宣传阵地。

五、资产阶级革命派的办报思想

资产阶级革命派的办报思想受到改良派的影响，而且两者都是来自于西方资产阶级民主思想、资产阶级新闻学说，所以两者在本质上是相同的。差异在于革命派的新闻思想革命性更强一些。以孙中山为首的革命派在这一时期零散地提出了一些对于新闻的认识，系统性上不如改良派，总结一下，大体有以下几个方面：

（1）明确提出办报就是为了宣传革命思想与主张，把鼓吹民族民主革命作为报纸的首要任务。改良派提出报纸的天职是“监督政府，向导国民”。但对革命派报刊来讲，办报目的不是为了监督清朝统治者，而是为了打倒这个政府。《民报》宣称：革命报之工作，所以使人知革命也。

（2）高度评价报纸的战斗作用，把报纸视为政治斗争的重要武器。西方新闻学中关于报纸在政治斗争中具有重要作用的观点，为革命报人所赞成。如拿破仑“报馆一家，犹联队一军也”，俾斯麦“经营社会者，不可不利用报纸”。因此，秋瑾将报纸称作革命队伍中的一个“师团”。郑贯公则认为报纸的作用等同于政权、警察、法庭、军队、律师。革命不需要流血，只需要“流墨”即可。这种高度评价报刊的政治斗争作用，视报刊如武器的思想，对革命派办好报刊是有积极意义的。

（3）承认报纸的党派性，认为办机关报和党报就是为了宣传党的纲领和主张。孙中山对此具有非常明确的认识，他不仅把报刊宣传看做是资产阶级革命事业的重要组成部分，把创办机关报看做是关系到革命前途的重要任务，而且强调革命报刊要宣传革命纲领，讲清革命道理。1910 年初，孙中山在旧金山指导当地同盟会工作，曾说：“扩大少年学社公开为中国同盟会是‘体’，扩大《美洲少年》，改组为日报是‘用’，有体有用，我们党的宗旨和作用才发挥出来，两件事就是一件事。”把党和党报联为一体，明确提出了党和党报的关系是“体”和“用”的关系，认识相当深刻。

（4）认为报纸不仅是国民舆论的代表，而且可以影响舆论甚至制造舆论。革命派赞同记者是“第四等级”的说法，认为报纸是代表社会舆论的，记者与平民的关系是“记者据最高之地位，代表国民，国民而亦即承认其为代表者”。他们认为舆论具有转移社会视线、左右世界的力量，革命就要以舆论为先驱。而要制造革命舆论，就要依靠报纸的宣传。《国民日日报》在其发刊词中称“一纸之出，可以收全国之视听；一议之发，可以挽全国之倾势”。郑贯公甚至说：“不必匕首，不必流血，笔枪可矣，流墨可矣。”表明了革命派对新闻与舆论之间关系的重视。但过分夸大了报纸对舆论的影响力，夸大了舆论的作用，反映了其思想认识的局限性。

第三节　清末新闻立法

一、清末新闻法制建设的背景及经过

1901年，清政府宣告要实行“新政”，其中重要的一点就是要更改旧有法律。

中国古代法律以“诸法合体”、“政刑不分”为特征，而这样一种法律传统与现代化进程在本质上是不相容的。1902年5月，清政府“着派沈家本、伍廷芳将一切现行律例，按照交涉情形，参酌各国法律，悉心考订，妥为拟议，务期中外通行，有裨治理”。1904年5月，清廷正式设立“修订法律馆”，时年64岁的刑部左侍郎沈家本受命负责外国法律的编译和中国现行法律的删改工作。

清末的新闻法制建设就是在这一背景下进行的。迈出的第一步是有限度地开放“报禁”与“言禁”。

“新政”全面展开后，清政府允许民间办报，开放了“报禁”。正式允许政事信息公开传播，部分开放“言禁”。1903年，四川学政吴郁生奏请将内阁各部议复折件及各省办事章程编入报纸，以便官学人员阅读。朝廷接受了这一建议，命令将各衙门奏定各折件，非事关慎密的，发交报房刊行，“日同一编，月成一册”，使“现行政策，外间均可周知”。

言禁与报禁的开放，带来的是报纸数量的激增。但对报纸这一颇具现代特性的事物，其法律规范依据仍然是《大清律例》刑律“盗贼类”中有关“造妖书妖言”的规定。《大清律例》是顺治三年，以明律为蓝本，参考金满旧制而订的。“造妖书妖言”属“其恶已极，其罪至大”的“十恶”之一，“皆斩”。1903年，记者沈荩获得中俄密约草稿后将其发表在天津英文报纸上，引发反对密约的斗争。沈荩被捕，判斩立决，时值慈禧万寿庆典，不宜动刀，改判“立毙杖下”。沈荩被打两百多下，“血肉飞裂，犹未致死”，又用绳“勒之而死”。

与此同时，朝野间出现了要求制定报律的呼声。1901年，管学大臣张百熙上疏建议“粗定报律”。1903年，《申报》发表评论，拥护清廷制定报律。

清政府也遇到了麻烦。1903年“苏报案”发生，由租界会审公廨审判。

会审公廨名义上是清王朝在租界设立的最基层法庭，实际上外国享有治外法权，清廷权力难及。在清廷眼中，《苏报》直接亵渎圣上，大逆不道；但在租界当局看来，发表文章、批评政府是为言论自由原则所保障的公民权利。收回治外法权，以便清廷权力能够作用于租界，至少作用到租界中的中国人，便成为当务之急。而“清国法律的残酷与野蛮却使洋人有了借口，于是改革法律便成要务，开明的官僚也认为改革法律是强国之路”①。

1906年，载泽等五大臣考察各国政治回国后，上书建议仿效日本，开启立宪。在奏折中明确提出：“集会、言论、出版三者，诸国所许民间之自由，而民间亦以得自由为幸福。然集会受警察之稽查，报章听官吏之检视，实有种种防维之法。非若我国空悬禁令，转得法外之自由。与其漫无限制，益生厉阶，何如勒以章程，咸纳轨物。宜采取英、德、日本诸君立国现行条例，编集会律、言论律、出版律，迅即颁行，以一趋向而定民志。”

西太后在确信立宪有“皇位永固”、“外患渐轻”、“内乱可弭”三大利，而且“预防革命，惟有立宪”的情况下，同年发布诏书，实行“预备立宪”。清廷法律修订工作开始加速，相应地也开始了新闻立法工作。从1906年到1911年五年时间里，清政府有关部门制定了一批专门适用于新闻事业的法律，还有不少法律与新闻事业有关或含有规范与调整新闻事业的内容。

专门适用于新闻事业的法律中，最早颁布的是1906年7月由商部、巡警部和学部共同拟定公布的《大清印刷物件专律》，共6章41条。对印刷物的注册登记、禁载事项、毁谤与教唆、违犯行为的惩罚等作了明确规定。该专律取法于日本明治二年（1869年）先后颁布的出版条例和新闻纸印行条例。虽然包括了对新闻事业的管理，但重点并不在新闻事业。

1906年10月12日，又由巡警部札饬京师巡警总厅，颁布了《报章应守规则》，基本是禁止性条文，其主旨在于八个“不得”，仅仅149个字共9条。但只有禁载事项而没有对违犯者处理办法的规定，各地官吏可任意为之。

1907年9月5日，民政部制定颁布《报馆暂行条规》，共10条。基本与《报章应守规则》相同，只是内容具体一些，操作性更强。

1908年，商部、民政部、法部参考日本的《新闻纸法》拟定了《大清报律》，于3月14日奉旨颁行，共45条。1910年，民政部再次修订《大清报律》，于1911年1月29日改称为《钦定报律》正式颁行。共38条，另有4个附条，除将以前制定的报刊禁载规定全部收入外，还增加了不少限制性条款。

① 《百年法变》，《南方周末》2004年5月13日，B9版。

在与新闻事业相关的或含有调整与规范新闻事业的法律中，《钦定宪法大纲》是比较重要的一个。这是近代中国第一个宪法性文件，于1908年8月颁布，其中有关新闻事业的条款主要是从国民权利的角度对言论出版问题所做的规定。第二个是于1910年底颁布的《著作章程》，由沈家本主持制定。这部法律引入了资产阶级的著作权观念与法律规定，受大陆法系特别是德国、日本的著作权法影响较大。作为中国历史上第一部著作权法，不仅在当时具有较大的影响与意义，也为以后的著作权立法提供了参考。

此外，还有《违警律》、《大清新刑律》、《电报总局传递新闻电报减半价章程十条》、《重订收发电报办法及减价章程》等。一些地方政府也制定颁布了不少有关新闻事业的地方性法规。

二、清末新闻法制的主要内容

1. 言论出版及新闻从业人员的自由权利

自1905年起，民间报馆被允许现场采访大规模的军事演习。1907年司法审判庭为记者添设旁听席。1909年，各省咨议局成立，均明文规定记者可以旁听议员辩论。这意味着在一定程度上承认了记者的采访权。

1908年颁布的《钦定宪法大纲》在"臣民权利义务"一节中明确："臣民于法律范围之内，所有言论、著作、出版及集会、结社等事，均准其自由。"中国历史上，第一次在法律性文件中明确作出赋予国民以言论出版自由权利的规定，具有资产阶级法制的色彩。但又规定，皇帝具有"当紧急时，得以诏令限制臣民之自由"的权力，仍然摆脱不了封建专制的色彩。

2. 报刊创办的管理规定

对于报刊的创办，清廷法规中最初实行的是审批制。1906年的《报章应守规则》第9条规定：除已开报馆之外，凡欲开设者，皆须来所呈报批准后，再行开设。之后的《报馆暂行条规》规定：凡开设报馆者均应向该管巡警官署呈报，俟批准后方准发行。其以前开设之报馆，均应一律补报。

1908年的《大清报律》规定：凡开设报馆发行报纸的，都要准备相应材料，"于发行二十日以前，呈由该管地方衙门申报本省督抚，咨明民政部存案"，同时缴纳一定数额的保证金。由审批制改为注册加保证金制，办理这一手续的部门也由警察改为民政部，这是一个很大的进步。

3. 报刊出版的管理规定

一是要求出版时必须在报刊上标明出版人姓名、发行出版所地址等。二是报刊须呈送有关部门样品以备检核。《大清报律》规定报刊要在出版前，送巡警官署或地方官署查核。这一事先检查制度受到报界的普遍抵制，在《钦定报律》中被取消，改为“每号报纸，应于发行日递送该管官署及本省督抚或民政部各一份存查”。其目的都是为了加强对报业的控制。三是实行更正制。《大清报律》规定，如果“报纸记载失实”，当事人要求更正的，报馆应免费刊登。封建统治下的新闻法，能出现这样的规定，其进步意义非常明显。

4. 报刊禁载事项

《大清报律》将禁载事项归纳为六条，规定凡有关外交、诉讼、军事、政治的新闻，有关衙门不允许公开的，以及“诋毁宫廷之语、淆乱政体之语、损害公安之语、败坏风俗之语”，报纸“不得揭载”。其禁载范围非常大，而且赋予各衙门以相当大的自由决定权力。

三、清末新闻法制的性质

这些新闻法规是在清政府全面变法修律，吸收西方法律理论，引进西方法律原则，通过移植重新构建中国新型法律体系的背景下进行的。清末这5部新闻法规的制定颁行是一个前后更替的过程。以《大清报律》为代表的清末新闻法规的制定颁行，标志着中国近代新闻法律制度在封建统治的末年建成，同时也标志着中国近代新闻事业的初步法制化。

然而，日落西山的腐朽封建王朝，其制定的法律不可能从根本上改变其统治思想，也不可能有相应的实施条件。

1. 资本主义的形式，封建主义的内容与执法中的“人治”

清末颁行的新闻法规，形式上基本是照搬西方、尤其是日本的新闻法规，染有浓厚的近代资产阶级法制的色彩。就条文而言，从《印刷物件专律》到《钦定报律》等5项法规，越往后越是宽松。对报纸的创办采取的是注册加保证金制，对办报者身份没有什么苛刻的限制。1907年起，陆续对报界采访司法审判、省咨议局和资政院会议打开了大门，采访权呈不断扩大的趋势。清末报律没有采用许多西方国家早期使用的特许制、印花税、禁止批评时政等限制民间报纸发展的措施，它肯定了报刊的合法地位，规定了报业活动应遵循的一般规则，对报业的发展是有利的。从报律颁布后的1907年到1911年，中国新办报刊数量年均137种，是此前6年年均新办报刊67.33种的2倍。

但其内容中仍然含有封建文化专制主义的色彩。《钦定宪法大纲》规定皇帝“当紧急时，得以诏令限制臣民之自由”，皇权还是凌驾在宪法之上。尤为严重的是，执法过程中“人治”的色彩明显，执法过程中往往以当权者的意志为依据，并不依法办事。1911年汉口《大江报》案发，第一次审问时詹大悲以事实雄辩力驳，拒不承认。最后法官声明不能作主，必须禀明督宪，督宪瑞徵欲以刑律治罪。与此同时，审判厅秉承督宪之命拿获副主编何海鸣到厅，以该报所登“广东乱事时评三件，皆是鼓吹刺客，下注海字”为据进行审问，何直认不讳，并质问法官此三项犯何种报律。法官答以“我不知道，这是上头命令，俟禀过督院，再行核示”。其后审判厅将审讯情形及援据报律裁判之意见禀鄂督核示。鄂督以为轻纵，又严谕遵照扰害治安律文科罪，后因舆论压力才批准审判厅依据报律判罚。审判厅最后以鄂督、检察厅指控二点为该报犯罪事实，核以报律判处詹何二人各监禁一年半结案。由此可见，审判厅实际权力远在行政长官之下，审判只是形式而已。

2. 无权制裁在华外报，半殖民地色彩浓厚

由于清政府统治的严酷，以及近代化报纸是由外国传入中国，先由外人办起等原因，清末中国新闻事业的中心都是在列强所控制的租界地区。其中既有真正外国人所办报刊，也有改良派、革命党人等打着外国人的旗号办起的报刊。对这些报纸，由于列强紧握其攫取的在华权益不放，清廷所颁行的新闻法规无法发生作用。在清廷统治地区，外人所办报刊也由于所谓的“治外法权”而可以不执行清廷的规定。《大清报律》颁布实施后，“各报馆不遵行，外人所设者尤甚。”1911 年 10 月，两广总督张鸣岐就打着外国人旗号的革命报刊是否适用“报律”问题向民政部请示。民政部咨询外务部商议办法，外务部答复：“报馆既挂洋旗，则吾国报律不能适用。”

客观上，清末的新闻法制建设在当时具有相当的意义，对以后也具有很大的参考价值。但其根本性的目的在于“皇位永固”，维持封建王朝的统治。但清王朝的灭亡已成定局，推翻封建专制统治的资产阶级民主革命思想已深入人心，王朝所制定的新闻法规已没有全面实施的社会基础。往往是报律刚出台，新闻界就强烈抵制。1908 年，《大清报律》公布后，各报纷纷评论。《神州日报》评论说：颁布报律的目的是“欲以极严酷之手段，虏使人民，以钳制舆论”，“四十五条之所由来，大率剿袭日本新闻条例之全文，而略变其一二，不审国情，不究现势，文不对题，药不对症”。

报界也采取以外商名义甚至采用假名注册、旁敲侧击、迂回宣传、联合起来抵制处罚等办法，不遵报律。北京《国风日报》发行人白逾恒化名“吴有石”（“乌有氏”谐音）注册，广州《齐民报》、《天民报》的发行人伪托“冯光裕”、“黄平”，实际并无其人。神出鬼没，使官吏知有其报出，而不知其发行印刷之所，无从封禁。

思考题

1. 《中国日报》创刊有什么意义？
2. 简述于右任的办报活动。
3. 试述“苏报案”的起因、经过、结果和意义。
4. 《民报》与《新民丛报》大论战的内容、结果和意义是什么？
5. 清政府制定了哪些新闻法规，其法律制度的特点是什么？
6. 第二次国人办报高潮的主要特点是什么？

第五章　民国初年的新闻事业

第一节　袁世凯统治下的新闻事业

一、民国初年新闻事业的短暂繁荣

民国初年的具体划分是民国元年（1912年）至民国五年（1916年），大致与袁世凯统治民国北京政府的时期相同。

1911年10月，武昌起义爆发，革命党人光复武汉三镇。武昌起义的胜利给新闻界带来了新的活力，自由新闻体制的确立，对中国新闻事业的发展是一个极大的推动力，顷刻之间，新闻事业呈现出前所未有的繁荣景象。各地革命报刊和起义后新创办的报刊，掀起了革命宣传的高潮。例如：上海《民立报》在起义后的第二天就用一号大字刊登了有关起义的专电，最先向上海民众报道了起义的有关消息，后又与《神州日报》、《天铎报》等一起，开辟专栏连续报道起义的进展，报刊媒体的宣传使上海民众的革命情绪空前高涨。在武汉，起义前原有的革命报纸被查封，革命党人在起义后，随即出版《大汉报》、《中华国民公报》等多种报纸，及时发布战报，宣传革命，受到民众热烈欢迎。在北京，虽然受到清政府的严密控制，《国风日报》等革命报刊仍然千方百计地报道起义军的消息。这些革命报纸把革命胜利的消息迅速传遍全国，推动了由武昌起义引发的革命浪潮，加速了清政府的灭亡。到11月，全国各地纷纷响应。已有15个省区宣告独立，相继建立了地方起义政权。为了推翻清王朝的封建统治，建立全国统一的中央政府，各起义省区代表集会武昌，通过了《中华民国临时政府组织大纲》，提出在召集国民会议、颁布宪法之前，组织临时政府。1912年元旦，孙中山在南京宣誓就职，定国号为“中华民国”，并建立了中央政府机构，中国历史上第一个资产阶级共和国由此诞生。

民国初年报业繁荣的原因是自由新闻体制的确立，以孙中山为首的南京临时政府通过立法手段，建立起与西方先进国家接轨的自由新闻体制，保障了人民的言论出版自由。孙中山本人也十分重视新闻事业，坚定地恪守言论出版自由原则。这些都极大地促进了报业的发展。

1. 旧法律的废除与新法律的保护，促进了新闻事业的繁荣

中华民国成立以后，清廷专为扼制新闻出版业而颁布的《大清印刷物件专律》（1906 年 6 月颁布）、《报章应守规则》（1906 年颁布）、《大清报律》（1907 年 1 月颁布）、《钦定报律》（1911 年颁布）及《大清律例》中有关报纸登记出版的条款均被废除。这也彻底解除了束缚办报人手脚的绳索和枷锁，打破了封建专制统治下言禁森严的状况。至于前清的《著作权章程》，因其没有同民国国体相抵触的内容，南京临时政府内务部决定在未颁布新的著作权法之前暂时使用。

与此同时，南京临时政府将言论出版自由的原则载入国家的根本大法《中华民国临时约法》中，并且颁布了有利于新闻事业发展的法律、法令，促进了新闻事业的繁荣。在 1912 年 3 月 11 日颁布的《中华民国临时约法》中第二章第六条第四款庄严宣告："人民有言论、著作、刊行及集会、结社之自由。"南京临时政府制定的宪法性文件《中华民国临时约法》以及其他法律、法令的颁布，确定了以言论出版自由为本的新闻法制原则，标志着自由新闻体制在中国由此诞生。这一体制与封建文化专制制度是完全对立的，对于强化言论出版自由等资产阶级民主观念，促进中国资产阶级新闻事业的发展，有着不可忽视的重要意义。

辛亥革命的迅速胜利，给长期遭受封建压迫之苦的中国民族资产阶级带来了极大的兴奋。在新闻出版方面，积极倡导和实行言论出版自由的政策，孙中山对《中华民国暂行报律》的撤销，就是坚定维护言论出版自由的一个有力证明。

1912 年 3 月 2 日，负责管理报界的南京临时政府内务部，鉴于《大清报律》废止后，报刊出版一时无章可循的情况，由内务部起草拟定了一个简略的法令《中华民国暂行报律》（以下简称《暂行报律》）。1912 年 3 月 4 日，南京临时政府内务部在正式宣布废除《大清报律》的同时，将《暂行报律》作为南京临时政府制定的临时新闻法，致电总部设在上海的中国报界俱进会，并请转全国新闻杂志各社，称"查满清行用之报律，军兴以来，未经民国政府明白宣示，自无继续之效力；而民国报律，又未遽行编定颁布，兹特定暂行报律三章，即希望报界各社一律遵守。其文如下：（1）新闻杂志已出版及今后出版者，其发行及编辑人姓名，须向本部呈明注册，或就近向地方高级官厅呈明，咨部注册。兹定自令之日起，截至阳历四月初一日，在此限期内，已出

版之新闻杂志各社，须将本社发行及编辑员姓名呈明注册，其以后出版者，须于发行前呈明注册，否则不准其发行。（2）流言煽惑关于共和国体，有破坏弊害者，除停止其出版外，其发行人、编辑人并坐以应得之罪。（3）调查失实污毁个人名誉者，被污毁之人得要求其更正；要求更正而不履行时，经被污毁人提起诉讼时，则酌量科罚”①。南京临时政府内务部的《暂行报律》一经公布，即导致舆论一片哗然，迅速招致上海等地十几家报纸的坚决反对。3月6日，设在上海的中国报界俱进会通电反对：“今杀人行劫之律尚未定，而先定报律，是欲袭满清专制之故技，钳制舆论，报界全体万难承认。”《申报》、《新闻报》、《时报》、《时事新报》、《大共和日报》、《神州日报》、《天铎报》，甚至还包括了《民立报》这样的和同盟会渊源很深的报纸，都不分政治派别，联名致电孙中山并通电全国，表示一致抗议和抵制。3月7日，章太炎在《大共和国日报》发表《却还内务部所定报律议》的社论，逐条加以反驳，各大报纷纷转载。章太炎的文章言辞极为尖刻，指责南京临时政府制定此报律，“是欲袭满清专制之故智，钳制舆论”、“欲蹈恶政府之覆辙”，并提出“民主国无报律”的观点，完全否定了新闻立法的必要性。孙中山得知此事后，以明智的态度，虚怀若谷地接受了来自新闻界的种种反对意见，并当即命令撤销《暂行报律》，表示要按照宪法规定，切实保护言论自由，认为内务部制定此报律“甚无谓也”。在中国报界俱进会及各报馆联名致电孙中山并通电全国的当日，孙中山即复电明确表示：“民国一切法律，须经过参议院议决发布，乃生效力。此次内务部所布暂行报律三章，未经参议院议决，应作无效。除令该部知照外，特此复闻。”3月9日，孙中山发布《大总统令内务部取消暂行报律文》。

这一场由《暂行报律》引起的风波，一方面的影响是强化了人们对言论出版自由权利不得滥用法律加以限制的认识，新闻界内外也表示政府不得以任何理由制定钳制新闻事业发展的专门法律；但另一方面的影响是脱离了革命政权对新闻事业的必要管理和约束，导致当国内外反动势力竭力利用并控制新闻出版界的庞大力量和影响来破坏革命的时候，革命政权却束手无策，其结果只能是为敌对政治势力利用报刊破坏革命打开了方便之门。

沿用前清法律中与民国国体无抵触的内容，使新法制带有旧时代的痕迹，而帝国主义在中国建立的租界制度未被废止，“治外法权”原则未被废止，都

① 复旦大学新闻系新闻史教研室编：《内务部颁布暂行报律电文》，载《中国新闻史文集》，上海：上海人民出版社1987年版，第88页。

使得当时的法律染上了半殖民地的色彩。

2. 党会林立，不同政党及团体纷纷把报刊作为喉舌和宣传工具

遍地报纸和政党蜂起的现象（曾出现300多个大大小小的政党）共同构成民初的两大景观。这是人民一经得到言论自由、结社自由以后的必然现象。

民初报界和清末最明显的区别就是政党报纸的蜂起，民国以后成立的形形色色政党，一部分资本家纷纷办报来宣传自己，希图在新政权中捞到好处和借机发财。据统计，自1911年10月武昌起义后至1913年间，全国各地号称为"党"与"会"的组织将近700个，这些政党或政客，一般都创办报刊，将其作为言论机关，于是报纸的数量便陡然增加，成为不同政党及团体的喉舌和宣传工具。

从武昌起义胜利到1913年的两年时间里，报纸数量在原有基础上急剧增加，除官报和少数宗社党报刊销声匿迹外，清末出版的报刊照旧出版，清末被迫停刊、休刊的报纸有不少又恢复出版，各种各样的人物、团体纷纷创办新报刊。因此，清末武昌起义后的半年被称为"报界的黄金时代"。据统计，在这半年里，全国报纸由100多家猛增至500多家，总销量达到了4200万份，创下了历史新纪录，有的报纸为了抢时间、多发稿，还增出午刊、晚刊，有的接电报后立即印发号外。在政治中心北京，新增报纸最多，据1912年北京政府内务部公布的报告说，从清帝宣布退位之日算起，在之后的8个月内，在内务部注册的北京报纸有89家之多。原报业中心的上海、天津、广州等地的报纸数目也在原有基础上陡增。南方光复省份，从光复到"二次革命"前，报纸增幅较大，例如：武汉19种，成都、南昌各20多种，杭州16种。连金山、梅县、澧县、嘉定等县城也出现了大量新办的报纸。

在大大小小的政党中，"同盟会—国民党"与"共和党—进步党"是两个最大的政党系统。在革命胜利以后，同盟会由秘密转为公开，大批吸纳新的成员，成为当时最大的政党。1912年8月，它联合一些小党改组成为国民党。由该党各级组织或党人支持的报刊，在民国初期的政党报刊中数量最多，分布最广。《民立报》仍然是"同盟会—国民党"系统的总机关报；1913年5月，进步党成立，其前身为共和党、民主党、统一党及其他一些小党，主要成员是立宪党人、旧官僚、同盟会中的变节分子和分裂分子，结党目的是为了与国民党抗衡。"共和党—进步党"的报纸也遍布全国，主要有《时事新报》、《大共和日报》、《国民公报》等。因为政见的分歧，两个系统的报纸经常争论不休，相互攻击。"同盟会—国民党"与"共和党—进步党"两大政党系统的报刊争论的主要问题是实行中央集权制还是地方分权；实行"超然内阁"制、"人才

内阁”制还是实行“责任内阁”制；国务院对总统负责还是向国会负责；要不要向外国借款；建都于南京还是建都于北京；实行公元纪年还是实行民国纪年；要不要遣散民军等问题。在当时，即便是同一党内的报纸，也经常因为意见相左而发生争吵，展开笔战。例如被视为同盟会机关报的《民立报》，就公开反对过孙中山建都南京和举办汉冶萍抵押贷款的主张。即使在同一报纸上，对一些重大问题的意见也前后不一致。两种主张的报纸都流入社会，暴露了报社内部意见分歧，也损害了同盟会的声誉。总之，民国初期出版的政党报刊，在中国近代史上没有起到多少进步作用，反而促使了政局的混乱。

但在自由新闻体制得到确立的大环境下，保障了新闻人的言论出版自由，还是极大地促进了报业的发展。民国初年的报刊，大多都标榜拥护民主，赞同共和，并自认为是天然的“舆论之母”、“舆论代表”、“四万万民众公有之言论机关”，新闻记者是“不冠之皇帝，不开庭之最高法官”，极力宣扬在民主制度下，记者应当负起“监督政府”、“指导国民”的“天职”。“报馆与国务院、总统府平等对待，其性质与参议院均同为监督公仆之机关”，“共和国之最高势力在舆论”。因此，民初时期，报纸和报人的社会地位大为提高，中国报界俱进会、北京报界同志会、上海日报工会等各地报界代表分别就报律、新闻邮电费、报纸报人权益等问题与政府当局交涉。1912 年 6 月，中国报界俱进会在上海召开特别大会，吸收新会员并讨论有关参加国际新闻协会，不承认有报律，自办新闻学校和新闻通讯社、广告社等问题。整个新闻界呈现出一片繁荣的景象。

民国初期伴随着自由新闻体制的建立，新闻事业出现了繁荣。但是紧接着随着袁世凯对新闻法律的扭曲，新闻事业前进的步伐戛然而止。总的来看，这是一次短暂的报业繁荣，中国的新闻事业在曲折之中缓慢地前进。

二、袁世凯对新闻事业的残害

武昌起义胜利后，革命党人面临的迫切任务就是建立革命政权。当时，同盟会对于这个胜利的到来是无充分准备的。曾经筹划这次起义的文学社和共进会的领导机关，已在事前遭到破坏，一些领导人被杀或逃散。革命是在没有领导的情况下继续向前发展的。与此同时，帝国主义大力支持袁世凯，对革命方面施加压力，为此，他们一方面不承认南京政府，扣留了全部关税，加剧南京政府财政上的困难；另一方面，对袁世凯集团则继续给予财政援助和政治上、外交上的充分支持。辛亥革命果实最终被袁世凯窃取，中国反帝反封建的任务并没有完成。孙中山将临时大总统的职位让给了袁世凯，新闻事业的短暂繁荣也随之结束。

1912 年 3 月 10 日，袁世凯在北京就任临时大总统。实际上，真正的言论自由局面只是昙花一现，尔后，袁世凯接连颁布的《报纸条例》、《出版法》就是套在言论自由之上的紧箍咒。而在 1912 年 3 月 11 日颁布的《中华民国临时约法》本身也存在缺陷，比如其第六条规定："人民有言论、著作、刊行及集会、结社之自由。"但又在第十五条规定："本章所载人民之权利，有认为增进公益，维持治安，或非常紧急必要时，得以法律限制之。"其中所谓"增进公益"、"维持治安"、"非常紧急必要"都没有明确的界限，这就为政府随时收回第六条赋予人民的权利打开了方便之门。

袁世凯为了建立封建独裁统治，除了厚植私党和扩充反革命武装外，还非常注意控制舆论。他打着共和的旗号，却用残暴的手段实行专制统治，扭曲并破坏孙中山建立起来的自由新闻体制，对一批民主革命立场坚定的报刊进行迫害和摧残，捣毁、查封报馆和殴打、逮捕、驱逐、杀害报人的事件时有发生。即使在同盟会—国民党掌权的地区，一些骤升高位的当权者也动辄封报杀人。1912 年初，刚刚在辛亥革命中当上广东临时都督的陈炯明就压制舆论，"拘留主笔，勒交访员"。1912 年 4 月，广州《公言报》、《陀城日日新闻》两报主人黄世仲、陈听香被逮捕枪毙，报纸被封。1912 年 6 月，袁政府的内务总长赵秉钧指使军警捣毁《中央新闻》报馆，绑走该报经理、主笔等 11 名工作人员。后又在天津，勾结天津租界当局将《民意报》逐出租界。1912 年 8 月以后不到半年，副总统黎元洪就先后查封了《大江报》、《民心报》、《民听报》、《帝民报》、《群报》、《民言报》等多家报纸。《大江报》编辑凌大同被扣上"言论专取无政府主义"的罪名，由黎元洪下令斩首，并将头颅挂在城门口示众。湖南长沙《大汉民报》因对军人有所批评，报馆被旧军人捣毁；《岳阳日报》因对当地筹饷局的政策有所异议，就被当局查封，主笔被捕。四川的《四川公报》、《中华国民报》、《蜀报》、《蜀醒报》等 23 家报纸被当地军阀查封或唆使军人捣毁，《蜀报》记者朱山被诬以"企图炮轰都督府"的莫须有罪名斩首；福建《群报》总编辑被杖责后收押，两名记者被暗杀；绍兴《越铎日报》因为发表批评当地军政府都督王金发的新闻和评论而被捣毁，报社负责人孙德卿被刺伤，另有 17 人受重伤，葛星驰"伤势过重，竟致惨毙"。这年冬天以来，《国风报》编辑田桐，《民主报》主笔仇亮，前《国风日报》主笔吴鼒，包头《一报》主编王平章，开封《民立报》的 5 名编辑、记者等先后都以莫须有的罪名被枪决，被捕入狱的更是不计其数。这足以说明在半殖民地半封建的中国，所谓新闻自由是行不通的。资产阶级革命家们在让出政权以后，企图靠报刊和舆论来维护共和，通过议会来监督政府、分享权力，无异于与虎谋皮，他们的幻想在袁世凯的专制淫威下破灭了。

1912年底，宋教仁领导下的国民党在国会参众两院选举中取得了压倒性优势。宋教仁认为，由国民党组成责任内阁，大局已定，即从湖南转道上海，准备返回北京担任内阁总理。这时国民党和宋教仁已成为袁世凯建立独裁统治的眼中钉，于是，袁世凯便于1913年3月20日，派人将宋教仁刺杀在上海车站。这是袁世凯镇压国民党的开始。宋案真相大白，举国震惊。孙中山首先觉悟，坚决主张武力解决，先发制人，推翻袁世凯的反动统治。各地报刊抨击袁世凯为“全国人民之公敌”，呼吁国民奋起“诛奸讨逆”，发动“二次革命”。革命形势急剧高涨，大大增强了孙中山等人的革命信心，于是毅然重新举起民主革命旗帜，发动武力讨袁。袁世凯不甘心退出历史舞台，加紧反革命部署，积极准备内战。并对国民党人发出最后通牒，声称：“现在看透孙、黄，除捣乱外无本领。……彼等若敢另组政府，我即敢举兵征伐之。”① 这年6月，袁世凯借口国民党籍的江西都督李烈钧、广东都督胡汉民、安徽都督柏文蔚不服从中央，下令撤免职务。7月12日，为了推翻袁世凯的统治，再造共和，国民党发动了“二次革命”（又称“癸丑之役”）。江西、江苏、安徽、广东、福建、湖南、四川等省市或宣布独立，或起兵反抗，但终因敌我力量悬殊而失败。孙中山、黄兴、李烈钧相率逃亡日本，革命武装全部被解散，袁世凯通过残酷的暴力镇压，终于完成反革命的武力“统一”。

从宋教仁被刺到二次革命失败期间，国民党系统的报刊都以大量篇幅声讨袁世凯。上海的《民立报》在宋案发生的第二天起，每天都以整版篇幅连续报道宋案经过，刊登凶手的供词和袁党往来的密电等，用铁一般的事实证明袁世凯就是刺杀宋教仁的元凶。《中华民报》发表题为《强盗政府》的社论，并在二次革命爆发后继续发行号外，报道各地宣布独立和反袁军事进展情况。《长沙日报》发表文章列举袁的24条罪状。广州创办了《讨袁报》，一些报纸也出版了反袁专刊。在北京出版的国民党报纸，也不顾安危，发表了声讨袁世凯的言论。《民国报》撰文明确指出：“击宋君者非亡命之徒，乃吾人之政敌也。”《国风日报》发表社论猛烈抨击袁政府“谋叛，暗杀，卖国”，是“杀人政府”。一些非国民党报纸，这时也看清了袁世凯的嘴脸，加入了反袁宣传的行列。

二次革命失败后，国民党原有的地盘和军队全部丧失，袁世凯更是借助军

① 《上海时报》，1913年5月24日。

事胜利的淫威，把国民党诬指为“乱党”，为了实现其独裁统治，他对国民党系统的报刊及其他异己报刊进行了一次大规模的摧残。北京、天津、武汉、广州、长沙、成都、福州、南昌、开封等地的国民党报刊全部被查封，有的主笔被捕。其中，仅在广州一地，军阀龙济光一次就查封了《中国日报》、《平民报》、《中原报》、《民生报》、《讨袁报》、《党魂报》等6家报纸。上海的《民立报》、《民权报》、《民强报》、《天铎报》、《国民日报》等国民党报纸因在租界出版，袁政府无权直接查封，袁世凯便采取禁止在租界以外发行的办法，迫使这些报纸在经济上难以维持而被迫停刊。福州的《福建民报》、《群报》、《共和报》等被北京国务院下令查封。除国民党系统的报纸外，其他反袁报纸、报人也受到迫害。广州的教会报纸《震旦报》因言论激烈而被封，发行人康仲荦被杀。甚至一些本来拥袁的报纸也被殃及。一向“拥护中央”的《粤声报》、《民治报》和《公论报》也被查封，原因只是怀疑它们与国民党的粤军有关连。北京《超然报》本是军阀办的报纸，但因撰文揭露黑幕而被查封；1913年8月19日，北京《正宗爱国报》因时评中有“军人为国家卖命，非为个人卖命”等语，社长丁宝臣被捕，未经审讯就被处死。中国第一个因采写新闻通讯而负有盛名的记者黄远生，坚持言论独立，标榜客观公正，为逃避袁世凯的威压出走美国，1915年，却在美国旧金山被中华革命党人当做袁党刺杀。开封《民立报》编辑敖瘦蝉仅仅因为写了一幅悼念宋教仁的挽联“目中竟无拿破仑，宜公先死；地下如逢张振武，说我就来”即被枪决。据统计，到1913年底，全国继续出版的报纸只剩下139家，比1912年初的500家减少300多家，北京原先上百家报纸也只剩下20余家，同时有大批报人受到迫害。这段历史，在中国近代新闻史上被称为“癸丑报灾”。

镇压了二次革命以后，袁世凯除了独裁专制，更想要复辟帝制，为了进一步控制社会舆论，他接二连三地颁布了许多限制新闻出版自由的法令，并采取多种手段加强了对新闻界的控制。

1. 创办御用报纸、笼络和收买报纸报人，控制舆论

自从就任临时大总统以后，袁世凯及其部属不仅利用各级官府的权势，出版大批政府官报，还动用公款创办和收买了一批民办的报纸。这些报纸打着民办的幌子，实则由御用文人主持，以民意代表身份，操纵、诱导社会舆论。在北京，袁世凯先后用公款创办了《国权报》、《金钢报》、《亚细亚日报》；还以胁迫手段强行在上海接办了《神州日报》；在广州，接办了《时敏报》；在长沙，创办了《国民新报》（后改名《大中报》）。其中，较有影响的是《亚细亚日报》。《亚细亚日报》创办，用资10万元，由帝制分子薛大可主编，日

出3大张，是袁世凯御用报纸中影响最大的一家，也是言论最反动的一家。它打着民办的招牌，操纵北京报界同志会，组织拥袁舆论。在二次革命期间，该报领衔发表所谓的《讨贼露布》，以后又连续刊登帝制分子劳乃宣和袁世凯的政治顾问古德诺鼓吹复辟帝制的文章，报道筹安会的劝进活动。袁世凯称帝期间，该报带头改用“洪宪”年号，称袁世凯为“今上”，记者署名“臣记者”。1915年9月，《亚细亚日报》增出上海版，遭到革命党人和爱国人民的强烈抵制，报馆两次被炸，勉强拖到1916年停刊。袁党控制和收买的报纸不少，共和党—进步党系统的报纸在复辟帝制的阴谋暴露之前也基本上是亲袁的。此外，像北京的《国华报》、《大自由报》和《新社会日报》，上海的《大共和日报》和《时事新报》，长沙的《大公报》，广州的《华国报》等，也都被袁世凯收买。据不完全统计，袁世凯执政期间直接或间接收买的报纸在125家以上。他收买报纸和报人的手段很多，有的是长期发放津贴，有的是一次性付以重金，有的则是零星施舍。就在袁世凯称帝前夕的复辟气氛中，1915年8月20日，梁启超以他那支“笔锋常带感情”的如椽之笔撰写了反对帝制的名文《异哉所谓国体问题者》，对恢复帝制表示异议，袁世凯得知后，派人找到梁启超，欲以20万元巨款买下此文，梁不顾袁的利诱威胁予以拒绝，后该文在《大中华》杂志发表，并被《申报》等予以转载，传诵一时。

2. 暴力压制、迫害异己的报纸和报人

经历过“癸丑报灾”这次浩劫，袁世凯对异己报纸、报人的暴力压制开始变得更加肆无忌惮。报刊、报人即使噤若寒蝉，也会祸从天降。天津的《公民日报》、《赤县新闻》和《新天津报》，上海的《民国日报》、《民信日报》、《中华新报》和《共和新报》，长沙的《湖南通俗教育报》等一批新出版的反袁报纸，都被扣以“逆报”的帽子查封或禁销。即使是原来拥袁的报纸，只要对复辟帝制发表了不同意见，也难逃劫难。北京的《新社会日报》、上海的《时事新报》等，都被扣以“妨害治安”等罪名查封或禁邮。迫害报人的事件层出不穷，报人因言获罪而系狱的事，更是司空见惯。《大汉报》的胡石庵、《民立报》的张季鸾、《湖南通俗教育报》的何雨农、《四川新闻》的魏绰云、《警华报》的辛丹书等，都因触犯禁令而坐牢。至于受到传讯、申斥和各种处罚的人，更是数不胜数了。

据统计，从1912年4月到1916年6月袁世凯一命呜呼，全国报纸至少有71家被封，49家被传讯，9家被反动军警捣毁，60名新闻记者被捕入狱，其中24人被杀，使得1913年起报纸总数一落千丈，从500家锐减到130多家。短短4年间，被杀的人数远远超过了清末的13年。袁世凯给我国新闻事业带来的灾难是深重的。黄远生在《忏悔录》一文中曾痛心地说："余于前清时为新闻记者，指斥乘舆，指斥权贵，肆其不法律之自由，而乃无害。及于民国，极思尊重法律上之自由矣，顾其自由不及前清远甚，岂中国固只容无法律之自由，不容有法律之自由乎？"①

3. 颁布法律、条例，使摧残舆论的暴行合法化

1914年后，袁世凯随着其统治地位的巩固与加强，开始制定与颁布对新闻界实施全面管制的专门法律，使其摧残舆论的暴行合法化。1914年4月2日，袁世凯政府以清除报界"败类杂种"等理由，以比前清"稍严"为宗旨，制定并颁布了《报纸条例》。《报纸条例》共35条，其中规定：禁止军人、官吏、学生和25岁以下者办报；报纸出版须到警察机关登记并交纳保证金；禁止报纸刊登"淆乱政体"、"妨害治安"和各级官署禁止刊载的一切文字；每天的报纸在发行前须呈送报样给警察机关备案。该条例不仅把《大清报律》对报刊的禁限条款悉数照抄，还从外国报律中搬来了许多新的禁限措施，开始从政治、经济两方面限制新闻事业的发展。袁世凯执政期间还颁布了《戒严法》、《治安警察法》、《出版法》等，对报刊的登记、出版、发行、言论、采访、编辑等活动横加干涉。《戒严法》和《治安警察法》都赋予警察机关以随时禁止报纸出版的权力，《出版法》对包括报纸在内的一切文字、图画印刷物都做了严苛的规定。尽管法律已经十分苛细，而各地官府在执行的过程中，又层层加码。如法律规定报纸在发行前须送警方备案，有的地方在执行中发展成了发行前的预审制度；法律规定缴纳保证金是100—350元，一些地方提高到700元，无力缴纳者即勒令停刊；法律规定25岁以上的人才能办报，有的地方则改为35岁以上等。除此以外，许多法律中列出的罪名因无明确的含义和界定，可由执法者任意解释，从而使得报刊活动完全处于一种动辄得咎的艰难境地。为了给新闻法的制定活动提供宪法上的依据，袁世凯还在1914年三四月间制定公布了新的宪法性文件《中华民国约法》，用以取代孙中山任临时大总统时期颁行的《中华民国临时约法》。《中华民国约法》规定"人民于法律范围内，有言论、著作、刊行及集会、结社之自由"。这一新规定，改变了《中华民国临时约法》规定的在增进公益、维持治安或非常紧急必要的特殊情况下方可对言论出版自由权利予以法律限制的基本精神，使得人民言论出版自由权利在任何情况下均可以通过法律予以限制。1915年，袁世凯政府还颁布了《新闻电报章程》、《电信条例》、《著作权法》等新闻法律。除了制定新闻法，袁世凯还继续使用他在巩固地位之前惯用的法律手段，那就是在制定其他

① 黄远生：《远生遗著》卷一，北京：商务印书馆1984年版，第132页。

法律时加入一些钳制新闻事业的规定、发布总统命令以处理一些临时性或局部性的问题等。

然而，袁世凯并不得人心，对于新闻言论界的残暴控制，反而使得大多数报刊都站到了其对立面。最先起来反袁的是孙中山重组的中华革命党、老同盟会员和一些民主主义者所办的报刊。中华革命党成立后，在日本东京创办《民国》杂志和《甲寅》杂志，分别由胡汉民和章士钊主持笔政，进行反袁宣传。中华革命党在国内的主要言论机关是1916年1月22日创刊于上海的《民国日报》，其次还有《中华新报》、《共和新报》、《长沙日报》等。它们都受到过袁政府的迫害，反袁立场更加坚定。在袁世凯帝制自为期间，它们拒用"洪宪"年号，明确表态支持护国军的武装斗争。就连原先拥袁、亲袁的一些报纸和报人，在全国人民强烈反对帝制的震撼下，也转而加入了反袁的行列。一些历来比较保守的报纸，如上海《申报》、香港《华字日报》等，也改变态度支持反袁。《申报》曾公开发表声明，拒绝接受袁世凯的贿赂，指责帝制活动是"无端自扰"，"实难赞同"。真正死心塌地为袁世凯称帝作鼓吹的，最后只剩下《亚细亚日报》等几家御用报纸。1916年3月，袁世凯在众叛亲离的情况下被迫取消帝制，接着于6月去世。

第二节　北洋政府统治下的新闻事业

一、北洋政府对新闻事业的钳制

1916年6月6日袁世凯死后，副总统黎元洪于翌日即宣布就任大总统职位。北洋军阀统治下的中国政局多变，这一时期的新闻事业也和政局一样复杂、多变，时起时落。

迫于反袁护国运动的胜利和拥护共和民主的政治声威，黎元洪在上台之后，立即通令恢复民国初年的《中华民国临时约法》，恢复国会，废止袁世凯统治时期钳制新闻言论出版自由的一切禁令。被袁世凯破坏的共和制度和政党政治表面上又得以复生。1916年7月，北京等地被捕的报人获释，内务部通告取消对《民国》杂志、《爱国报》等20多家报刊的禁令，其他一些停办的报刊也纷纷复刊。与此同时，又创办了一些新的报刊，如国民党的《甲寅日刊》、《中华新报》，进步党系统的《晨钟报》等。至1916年底，全国发行的报纸数量增加到289种，比1915年增加了85%。新闻事业出现了一线转机。

然而新闻事业的复苏是短暂的，袁世凯的继任者继续沿用袁世凯统治时期迫害新闻事业的旧法律，并实施钳制新闻事业的新法规。段祺瑞击败黎元洪重新执政后，黎元洪时期的那些应景表演被张勋复辟和段祺瑞专权所扼杀，并相继宣布袁世凯时期颁布的新闻法律继续有效。袁世凯统治时期的《报纸条例》虽被废止，但《出版法》仍然被继续沿用，不仅成为北洋军阀政府钳制与迫害新闻界的主要法律依据，甚至还成为帝国主义租界当局用来镇压租界内中国人民反帝宣传的工具。袁世凯统治时期颁行的《戒严法》、《治安警察条例》等也一体沿用。至1917年后，北洋军阀政府的反动本质日益暴露，对异己报刊的钳制也越发苛刻，较袁世凯时期有过之而无不及。1917年5月26日，北洋军阀政府宣布恢复报刊邮电检查。1918年8月，北洋军阀政府设立“新闻检查局”。1918年10月，北洋政府法制局又颁布了《报纸法》，这套法案内容非常苛刻，在钳制言论自由方面与清末的《大清报律》、袁世凯时期的《报纸条例》如出一辙，用以加强对新闻事业的控制。据统计，从1916年至1919年五四运动前的近4年中，17名记者遭枪杀或判刑，全国至少有29家报纸被封。到1918年底，全国报刊总数由289种降至221种，新闻界又进入被禁锢的状态中。

由于北洋各系军阀的轮番执政以及对新闻事业的严密控制，各种政治势力明争暗斗，于是从属于各种政治势力的报人、报纸和整个报界，出现了各种各样稀奇古怪的现象。

1. 报人、报纸风格颓唐，格调低下

以“鸳鸯蝴蝶”派为中心的报纸副刊和小报、期刊泛滥一时。从中央到地方，大大小小的军阀、官僚和政客经常以出钱办报和给报刊津贴等方式来贿赂报人，借此利用报刊来为自己作鼓吹。一些报纸也沦为军阀、官僚和政客的附庸，谁给钱就替谁帮腔，为舆论界所不齿；有的报人把办报作为从政的敲门砖，攀龙附凤，进行政治投机，混得一官半职。

2. 报纸言论退化、表现疲软，政论逐渐减少甚至取消

自从“癸丑报灾”以后，由于袁世凯和北洋军阀实行言论禁锢政策，报纸、报人个个噤若寒蝉，生怕因言论而惹祸。报纸大多发表一些不痛不痒无关大局的所谓短评，而不少报纸甚至干脆取消了社论和论说栏目。

3. 出现了不少“有报无馆”的“马路小报”

在北京、上海、广州等地都出版不少“有报无馆”的“马路小报”。它们往往在出报前夕，在旅馆开一房间，作为临时主笔房，发行所则在马路拐角的报贩摊上；有的报纸连“斗室一间”也没有。许多报纸的发行量只有几百份或一两千份，最少的只印3份：一份呈警察局备案，一份在自己的家门口张

贴，还有一份送给老板交差。有的报纸是用套版的方法印刷的，即利用另一家报纸的现成版面，仅换一个报头重印几份而已，被人们称为“鬼报”。在广州，这样的“鬼报”就有好几家，像《南方报》就是用《民权报》的版面套印的，《商权报》是用《总商会新报》的版面套印的。

北洋军阀统治时期新闻事业一方面言论退化、报格低下，出现前所未有的怪现象，另一方面袁世凯和北洋军阀血腥的摧残，并不能完全阻止新闻事业的前进，这一时期的新闻业务也有所发展，尤其是通讯社。我国的通讯事业在1913年到1918年的五六年内有了长足的发展，新创办的通讯社不下20家。如北京的北京通讯社和新闻编译社，上海的国民第一通讯社，武汉的湖北通讯社和武汉通讯社，长沙的湖南通讯社、大中通讯社和中华通讯社等，都是在这一时期创办的。它们的规模都不大，一般都只有一到两个访员，采用复写或油印方式向有限的几家报刊发稿，大多数通讯社都是靠官僚政客和资本家的津贴来维持，也有个别是自由撰稿人独立创办的。在这些通讯社中，东京通信社是邵飘萍1915年7月在日本留学期间组织的，专门为京、沪报纸提供东京通讯。它曾首先向国内读者报道了袁世凯政府和日本政府秘密商议中的“二十一条密约”的详细内容，对国内的反袁斗争起到了一定的推动作用。新闻编译社是邵飘萍1916年8月在北京创办的。它以消息迅捷闻名，每天晚上发稿一次，内容有本社采写的消息和翻译的外电两部分，“每日总有一二特殊稿件，颇得各报好评”。

二、民国初年新闻事业的职业化

经过了民国初期自由新闻体制的确立与扭曲，以及袁世凯及其继任者对新闻事业的钳制与迫害，政党报刊逐步走向衰落。虽然中国新闻事业向来重视政论的传统被打破，但是中国新闻业务也出现了职业化的发展趋势。在这一时期，新闻业务的转变主要表现在两个方面：一是新闻报道工作得到加强，一是报纸副刊的发展。

1. 新闻报道的加强

新闻报道的加强是中国新闻历史发展的必然，这是与当时报刊政论滞后以及形势的要求紧密相连的。新闻事业本身就是新闻信息沟通与交流的媒介，新闻事业的内容与形式应当以新闻报道为主。中国新闻事业在中华民族存亡关头诞生，却一直被各种政治势力所控制，成为政治势力讨论社会问题的平台，政党报刊一时成为新闻事业的主流。报刊的政论传统，是在王韬创办《循环日报》到梁启超创办《时务报》的25年间形成的。在戊戌变法前后，报刊多以政论为主，很少有消息通讯，即便有也多为外报译文，到二次革命前，一般报刊仍设有社论、社评、论说、时评等栏目，有的日报几乎每版都有评论文章。1913 年，在上海创办的《中华民报》、《民权报》、《民国新闻》都以反袁态度坚决、政论文章激烈闻名海内外。为声讨袁世凯，《中华民报》同时发表 8 篇社论，创一天一份报纸发表社论篇数的最高纪录。“二次革命”失败后，由于袁世凯、段祺瑞等人的高压政策，政党报刊以及有政党背景的报刊均遭到摧残与迫害，报人的革命意志衰退和报刊政论内容无聊、思想水平低下，因此政党报刊逐步走向衰落。但是随着第一次世界大战的爆发，国内外的形势多变，刺激了人们对新闻的需求，为了适应这种需要，报纸上的新闻报道开始得到普遍加强。

（1）报纸上的消息的比重加大，电讯增多。

每遇到重要的电讯都使用大号黑体字刊出，并在字旁标以黄豆大的黑点或圆圈以求醒目。由于电讯数量的不断增加，编辑在处理时往往还会根据其来源或对象不同，将电讯分成专电、外电、通电、公电等名目，其中“本报专电”的时效较高，最受欢迎。北京、天津、武汉、广州等地发生的事件，第二天至多第三天就会在报纸上看到。如袁世凯死后的第二天，上海《民国日报》就刊出了“袁世凯一命呜呼”的“本报专电”。除了电讯，其他消息也受到重视。第一次世界大战期间，我国民族工商业有较大的发展，受此影响，许多报纸加强了商情和经济新闻报道。

（2）夹叙夹议的新闻通讯作为一种新的报道体裁开始走向成熟。

这一时期的新闻通讯受到了普遍的重视和欢迎。当时，纪实性、解释性、评述性的有关时事政治方面的新闻通讯空前繁盛。国内时局、列强动态，特别是各派政治势力幕前幕后的活动斗争等均被报道出来，不少通讯都采用第一人称的写法，夹叙夹议，缕述始末，翔实生动。由于通俗易懂，因此受到广大读者的普遍欢迎。另外，新闻摄影照片在报纸上越来越多地运用，一些报纸还刊出时事性插画或定期出版图画附张。

（3）报社花重金聘请有才干有经验的记者，加强了采写力量。

随着各报加强新闻报道，记者以获得独家新闻为能，新闻竞争日益加剧。为了搞好新闻报道，上海等地的大报纷纷增聘记者和通讯员，报社设立采访部，并重点聘请有才能的记者长驻北京，采访中央政治新闻。如《申报》、《新闻报》、《时报》还不惜重金聘黄远生、邵飘萍、张季鸾等为北京特约通讯员。他们全部留过学，有良好的中西学基础和极强的采访写作能力，而且他们广交社会各界名流，往往能采写到独家重大新闻，在他们的影响下，新闻和通讯备受人们的重视，记者的地位也随之有所提高。当时，我国报纸日益重视国际新闻报道，刊载的外电也开始明显增多。1917 年 11 月 10 日俄国十月革命爆发的第三天，北京《晨钟报》、上海《民国日报》等报纸就以大字标题报道了这个消息。为了加强国际新闻报道，个别大报还派出特派记者赴国外采访。1918 年胡政之以天津《大公报》驻外记者的身份赴欧采访巴黎和会，他是采访该会的唯一的中国记者。

2. 副刊逐渐在介绍学术观点、传播新文化方面产生影响

早在辛亥革命时期，资产阶级革命派的报纸一度曾以文艺形式来进行民主革命的宣传活动，从而改变了副刊原本的纯消闲性质。当时报纸普遍设立副刊栏目，有的还设置有固定版面，专门刊载杂文、随笔、小说、诗歌、戏曲。如《申报》的“自由谈”、《新闻报》的“快活林”、《时报》的“余兴”等专栏专版。

辛亥革命以后，我国进入到旧民主主义革命的低潮时期，副刊的革命色彩明显减弱，消闲性作品再次变为副刊主流，并迅速变成了鸳鸯蝴蝶派文学的天下。鸳鸯蝴蝶派起源在上海《民权报》副刊，主要发表一些言情小说，有影响的作者有徐枕亚、王钝根、范烟桥、周瘦鹃等，他们的作品语言华丽，卿卿我我，缠绵悱恻，哀怨动人，虽然有的也讽刺了袁世凯，但缺乏革命精神。从总体上来看，大多属于人们茶余饭后的消闲文学。

第一次世界大战结束后，报纸副刊情况又产生了新的变化，当时一些爱国的革命志士仁人开始对世界发展趋势以及中国的命运前途进行深入思考，同时关注新知识、新思潮的青年逐渐增多，于是少数报纸的副刊自觉地开始了介绍学术观点、讨论思想问题、传播新的文化知识等方面的工作。1916 年 6 月 16 日，上海的《民国日报》取消了原来专登消闲文字的副刊《民国闲话》和《民国小说》，而改为知识性的副刊《觉悟》，由总经理邵力子主编，陈望道协助。《觉悟》上发表的文章提倡新思想，反对旧思想、旧文化、旧制度，宣传妇女解放，主张男女平等，号召青年起来同封建思想、封建制度进行斗争。特别是邵力子的文章还宣传马列主义，反对军阀割据，鼓吹人民起来革命。1918 年 3 月 4 日，《时事新报》也创办了由改良派人物张东荪主编的《学灯》。《学灯》的宗旨是：“关于学术及社会问题之提倡，评论思潮，研究讲坛，从谭名著，译述新文艺，学术界消息及讨论通讯诸门，藉以革新思想、促进文化。”① 实际上它是介绍资产阶级学术文化，具有反封建的意义。虽然《觉悟》、《学

① 王文彬：《中国报刊的副刊》，北京：中国文史出版社 1988 年版，第 13 页。

灯》等这类以介绍学术观点、传播新文化的副刊为数不多，但它们已开始崭露头角，随着时间的发展，逐渐成为五四时期在传播新文化方面颇有影响的报纸副刊。

三、民国初年一批杰出的新闻记者

民国初期，由于各报加强了新闻报道，记者以获得独家新闻为能，报纸以发表精彩的通讯取胜，在新闻界的激烈的竞争中，涌现出了一批著名的新闻记者，如黄远生、邵飘萍、刘少少、徐彬彬、林白水等就是其中的佼佼者，他们大都受过良好的教育，有一定的新闻学修养和办报经验，又有较好的中西学问基础和驾驭文字的能力，其中最为杰出的是黄远生和邵飘萍。

1. 黄远生

黄远生（1885—1915年），原名基，字远庸，远生是他的笔名，江西九江人。少年勤奋好学，曾在两年内连中秀才、举人、进士。1904年中进士后，获得“知县即用”资格，但他不愿做官，东渡日本留学，专攻法律。1909年学成回国，清政府任命他为邮传部员外郎兼参议院行走和编译局纂修官。他不甘心“以极可爱之青年之光阴，而潦倒于京曹”，便经常为京、沪报刊撰写国际时事评述。辛亥革命后，辞官不就，全身心地从事新闻工作。

黄远生的记者生涯是从1912年创办和主编《少年中国》周刊开始的。此后，他又编辑过《庸言》杂志，并担任上海《时报》、《申报》、《东方日报》驻北京的特约记者和北京《亚细亚日报》的撰述，还经常为《国民公报》、《论衡》和《东方杂志》撰稿。他长于采访，勤于写作，以擅长写新闻通讯著称于世，是中国第一个专业记者，也是我国通讯文体开拓者。黄远生的新闻通讯有以下几个特点：

（1）注重报道的时效性。

黄远生的新闻敏感性极强，他的报道很注重新闻的时效性，这一点从他采写通讯的标题就能看出来。如《最近秘密之政闻》、《最近之袁总统》、《最近之大势》、《最近之北京》等，他采访的材料大多都是新近发生的实事。黄远生不仅善于报道新近发生的事实，还特别注重新闻事实背后的相关信息。如1912年6月的《政界小风潮零记》报道了裁军问题的同时还透露出萌芽状态的其他问题，即“恐怕大总统要做皇帝”的动向，预报了事态的发展，既是新闻，又是信使。

（2）注重题材的重大性。

黄远生曾在两年内连中秀才、举人、进士三榜，留过学，又在前清做过官，民国成立后他有机会周旋于总统、总理、各部总长和政党要人之间，对民国初期的政坛非常熟悉，因而他能采写到许多别人采访不到的重大新闻及内幕。他报道的人物有孙中山、袁世凯、唐绍仪、陆征祥、熊希龄、梁士诒等，他们大多是中国政府与中国政治的代表，黄远生善于抓住这些人物并从他们身上发掘重大新闻，如《记者眼光中之孙中山》写的就是1912年孙中山和袁世凯在北京会谈，其中既反映了孙中山让权和志在建设的态度，也揭示了袁世凯"权谋百出，专以手段胜"的伎俩，同时还含蓄地告诉读者孙袁会谈不会有什么好结果。黄远生报道的重大事件很多，如袁世凯大借款、内阁接二连三倒台、外蒙古的独立、日本提的"二十一条"、武昌首义功臣张振武被杀等，对当时政坛风云作了真实而详尽的记录，从某种意义上来说，黄远生的通讯是当时社会的一面镜子。

（3）报道生动具体，善于抓住细节。

黄远生把文学手法引进新闻写作，真实客观、及时报道政局，他的通讯善于抓住具体的场景细节进行绘声绘色的描绘，嬉笑怒骂，涉笔成趣，鞭辟入里。如《外交部之厨子》，通过描绘一个自前清到民国的外交部姓余的厨子，他"连结宫禁，结交豪贵"，并花钱买了"花翎二品衔"，有一次外交部长官汪大燮在赴贺庆王宴会时，刚进门则"遥见厨子方辉煌翎顶与众客跄济一堂，愕然不能举步，厨子见汪大人来，则亦面发赧而口嗫嚅"。汪的惊诧，厨子的窘态，旧官场的腐败，跃然纸上，生动具体，入木三分。

（4）语言通俗易懂，行文不拘一格。

黄远生提倡"以浅近文艺普通四周"，因此，他追求通讯语言的通俗和生动，行文十分浅近，且不拘一格。他时而将背景材料置于篇首而娓娓道来，时而先交代事件结果然后再逐步展开，他能把复杂的社会现象通过贴切的比喻表现出来。如《奈何桥上之大借款》说的是1913年袁世凯向六国银行团借款的事，此事的现状、发展、结果如何，一下子很难说清，但读者一看"奈何桥上"，一切也就明白了。《乔装打扮之内阁》、《虎头蛇尾之国税厅》、《春云初展之政局》、《蝉曳残声过别枝之弹劾案》等也都同样形象生动、通俗易懂、意味深长。邹韬奋曾经评论他的文风为"流利、畅达、爽快、诚恳、幽默"①。

此外，黄远生的政论也很出色，作为一个正直的新闻记者，他对官僚政客痛加针砭。他的政论继承了"时务文体"的特点，以深刻见长。如《游民政

① 邹韬奋：《经历》，上海：三联书店1958年版，第19页。

治》就揭露了中国的历史是一部吃人的历史，中国社会就是人吃人的社会。文中指出辛亥革命后的中国“官僚之侵蚀如故，地方之荼毒如故”，今天不过是“去皇帝而代之以大总统”而已。黄远生能在1912年就论述辛亥革命的失败，这是很不容易的。

黄远生在新闻思想方面也有不少独到的见解。其中最著名的是他对新闻记者提出的“四能”要求，即“脑筋能想，腿脚能奔走，耳能听，手能写”。他说：“调查研究，有种种素养，是谓能想；交游肆应，能深知各方面势力之所存，以时访接，是谓能奔走；闻一知十，闻此知彼，由显达隐，由旁得通，是谓能听；刻画叙述，不溢不漏，尊重彼此之人格，力守绅士之态度，是谓能写。”① 黄远生本人也是实践这“四能”的模范，所以他虽然从事新闻工作的时间不长，却能成为著名记者，被称为“报界之奇才”。黄远生曾为北京《亚细亚日报》写过文章，尽管他曾宣布脱离一切政党而独立，也曾对袁世凯的黑暗统治进行过无情的揭露和批评，但始终得不到国民党人的谅解。袁世凯准备复辟帝制的时候，曾对他进行多方拉拢。他为了摆脱袁的纠缠，于1915年9月避往上海，在报纸上刊登启事表明反对帝制的立场。12月初避往美国，又在报纸上发表反对帝制的声明。然而，就在他到达旧金山不久，国民党美洲支部即派刺客将他枪杀，年仅31岁。他死后，友人将其著述汇编成卷，出版了《远生遗著》，共收集论说、通讯、时评、杂著200篇，其中通讯153篇，是我国第一本报刊通讯文集。

2. 邵飘萍

邵飘萍（1886—1926年），原名振青，浙江金华人，13岁就中了秀才。1906年赴杭州，考入浙江高等学堂师范科。辛亥革命后期，因受梁启超思想的影响，萌发了“要做一个新闻记者”的动机和“新闻救国”的思想。学生时代的他就利用课余时间给上海《申报》投稿，并被《申报》聘为该报特约通讯员。1911年浙江宣布独立后，他怀着为民主共和而战的激情奔赴杭州，协助著名报人杭辛斋创办浙江军政府机关报《汉民日报》，任主笔并兼任《浙江军政府公报》编辑，从此开始了他的职业报人的生涯。

1913年初，杭辛斋当选为国会议员，《汉民日报》交由邵飘萍主持。在《汉民日报》期间，邵持论激烈，抨击地方官僚，抨击袁世凯，1913年“癸丑报灾”中《汉民日报》被封，邵飘萍亦被捕入狱。1914年出狱后，他东渡日本留学，就读于日本浪人寺尾亨为中国人办的政治学校——东京政法学校。在

① 黄远生：《远生遗著》卷一，北京：商务印书馆1984年版，第132页。

此期间，他曾登门拜访孙中山先生，并结识了一些革命党人及新闻界的朋友，如张季鸾、胡政之、潘公弼等，并与潘公弼等三个同学创办东京通讯社，为京、津、沪、汉等地报纸写东京通讯，重点报道留日学生和爱国华侨在日本开展反袁运动的情况，揭露日本帝国主义侵华的野心。1915 年冬，邵飘萍应友人邀请返回上海，为《申报》、《时报》和《时事新报》撰写时评。1916 年下半年被《申报》聘为驻京特派员，北上北京，从此北京就成为了他进行新闻活动的舞台。为了改变外国通讯社“任意左右我国之政闻”的状况，他于 1916 年 8 月在北京创办新闻编译社，并以此为依托开展了有声有色的新闻采访报道活动。他每天都向《申报》发去新闻专电和内容较为详细的《北京特别通信》，对北洋政府的内政外交及国会的动态作出翔实可靠的报道，成为了有口皆碑的著名记者。1918 年 10 月，他在北京独力创办日报《京报》，自任社长，他以“铁肩辣手”为座右铭，以新闻报道为武器向帝国主义、军阀展开了猛烈的进攻。同时还参与创办北京大学新闻学研究会并兼任北京大学新闻学研究会讲师。1919 年 8 月《京报》因揭露段祺瑞政府的卖国政策被封，邵飘萍再次流亡日本，出任大阪《朝日新闻》特约记者。1920 年回国后恢复《京报》。

邵飘萍的采访技巧在当时是非常有名的。1923 年任教育总长的汤尔和认为：“中国有报纸 52 年，足当新闻外交而无愧者……仅得二人，一为黄远生，一即邵飘萍。”他赞扬邵飘萍的采访“发问不多，使言者无所遁饰，亦不能自已。”张季鸾也说：“飘萍每遇内政外交之大事，感觉最早，而采访必工。北京大官本恶见新闻记者，飘萍独能使之不得不见，见且不得不谈，旁敲侧击，数语已得要领。其有干时忌者，或婉曲披露，或直言政评，官僚无知之何也。自官僚渐识飘萍，遂亦渐重视报纸，飘萍声誉，以是日隆。”①

邵飘萍自称：“余百无一嗜，惟对新闻事业乃有非常兴趣，愿终身以之。”正是这种对新闻事业执著的追求和献身精神，使他在政治上紧随时代步伐，在业务上精益求精。邵飘萍本人对采访的重视，的确超过了同时代的记者。他认为：“盖政治上、社会上各种新闻现象，皆因人而发生，大事即为各有关系人物之言动，故外交记者必留意当代人物。”邵飘萍还认为：“我国今日尚在幼稚时代之新闻纸，却以‘新闻材料缺乏及所载消息不确’为两种极大祸根。”要使报纸转变为新闻纸，一个重要的突破口，就是让记者重视采访，亲临采访第一线，据实报道。邵飘萍主张新闻记者“其脑筋无时休息，其耳目随时警

① 《京报特刊》，1929 年 4 月 24 日。

备，网罗世间一切事物而待其变。”强调记者具有“一闻而如香色味立能辨别”的新闻敏感。

邵飘萍既办通讯社又办报纸，既精通采写业务又善于经营管理，既从事新闻实践又从事新闻教育，并在这些方面都取得了卓越成就。他曾在多所大学里讲授过新闻学课程，还主张将“新闻知识列为普通国民知识之一”①。并著有《实际应用新闻学》一书，于1923年出版，是我国最早的新闻采访专著之一。邵飘萍是我国不可多得的“新闻全才”，可惜他在1926年被奉系军阀杀害了。

3. 其他著名记者

这一时期负有盛名的新闻记者还有刘少少、徐彬彬、林白水、胡政之、张季鸾等人。

刘少少（1870—1929年），原名鼐和，字少珊，湖南善化人。青年时代就学于岳麓书院，为湖南学政徐仁铸所赏识。1905年戊戌政变后留学日本，学习法政，期间曾协助杨度创办《中国新报》并撰有《苦政治与改治家》等文，开始办报活动。1909年回国任北京《帝国日报》编辑，开始用“少少”（取“少年中国之少年”之意）笔名撰写政论鼓吹立宪，在新闻界崭露头角。武昌起义后回湖南，先后担任《湖南公报》、《公言》、《中华》等报刊的编辑、记者、主笔。北京《亚细亚日报》初创时曾被聘为主笔，但1915年上海《亚细亚日报》聘他为主笔则被他拒绝，并发表文章，反对帝制，因而遭到袁的通缉。1918年后受聘为北京大学讲师，研究老庄哲学。以宣传太极图说和反对白话文受到鲁迅的讽刺。刘少少一生在政治上倾向保守，然其为文独辟蹊径，庄谐杂出，时有新意，为一部分旧知识分子所欣赏，有报界“怪杰”之称。

徐彬彬（1888—1961年），名凌霄，笔名彬彬、凌霄汉阁主，江苏宜兴人。出身于封建士大夫家庭，伯父徐致靖、堂兄徐仁铸都是戊戌时期著名的维新派官员。受他们的影响，徐彬彬在政治上认同改良，与立宪派、共和党关系密切。1916年起，继黄远生之后任上海《时报》、《申报》驻北京特派记者，长期为两报撰写北京通讯。由于他擅长文学，娴于经史，熟悉历史掌故，又对当时一些政界要员的身世经历较熟悉，因而在他的通讯报道中常透露一些有趣的内幕材料，文笔流畅而又富于情趣，颇受读者欢迎，成为民国初期最负盛名的记者之一。他对京剧颇有研究，邵飘萍的《京报》创刊后，他应邀担任特约编辑，主编副刊并撰写剧评，所撰剧评多有创见。1927年7月起，曾和其弟一士合撰《凌霄一士随笔》，在《国闻周报》上连载，达10年之久，内有

① 邵飘萍：《我国新闻学进步之趋势》，《东方杂志》1924年3月第2卷第6号。

不少新闻界的掌故。30年代起，长期担任天津《大公报》副刊主编。在《凌霄随笔》、《凌霄汉笔记》等栏目上连载文史短文，介绍我国文物、典章制度和历史掌故，如数家珍，与黄远生、刘少少一道被誉为“民初三大名记者”。1961年逝世于北京。

林白水（1876—1926年），初名林獬，又名林万里，字少泉，笔名白水、退室学者、白话道人等，福州人。少有文名，曾中举。报界先驱，曾任养正书塾讲席。1901年任《杭州白话报》主笔。1902年赴上海，与蔡元培等成立中国教育会，组织爱国学社，参与创办《童子世界》，并为《苏报》撰稿。“苏报案”后走避日本，旋回沪创办《中国白话报》。1906年再度赴日留学，入早稻田大学法科兼习新闻，专攻法律和新闻，是我国最早学新闻的留学生之一，并加入同盟会。辛亥革命后，任福建法制局局长，投身共和党，被选为国会议员，入京后又受聘为袁世凯总统府秘书。1915年他参与筹安会活动，并发表过鼓吹帝制的文章。袁垮台后他于1916年9月创办北京《公言报》，充当安福系的喉舌。1921年《公言报》被直系军阀捣毁，又在北京创办《新社会报》（后改名为《社会日报》），面向市民群众，注重社会新闻，反映民众疾苦，颇受欢迎。林白水写的新闻和评论，挥洒自如，辛辣尖刻，“好议个人长短，或揭人隐事”，故积怨于军阀。1926年8月因在社论中屡次抨击军阀张宗昌，被张逮捕杀害。他的文章通俗浅显，常能“发端于苍蝇臭虫之微，而归结于政局”，颇能吸引读者。著有《剑绮缘》、《生春红室金石述记》、《各国宪法源泉》、《林白水先生遗集》；“新闻记者应该说人话，不说鬼话；应该说真话，不说假话！”这是他永不褪色的诺言。

胡政之、张季鸾也是民国初年有影响的新闻记者，二人新闻生涯的巅峰期出现在20世纪20—40年代主持新记《大公报》时期。下章详述之。

思考题

1. 试述民国初年新闻事业出现短暂繁荣的原因和表现。
2. 袁世凯及北洋军阀是如何扭曲自由新闻体制的？
3. 民国初年有哪些杰出的新闻记者，各有什么贡献？

第六章　五四时期的新闻事业

第一节　《新青年》与五四新文化运动

一、《新青年》的创办与陈独秀

中华民国成立后不久，北洋军阀头子袁世凯窃取了国家政权，进而加紧策划复辟帝制，中国社会处于极度的内忧外患之中。在思想文化上，章太炎等这些曾经叱咤风云的先进人物竭力提倡封建道德和尊孔读经的旧文化，鼓吹复古思想。更有甚者还公开宣扬鬼神迷信，出现了思想上的倒退，也严重阻碍了人民的觉醒和社会的进步。现实的教训引起了曾经追随辛亥革命的先进人士的深思，以陈独秀为杰出代表的一部分资产阶级、小资产阶级知识分子直面现实，他们认为，要在中国实现民主共和政治，必须首先从思想启蒙着手，并提出要开展一个广泛的"改造国民性"的思想运动，用资产阶级民主主义思想取代封建主义思想，来唤起民众。于是，小资产阶级知识分子开始从先前热衷的旧政党政治活动逐渐转向开展唤起民众的思想启蒙运动。《新青年》杂志就是在上述历史背景和指导思想下创办起来的。随着中国新民主主义革命的伟大开端，中国新闻事业史进入现代新民主的新时期。《新青年》杂志的创办翻开了新时期的新篇章，它的出现标志着新文化运动的开始。

《新青年》，1915 年 9 月 15 日创刊于上海，第 1 卷名《青年杂志》，因为有重名之嫌从第二卷起改名为《新青年》。在新文化运动中，《新青年》成为主要阵地。《新青年》杂志是 16 开月刊，每出满 6 号为一卷，从创刊到 1922 年 7 月止，共出刊 9 卷 54 号。

陈独秀（1879—1942 年），《新青年》的创办人、主编、主要撰稿人。字仲甫，号实庵，安徽怀宁十里铺（今属安庆）人。早年留学日本，1904 年创办《安徽俗话报》，1915 年起主编《新青年》杂志，1917 年任北京大学文科学长，1918 年和李大钊创办《每周评论》，积极提倡民主与科学，提倡文学革命，是五四新文化运动的主要领导人之一。毛泽东称他是“五四运动时期的总司令”。他出生于一个封建官僚地主家庭，1896 年考中秀才，次年又到南京考举人，落榜。由于受到康有为、梁启超发动的维新变法的影响，他抛弃了传统的仕宦旧途，转而走向寻求西方新学，从 1901 年他 21 岁起的五六年中，还多次东渡日本求学考察，接受资产阶级革命思想影响。同时，在国内外组织团体，创办报刊书社，传播资产阶级民主主义思想，从事反对君主专制的活动。1903 年，他协助章士钊等人在上海创办《国民日日报》半月刊，并担任编辑。1904 年在安庆（后迁芜湖）与人合作创办并主编《安徽俗话报》半月刊，1914 年，在日本东京协助章士钊编辑《甲寅》杂志。他为报刊撰写时论，宣传资产阶级民主革命思想，反对封建专制，激励国民的志气，克服“奴隶根性”。1915 年夏，在袁世凯卖国复辟的危难时局中，陈独秀毅然回国着手筹办《新青年》，由上海群益书社印刷发行，作为“救国新民”的舆论基地。1918 年陈独秀与李大钊等合办《每周评论》。通过对这两个报刊的编撰，他成为新文化运动战线上的“总司令”、著名政治活动家和政论家。1920 年，作为中国共产党的发起人之一，参与领导《新青年》的改组，《劳动界》周刊、《共产党》月刊的创办和编撰工作。中国共产党成立后，作为中共中央总书记，他领导创办中共中央机关报刊《向导》周报、《新青年》季刊、《前锋》月刊，并参与编撰。大革命后期，在革命实践和宣传工作中出现严重右倾机会主义错误。1927 年中共“八七”会议上他被撤销总书记职务。1929 年他因进行分裂活动被开除出党后，出版刊物《无产者》、《火花》、《热潮》等，1932 年被国民党政府逮捕判刑，抗战爆发后获释，1942 年在四川江津病故。

陈独秀作为《新青年》的创办人和长期的主编、主持人，他主要从 3 个方面领导了《新青年》的发展：（1）制定刊物宗旨和不同阶段的办刊方针；（2）提出开展思想文化斗争的原则；（3）组织编者、作者和读者队伍。陈独秀又是《新青年》的主要撰稿人，他一共撰写发表了 100 多篇政论、专论和杂文，通信专栏署名记者的答疑辩难文章大都是他写的。他在主持《新青年》的 7 年中，一次被捕入狱，两次被抄家罚款，平时还经常受到来自社会封建顽旧势力的恶毒咒骂和人身攻击，但他始终不为艰难困苦所动，坚持《新青年》的革命方向，并和读者一起前进。《新青年》成为五四时期最著名的舆论重镇，和陈独秀的精心编撰、改革创新是分不开的。

二、《新青年》与新文化运动

陈独秀在《新青年》创刊号上发表了带有发刊词性质的纲领性政论《敬

告青年》一文，这篇文章针对封建思想文化的束缚，向青年读者提出6个方面的要求，希望青年读者能自觉奋斗：（1）自主的而非奴隶的；（2）进步的而非保守的；（3）进取的而非退隐的；（4）世界的而非锁国的；（5）实利的而非虚文的；（6）科学的而非想象的。他向读者大声疾呼："国人而欲脱蒙昧时代，羞为浅化之民也，则急起直追，当以科学与人权并重。"陈独秀在这里倡导的科学，指的主要是自然科学的进化论学说；人权，就是包含平等、自由、民主内容在内的天赋人权说。这里就打出了科学和民主的大旗。

《新青年》第1卷影响不大，每期印数仅千份，出满一卷后就暂告休刊。经过半年的调整，1916年9月从第2卷起，陈独秀把"改造青年思想，辅导青年修养"的宗旨和现实的社会政治、青年的思想实际逐渐结合起来。从此，《新青年》的影响日益扩大。1917年初，陈独秀应聘任北京大学文科学长，《新青年》也随之迁到北京出版，并由个人主办发展成为一些进步教授、学者编撰的同人刊物。1918年1月，第4卷第1号开始，实行轮值主编制。主编人有陈独秀、钱玄同、刘半农、胡适、李大钊、沈尹默等。主要编撰人有鲁迅、周作人、高一涵、陶孟和、王星拱、陈大齐、张申府等。这支编撰队伍结成了包括左、中、右三方面知识分子在内的新文化运动统一战线。《新青年》高高举起民主与科学的旗帜，发动了一场以反对旧道德、提倡新道德，反对旧文学、提倡新文学为主要内容的波澜壮阔的新文化运动，并成为这场新文化运动中的主要宣传阵地。它主要的宣传贡献有以下3个方面：

1. 批判封建的旧道德，抨击尊孔复辟逆流，提倡自由民主的新思想

《新青年》首先向封建主义思想、伦理道德发起抨击。1916年9月，鼓吹尊孔、复古的代表人物康有为向北洋军阀政府上书，要求把孔教定为"国教"，载入《宪法》，主张把孔孟封建伦理学说作为立国精神，并把这当做宗教教条一样强迫人民信奉。陈独秀立即在《新青年》上发表了《驳康有为致总统总理书》、《宪法与孔教》、《袁世凯复活》、《复辟与尊孔》、《再论孔教问题》等一系列政论，并在《通信》栏对尊孔言论"词而辟之"，阐释批孔的必要性。他以袁世凯称帝、张勋复辟都打着尊孔旗号的活生生的事实立论指出，在已是民国的今天，"主张尊孔，势必立君，主张立君，势必复辟"。陈独秀大力阐述了西方资产阶级自由平等的政治道德观念，把思想上反对封建伦理道德和政治上要求实行民主共和结合起来进行宣传。他在《宪法与孔教》一文中大声疾呼："欲建设西洋式之新国家，组织西洋式之新社会，以求适今世之生存，则根本问题，不可不首先输入西洋式社会国家之基础，所谓平等人权之新信仰，对于与此新社会、新国家、新信仰不可相容之孔教，不可不有彻底之

觉悟，勇猛之决心，否则不塞不流，不止不行。”这段话集中地反映了陈独秀反对封建主义思想道德的坚定意志，也代表了新文化运动前期的指导思想。虽然他所追求的资产阶级共和国的理想在中国是行不通的，但这种民主主义的宣传，对于长期受封建思想束缚的人民却起了振聋发聩的作用。

李大钊是《新青年》团体中和陈独秀并肩战斗的一员猛将。1916 年，他从日本寄给《新青年》第一篇稿件《青春》，满怀爱国热情地号召青年“冲破历史之桎梏，涤荡历史之积秽，新造民族之生命，挽回民族之青春”，为把白首中华改变为青春中华而努力。1916 年 4 月回国后，担任《新青年》特约撰稿人，1918 年初被聘任为北京大学图书馆主任，参加《新青年》编辑部工作。他又在《新青年》上写了《今》、《新的！旧的!》等文章，反对颂古非今和安于现状的人生态度，反对尊孔复辟。同时，他在《甲寅》上发表《孔子与宪法》一文指出：“孔子者，历代帝王专制之护符也。”揭露北洋军阀政府将孔教写入宪法是“专制复活之先声”，指出了历代封建帝王利用孔子为偶像来巩固其专制政治的目的。

鲁迅从 1918 年应邀开始为《新青年》撰稿，并参加编辑工作，是《新青年》团体中的又一员猛将。他给《新青年》写的第一篇白话小说《狂人日记》(首次署名鲁迅)，深刻揭露了封建制度和封建礼教的“吃人”本质，成为不朽的篇章。他还用“唐俟”、“俟”的笔名接连写了《我之节烈观》、《我们现在怎样做父亲》等论文和小说、杂文，共 50 多篇，鞭挞封建主义，痛斥尊孔复辟势力，鼓舞青年投身反封建斗争。

《新青年》的主要撰稿人易白沙在《新青年》第二卷第 6 号上发表长篇政论《孔子平议》，是该刊的第一篇批孔文章。另一主要撰稿人吴虞写的《家族制度为专制主义之根据论》、《吃人与礼教》等多篇文章，比较深刻地揭露了封建家族制度为君主专制制度服务的内在联系。他被誉为“四川省只手打孔家店的老英雄”。

《新青年》的上述大量文章和读者通信栏关于“孔教”的辩难，汇成了“打倒孔家店”的强烈的社会舆论。

2. 提倡科学、反对迷信

《新青年》反对封建主义，积极倡导民主与科学的思想启蒙宣传。当时的封建统治者利用一些组织和报刊宣扬鬼神迷信，攻击新文化运动，巩固其反动统治。上海“灵学会”出版《灵学丛刊》，公然宣扬“鬼神之说不张，国家之命遂促”的谬论。《新青年》发表了一系列文章，痛斥所谓“灵学”，从多方面论证鬼神为无稽之谈，进行唯物主义的无神论宣传，易白沙在《诸子无鬼论》中针锋相对地指出："鬼神之势大张，国家之运告终。"《新青年》提倡科学，反对迷信，专门介绍自然科学知识的文章不多，更重要的是倡导用科学的观点来看待社会和人生，反对偶像崇拜、迷信盲从、主观武断和一切黑暗愚昧现象。陈独秀撰写《偶像破坏论》，提出要打破一切"宗教上、政治上、道德上自古相传的虚荣欺人不合理的信仰"。这种科学的精神，显然和政治上、道德上反对封建主义的民主精神是紧密地联系在一起的。

3. 发起文学革命，提倡新文学、反对旧文学，提倡白话文、反对文言文

《新青年》提倡新文学、反对旧文学，提倡白话文、反对文言文，成为新文化运动的一个重要内容。陈独秀、胡适一马当先，发起了一场意义深远的文学革命运动。1917 年初，《新青年》第 2 卷第 5 号上发表胡适的《文学改良刍议》，拉开了文学革命的序幕。

胡适（1891—1962 年），字适之，安徽绩溪人。中国现代学者，是《新青年》倡导新文学和白话文的主将之一，1916 年，他在美国留学时，就在《新青年》上发表译著，和陈独秀通信交往。1917 年陈独秀在第 2 卷第 6 号上发表《文学革命论》一文，提出文学革命的三大主义，反对"文以载道"和"代圣贤立言"的为封建主义服务的旧文学。是年，胡适回国后任北京大学教授，参加《新青年》编辑部工作。继提出文学改良几点意见后，又写有《建设的文学革命论》等文，主张"国语的文学，文学的国语"，主要是大力提倡白话文。他首先在《新青年》上用白话文写诗，1920 年汇集所写诗作出版《尝试集》，曾被称为"白话诗人"。

鲁迅继《狂人日记》之后，又在《新青年》上发表了《孔乙己》、《药》等小说，并在该刊《随感录》栏发表了 20 多篇杂文。鲁迅的白话文学作品，树立了批判现实主义的典范，使文学创作与反封建主义斗争紧密结合，"显示了'文学革命'的实绩"。

钱玄同、刘半农、周作人等是《新青年》文学革命战线上的英勇战士，他们赞同陈独秀"以白话文为文学之正宗"的主张，多次给反对文学革命的言论以有力的回击，其中一次是以"双簧戏"的形式进行的。1918 年初，《新青年》第 4 卷第 3 号在《文学革命之反响》的总题下发表了著名的新旧文学论战的两封信。一封是王敬轩写给《新青年》编辑部反对文学革命的来信，一封是刘半农写的万余言反驳书《致王敬轩信》，逐条批驳王的论点，具体论述文学革命的必要性。事实上并没有王敬轩这个人。那封来信是《新青年》编辑部汇集了反对新文化运动的许多论点，由钱玄同化名执笔编写的。这两封信的辩驳，推动了文学革命问题的讨论。

《新青年》从第 4 卷第 1 号起开始大量译载介绍世界近现代文学名著。先后译介有俄、法、英、德、日、挪威、美、丹麦、印度等 20 多个国家的百余名作家的作品。第 4 卷第 6 号出版《易卜生专号》。同时，对“彻底暴露人生”的写实主义、自然主义和“人的文学”、“平民文学”等文学理论进行了探讨，为新文学的发展提供了有益滋养，也为反封建文化思想提供了武器。

《新青年》反对封建主义，倡导民主与科学的思想启蒙宣传，好似春雷初动，惊醒了一代青年。读者纷纷来信，赞扬《新青年》在“公理消沉，邪说横行之时”，能够“独排众议，力挽狂澜”，把《新青年》看做是“明灯黑室”，“空谷足音”，开中国历史的“新纪元”。广大青年推崇陈独秀是“思想界的明星”。1917 年，《新青年》最高销数每期达 15000 份。1919 年又再版第 1—5 卷，以满足读者需求。

封建顽固势力把《新青年》看成是洪水猛兽，大肆诬蔑它、攻击它，严禁青年学生阅读，甚至借助军阀政权的力量诬陷迫害陈独秀。1919 年《新青年》第 6 卷第 1 号上发表了陈独秀撰写的《本志罪案之答辩书》，理直气壮地向社会宣称：“本志同人本来无罪，只因为拥护那德谟克拉西（Democracy）和赛因斯（Science）两位先生，才犯了这几条滔天的大罪。要拥护那德先生，便不得不反对孔教、礼法、贞节、旧伦理、旧政治。要拥护那赛先生，便不得不反对旧艺术、旧宗教。要拥护德先生又要拥护赛先生，便不得不反对国粹和旧文学。”因为“只有这两位先生可以救治中国政治上、道德上、学术上、思想上一切的黑暗”。文章结尾说：为了宣扬倡导民主与科学，“一切政府的压迫，社会的攻击笑骂，就是断头流血，都不推辞”。这是坚持反封建文化运动的战斗宣言，也是《新青年》前期思想宣传的基本总结。

新文化运动前期存在着形式主义的缺点，正如毛泽东在《反对党八股》一文中所指出的：“他们反对旧八股、旧教条，主张科学和民主，是很对的。但是他们对于现状，对于历史，对于外国事物，没有历史唯物主义的批判精神，所谓坏就是绝对的坏，一切皆坏；所谓好就是绝对的好，一切皆好。”① 从总体而言，《新青年》前期对民主与科学的宣传，没有超出旧民主主义思想的范畴，但是它唤醒青年一代冲破封建思想的牢笼，为五四运动的爆发，为马克思主义在中国的传播开辟了道路。

---

① 毛泽东：《反对党八股》，《毛泽东选集》第 3 卷，人民出版社 1991 年版，第 832 页。

三、《新青年》的马克思主义宣传与李大钊

十月社会主义革命的炮声，给中国人民送来了马克思主义的真理，推动了中国革命由旧民主主义转向新民主主义。《新青年》编辑部中以李大钊为代表的粗具共产主义思想的先进分子，首先揭开了我国报刊宣传马克思主义的新页，开始用科学的宇宙观和社会革命论做武器，反对封建主义思想，并展开了对帝国主义思想的进攻。

李大钊（1889—1927年），字守常，笔名明明、冥冥、孤松、猎夫等，河北乐亭人。他是中国共产党主要创始人之一，是中国最早的马克思主义的卓越宣传家，中国无产阶级新闻活动的先驱。五四时期，他曾广泛从事报刊活动，撰写大量政论。1913年，他在天津担任北洋法政学会的《言治》月刊的编辑。1916年春，在日本，他主编出版留日学生总会机关刊物《民彝》创刊号，并为《甲寅》月刊、《新青年》写稿。同年回国后到五四运动期间，除积极参与《新青年》编撰工作，与陈独秀等创办《每周评论》外，曾任北京《晨钟报》总编辑、《甲寅》月刊编辑、《少年中国》杂志编辑主任，还担任北京大学学生刊物《国民》杂志社导师和《新潮》杂志社顾问，指导北京《晨报》副刊改革。1920年领导北京共产主义小组出版《劳动音》周刊。中国共产党成立和大革命时期，指导创办《工人周刊》、《政治生活》周刊、《国民新报》等报刊，并为《新青年》季刊、《向导》周报、北京《晨报》等报刊撰稿。1927年4月28日在北京牺牲。

1918年正当皖系军阀段祺瑞政府阴谋把我国拉进帝国主义反苏干涉战争中去的时候，李大钊在报刊上接连发表了几篇热情歌颂十月革命的文章，1918年7月他在《言治》季刊上发表《法俄革命之比较观》、1918年11月在《新青年》上又发表《庶民的胜利》和《Bolshevism（布尔什维主义）的胜利》两篇政论、1919年1月1日又在《每周评论》上发表了《新纪元》一文等。这些文章，标志着我国的先进分子开始运用报刊阵地传播马克思主义的开端，文章歌颂十月革命“是世界革命的新纪元，是人类觉醒的新纪元”；指出第一次世界大战的结束是军国主义、资本主义的失败，“是民主主义的胜利，是社会主义的胜利，是Bolshevism的胜利，是赤旗的胜利，是世界劳工阶级的胜利，是二十世纪新潮流的胜利”。他解释什么是布尔什维克时说：“他们的主义，就是革命的社会主义；他们的党，就是革命的社会党；他们是奉德国社会主义经济学家马客士为宗主的。”他满怀信心地预言：十月革命“不过是使天下惊秋的一片桐叶罢了”。“试看将来的环球，必是赤旗的世界！”他鼓舞黑暗

中国的读者，不要为俄国革命后的“一时之乱象”而悲观，要“翘首以迎其世界新文明之曙光”，从十月革命中看到新希望。五四运动前夕，他把轮值主编的《新青年》第6卷第5号编成《马克思研究》专号，写了长篇论文《我的马克思主义观》，系统简明地介绍了马克思主义的政治经济学、唯物史观和社会主义三个组成部分的基本原理，向读者推荐马克思主义是“世界改造原动的学说”。李大钊是《新青年》编辑部中接受并宣传十月革命的第一人，把新文化运动推向了新阶段。

在新思潮迅速传播的形势下，《新青年》开始日益倾向社会主义。在五四运动前夕陈独秀开始改变怀疑观望态度转而同情十月革命，谈论社会主义。1919年9月他出狱后，12月为《新青年》第7卷第1号写的《本志宣言》一文强调指出：“我们相信世界上的军国主义和金力主义，已经造成了无穷的罪恶，现在是应该抛弃的了”，这就把批判的矛头初步地指向了帝国主义和资本主义。1920年2月，陈独秀由北京来到已是新文化运动中心的上海，《新青年》从第7卷第4号起由他在上海主编出版。他在筹建中国共产党上海发起组的过程中，把第7卷第6号编成《劳动节纪念号》。这是《新青年》宣传马克思主义与工人运动相结合的一个里程碑，也是新文化运动发展的“新的集合点”。这期专号的篇幅多达360多页，比平时扩大一倍以上。它发表了陈独秀的《劳动者的觉悟》、李大钊的《May Day运动史》和大量全国各地工人劳动、生活状况的调查报告及材料，揭露在资本主义剥削下广大劳工牛马不如的奴隶生活。这些材料有相当部分是《新青年》的记者和各地进步学生团体深入工人群众调查得来的，还有几篇就是工人自己写的稿子和题词。这表明《新青年》同人中的激进民主主义者逐渐转向了无产阶级的立场，促使《新青年》的社会主义因素不断增长，这为《新青年》后期转变为社会主义刊物打下了基础，同时也标志着我国先进分子开始用马克思主义世界观来观察世界形势和国家命运。

第二节　《每周评论》与学生刊物

一、《每周评论》的创办

十月革命胜利后，受到新文化运动熏陶的中国民众，特别是青年开始日益关注欧战结束后的国内外时事，对即将召开的关系中国权益的巴黎和会、涉及国家前途的南北和会等问题尤为关注。这些都促使报刊不断加强时事政治的报道和评论。陈独秀、李大钊等《新青年》同人决定另外创办小型政治时事评论报纸《每周评论》。由于《新青年》月刊刊期比较长，又侧重于思想文化斗争，不便于及时进行政治宣传，因此，《每周评论》的创办和《新青年》相互配合补充，《新青年》"重在阐明学理"，《每周评论》"重在批评事实"。两者共同"输入新思想"，"提倡新文学"，把思想文化斗争和政治斗争紧密结合起来。《每周评论》是五四时期最有影响的报纸之一。它于1918年12月22日创刊于北京，1919年8月31日被北洋军阀政府查禁，共出刊37期。前25期由陈独秀负责主编，他和李大钊都是主要撰稿人，鲜明地宣传反帝反封建思想，并倾向社会主义。但自第26期起，因陈独秀被捕，李大钊出走，由胡适接编，它改变了革命的政治方向，挑起"问题与主义"的论战，成为宣传实用主义的刊物。

《每周评论》加强了反帝反封建军阀的政治时事报道评述。陈独秀在发刊词中笼统地提出以"主张公理，反对强权"为宗旨。他著文指斥中国的政治是军阀们的督军团和外国驻华使节的外交团互相勾结压迫人民的"两团政治"。《每周评论》揭露皖系军阀段祺瑞政府依靠帝国主义编练"国防军"，准备进行内战，武力统一中国的新阴谋，并讽之为"家防军"。它还揭露了在上海召开的所谓南北和会上军阀们争权夺利的真面目。但是，创刊初期，陈独秀在文章中又流露出对某些帝国主义国家的幻想，对于十月革命和布尔什维主义，抱着怀疑观望甚至非难的态度。后来，随着巴黎和会的进展，帝国主义侵略面目的进一步暴露，《每周评论》逐渐改变了之前的错误观点，转而彻底揭露帝国主义特别是日本帝国主义的侵略罪行，歌颂十月革命。

1919年五四运动爆发，全国新闻界大力报道评论，在反对帝国主义、反对军阀政府上空前一致，对推动运动的广泛深入发展发挥了重要的舆论作用。在众多的报刊中，《每周评论》对于五四运动的报道，尤其起了舆论先导的作用。五四运动前夕，陈独秀著文痛斥巴黎和会是"分赃会议"，说"巴黎的和会，各国都重在本国的权利，什么公理，什么永久和平、什么威尔逊总统14条宣言，都成了一文不值的空话"，要想求得世界和平，人类幸福，"非全世界的人民都站起来直接解决不可"。他还把威尔逊讽称为"威大炮"。五四运动爆发后，《每周评论》对运动作了连续系统的报道，及时评论，给予支持与引导。运动发生当天出版的第20号一版《国内大事述评》栏，一面报道巴黎和会上日本帝国主义的狡诈态度，一面披露北洋政府外交部电令和会代表采取对日妥协退让、"对于山东问题，不要坚持到底"的消息，吁请读者注意"卖国贼"的阴谋诡计。从5月11日出版的第21号起，一连5期用全部或大部分篇幅，有时还增出专页，详细报道了五四运动的经过和前因后果，发表评论，引导群众斗争。李大钊在《秘密外交与强盗世界》一文中提出了“改造强盗世界，不认秘密外交，实行民族自决”的“三大信誓”，号召起来同帝国主义和军阀斗争到底。陈独秀发表《山东问题与国民觉悟》，提出了“强力拥护公理！平民征服政府”的口号。他以现实的教训为例说明：“现在中日两国的军阀，不都是公理的仇敌吗？两国的平民若不用强力将他们打倒，任凭你怎样天天把公理挂在嘴上喊叫，他们照旧逆着公理去做，你把他们怎样？”《每周评论》第一次把这场伟大的群众爱国运动称为“五四运动”，赞扬它是中国学生和中国人民的一个“创举”。它第一次提出学习“五四运动”的精神，即在关系中国民族危亡的时候所表现的“学生牺牲、社会制裁和民族自决”的精神。在五四运动中，围绕着如何对待群众爱国运动这一重大问题，出现了对立的两种报刊阵容。一方面是帝国主义和北洋军阀的报刊，它们为反对和镇压群众运动制造舆论；另一方面是以《每周评论》为首的各种民主报刊结成的无形的反帝反封建的报刊统一战线，它们为运动呐喊助威，进而引导运动深入发展。

当时，日本帝国主义在北京办的中文报纸《顺天时报》，公然诬蔑五四运动“胁迫治安”。北洋军阀政府控制的《公言报》攻击五四运动是“铲伦常，覆孔孟”的“恶果”。封建顽旧势力中有人主张把“学生事件交付法庭办理”，要学生自首“去遵服判罪”。这类满含杀机的言论，引起了《每周评论》等报刊的强烈反应。《每周评论》出版特别附录专页《对于北京学生运动的舆论》，转载选录了《晨报》、《国民公报》、《益世报》等报纸的9篇评论，集中批驳法律制裁的谬论，赞扬学生运动，指出学生风潮出于爱国心，光明磊落，青岛事件为全国人民所注目，学生运动得到各方舆论之同情。这些评论还警告反动当局：如果违反公意，滥用法律制裁，必将酿成全国罢市罢工的更激烈的风潮。这种做法，团结了进步舆论，孤立了反动舆论，给五四运动以有力的支持。

为了充分报道五四运动，《每周评论》等报刊还进行了争取言论出版自由的斗争。五四运动刚刚开始，北洋政府即接受日本方面严加取缔中国报纸刊登反日文字的照会，由京师警察总监派员检阅监视《国民公报》和北京《晨报》。“五四”后的十几天中，京师警察厅以违反《出版法》为口实，接连查禁《五七日刊》、《平民周报》、《爱国周刊》等进步报刊。上海租界当局亦先后查禁《救国日报》、《新青年》等报刊。陈独秀、李大钊在《每周评论》、《新青年》上接连发表《查禁“妨害治安”的集会出版之经过》、《危险思想与言论自由》等报道评论，予以揭露。6月11日，陈独秀散发传单被捕，北京北河沿箭杆胡同陈的住宅（即《新青年》编辑部）被军警搜查。全国报刊纷纷声援，上海《民国日报》指出："陈之被捕，益世报之被封，皆北廷最近之文字狱。"全国各地形成广泛的社会舆论，谴责军阀政府的专制统治，要求外交公开及人民言论、集会、出版的自由。

《每周评论》配合《新青年》，支持提倡新文学，反对旧文学的斗争，将新文化运动推向一个新的发展阶段。其第12号全文刊出林纾在上海《新申报》发表的影射小说《荆生》，加按语指出：它是"想借武人政治的威权来禁压"新文学运动。同时转载了李大钊在《晨报》上发表的《新旧思潮之激战》一文，正告顽旧势力：中国觉醒的青年断不怕荆生一类压制思想的"伟丈夫"的摧残！

《每周评论》不仅政治思想内容丰富，议论精辟，而且在报纸类型上也是一种创新。这张4开4版的小型报纸，栏目新颖多样，有"国外大事述评"、"国内大事述评"、"社论"、"文艺时评"、"随感录"、"新文艺"、"国内劳动状况"、"通信"、"评论之评论"、"读者言论"、"新刊批评"、"选论"等。除正张外，有时还抓住重大事件，增出"特别附录"一张，随报赠送。如《对于新旧思潮的舆论》、《对于北京学生运动的舆论》等。《新潮》杂志评介称赞《每周评论》说："读它的人可用最廉的代价最经济的时间，知道世界上最新最要的事件。"在《每周评论》的影响下，当时全国各地曾相继出版了一批和它相类似的时事评述性周报，如湖南的《湘江评论》、上海的《星期评论》、浙江的《钱江评论》、成都的《星期日》等。

二、学生会刊

五四运动后，为适应群众政治斗争蓬勃开展的需要，在《新青年》和《每周评论》的带动下，全国各地的革命报刊如雨后春笋般地生长起来，在1919年一年之内这类新出版的报刊就达400种之多。其中著名的有瞿秋白等编辑的《新社会》旬刊、少年中国学会出版的《少年中国》杂志、孙中山指导国民党在上海办的《星期评论》、恽代英主编的武汉《学生周刊》等等。其中，影响较大的是毛泽东主编的《湘江评论》和周恩来主编的《天津学生联合会报》。

《湘江评论》1919年7月14日创刊于长沙，为湖南学生联合会机关报，由毛泽东主编，湖南学生联合会出版，全部用白话文，版式仿北京的《每周评论》。除第1期为8开1张外，2至4期均是4开4版1张，第2期出有"临时增刊"第1号。辟有"西方大事述评"、"东方大事述评"、"湘江大事述评”、“世界杂评”、“放言”、“新文艺”、“特载”、“甚么话”等栏目。五四运动前，毛泽东在湖南第一师范读书时，就深受《新青年》倡导的新文化运动影响。1918 年 4 月，他和蔡和森等青年知识分子组织了新民学会，探索改造中国与世界的道路。同年秋，他第一次到北京，在北京大学图书馆任助理馆员，参加北大新闻学研究会的活动，进一步受到新文化运动及其领导人李大钊、陈独秀等的影响。五四运动爆发后，毛泽东领导学生投入运动，成立湖南学生联合会，出版报刊，大力开展反帝反军阀的斗争。

《湘江评论》是一张 4 开 4 版的小型周报，以述评为主，把时事报道和评论相结合。从形式到内容，丰富多彩，引人注目。毛泽东署名发表的政论、述评、杂文将近 40 篇。他精心编辑这张报纸，新闻、评论全部用白话文写作。把传播、研究、施行世界革命的新思潮作为根本任务，进行彻底的反帝反封建的宣传鼓动，是《湘江评论》最突出的特点。它热情歌颂十月革命的伟大胜利及其对世界革命的影响，指出中国五四运动也是在十月革命感召下发生的；揭露巴黎和会的分赃实质，斥责英、美、法等帝国主义的头子们都是“一类的强盗”，指出他们“满嘴的平等正义”，实际上都是欺骗人民的“鬼话”；抨击揭露封建军阀统治的中国“名为共和，实则专制”，宣传民主与科学的思想，有力地鞭挞了尊孔复辟的逆流。毛泽东写的长篇政论《民众的大联合》（连载第 2—4 号）分析总结辛亥革命、十月革命和五四运动的历史经验，深刻阐述“民众大联合”的策略思想和主张，这反映了毛泽东民主革命统一战线思想的萌芽。当时，上海、北京、成都、浙江的一些报刊对于《民众的大联合》一文，相继全文转载或推荐。

《湘江评论》的宣传曾把无政府主义当做是社会主义的重要派别，错误地加以赞扬。但是总的来说，它在当时的民主主义报刊中是具有特色的。创刊号印数 2000 份，当即销售一空。从第 2 期起每期印 5000 份。除湖南外，上海、北京、武汉、广东、四川等地都有它的读者。李大钊评价它是全国最有分量、见解最深的刊物。读者把它比作是“湘江的怒吼”。反动势力攻击它是“异端邪说”。1919 年 8 月上旬，该刊第 5 号正在付印时，就遭到了湖南军阀张敬尧的武力查封。之后，毛泽东接编湖南湘雅医学专门学校的《新湖南》周刊，从第 7 期起全面革新，提出 4 条宗旨：“批评社会，改造思想，介绍学术，讨论问题”，被称为“《湘江评论》的化身”。青年毛泽东在新民学会曾说：“我所愿做的工作，一是教书，一是新闻记者。”他在领导驱逐军阀张敬尧的运动中，第二次到北京，组织了“平民通讯社”，自任社长，向北京、上海、汉口等城市报刊供稿。他还指导新民学会会员掌握的《湖南通俗报》的出版，担任长沙《大公报》馆外撰述员，创办长沙文化书社，充分利用舆论工具，揭露旧制度，传播新思潮，对于湖南地区的革命运动起了推动作用。

《天津学生联合会报》1919年7月21日创刊，为天津学生联合会的机关报，周恩来主编。该刊是对开大张日报，后来改为三日刊，有时还发行号外，以评述为重点。《天津学生联合会报》的首要特点，就是密切配合了当时的爱国斗争；另一特点，就是始终坚持抨击反动政府。

周恩来撰写了许多评论（笔名“飞飞”），议论精辟，文笔犀利，富有战斗性。他为创刊号写了题为《革新、革心》的社论，阐述了革命者既要改造社会，又要在这一斗争中自觉地改造自己思想的正确主张。周恩来用“飞飞”署名写的时评《黑暗势力》，矛头直指镇压学生运动的卖国政府及其后台日本帝国主义，大声疾呼：“推倒安福派，推倒安福派所倚仗的首领，推倒安福派所凭借的军阀，推倒安福派所请来的外力。”面对来势汹汹的黑暗势力，他鼓励人们：“要有预备！要有办法！要有牺牲！”他还提出，反对暴虐的军阀政府，“不能单用请愿、上书、发宣言之类的办法”，而要广泛发动组织各界群众起来罢工、罢市、罢课，依靠声势浩大的群众运动，来求得中国“根本的改造”。该报以大量篇幅报道学生运动、工人罢工斗争，并派出“特派员”专程赴山东采访，还发行号外支持山东学生群众代表赴京请愿。五四运动前，1913年到1917年周恩来在天津南开学校读书时，关心国家大事，组织学生社团“敬业乐群会”，主编会刊《敬业》杂志，担任南开学校校刊《校风》的纪事类主任和总经理。他认为校刊是“千人喉舌”，通过报刊舆论团结同学，宣扬爱国主义、民主主义思想，反对封建主义。1917年6月，中学结业后，他东渡日本，寻求救国救民的真理。五四运动爆发，他立即回国投身群众爱国运动，负责筹办并主编《天津学生联合会报》，把这张报纸办成了出色的民主主义报刊，五四运动革命风暴中的战斗号角。

广大读者称赞《天津学生联合会报》是天津的“新曙光”，评价它是“全国的学生会报冠”。它除在天津发行外，还行销北京、上海、南京等许多地方，平时每日销数4000多份，最高日销达10000份以上。北洋军阀政府暗中监视它，出版仅两个多月后，1919年9月22日就被反动当局加以“妨害公共安宁秩序”的罪名查封。后来，当局又千方百计阻挠该报复刊，不予办理复刊“立案”手续，警告印刷局不许承印学生印刷物。经过反复斗争，1920年3月7日复刊改出三日刊。周恩来为复刊号写了《本报继续出版的布告》，表示不论反动当局如何阻挠迫害，本报“天天在奋斗里讨生活”，今后仍将继续传播学生奋斗的消息，拿出全力同反动派奋斗。该报第100期特地取名“奋斗号”。直至1920年初停刊，共出刊100多期。

周恩来在五四时期已有办报经验。他重视报刊的舆论作用，曾说：“我们学生联合会在求社会同情的时候，不能不有两个利器：一个是演讲，一个是报纸。”他还以《天津学生联合会报》为中心，组成有天津各校学生报刊参加的天津学生报社联合会，其宗旨是“联络感情，交换意见，造成强有力之言论机关，以指导社会，监督政府及会外各言论机关”。该会每月定期开会，研究形势和对策，统一战斗步伐，从而加强了学生报刊的团结，推动天津舆论界走向进步。

第三节　无产阶级新闻事业的诞生

一、《新青年》改组

五四运动后，在共产国际的帮助下，中国的共产主义运动开始兴起。中国无产阶级登上了政治舞台，马克思列宁主义在中国广泛传播，一批激进的民主主义者迅速转向社会主义。1920年8月，陈独秀等首先在上海成立了中国共产党发起组。紧接着，北京、武汉、济南、长沙、广州等地的共产主义小组相继成立。这为无产阶级新闻事业的诞生提供了必要条件，在筹建中国共产党的过程中，无产阶级迫切需要有自己阶级的新闻舆论工具来传播马克思主义和共产党的知识，发动和组织工人运动。于是，各地共产主义小组创办了一大批报刊、通讯社，我国无产阶级的新闻事业便应运而生。

1920年9月，《新青年》从第8卷第1号起，由民主主义性质的刊物改组成为中共上海发起组领导的社会主义刊物。《新青年》改组，一方面从组织领导方面，编辑部虽然由陈独秀继续主持，但这时陈独秀已经由激进民主主义立场转换到无产阶级立场上，并成为中共上海发起组的负责人。中共上海发起组成员李汉俊、陈望道等也加入了编辑部，成为编撰骨干。在印刷发行上，解除原来和上海群益书店的关系，成立新青年社独立印刷发行。这就从组织上、经济上加强了中共上海发起组对《新青年》的领导；另一方面《新青年》在编排形式和宣传内容方面也有明显变化，自第8卷第1号起，《新青年》的封面正中绘制了一幅地球图案，从东西两半球上伸出两只强劲有力的手紧紧相握。据沈雁冰回忆说，这一设计“暗示中国人民与十月革命后的苏维埃俄罗斯必须紧紧团结，也暗示全世界无产阶级团结起来的意思”。从这一号起，《新青年》增辟了《俄罗斯研究》专栏，出至第9卷第3号止，共发表36篇文章，绝大部分译自美、英、法、日等报刊所载有关苏俄的情况，各方面的政策，关于列宁生平及其著作的介绍和资料，其中注明译自纽约进步刊物《苏俄》周报的最多。这一专栏的设置，为中国读者了解马克思主义和俄国革命提供了丰富材料，起了树立旗帜的作用。在言论上，改组后的《新青年》，通过“论说”、“通信”、“随感录”等栏目，用社会主义、马克思主义的思想政治方向来引导读者。

改组后的《新青年》，仍然保持原来新文化运动统一战线的面貌，与在北京的编者、作者保持联系，照旧采用他们的来稿。这样，既争取了原有民主主义作者、读者逐步跟上来，同时也避免打出纯粹的马克思主义的旗号而招来反动当局的注目。尽管如此，还是受到了胡适的反对。1920 年底至 1921 年初，他写信给陈独秀，指责改组后的《新青年》“色彩过于鲜明”，提出要《新青年》迁回北京编辑出版，发表一个“不谈政治”的声明。他还在北京同人中散布说：“今《新青年》差不多成了《苏俄》的汉译本”，“北京同人抹淡的工夫决赶不上上海同人染浓的手段之神速”①。他还寄明信片给陈望道，反对“把《新青年》作宣传共产主义之用”。胡适这一把《新青年》北迁置于以他为代表的资产阶级右翼分子控制之下的图谋，受到了陈独秀、李大钊、鲁迅等人的反对，没有得逞。1921 年中国共产党成立后，《新青年》成为中共中央的理论刊物，1922 年 7 月停刊。

二、《共产党》月刊创刊

《共产党》月刊，是中共上海发起组于 1920 年 11 月 7 日创办的半公开理论机关刊物。是为了更好地向革命群众进行共产主义教育，推进筹建中国共产党的工作的产物。《共产党》月刊 16 开本，每期约 50 页。不标明编辑、印刷、发行地址，但每期都在《新青年》上刊出广告启事和要目，假称在广州发售。实际上编辑部就设在上海法租界辅德里 625 号，即主编李达仅有 6 平米的住所中。作者多为上海发起组成员，如陈独秀（TS）、沈雁冰（P·Y）、李达（江春、胡炎）等，全用化名写作。创刊号陈独秀执笔的《短言》（相当于社论）表达了上海发起组拟定的《中国共产党宣言》的中心思想。《共产党》月刊至 1921 年 7 月止共出 6 期，每期发行 5000 份。

《共产党》月刊的内容主要有三个方面：一是宣传有关共产党建设的知识，介绍第三国际和国际共产主义运动的实际情况、文献资料，特别是俄国共

① 张静庐：《中国现代出版史料》，北京：中华书局 1959 年版，第 7 页。

产党的经验和列宁的著作。二是论述中国革命的道路和党的纲领策略，论证只有社会主义、共产主义才能够救中国，主张无产阶级联合起来，建立俄国布尔什维克式的中国共产党，用革命手段夺取政权为改造社会的根本手段，批驳资产阶级改良主义和无政府主义等反马克思主义思潮。三是向工农兵群众宣传马克思主义、报道国内工人运动的发展。它刊登了《俄国共产党的历史》、《列宁的历史》、《社会革命商榷》等资料和文章，发表了《告中国的农民》、《告劳兵农》等富有鼓动性的呼吁书。《共产党》月刊是早期共产主义者学习党的基本知识的必读教材，是酝酿建党的重要纽带。毛泽东称赞它："颇不愧'旗帜鲜明'四字。"①

改组后的《新青年》和《共产党》月刊，坚持传播马克思主义，继进行反对实用主义的"问题与主义"论战之后，又开展反对伪社会主义和反对无政府主义的两次思想论战。《新青年》第8卷第4号的《关于社会主义的讨论》和第9卷第4号的《讨论无政府主义》两个专辑，《共产党》月刊发表《无政府主义之解剖》等文，译介了列宁《国家与革命》的部分章节，向广大读者进行了彻底的民主主义和马克思主义思想的教育，激励、团结一代新人走向马克思主义的道路，为马克思主义在中国的传播消除了思想障碍，为中国革命做出了重大贡献。

三、共产主义小组创办的工人报刊

自1920年下半年起，各地共产主义小组相继创办了《劳动界》、《劳动音》、《劳动者》、《劳动与妇女》等刊物，这是我国第一批以马克思主义为指导思想，以工人群众为读者对象的通俗报刊。

《劳动界》于1920年8月15日在上海创刊，是中共上海发起组创办的工人周刊，32开本周刊，每期16页。陈独秀、李汉俊负责编撰，由新青年社发行。该刊的宗旨是"改良劳动阶级的境遇"。它用浅显的语言、生动的事例，向工人介绍劳动创造价值和资本家剥削剩余价值等马克思主义的基本理论。它以十月革命后的苏俄为榜样，鼓动工人联合起来，结成团体，为改变受压迫的地位团结斗争。它大力报道国内外工人运动情况，尤其是国内各地工人成立工会，开展罢工斗争的消息，促进工人的觉醒。军阀政府以"煽惑劳工，主张过激"的罪名查禁它，密令"缉拿惩办"编辑出版人。1921年1月23日停

① 毛泽东：《致蔡和森》，选自《毛泽东书信选集》，北京：人民出版社1983年版，第15页。

刊，共出 24 期。

《劳动音》于 1920 年 11 月在北京创刊，是北京共产主义小组创办的工人周刊，版式与《劳动界》相同，每期销数达 2000 份。主要编辑人有邓中夏（笔名“心美”）、罗章龙等。它着重反映工人受压迫的悲惨生活，详细报道唐山煤矿瓦斯爆炸五六百工人死难的惨案、南京万余机织工人捣毁省议会的斗争，发表评论，给以支持，并指导工人正确的斗争方法和途径。该刊出至 1920 年 12 月 5 日第 5 期被军阀政府查禁。后曾改名为《仁声》，又继续出版了 3 期后停刊。

《劳动者》于 1920 年 10 月 3 日在广州创刊，是广州共产主义小组创办的工人周刊，该刊向工人宣传只有组织起来，推翻现存制度，实现社会主义，才能得到解放。它以《劳动歌》为题最早译载了《国际歌》歌词。由于无政府主义者对刊物编辑的影响，该刊存在无政府主义和工团主义倾向。1921 年 1 月 2 日停刊，共出 8 期。

《劳动界》等刊物出版的背景、基础、宣传宗旨、读者对象、编排版式基本相同，当时被称为“兄弟刊物”。工人群众把它们看做是自己的“喉舌”，工人解放的“明星”。这些工人刊物的出版表明：马克思主义的传播开始和工人运动结合，是具有共产主义思想的先进知识分子从事工人运动的良好开端。

此外，共产国际工作组和中共上海发起组于 1920 年 7 月领导创办“中俄通讯社”，后来简称“华俄社”，由共产国际来华小组成员兼翻译杨明斋（后为上海发起组成员）主持，向《新青年》、上海《民国日报》等供给介绍十月革命后苏俄情况的稿件，同时，选择北京、上海报纸有关中国的消息译成俄文，用电讯形式发往莫斯科。这个通讯社在大革命时期仍在活动。

第四节　五四时期新闻业务的变化

五四新文化运动时期，中国新闻事业出现了一系列重大变革。主要表现在以下 4 个方面：

一、政治思想评论的发展和自由讨论风气的出现

政论是中国近代报刊的重要组成部分，伴随着我国国人自办报刊的兴起而发展。人们将戊戌变法到辛亥革命时期称作报纸的政论时代。但是由于种种原因，民国初年政论报刊一度衰退，新闻报刊渐渐发展。新文化运动时期，以《新青年》为首的刊物，从文化角度，以大胆言论发时代绝响，从而在思想、

政治、文学上一新时人耳目，产生了振聋发聩的作用，于是，政论重新受到时人的青睐。这个时期，评论以杂糅政论与新闻报道的形式大量出现。较之过去的舆论文章，评论这一文体与时代联系更为紧密、紧凑，在引导舆论方面的效果也更显著。同时，杂文这种短小精悍的文体，也开始融评论与文学之风格，以批评时事、世事为主题，被世人关注，成为报刊上一种常见的、独立的文体。

《新青年》等宣传新文化的报刊，利用报刊舆论冲破封建统治的桎梏，促成了思想解放，形成自由讨论的民主风气，使报刊成为百家争鸣的园地。《新青年》设置了“通信”、“读者论坛”、“讨论”、“书报介绍”等专栏，联系作者和读者，开展自由讨论，进行不同观点的交流与辨析，从中引发了打倒孔家店、掀起文学革命、破除鬼神迷信等重大问题的讨论，促成了思想大解放。《新青年》编者崇尚“讨论学理之自由”，坚信“真理愈辩愈明”。他们对待讨论中的不同意见，一般采取了民主平等的态度。在《新青年》的倡导下，五四时期报刊呈现出思想活跃、百家争鸣的局面。如“新旧思潮的大激战”，为传播马克思主义而进行的反对资产阶级实用主义、伪社会主义和无政府主义三次思想大论战等，通过先进思想和错误思想的交锋辩驳，使真理战胜了谬误。《每周评论》、《新青年》等在进行学理思想讨论中，把不同观点的文章全文或摘要同时编发，让读者比较、讨论。这种做法，使报刊充分发挥了引导社会舆论的作用，可以帮助读者明辨是非。

报刊政论受到重视并不断发展丰富。《新青年》发表大量批判旧思想文化、批判尊孔复辟的文章，有力地动摇了封建统治。《每周评论》、《湘江评论》等以评论为主，采用述评这种政论和新闻报道相结合的形式，夹叙夹议，及时评论国内外大事，在宣传斗争中收到了很好的效果。《新青年》的“随感录”专栏发表的短小锋利的时评，又称杂文，是一种“匕首”、“投枪”式的评论文体，后来逐渐成为报刊上的一种常用文体。此外，报刊上还广泛采用了社论、专论、代论、来论、外论等多种形式，丰富了政治思想评论，打破了民国以来报刊万马齐喑的沉闷局面，充分发挥了报刊政论的战斗作用。

二、倡导新文风，提倡白话文，反对文言文

《新青年》创办前，文化界还几乎全部盛行使用文言文写作。自《新青年》始，才逐渐用白话做文章。《新青年》对文言文进行了无情的批判，公开宣判其为死文字。在提倡白话的同时，《新青年》身体力行，全部采用白话。

《新青年》提倡白话文，反对文言文，使我国报刊文风一新。新文化运动

前，我国报刊文字绝大多数是文言文，戊戌维新前后，曾经出现过少量白话文报刊。但是当时用白话文写作，只是出于通俗宣传维新变法思潮的需要，中上层社会中一般还是把白话文看做俯就平民，不能登大雅之堂的粗俗文体。《新青年》出版前后，报刊、教科书、应用文仍然几乎全部是用文言文写作。《新青年》的第1卷全部是文言文。从第2卷开始，有了胡适用白话文翻译的小说和他写的白话诗。第3卷第6号《通信》栏中钱玄同提出："我们既然绝对主张用白话体做文章，则自己在《新青年》里做的，便应该渐渐的改用白话。"他建议该刊同人从此以后，不论是写论文，还是通信，"一概用白话"。这样，从第4卷起，白话文迅速增多，到第6卷几乎完全采用白话文了。

在《新青年》的倡导和影响下，新闻界的白话报刊相继出现。五四运动中涌现的数百种报刊纷纷采用白话文，如《每周评论》、《湘江评论》等等。一些全用文言的大报，如《国民公报》、《晨报》、《东方杂志》等也开始部分采用白话文，有的办了白话文副刊，有的出现了白话文的短评、通讯，还有的在一部分消息和社论中也采用白话文。在推广白话文的同时，《新青年》还提倡使用新式标点符号。过去报刊上的文字，既不分段落，也不加标点，只在句读处加圈，或者用空一格的办法表示句读。《新青年》突破陈规，从第4卷起带头采用标点符号，第7卷第1号公布了《本志所用标点符号和行款的说明》，统一所用标点符号共计13种。后来，许多报刊也相继采用。白话在报刊中的应用，首先在杂志类的刊物上，以后逐渐波及报纸的副刊，然后发展到社论。读者还投书《新青年》，提出报刊横排的主张。新文化运动所提倡的文学革命，使报刊文体变为大众易读易懂的白话，扩大了读者群，由此也扩大了报刊的影响力。

《新青年》进行这些改革时，经历了一番和封建旧势力的斗争。鲁迅把这比作打了一场"大仗"。他在《新青年》的《随感录》栏撰文，怒斥那些反对白话文的旧文人是"现在的屠杀者"。

三、记者队伍建设和国际通讯报道的加强

五四时期，中国新闻界开始加强记者队伍的建设，重视直接采访，迅速报道，国内外消息、通讯比重增加，出现了一批有价值的新闻作品。一些报刊聘设特派记者，开辟国内外新闻来源。

邵飘萍任《申报》驻北京特派记者，采写了大量独家新闻和北京通讯，为人称道。1918年12月，《大公报》经理兼总编辑胡政之与出席巴黎和会的政府代表团部分随员一起赴法国，为该报发回一批专电、通讯。五四运动后，

许多青年到欧洲各国留学，一些报刊在这些留学生中发展了国外兼职通讯员、特派员，从而丰富了报刊的国际新闻通讯。

1920年秋，北京《晨报》和上海《时事新报》合筹经费，向美、英、法、德、俄等欧美5国一次派出7名特派员。其中派往俄国的瞿秋白、俞颂华、李宗武3人，于1920年10月离京，次年1月到莫斯科，成为我国采访报道列宁领导的苏维埃俄国实际情况的第一批新闻记者。

瞿秋白1917年9月考入北京俄文专修馆学习。1919年他积极参加五四运动，受到新思潮影响。同年11月，他和郑振铎等创办《新社会》旬刊，宣传民主主义思想，并日益倾向社会主义，向往十月革命后的苏俄。从1921年初到1922年底，他坚持在苏联采访活动两年，辛勤采写了《共产主义之人间化》等数十篇新闻、通讯，除去邮局寄失的10多篇外，发表在两报上的有50多篇，他还写了著名散文集《饿乡纪程》、《赤都心史》等书。瞿秋白的作品如实地、深刻地报道了第一个社会主义国家初期的状况，增进了中国人民对十月革命、苏维埃政权、马克思主义、列宁和布尔什维克党的了解，在一代青年读者中产生了巨大的影响。瞿秋白在苏俄期间，于1922年2月加入了中国共产党，并于同年8月脱离了与《晨报》、《时事新报》的关系，因而，瞿秋白又是我国最早的无产阶级新闻记者。1923年回国后，他成为中共中央领导人之一，中共早期新闻事业的缔造人。他先后主编《新青年》季刊、《前锋》月刊、《向导》周报和《热血日报》。1927年10月主编《布尔塞维克》杂志。20世纪30年代在上海领导左翼文化运动，指导《文艺新闻》的出版和中国左翼记者联盟的成立。1934年主编《红色中华》报。1935年6月18日，在福建长汀遇难。

周恩来采写的旅欧通信，为这个时期报纸的国际新闻通讯增添了光彩。他从1920年11月动身到法国勤工俭学，开展革命活动。他应天津《益世报》邀请，担任该报特约通讯员，为它撰写海外通信。从1921年2月到1922年2月的整一年中，周恩来连续在《益世报》上发表56篇通信，深刻反映了当时欧洲的革命形势、旅欧华人的斗争和中国留学生的艰苦生活。

1916年后，全国出现了一次创办通讯社的热潮。邵飘萍的新闻编译社是办得较出色、也较具独立性的。新闻编译社既编采本国新闻，也选译外电向北京各报发稿，由于此社能及时报道北京消息，其常常提供独家新闻，故而影响很大。到1926年，全国通讯社大多规模很小，值得提到的有国闻通讯社、申时通讯社及华俄通讯社3家。

国闻通讯社，胡政之于1921年在上海创办。最初仅限于邮寄，1925年开始用电报传递新闻，这在我国通讯社中尚属首家。国闻社名义社长邓汉祥，胡政之负责编采等业务，下设汉口、北京两个分社。总部一直设在上海，1936年《大公报》创上海版，胡政之将国闻社员工转为《大公报》成员，国闻社停办。

申时通讯社，1924年创办于上海，是由《申报》和《时事新报》共同创办的。最初是两报编辑业余精选专电编译，发给外地报社应用。使用数年后，很受欢迎，各报纷纷向申时通讯社订稿。申时遂另聘专职人员，编发中英文电讯，自此业务日盛。

华俄通讯社，1920年7月由共产国际工作组和中共上海发起组领导创办。共产国际来华小组成员兼翻译杨明斋主持，向《新青年》等报提供十月革命后俄国情况的稿件，同时选译京沪报纸中有关中国的消息用电报发往莫斯科。1921年夏停止活动。

四、传播新文化新思想的副刊和杂志的革新

长期以来，我国报纸副刊一般多是消闲性的读物，多数格调不高，不少副刊还充斥低级趣味的、黄色的内容，实际上起着麻痹甚至毒害读者思想的精神鸦片的作用。在五四新文化运动的时期，报纸的副刊发生了突破性的革新，从形式到内容，从作者群到读者群都有了根本的变化，改革后的副刊成了先进知识分子宣传新思想、新文化，传播新思潮的阵地，读者大多是知识分子和青年学生。这一时期出现了影响较大的4大著名副刊。

北京《晨报》的《晨报副镌》副刊。《晨报》原来的第7版具有副刊性质，在李大钊的指导和帮助下，从1919年2月7日起对这一版进行改革，主要是增加了介绍“新修养、新知识、新思想”的“自由论坛”和“马克思研究”等栏目，刷新了原有的“译丛”等栏，李大钊为它撰写了《现代青年活动的方向》等数十篇文章，并指导它出版了1919年五一《劳动节纪念》专号，使第7版变为积极参加新文化运动、传播社会主义思潮的新园地。1921年10月12日起，第7版改成4开4版的单张出版，刊名《晨报副镌》，每日1张，每月合订1册，由孙伏园主编，鲁迅撰稿支持。《阿Q正传》（署名巴人）就是在《晨报副镌》上连续刊载的。这一副刊在思想文艺界有着广泛影响，为发展新文学做出了贡献。

上海《民国日报》的《觉悟》副刊。1919年6月16日起，该报取消了《民国闲话》和《民国小说》两个副刊，另办《觉悟》副刊，邵力子主编。1920年5月20日起改出8开4页单张，随报赠送，后每月汇成1册，单独发

行。它大力宣传反封建的民主主义思想，并开始介绍社会主义思潮。1920 年中共上海发起组成立后，它的成员邵力子、陈望道等继续主持《觉悟》的编撰，使这个副刊变成宣传马克思主义、社会主义的一个阵地。1925 年 12 月《民国日报》被国民党右派掌握后，《觉悟》失去了进步作用。

北京《京报》的《京报副刊》，创刊于 1924 年 12 月 5 日，孙伏园主编。1926 年 4 月下旬，随着邵飘萍被捕杀、《京报》被封而停刊，共出版 477 期。该刊宣传反帝反封建思想，支持群众爱国运动，提倡新文化，曾与“甲寅派”、“现代评论派”展开论争，影响广泛。鲁迅是它的经常撰稿人。

上海《时事新报》的《学灯》副刊。1918 年 3 月 4 日创刊，初为周刊、周二刊、三日刊，1919 年 12 月起每日发刊，由不足 1 版，扩为 2 版，1922 年改出 4 开 4 版。初由张东荪主编，后继主编有俞颂华、宗白华等。除主要介绍资产阶级学术文化外，曾刊登过讨论社会主义的征文，有李大钊、陈望道的文章和郭沫若早期的诗作等，在读者中有一定影响。“介绍新刊”一栏刊发了一批各地新办刊物的发刊词和目录。后来该刊向右转，脱离进步文化潮流。

五四时期的进步副刊办得各有特色。它们宣扬民主与科学思想，传播社会主义新思潮，刊登短小政论和犀利杂文，联系社会生活和政治文化实际，“论时事，砭锢弊”，爱憎分明。它们强调文化娱乐性，介绍新文学，发表大量新诗、散文、短篇小说、知识小品等文艺作品，供给读者精神享受。它们注重知识性，宗教、哲学、科学、文学、美术各类稿件兼收并蓄，内容丰富、题材多样、短小生动，很吸引人。它们的成就为办好我国报纸的副刊提供了有益的经验。

这一时期研究学术文化和社会政治问题的杂志也普遍进行了革新。商务印书馆出版的《东方杂志》，从 1920 年 1 月第 17 卷 1 号起由月刊改为半月刊，1921 年起调整编辑方向和内容，分类编排，在保留原有“以记述国内外大事为主要职志”的资料性的基础上，增加评论和学术文艺内容，以适应新潮流。革新后的固定栏目设置有“评论”（后改为“时事述评”）、“世界新潮”、“科学杂俎”、“读者论坛”、“文苑”（后改为“新思想与新文艺”）、“时论介绍”、“最录”、“参考资料”、“时事日志”等，还先后设有“海外通讯”、“社会调查”、“名著研究”、“编辑室杂话”等栏目。销数达万余份。自称是“现代政治史上重要史料”。1923 年春为纪念该刊创刊 20 周年，由主要编撰人胡愈之负责编辑出版了一套《东方文库》，共计 82 种，100 册，选集了该刊 20 年来的重要文稿和资料。商务印书馆出版的《小说月报》、《教育杂志》、《妇女杂志》、《学生杂志》等也进行了革新。

思考题

1. 试述《新青年》的创办经过、主要宣传内容及影响。

2. 我国无产阶级新闻事业是在怎样的历史背景下产生的？有哪些代表性刊物，其特点与意义如何？

3. 我国五四时期的新闻工作出现了哪些重大变革？

第七章　第一次国内革命战争时期的新闻事业

第一次国内革命战争时期指1924年到1927年，第一次国共合作，共同推翻北洋军阀控制的中央政府，开展一系列政治军事行动的时期。这期间，受政治、文化及报刊自身发展规律的影响，我国报业开始出现多元繁荣的格局，新闻事业有了长足的发展。政治上，由于北洋政府统治乏力，社会局势动荡多变，以中国共产党、中国国民党和各地方军阀派系为主的政治势力和军事力量活跃于历史舞台，都试图对中国社会施加影响，在争夺话语权、占领舆论高地的宣传战中，报刊这一现代社会公器受到各方的重视。文化上，经历了五四新文化运动，各种新的西方事物和观念被全面引入，为现代报业的多元发展提供了人才、技术及市场等必要条件。从新闻事业发展自身规律看，中国报业在经历了近代由外国人办报到国人自办报纸的过程后，逐步积累了人才、资金、技术及管理方面的丰富经验，开始迎来民族民营报业走向成熟的新局面。此外，我国广播事业也在这一时期诞生。

从报刊来看，这一时期，首先最引人注目的是中国共产党报刊的兴起。共产党的报刊从最初的中央机关报到各级地方机关报，再到共产党领导的青年、学生、军人群团报刊以及工人农民报刊，在短时间内迅速崛起，形成强大声势，为宣传共产党纲领、反帝反封、建立国内和平展开了有声有色的舆论宣传。

其次，是国共合作促成了国民党报刊的复兴。国共合作初期，国民党报刊大力宣传孙中山“联俄、联共、扶助农工”的“三大政策”，将反帝反封建的口号和思想传播到广大军人、青年及普通群众中间。国共合作后期，国民党内部分化为左派和右派，右派报刊开始宣传反共、反苏、反工农运动，为日后国民党新闻事业网的重建定下了政治上的基调。

除了政党报刊，这一时期的民营报刊发展也呈现出新的气象。老牌民营大报，如《申报》、《新闻报》等在业务改进及企业化运作方面取得佳绩；《大公报》被新记公司接办，由此进入其发展的辉煌时期。此外，一些民营小报蜂起且发展势态趋好，成为我国民营报刊中的新生力量。

这一时期，军阀加紧了对新闻事业的控制，一是提供津贴收买一些有影响的报刊为其张目，二是在一些地区出版自己的报刊，三是对异己的报刊、报人进行压制和迫害，邵飘萍、林白水等著名报人就在这一时期先后被军阀杀害。

第一节　中国共产党早期新闻事业

一、中共中央及地方区委机关报刊

1.《向导》：中共中央第一份机关报

中国共产党成立后对新闻宣传工作十分重视，党的第一次全国代表大会通过的第一个决议明确规定：不论中央或地方组织都有权出版报刊，党的报刊出版工作均应受党员领导，党的报刊不得刊登违背党的原则、政策和决议的文章。次年召开的中国共产党第二次全国代表大会制定了党的最高纲领和最低纲领，就如何实现民主革命纲领提出了相应的策略，即联合资产阶级民主派和全国革命力量，建立“民主的联合战线”，为实现反帝反封建、建设国内和平的目标而奋斗。“二大”制定的革命纲领为共产党报刊的宣传工作指明了方向，会后中共中央决定创办党中央政治机关刊物——《向导》周报。

《向导》，1922年9月13日创刊于上海，是中共中央第一份机关刊物。16开，每期8页，从第142期起增至12页，第144期又增至16页。首任主编是蔡和森，编撰主要有陈独秀、李大钊、瞿秋白、罗章龙、张国焘、赵世炎、彭述之等。1925年6月，蔡和森因病离职，由当时担任中共中央宣传部主任的彭述之兼任，具体编务则由宣传部秘书郑超麟负责。1927年4月，《向导》随中共中央迁至武汉，由负责中央宣传工作的瞿秋白主编。7月18日，“七一五”事变后《向导》出至最后一期终刊，共出版201期。

《向导》属时事政治评论性周刊，以宣传党的纲领、政策、方针、决议为主要内容。《向导》首先集中宣传了党的“二大”提出的民主革命纲领，即打倒帝国主义，打倒军阀，统一中国，建立真正民主的共和国。陈独秀在发刊词《本刊宣言》中指出：“现在的中国，军阀的内乱固然是和平统一与自由之最大的障碍，而国际帝国主义的外患，在政治上、在经济上，更是钳制我们中华民族不能自由发展的恶魔。”因此本刊依照全国民意及政治经济事实的要求，“谨以统一、和平、自由、独立四个标语呼号于国民之前！”指出了《向导》的办刊宗旨乃是宣传民主革命纲领。《向导》发表了一系列文章分析中国面临的内乱外患的现实，指出唯有通过民主革命方能建立一个真正独立的中华民国。《向导》发文指出：在中国这样的殖民地状况之下，"还在'造国'时代"，"时局真正的要求，是在用政治战争的手段创造一个真正独立的中华民国"①。

《向导》还对社会上流行的各种错误思潮进行了批驳。针对当时一些军阀叫嚷"武力统一"和"联省自治"，《向导》指出这不过是军阀之间为争夺地盘玩弄的种种手段："力能进取的军阀，便倡武力统一，或主张强有力的中央政府"；"仅能自保或希图自保的军阀，便倡联省自治或筹备制省宪"；"同一军阀，进攻时宣布武力统一，退守时宣布联省自治"；"凡此种种，无非是封建的残局之下，军阀专制、军阀割据的必然现象和趋势"。② 针对资产阶级提出的"制定宪法"、"废督裁兵"、"好人政府"等改良主义的政治主张，《向导》指出："革命彻底成功，方有彻底的民主的宪法。"③ 在军阀统治之下，"用和平方法去与军阀谋裁兵是做不到的，必须用革命手段根本破坏旧军事组织，由民众武装去解除旧支配阶级——军阀的武装"④。"武人政治下，任何改良主义都无实现之可能"，所谓"好人政府"只能破产。⑤

共产党的民主革命纲领提出后，胡适于1922年10月在《努力周报》发表《国际的中国》一文，说"二大"宣言关于国际帝国主义各支持一派中国军阀进行混战的分析"很像乡下人谈海外奇闻，几乎全无事实上的根据"，称由于日俄战争、辛亥革命和第一次世界大战以来远东局面的变化，"中国已没有很大的国际侵略的危险了"，提出"我们现在尽可以不必去做那怕国际侵略的噩梦"，"不必在这个时候牵涉到什么国际帝国主义的问题"。对此，《向导》刊文，以大量事实说明了英美如何扶植直系军阀、日本如何扶植皖系奉系军阀来扩张自己在中国的势力。指出：大战后的远东局面的确发生了变迁，倒了俄德两个强盗，却"来了一个野心勃勃、实力雄厚的美国强盗"。远东变成了英、美、日三国侵略的局面。总之，"国际帝国主义是中国人民的第一个敌人，是势不两立的敌人"，"非急速打倒他不可"。《向导》宣传的打倒帝国主义、打倒军阀的口号至此深入人心，为处在混乱政局中的人民指明了方向。

---

① 陈独秀：《造国论》，《向导》第2期，1922年9月。

② 和森：《武力统一与联省自治——军阀专政与军阀割据》，《向导》第2期，1922年9月20日。

③ 巨缘：《国会选举制宪统一的噩梦》，《向导》第34期，1923年8月1日。

④ 和森：《四派势力与和平统一》，《向导》第18期，1923年1月31日。

⑤ 和森：《近日政潮的内幕》，《向导》第12期，1922年12月6日。

1923年6月，党的“三大”确立了国共合作建立革命统一战线的策略方针。《向导》为此发文，积极宣传党的“民主的联合阵线”的方针，帮助孙中山为首的国民党总结经验教训，分析现状及面临的抉择，反复阐明“没有最革命的劳动阶级奋斗”“中国资产阶级解放运动不能成功”的道理，为孙中山最终确立联俄、联共、扶助农工三大政策起到了积极作用。

《向导》在第一次国内革命战争时期，成为共产党最有影响的报刊之一，发行5年，发行量由创刊时的2000份很快增至2万份、5万份，最后高达10万份。读者遍及国内外。

在《向导》的三任主编中，首任主编且任期最长的是蔡和森。

蔡和森（1895—1931年），名泽膺，字润寰，别名和森，湖南湘乡人。1913年秋考入湖南省立第一师范学校，在这里与毛泽东结为志同道合的学友。1918年4月14日与毛泽东等成立新民学会，以谋求改造社会为理想。为寻求救国真理，1919年偕母亲、妹妹蔡畅与女友向警予赴法国勤工俭学，并接受共产主义。1921年与周恩来、赵世炎等组织中国旅法共产主义小组，被法国当局遣送回国，在上海经陈独秀介绍加入中国共产党。在党的“二大”至“六大”上当选为中央委员，第五、六届政治局委员。1931年6月10日，作为中共代表出席香港海员会议，被叛徒顾顺章出卖遭到逮捕，8月4日在广州被国民党枪杀，时年36岁。

蔡和森作为中共早期优秀的党报工作者，首先是在理论上为党报建设做出了贡献。早在旅法期间他就曾写信给毛泽东，提出在建党过程中必须要有自己的出版物，这种出版物“又须组织一个审查会。凡游移不定的论说及与主义矛盾的东西，皆不登载”①，表明其党报观念。其次，在业务上为党报建设做出了巨大贡献。在主编《向导》的近三年中，蔡和森克服政治压迫、经济短缺、身患严重哮喘病等艰难困苦，忠于职守，坚持出版《向导》150期（约占全部周刊201期的四分之三），撰写政论时评160多篇，是仅次于总书记陈独秀的《向导》的第二位高产作者。《向导》的出色成就和声誉，展现了他优秀党报工作者的素质。

2.《前锋》月刊和《新青年》季刊：中共中央另外两份机关报

继《向导》之后，中共中央还复刊了《新青年》，创办了《前锋》。二刊办刊宗旨，前者意在加强党的理论建设与宣传，后者则主要研究解决革命中的实际问题。

---

① 《蔡和森文集》，北京：人民出版社1980年版，第49-52页。

《新青年》1923年6月15日在上海复刊，复刊后改为季刊，主编是瞿秋白。由于人手不够，《新青年》季刊常常脱期，断断续续出版至1926年7月，因中共忙于北伐而终刊，共出了5期。

为加强党的理论建设，《新青年》首先把宣传马克思主义、介绍国际共产主义运动经验作为主要任务。它先后出版了“共产国际号”、“国民革命号”、“列宁号”、“世界革命号”等专号，译介马列经典著作，为广大党员和群众系统学习马克思主义理论、了解俄国十月革命和建设情况，提供了丰富的材料。其次，从理论上论证了民主革命的农民问题、革命军队问题和革命战争问题。此外，还通过参与当时理论界关于“科学与人生观”问题的论战，宣传了马克思主义哲学。

在《新青年》复刊的同时，《前锋》于1923年7月1日创刊，杂志标明出版地是广州，实际在上海，主编为瞿秋白。原定为月刊，实际为不定期。1924年2月1日出版至第3期时停刊。《前锋》的特点是注重调查研究，所刊文章多用详细的统计数字和大量实际材料阐明观点，树立了党的机关刊物注重实际的办刊风格。

中共中央三大刊物《向导》周报、《新青年》季刊及《前锋》月刊从思想、理论和政治上全面展开的马克思主义宣传，对现代中国政治文化的转型和社会转型产生了一定影响。

3.《热血日报》：中共中央第一份日报

《热血日报》是中共中央出版的第一份日报，其创办与五卅运动有着直接关联。

1925年5月15日，上海日本纱厂资本家枪杀工人顾正红，打伤10多名工人，激起上海工人、学生、市民及知识分子的愤慨。5月30日中共发动学生和工人到租界内游行示威，期间英国巡捕枪击群众，死十多人，伤数十人，逮捕数十人，造成震惊全国的“五卅惨案”。当晚，中共中央召开紧急会议，决定由瞿秋白、蔡和森、李立三、刘少奇和刘华等组成行动委员会，领导这次斗争，组织上海民众罢工、罢市、罢课，抗议帝国主义屠杀中国人民。6月1日，“三罢”开始，是为“五卅运动”。为了向公众揭露真相，更好地领导运动，中共中央决定创办《热血日报》。

《热血日报》1925年6月4日创刊于上海，4开4版，设有“社论”、“本埠新闻”、“国内要闻”、“紧要消息”、“国际要闻”、“舆论之裁判”等栏目及副刊《呼声》，内容十分丰富。报纸主编为瞿秋白，其他编撰人员有郑超麟、沈泽民和何味辛（何公超）。《热血日报》创刊后，一方面刊登大量新闻，对上海民众反帝斗争情况及全国各地、第三国际和世界各国声援“五卅事件”的动态进行及时报道，对帝国主义和军阀相互勾结，在中国肆虐的罪行进行全面暴露，将真相昭示于公众。另一方面发表大量社论和杂感，表达民众反帝的高昂斗志及谋求自由和独立的具体要求。例如社论《外人屠杀之反抗运动方针》，提出赔偿死伤损失、应允工人罢工条件、取消工部局和领事裁判权、撤退外国驻华武装势力等8项要求。并且在报头左侧以《我们的要求》为题，每天醒目刊出，唤起全社会关注。

《热血日报》以其战斗性、鼓动性和通俗性，受到广大群众的欢迎，许多人冒着被捕的危险帮助卖报，还捐款支持出报。至第10期，报纸“销数即达三万，投稿通信与亲来接洽者，日以百计”。但由于印刷厂遭巡捕房查封，报纸只出版了24期就停刊了。《热血日报》对五卅运动起了重要的指导作用，在中国革命史上留下了光辉一页。

上述4份中共机关报，瞿秋白都曾担任主编，他为中共新闻事业做出了卓越贡献。瞿秋白（1899—1935年），原名双（或霜、爽），号熊伯（或雄魄），江苏常州人。中共早期领导人之一，优秀的党报工作者。1917年秋入北京俄文专修馆学习俄文，1919年参加五四运动，参加郑振铎等创办的《新社会》周刊的编辑。1920年初参加李大钊组织的马克思学说研究会。1920年8月，被《晨报》和《时事新报》聘为特约通讯员赴莫斯科采访，陆续发表游记，后辑为《饿乡纪程》和《赤都心史》，影响广泛。1922年在莫斯科由张太雷介绍加入中国共产党。年底，为赴俄的中共代表陈独秀担任翻译，不久随陈独秀回到北京。1923年夏，在于右任、邓中夏创办的上海大学任教务长兼社会学系主任，同时兼管中共宣传工作，担任《向导》、《前锋》、《新青年》季刊的编辑。1924年国民党改组，瞿秋白来往于广州和上海之间，参与国民党的工作，担任上海国民党中央执行部委员等职。1925年1月起，瞿秋白先后在中共的第四、五、六次全国代表大会上，当选为中央委员、中央局委员和中央政治局委员。1927年“八七会议”上被共产国际代表指定为临时中央政治局常委，主持中央工作；10月创办并主编秘密刊物《布尔什维克》。1928年6月至1930年7月，作为中共驻共产国际代表团团长留在莫斯科。回国后因对李立三错误路线批判不力，1931年1月7日在中共六届四中全会上，被解除中央领导职务。此后留在上海养病，从事左翼文艺运动，与茅盾、鲁迅来往。1934年2月，到达中央苏区瑞金，任中华苏维埃共和国中央政府教育部部长等职，接任中华苏维埃共和国中央政府机关报《红色中华》社长兼主编。红军长征后，留守南方，任中共苏区中央分局宣传部长。1935年2月在福建长汀县被国民党军逮捕，6月18日被害，时年36岁。

瞿秋白在其短暂的一生中为中共新闻事业做出了巨大贡献，归纳起来主要有两个方面：

一是提升了党报的理论水平。瞿秋白是少数几个精通俄文的中共成员，他运用马克思主义原理分析中国革命的实际问题，在中共报刊上发表了大量文章，提出并论证了无产阶级领导权问题、农民革命问题以及文艺的大众化方向问题，这些都成为中国革命理论的创见。

二是在新闻实务上，为中共新闻事业做出了巨大贡献。他入党13年，在投身实际革命斗争的同时，创办或主编了6种党的报刊。仅1923年1月到1927年7月，主编《向导》、《前锋》、《新青年》、《热血日报》期间就撰写了200多篇文章，100多万字。他对《红色中华》最突出的贡献，是培养了将近千人的工农通讯员，这些人分布在中央苏区的各条战线。红军长征后，他因严重的肺结核病留守南方，仍然夜以继日地紧张工作，按期出版《红色中华》直至被捕。其主要著作收入《瞿秋白文集》（14卷）。

4. 中共地方区委机关报

中国共产党成立后，队伍迅速发展壮大，全国各地纷纷成立了中共地方组织，为了配合政治斗争，各地区委也纷纷创办机关刊物。

北京地委的《政治生活》周刊，1924年4月27日创刊，1926年7月后终刊，共出79期。赵世炎任主编。湖南区委的《战士》（旬刊，后改为周刊），1925年12月创刊于长沙，1927年4月停刊，共出42期。主编是夏曦，主要编撰有李维汉、毛泽东、谭平山等。首次刊载了毛泽东《湖南农民运动考察报告》。广东区委的《人民周刊》1926年2月7日创刊于广州，1927年4月30日停刊，共出50期。张太雷主编，主要撰稿人有恽代英、周恩来、邓中夏、张国焘等。该刊对北伐的宣传影响极大。湖北区委的《群众周刊》，1926年10月创刊于武汉，1927年4月停刊，共出了14期。主编罗章龙，撰稿人陈潭秋、林育南等。其他还有豫陕区委的《中州评论》（萧楚女主编）、江西的《红灯周报》、浙江的《火曜》、福建的《革命先锋》等等。上述中共各地方区委机关报在宣传内容上与中央的纲领路线保持一致，又联系各地实际有所侧重，与中央机关报一起构成了中共宣传战的主力。

二、青年团报刊及其他群众性报刊

在中国共产党的领导下，中国社会主义青年团（1925年1月改称为中国共产主义青年团，简称青年团、共青团）及其他群众性报刊也纷纷创办，成为中共新闻事业的重要组成部分。

1. 青年团刊物与《中国青年》

最早的一批团刊是由青年团地方组织创办的。如1920年，天津青年团组织创办了第一份团刊《劳报》，1922年，北京青年团组织的《先驱》半月刊、广东青年团组织的《青年周刊》、四川青年团组织的《人声》月刊等相继创刊。其中《先驱》半月刊于1922年1月15日创刊，第4期开始迁至上海出版，1922年5月，中国社会主义青年团中央机构成立，《先驱》被改组为团中央第一个机关报，1923年8月15日停刊，共出版25期。

大革命时期影响最大的团刊是团中央机关报《中国青年》杂志。1923年8月25日，中国社会主义青年团全国第二次代表大会召开，会后决定出版《中国青年》杂志。

《中国青年》1923年10月20日创刊于上海，周刊，32开，16页（从第100期起篇幅有所增加）。主编恽代英（萧楚女、李求实先后接任），编撰有萧楚女、邓中夏、张太雷、林育南、任弼时和李求实等。开设有"社评"、"时事述评"、"讨论"、"寸铁"、"新刊批评"、"新书介绍"、"青年界消息"、"文艺"、"通讯"和"我们的时代"等栏目。刊物每出满25期为1卷，1927年10月出至第8卷第3号终刊，共出版168期。

《中国青年》在创刊词中宣称它是供给青年以"忠实的友谊的刊物"，它要引导一般青年到活动的、强健的、切实的路上去。从后来情形看，就是要教育、指导青年摆脱各种不良思潮及风气的影响，树立共产主义信仰，走上革命的道路。

首先是引导青年人正确对待学习、工作、生活。针对当时胡适向青年人开出的一个最低限度国学书目，和学生中流行"读书救国"的思想，《中国青年》发表文章开导青年人，不要做"纯粹读书不问世事"的"自私自利的书呆子"，要关心国家大事，"到民间去"，在深入工农的过程中"受教育，取知识，获力量"。针对当时社会上滥情的文学风气和恋爱观，《中国青年》刊登邓中夏的《新诗人的棒喝》、《贡献于新诗人之前》等文章，指出那种"坐在草地上做新诗"、"厮混于男女交际场中做新诗"、"饱食终日坐在炉阁安乐椅上做新诗"，都是回避人生观和社会观的文学创作，于造福社会无益。告诫青年诗人，"须多做能表现民族伟大精神的作品，须多做描写社会实际生活的作品，须从事革命的实际活动"。

其次，《中国青年》还围绕中共的纲领政策开展革命宣传。通过报道和评述国内外大事，宣传北伐，宣传中共领导的反帝斗争、农民运动，揭露帝国主义和封建军阀的罪行，反对党内错误思想等。

《中国青年》用稿的原则是“有益而有味”，即文稿要求思想深刻而富于启发性，文字耐读不流于平庸。其编排形式则注重生动有趣，灵活多变，图文并茂，如在严肃的文章中穿插图画、诗歌、小说等。从内容到形式上的这些有益尝试使得《中国青年》在青年读者中大受欢迎，出版4年，其发行量一直保持在1.2万份以上，成为当时最有影响的革命报刊之一。而在《中国青年》举办的一次读者意见调查中，恽代英、萧楚女被读者选为最喜爱的作者。

恽代英（1895—1931年），字子毅，江苏武进人，生于武昌。中国青年运动的杰出领导者，共产党报刊宣传活动家。1915年就读于武昌中华大学。五四运动后，在武汉创办工人补习学校，开设利群书社，编辑武汉学联机关报《学生周刊》和《武汉星期评论》。曾为《新青年》、《少年中国》、《东方杂志》等杂志写过几十篇评论，倡导民主与科学。1921年入党，1923年在上海担任团中央宣传部长兼《中国青年》杂志主编。国共合作期间，先后担任黄埔军校政治总教官、国民党上海市党部宣传部秘书、《民国日报》编辑等工作。1928年后任中共中央宣传部秘书，在广州秘密主编《红旗》。后调到上海从事地下工作，1930年5月被捕，1931年4月在南京被杀害，时年36岁。

恽代英一生从事报刊宣传活动16年，主编或参与编辑的报刊有10余种，发表报刊文章500篇左右，他具有丰富的报刊工作经验，对早期中共党报思想理论建设做出了贡献。

作为《中国青年》的主编及主要撰稿人，恽代英精心编辑，勤奋写作，还亲自处理读者来信。他在《中国青年》上发表文章百余篇、通信四五十封。他和萧楚女还以记者名义回复读者来信和《新刊批评》栏稿件。其作品代表了《中国青年》的文风，即热情与说理，既洋溢着革命激情，又有精辟的科学分析。读者说，每读他的文章“浑身就像火烧一样的发热”。

萧楚女（1893—1927年），原名萧秋，湖北汉阳人。中国青年运动的杰出领导者，共产党报刊宣传活动家和政论家。少年时家境贫寒，当过茶馆跑堂、轮船伙夫、新军士兵。在武昌中华大学旁听时结识恽代英。五四运动前后，曾任汉口《崇德报》主笔、《大汉报》副刊主编、四川《新蜀报》主笔。1922年8月加入中国共产党。1925年赴上海，参加团中央工作，担任《中国青年》编辑，后任主编。同年8月，主编中共豫陕区委机关报《中州评论》至1926年停刊。国共合作期间，随恽代英赴广州参加国民党“二大”，此后，留在广州协助毛泽东编辑《政治周报》，同时担任农民运动讲习所教务长，黄埔军校政治教官。1927年遇害，时年34岁。

萧楚女写过很多文章和小册子，其政论文笔犀利、分析精辟、情理交融。著有长篇政论《显微镜下之醒狮派》、《国民革命与中国共产党》。青年读者称他是“真理的战士”、“革命的煽动家”。

2. 共产党领导的其他群众性报刊

中国共产党成立以来一直注重群众运动，在工人、农民、学生、妇女等各类群体中广泛开展各种革命斗争，并领导出版了工人报刊、农民报刊、学生报刊以及妇女报刊等群众刊物。

中共领导工人运动的机构是中国劳动组合书记部，1921 年 8 月 11 日成立于上海（1925 年 5 月 1 日改为中华全国总工会），其同时创刊的机关刊物《劳动周刊》，是中共领导的第一张全国性工人报刊。主要任务是通俗地向工人群众宣传马克思主义，引导他们组织起来革命。主编张特立（张国焘）。1922 年 6 月被公共租界查封后，北京党组织创办的《工人周刊》（1921 年 7 月，主编罗章龙等）被作为总部的机关刊物。该刊不仅被称为“北方劳动界的一颗明星”，还通过铁路工会运往全国各地，并远销东南亚、法国的华工群众中。在军阀的压迫下，该刊曾几次停刊，但坚持出版至 1925 年底。

中国劳动组合书记部在北京、长沙、武汉、济南、广州等地设立了分部，各分部大都创办了刊物，如《长沙劳动周刊》、《武汉劳动周报》、《山东劳动周刊》等。这些刊物在第一次工人运动高潮中发挥了重要作用，但“二七惨案”后大都遭军阀查封。

国共合作后，尤其是“五卅惨案”后，工人运动再次兴起，全国又陆续出现一批工人报刊，较重要的就达 10 多种，如《中国工人》、《工人之路特号》等。

《中国工人》，1924 年 10 月创刊于上海，月刊。初为中共中央创办的工人刊物，1925 年 5 月中华全国总工会成立后，改为总工会机关刊物。曾迁往武汉、广州出版，1927 年 4 月停刊。邓中夏、罗章龙先后任主编，撰稿人有刘少奇、瞿秋白、任弼时、张太雷、李立三等。该刊主要内容是介绍国际工人运动经验，总结国内工人运动经验教训，批判党内右倾错误思想，动员工人参加当前的政治斗争。

《工人之路特号》，为省港罢工委员会机关报，1925 年 6 月 24 日创刊于广州，4 开 4 版，日报。日发行量 1 万份，1927 年 4 月 14 日停刊，是同期工人报刊中出版时间最长的一份日报。主编邓中夏，撰稿人有苏兆征、周恩来、黄平等。刊物宣传五卅运动及省港大罢工意义，有力推动了工人运动。

中共在领导农民运动的过程中组织了农民协会，各地农民协会大都开办了一批面向农民的报刊。较早的农民刊物有广东省农协创办的《犁头》，1926年1月创刊，罗绮园任主编，恽代英、李求实、邓中夏、彭湃常为其写稿。其后湖北的《湖北农民》、《湖北农民画报》，湖南的《农友》，江西的《江西农民》、《锄头》和《血潮画报》，山东的《山东农民》、《山东农民画报》，陕西的《耕牛》等陆续开办。这些刊物的主要内容一是对农民进行思想教育和革命形势教育，二是及时报道农民运动的动态。形式上能结合农民的特点，办得通俗易懂，富于鼓动性。农民报刊的大量涌现是中国新闻史上的一个新现象。

中共领导的学生运动在国共合作后也蓬勃开展起来，学生刊物大批涌现。首先是一批学生联合会创办的刊物，中华民国学生联合会机关报《中国学生》是其中出版时间最长，发行量最高的学生刊物。1924年5月创刊于上海，32开本，初为半月刊，后改为周刊，发行量达8000份。发刊词宣称，本刊以“宣传对外的民族革命对内的民主革命的国民革命”，“反对思想复古以促进文化”为责任。辟有“论坛”、“文艺”、“时事述评”、“学生界”等栏目，主要刊载帝国主义在华罪行、各地学生会活动情况、总会各项重要通告。1926年11月6日停刊，共出41期。各地学联的刊物有《上海学生》、《北京学生》、《湖南学生》、《湖北学生》、《香港学生》等，到北伐前夕，能统计到的各地学联刊物约50种。其次，其他学生团体和各学校创办的刊物也很多，著名的有广东新学生社创办的《新学生》半月刊。

一批妇女刊物在中共领导的妇女运动风潮中也应运而生。中共的第一个妇女刊物是《妇女声》，1921年12月13日创刊于上海，半月刊，4开4版，以上海中华女界联合会名义主办，主编王会悟、王剑虹，陈独秀、沈泽民、邵力子常为其撰稿，1922年秋停刊。《妇女周报》是1923年8月22日上海《民国日报》出版的副刊，向警予为主编之一，主要撰稿人陈独秀、恽代英、瞿秋白、杨之华等，是中共领导妇女运动的重要阵地。稍后出版的还有全国妇女联合会的机关刊物《中国妇女》，湖北妇女协会的《湖北妇女》，汉口妇女协会的《妇女运动》、《赤女杂志》，天津的《妇女日报》，北京的《妇女钟》、《妇女之友》等。

三、中国共产党主办的通讯社

中国共产党在其成立前后曾创办了一些通讯社。最早成立的是中俄通讯社，由共产国际工作组（后由中共上海发起组负责）于1920年7月在上海建立，共产国际工作组成员、中共早期革命活动家杨明斋任社长。中俄通讯社主要发送两类稿件：一类是翻译和报道来自俄国和共产国际的材料，在国内报刊——中共上海发起组创办的《新青年》和《民国日报》——上发表；另一类是摘编中国报刊上的重要消息，译成俄文，用电讯形式发往莫斯科，在苏俄报刊上发表。从1920年7月2日该社向上海《国民日报》发出第一篇稿件《远东俄国合作社情形》起，至1921年7月，该社仅向上海的报刊发稿即达140篇，发稿量可观。中共成立后，该社以“华俄社”名义发布新闻，又持续了相当长一段时间。

在北京，中共于1921年7月成立了劳动通讯社。该社属党组织创办的《工人周刊》的一个宣传机构，通讯社编委会成员先后有高君宇、王有德、韩麟符、于方舟、缪伯英、杨明斋、李梅羹、吴容沧、黄日葵等，发稿负责人是刘明勋。该社在各地聘请通讯员和特约记者，向《工人周刊》、北京《晨报》、上海《申报》等国内大报发稿。后期曾与邵飘萍的新闻编译社合作采访，并得到邵在业务上的指导。1926年4月邵飘萍被害后，劳动通讯社亦被迫停止发稿。中俄通讯社和劳动通讯社是中共最早创办的通讯社，它们一南一北为传播马克思列宁主义、宣传国内革命做出了贡献。

早期中共主办的通讯社还有：湖北共产主义小组创办的人民通讯社（社长陈潭秋），广东共产主义小组创办的爱群通讯社，山东共产主义小组创办的齐鲁通讯社。1925年6月，中共成立了第一个全国性的通讯社——国民通讯社，邵季昂、宋云彬、何味辛先后任社长。该社积极宣传革命，报道工人起义的消息，发了大量稿件。因军阀迫害，1926年夏一度被查封，恢复后坚持到1927年“四一二”政变后被查封。

中共早期的通讯社在传播马列主义、报道国内革命和工人运动方面发挥了重要作用，成为中共早期新闻事业的重要组成部分。

第二节　第一次国共合作时期国民党的新闻事业

一、国民党报刊网及中央通讯社的初步建立

第一次国共合作前，国民党前身中华革命党曾经在第一次护法运动和第二次护法运动期间创办过一些报刊，包括广州的《民主报》、《天民报》、《珠江日报》以及上海的《中华新报》、《民国日报》、《星期评论》、《建设》（月刊）等，这些报纸在拥护共和、发扬民治、唤起国民奋斗精神、积极参加护法运动和随后的反对北洋军阀斗争上发挥了一定宣传作用。但总的说来由于报刊数量有限，内部思想不统一，且有的很快停刊，因此难于形成合

力，宣传效果不佳。

1923年初，孙中山在第二次护法运动失败后开始考虑接受与苏联和中共合作的建议，年底，即落实接受列宁和共产国际的协助，重建大元帅府。共产国际派出鲍罗廷到广州做孙中山顾问，按苏共的模式重组中国国民党。1924年1月，中国国民党第一次全国代表大会在广州召开，宣布实行联俄、联共、扶助农工三大政策。在宣传方面，中共开始协助国民党建立国民党报刊体系。这个体系包括国民党中央机关报、国民党中央各党部机关报、地方党部机关报以及军人报。国民党中央通讯社也在这一时期建立。

1. 国民党中央机关报

国民党的中央机关报主要有《广州民国日报》、上海《民国日报》及《汉口民国日报》。

《广州民国日报》，1923年6月由国民党员吴荣新等集股自办。起初，该报的主要栏目有"评论"、"本报专电"、"本省要闻"、"本市新闻"、"各属新闻"、"中外要闻"、"外国通讯"、"译闻"等，并有副刊《消夏》。1924年7月，该报被广州市政厅接办，10月收归国民党中央宣传部管理，社长为陈秋霖（次年陈秋霖遇害，由陈孚木接替），栏目上另辟"党务消息"一栏，成为国民党中央机关报。在不同时期，该报政治倾向随国民党核心领导人政治态度而变。在南方革命政权所在地的广州，该报拥护孙中山国民革命主张，积极报道广东国民政府的消息，在第一次国共合作以及北伐之时，及时报道时政大事，拥护孙中山三大政策。，1927年广州"清党"，该报持右派立场。此后，沦为广东国民党派系斗争的工具。1936年12月31日被改组为《中山日报》，1948年《中山日报》停刊。

上海《民国日报》原为中华革命党在反对袁世凯的斗争中创办的报纸，1916年1月22日在上海创刊。筹办人陈其美，总编辑叶楚伧，经理邵力子兼任副刊编辑。1924年中国国民党第一次全国代表大会后，成为国民党上海执行部的机关报。国共合作时期，共产党员沈泽民、恽代英参加该报编辑。其副刊《觉悟》由邵力子、陈望道主编，瞿秋白、邓中夏、恽代英、萧楚女、沈泽民、蒋光慈等经常在上面发表文章。《觉悟》坚持国共合作立场，积极宣传孙中山三大政策，还发表了一些介绍马列主义和俄国情况的文章，在传播新思想上表现突出。"五卅运动"后该报整体性地逐步转向右倾，1925年底成为国民党右派"西山会议派"的报纸。1927年以后，转为国民党中央的直属党报。1932年1月30日停刊。同年5月改名《民报》复刊。抗日战争爆发后，于1937年11月再度停刊。1945年10月又以《民国日报》为报名复刊，1949年春终刊。

《汉口民国日报》是国共合作时期由共产党人主办的国民党中央机关报。1926年11月20日创刊于汉口。初为国民党湖北省党部机关报，后兼作武汉国民政府、国民党中央党部言论机关，经理董必武、毛泽民，主编先后是宛希俨、高语罕、沈雁冰。编辑、记者绝大多数是共产党员。在办报方针、宣传内容、经营管理上均由中共中央宣传部指导。日出对开3张。此报宣传国共合作的武汉国民政府的革命政策，报道北伐战争的胜利，支持工农群众运动，揭露帝国主义与新旧军阀的罪恶行为，在全国及国际上颇有影响。发行量达1万余份。1927年7月“宁汉合流”，共产党人被迫撤出报馆，报纸性质随之改变。同年9月30日终刊。

2. 国民党中央各党部及地方党部报刊

在国共合作期间，国民党中央各党部也都创办了自己的报刊，如宣传部有《政治周报》，农民部有《中国农民》、《农民运动》，工人部有《革命工人》，青年部有《革命青年》、《青年工作》，军人部有《军人周报》，妇女部有《妇女之声》等。国民党各省市党部也出版了报刊，如湖南的《长沙民国日报》、《新民》、《湖南工人》，江西的《南昌民国日报》、《贯彻日报》，湖北有《楚光日报》、《汉口民国日报》、《武汉星期评论》，北京有《民国日报》、《国民新报》，福建有《福州民国日报》，香港有《香港新闻报》。此外，四川、山西、河北、天津等省市国民党党部也都出版了报刊。有些中小城市的县党部也出版了报刊。如琼崖《民国日报》，汕头《民国日报》，梧州《民国日报》，宁波《民国日报》，无锡《民国日报》，松江《民国日报》。国民党在海外出版的报刊有仰光《党民日报》、泰国《国民日报》、墨西哥《醒华报》。

在国民党中央各党部创办的报刊中，《政治周报》、《中国农民》影响较大。

《政治周报》是国民党中央宣传部的机关报，1925年12月5日创刊于广州。主编由代理国民党宣传部长的毛泽东担任，从第5期起由宣传部秘书长沈雁冰担任，1926年3月沈雁冰去上海，张秋人接任主编。1926年5月蒋介石提出排斥共产党的“整理党务案”后，该刊被迫于6月5日停刊，共出了14期，每期发行4万份。

毛泽东在《〈政治周报〉发刊理由》中提出办报宗旨是：“为了使中华民族得到解放，为了实现人民的统治，为了使人民得到经济的幸福。”

《政治周报》创刊之时正值国民党右派在北京西山开会，公开反对孙中山三大政策，反对共产党，形成“西山会议派”。“西山会议派”在上海成立

“国民党中央党部”，接管上海《国民日报》作为其机关报。对此，《政治周报》的宣传内容，一是揭露批判国民党右派分裂革命的言论和行径，二是用事实宣传国共合作取得的成就。《政治周报》辟有“反攻”专栏，专载批驳国民党右派的短文。第2期和第4期分别以《革命派党员群起反对北京右派会议》和《反对右派会议者遍于全国》为题，摘要刊登全国各地和海外声讨西山会议的电文49件。第4期发表毛泽东题为《国民党右派分裂的原因及其对于革命前途的影响》的文章，指出右派集团的出现是阶级斗争的“一种必然现象”，其分裂“不足以妨害国民党的发展”，“不足以阻碍中国的国民革命”。该刊还集中发表了一批共产党人宣传国共合作取得重大成就的文章，如张秋人的《省港罢工的过去和现状》、刘少奇的《一年来中国职工运动》、李春涛的《东征纪略》等，以具体事实反驳国民党右派对国共合作的攻击。除此之外，作为国民党宣传部机关报，该刊还及时刊登国民党各种正式会议文件，刊登何香凝等著名国民党左派人士及广东国民政府一些头面人物的文章和报告，使它在北伐战争前夕的具体历史条件下影响十分广泛，成为进一步巩固国共合作，反对国共分裂的重要舆论阵地。

《中国农民》，1926年1月1日创刊于广州，月刊，16开本，国民党中央农民部机关刊物。后随国民党中央党部、国民政府迁至武汉出版，曾一度停刊，恢复后出至1927年7月第二卷第2期终刊。《中国农民》是指导农民运动的理论刊物，它大量刊登介绍各地农民运动的调查报告和工作经验的文章。如毛泽东的《中国农民各阶级的分析及其对革命的态度》和《中国社会各阶级的分析》等文，运用马克思主义理论，分析中国社会各阶级，指出工人阶级是国民革命的领导者，农民是无产阶级最可靠的同盟军，并对农民各阶级的经济地位、革命态度做了具体分析，指明了中国革命的方向。此外，李大钊的《土地与农民》、林祖涵的《中国国民党农民部两年工作状况报告》、彭湃的《海丰农民运动报告》等文，也对农民运动做了深入的调查研究，为农民运动提供了理论指导。《中国农民》成为第一次国共合作时期研究农民运动理论的权威刊物。

3. 国民党的军人报刊

1924至1925年，中国国民党师法苏共“以党建校，以校领军”的模式，先后创建了黄埔军校和国民革命军。国民革命军取消了各地方军队名目，与黄埔军校一起组编成第一至第八军。黄埔军校和国民革命军依照苏联红军建军方式，设立党代表制和政治机构。一批共产党人出任黄埔军校和国民革命军政治部门领导，为加强军队思想政治工作，创办了一大批革命报刊，如：黄埔军校的《军人周报》、《黄埔日刊》、《黄埔潮》半月刊、《革命军》，黄埔军校中国青年军人联合会的《中国军人》、《青年军人》等，国民革命军总政治部的《革命军日报》、《政治工作周刊》、《军人俱乐部》，总司令部学生兵团的《学兵日刊》，第一军的《突击》、第二军的《先锋》、《革命》半月刊，第四军的《四军周刊》、《军声》，第六军的《奋斗周刊》，第七军的《革命军人》，第八军的《前声》、《党声》等。据统计从1925年至1927年“四一二事变”前，仅在广东出版的军人刊物就有30多种。在军人报纸中，《中国军人》影响较大。

《中国军人》，1925年2月创刊于广州，是黄埔军校共产党员骨干分子组成的“中国青年军人联合会”的会刊。初为旬刊，从第7期起改为月刊，1926年3月出版最后一期终刊。共产党员王一飞任主编，经常撰稿的有共产党员蒋先云、周逸群等。该刊宗旨是“鼓吹革命精神，团结革命军人，唤醒全国军人，促起全国军人的觉悟”。刊物以军校师生为主要读者，还向各军寄送，发行量达2万份。

总的来说，国共合作时期国民党左派报纸主要特点有三：一是报刊数量激增；二是共产党人多参与报刊编撰工作；三是政治倾向上，拥护国民党“一大”政治纲领，支持孙中山的三大政策。

4. 国民党中央通讯社的创办

1924年3月28日，国民党中央执行委员会发出“通告”，责成国民党中央宣传部组建中央通讯社，负责向国人发布中央及各地党务消息和国内外要闻。4月1日，中央通讯社在广州正式成立。该社直属国民党中央党部，最初的主要任务是编发国民政府和国民党中央党部各种重要文告和中央各部消息，是国民政府的舆论机关。1926年7月北伐开始后，中央社派出随军记者采访，逐日报道北伐军消息。10月，北伐军攻克武汉，中央社遂迁至武汉。1927年“四一二事变”后，蒋介石在南京另设一个“中央社”。“宁汉合流”后，武汉中央社于1928年迁至南京合并。

早期的中央社规模很小，工作人员仅20余人，没有自己的电讯设施，只是利用两部老式收音机抄收一些国外通讯社的广播稿，同时抄录一些党政官报上的文章，免费供给宁沪各报。后来逐步改善，1932年实行改组后逐渐在国民党新闻系统中占据重要地位。1949年迁台，至今仍为台湾最大的通讯社。

二、国民党右派报刊

国共合作时期，国民党内一直存在着一股右派势力，他们反对共产党，反对国共合作，反对孙中山的三大政策。为了宣传其政治主张，国民党右派曾在广州、香港、上海等地创办了一批报刊。如广州的《护党旬刊》、《民权旬刊》，香港的《大光报》，北京的《民生周刊》等，“五卅运动”后，在广州、上海等地，孙文主义学会又创办了《国民革命》、《青白花》、《革命导报》、《独立旬刊》、《革命青年》等，其中以《国民革命》等黄埔系报刊较突出。另外，随着国共合作的深入，一批原来倾向革命的国民党报刊开始向右派报纸转化，较突出的有上海《民国日报》和汉口的《中央日报》。

黄埔系的右派刊物最初有孙文主义学会主办的《国民革命》周刊，1925年9月25日出版，主编贺衷寒。该刊不仅攻击共产党、反对孙中山的三大政策、攻击国民党左派、与由黄埔军校共产党员学生组成的中国青年军人联合会展开舆论上的对抗，而且还发展到武力冲突。1926年4月，在蒋介石的调停下，两会自行解散，《国民革命》周刊停刊。6月，由蒋介石授意另行组织成立了黄埔同学会，出版《黄埔月刊》作为黄埔军校内右派的主要舆论阵地。此后又陆续出版《黄埔周刊》、《黄埔军人》、《黄埔武力》、《黄埔生活》等，至此，右派报刊成为黄埔军校内舆论的主要声音。

上海《民国日报》原系中华革命党陈其美、叶楚伧等创办的私营报纸，国民党“一大”后成为国民党上海执行部机关报，但在叶楚伧的主持下，该报对国民政府的政策方针不做积极宣传，对宣传工农运动持抵触态度。1925年11月，叶楚伧参加国民党右派召开的西山会议后，该报连续刊登西山会议的消息、决议，还连续发表攻击共产党和国民党左派的文章，登载各地孙文主义学会的宣言、决议和消息，成为西山会议派的机关报。长期受共产党影响的副刊《觉悟》的主编邵力子也被排挤走，副刊不再刊登共产党人的文章，而是连续发表了戴季陶的《孙文主义之哲学的基础》、《忠告我们的好朋友——共产党》等文。

汉口《中央日报》是广州国民政府迁到武汉后，于1927年3月22日在汉口创办的国民政府机关报，16开。社长由国民党中央宣传部部长顾孟余兼任，总编辑为陈启修（共产党员，后脱党），另有一批共产党员和左翼人士参加编辑，如沈雁冰、孙伏园等。汉口《中央日报》一开始倾向左派，尤其是副刊，在孙伏园的主持下，曾经转载了毛泽东的《湖南农民运动考察报告》，“四一二事变”后还刊登了郭沫若的反蒋文章《请看今日之蒋介石》。“七一五事变”后，汉口《中央日报》开始为国民党右派所控制，并于9月15日停刊。

“宁汉合流”后，国民党左派报刊或停办，或被控制后转向，以至于全部丧失。

第三节　民营新闻事业的发展

第一次国内革命战争时期，在北洋政府统治的北京、上海、天津等大城市，由于军阀对新闻事业实行管制、收买和镇压的手法，这些地区的报刊生存状况呈现为四种情形：一是一些政党报刊在租界内艰难生存；二是一些敢于坚持正义，同军阀对抗的报刊和报人，最终遭到军阀封报捕人，甚至处死，如1926年4月至1927年4月，邵飘萍、林白水和李大钊先后被杀害；三是一些挂牌民营的报刊接受军阀的津贴和收买，敬颂和诽谤全随军阀意图行事，毫无报格可言；四是更多的民营报纸有意淡化政治色彩，标榜“无党无偏”，走出了一条企业化的发展之路。这些实行企业化经营的民营报刊，在当时复杂的社会环境下为中国报刊发展积累了可贵的经验。它们既有老牌的民营大报《申报》、《新闻报》，也有新晋的《大公报》和“世界报系”。

一、沪上两大民营报纸：《申报》和《新闻报》

20年代上海的两大老牌民营报纸——《申报》和《新闻报》在发展路线上延续了其一贯的企业化方向，只是在具体措施上各有新招。

1. 史量才与《申报》

《申报》是1872年4月由英商美查等人集资创办的，1909年被买办席裕福（子佩）收买后，于1912年转给史量才。史量才和朋友合股购得《申报》产权后，延续了《申报》初创时“作报生意”① 的发展思路，又进行了一系列革新，使得《申报》发行量稳步上升，由1912年的7000份发展到1922年的5万份和1926年14万份，以至于1932年的15万份，创造了《申报》的黄金时代。史量才接手后，从经营管理和新闻业务两个方面对《申报》进行了改革。

从经营管理上看，第一是搜罗并重用人才。1913年史量才高薪聘请时任《时报》主笔，有丰富编辑经验和深厚文学功底的陈景韩担任主笔，又聘请有良好教育背景、精明能干、擅长经营管理、尤其对广告学颇有研究的张竹平担任经理，将新闻采编和报业经营作为报纸发展的两翼，给予同等重视。此外，还先后聘请黄远生、邵飘萍、戈公振、陶行知、黄炎培等著名记者、编辑参加新闻采编业务。制版印务方面则聘请留美制版专家唐镜沅主持，从各个方面提

① 《论本馆作报本意》，《申报》1875年10月11日。

升了《申报》的品质。

第二是改善办公条件，更新技术设备。1918 年史量才花 70 万两白银建成 5 层的申报大楼，大楼完全按照报纸工作流程设计，除容纳编辑、广告、制版、印刷等业务部门外，还配备了生活卫生设施，在当时的上海和全国可谓独一无二。此外，又先后从美国购进多台最新式的印报机，两小时内可印完 10 万份报纸。并配置了铜版机、锌板机、铅板机等，使排印速度、制版质量大为提高。报馆还自备汽车用于送报。

第三是扩大广告业务。张竹平担任《申报》经理后，设广告推广科，派人外出招揽广告，并代客户策划、设计、制作广告。《申报》的广告质量和版面迅速提高，1915 年，《申报》版面中广告版面已过半，1921 年开始，《申报》经常出版 3 至 6 大张，外加增刊，而广告占了其中 2/3，广告成为该报盈利的主要来源。

第四是重视发行。《申报》设报纸推广科负责发行工作，除在本市推广外，还派人到全国各地招徕机关、团体和个人订户。外地长期订户最多时达 1 万户。

在新闻业务方面，第一个举措是，重视时政新闻的采集，在国内外建立完善的新闻信息网。为了采访到翔实的新闻，史量才在伦敦、巴黎、纽约、柏林、东京等地聘有特约通讯员，在国内各大城市和重要商埠也派驻记者、特派员及通讯员，如 1914 年、1916 年黄远生和邵飘萍先后被《申报》聘为驻北京特派员，他们发来的“北京通讯”和“北京来电”不仅及时报道了政坛动态，而且内容丰富、文字生动，引起读者极大兴趣。

第二个举措是，创办各种增刊和专栏，使报纸内容趋向综合化、杂志化。《申报》的增刊和专栏内容偏重文化、教育、科学。1919 年 8 月 31 日创刊的《申报星期增刊》逢周日出两大张 8 版，内容为综述一周世界政治、经济、外交、军事等大事，组织专家学者对若干国际问题进行评析，适合知识界读者。1920 年 6 月 1 日创刊的《常识增刊》，日出半张 2 版。内容为介绍道德、礼俗、法律、市政、卫生、科学等方面常识，文字通俗，形式多样，趣味性强，适合中下层市民读者。此后陆续开办的《申报汽车增刊》（1921 年 11 月 27 日，逢周六出）、《教育与人生》周刊（1923 年 10 月）、《本埠增刊》（1924 年 2 月，日出两大张）等等，满足了社会上不同读者群的需要。《申报》开设的众多增刊可以说是我国报纸分众化经营的较早尝试。

2. 汪汉溪与《新闻报》

《新闻报》是与《申报》并称的上海另一份民营大报。1899 年美国人福开森买下《新闻报》并自任董事长兼监督，聘请时任南洋公学庶务的汪汉溪管理。汪汉溪办事“调度得宜，勤勉不苟”，为人“诚正可靠”，深受福开森信任。他主持《新闻报》后，采取了一系列措施，使得《新闻报》发行量由1899年的四五千份，发展到1920年的5万多份、1924年汪汉溪去世时的10万份、1926年的14万份，以至于1928年率先突破15万份大关，将《新闻报》发展成上海发行量最大的商业报。汪汉溪的经营管理有以下几个特点。

第一，找准定位，确立特色，实行差异化竞争。与《申报》定位于政界和士绅阶层，重政治、文化、教育的特色有所不同，《新闻报》定位于工商界和普通市民读者，特色是“轻政重商”。1922年4月15日《新闻报》首创“经济新闻”专版，聘著名经济学家徐沧水主持。该栏目登载商情、物价等详情，国内及国际经济动态，并邀请经济学专家进行评论分析，深受工商界人士的欢迎。

《新闻报》重视迅速翔实的本市新闻报道是其定位于普通市民的又一特征。《新闻报》在新闻事件频发的巡捕房、会审公堂、医院等处聘有专门的“报事员”负责“报料”，据此获得的独家新闻和首发新闻为该报赢得了广大市民读者。

此外，该报多而全的广告也体现出其重商轻政、迎合市民的特色定位。在《新闻报》中，广告地位优于新闻，“根据汪氏父子的经验，该报广告与新闻必须保持六与四的对比，即广告占六成，新闻占四成”①。该报还设有准备科，专门负责调整报纸版面以优先满足广告。该报广告分类登载，除了百货售卖、文化出版、电影戏目、婚丧喜庆、征聘、出租等分类广告外，还登载“按摩”、“向导”、“舞场”、“XY光”等品位不高的黄色广告。种类齐全的广告，一方面方便了市民获取信息，另一方面也迎合了一些市民的低级趣味。1922年，《新闻报》的广告收入达到近百万元，而同一时期《申报》的广告收入最多不过30万元。

《新闻报》还坚持开设适合普通市民趣味的副刊。1914年《新闻报》效仿《申报·自由谈》开办了以趣味性为主的综合性副刊《快活林》。每天发表一篇主编严独鹤写的时评性短评，除此以外，还有一个受欢迎的内容就是连载鸳鸯蝴蝶派小说，如《侠凤奇缘》、《镜中人影》、《鸳鸯剑弹词》等。最著名的连载小说是张恨水的《啼笑姻缘》。1932年该副刊更名《新园林》，但趣味为主的定位依旧不变。副刊受市民追捧，也促成了《新闻报》的畅销。

---

① 陶菊隐：《记者生活三十年》，北京：中华书局1984年版，第217页。

第二，注重商业竞争。在行业内拼设备、抢时效，实行低价倾销，业务上取人之长。

汪汉溪极具竞争意识，在新闻时效、报纸质量、发行数量上力求最快、最好、最多。1914年世界大战爆发，汪汉溪以商人的精明预计到西欧生产的卷筒纸可能断货，便将房产、印刷机器、存货栈单等作抵押向银行贷款，以此购进足够使用6年的白报纸。结果，不仅解决了自己报纸的用纸，还因纸价飞涨大发了一笔财。利用这笔资金，1914年至1916年，《新闻报》先后购进二层轮转机、三层转轮机和四层转轮机各一台，使报纸日销量从4万份增至12万份时，印刷上也毫无困难。1927年再购进高速轮转机两部，每小时可印四大张的报纸3.6万份。《新闻报》的印刷设备是全国最好的，每天开机印报只需一个多小时便可完成。先进的印刷设备，不仅提高了报纸版面质量，也缩短了印报时间，在新闻传播时效上也领先了一步。

为了及时收听最新消息，《新闻报》于1922年冬装置了无线电接收台。1929年秋季又开始聘请专家指导饲养信鸽，在1932年“一二·八”淞沪战争和1933年南京全国运动会期间，采用信鸽传递消息，取得良好效果。

发行上，《新闻报》通过压低批发价来扩大报纸销量。为了赢得销量，《新闻报》甚至不惜亏本。1923年该报曾算过一笔账，报纸在本市每售出一份亏本大洋1分多，在外埠每售出一份亏本大洋2分多。《新闻报》销售虽然亏本，但销量却始终高居沪报之首，从而赢得了最大的广告份额，广告成为《新闻报》利润的真正来源。

在报纸业务上，《新闻报》还善于取人之长，并努力超越。汪汉溪主持《新闻报》时，同城最大竞争对手《申报》创办了一些叫得响的品牌栏目和增刊，为此，《新闻报》不甘落后，及时跟进。如《申报》创办《星期增刊》，《新闻报》也办《新新闻》；《申报》创刊《常识》，《新闻报》便推出《新知识》；《申报》创设《本埠增刊》，《新闻报》也设《本埠附刊》。《申报》为了在销量上赶上《新闻报》，采取附送画报的办法，招揽读者。当时上海只有一家印刷所有照相版设备，《申报》与该印刷所合同约定，不许其承印别家报馆画报。《申报》附送《图画周刊》后，销量果然有起色，《新闻报》也想如法炮制，苦于印刷所不承印，只好找一家有橡皮版的印刷所代印，效果虽然差些，但尽量在摄影技巧与构图艺术上加以弥补，《新闻报》的《图画附刊》一样受到读者的喜爱。

由于汪汉溪的努力经营，《新闻报》一直稳居上海报纸发行量首位，并成为上海市民最喜爱读的报纸。1937年6月关于上海读者调查的统计资料表明，

《新闻报》是上海读者最爱读的报纸，上海读者有29%订阅《新闻报》，19%订阅《申报》，15%订阅《大公报》，其他报纸等而下之①。

二、民营报的后起之秀：新记《大公报》

《大公报》最初由英敛之于1902年在天津创办，至1916年转给安福系财阀王郅隆。王聘请胡政之为该报经理兼总编辑，至1920年直皖大战前后，《大公报》一直是皖系军阀的喉舌。1920年皖系战败后，王郅隆被通缉并客死日本，《大公报》在其子王景琦主持下，勉强维持到1925年11月停刊。

1926年9月，吴鼎昌、胡政之、张季鸾合组新记公司。由吴鼎昌出资5万元从王景琦手中买得《大公报》，胡政之带国闻通讯社和《国闻周报》一干人作为工作人员，张季鸾主持笔政，1926年9月1日，《大公报》在天津继刊。《大公报》由此进入其发展辉煌期——新记大公报时期。

1.《大公报》的"三巨子"

吴鼎昌的资本、胡政之的经营、张季鸾的社评文才是新记《大公报》的三绝。三人的素质与眼界以及对于新闻事业的共同志趣，使其成为了新记大公报最稳固最有效率的决策层。《大公报》复刊伊始，三人便约定：报纸不向任何方面募款，由吴鼎昌出资，胡政之、张季鸾以劳力入股，三年内在报馆领取薪酬，不兼任其他有俸给的公职。由此确立了民营报纸舆论独立的经济基础。分工方面，吴鼎昌任社长，胡政之任经理兼副总编辑，张季鸾任总编辑兼副经理。三人共组社评委员会，研究时事，商榷意见，决定主张，轮流执笔，最后张季鸾负责修正。三人意见不同时，以多数决定，三人意见各不同时，以张季鸾为准②。他们将投身报界十余年之阅历和经验，应用于《大公报》复刊的经营管理及新闻业务之中，配合十分默契。

吴鼎昌（1884—1950年），字达铨，笔名前溪，原籍浙江吴兴县，生于四川华阳。出生官宦家庭，早年就读于成都尊经书院，1903年官费留学日本，入东京高等商业学校，其间，加入中国同盟会。1910年回国，执教于北京法政学堂。此后沉浮于财政两界，历任造币厂厂长、中国银行总裁、段祺瑞内阁财政次长、四行（盐业、金城、中南、大陆）储蓄会主任等职。吴鼎昌为人精明，有商业头脑和政治眼光。纵观其一身，虽曾拥有多种身份，但中国传统文人的血脉却贯注始终。他十分重视报纸作为社会公器的作用，对于报纸独立

① 万叶：《上海读者与上海报纸》，《新闻记者》创刊号，1937年6月5日。
② 胡政之：《回首十七年》，《大公报》沪版，1949年4月5日。

自持的地位有深刻的认识。《大公报》续刊之初，吴鼎昌便拿出5万元资本来维持，生计十分艰难，出刊的三四个月内，每月累赔之数不少于三四千元①，但他仍然坚持不接受任何财阀、政治势力的资助，与胡政之、张季鸾及报馆职员同心协力，惨淡经营。吴鼎昌白天在盐业银行办公，晚上到报馆和胡、张二人讨论新闻，交换意见，并经常为报社写社评。在人事录用升迁、报纸大政方针等问题上，他也放手让权于胡、张二人。后来吴鼎昌重返仕途，便疏于与报馆往来，他始终认为"我们不是为了某种利益办报，更不是为了某一派系而办报，也绝不为某一个个人而办报，我们是为了人民全体的利益而办报"。1935年12月，吴鼎昌出任蒋政府实业部长，更是辞去《大公报》社长一职，此后一直追随蒋政府，1950年病逝于香港。

胡政之（1889—1949年），名霖，笔名冷观，四川成都人。出生官宦家庭，早年随父居安徽，入安庆省立高等学堂读书。1907年自费赴日本留学，毕业于东京帝国大学法律专业。1911年归国后曾开办律师事务所。1912年应聘上海《大共和日报》，历任翻译、编辑和主编等职，此后终身投身新闻业。1916年任王郅隆《大公报》经理兼总编，曾亲自采访段祺瑞"马厂誓师"等重大新闻，蜚声于时。并对《大公报》进行改革，将原有记者开除，同时聘请林白水、梁鸿志、王峨孙等为特约访员，每天以电话向天津发消息，或以快邮寄稿，新闻因此大有改观。同时对版面进行了改革，抛弃旧式书册，改用西式通栏，版面设计不断提高。在此后一系列事件如张勋复辟、新文化运动中都发表过不少有分量的报道和文章。同时也密切注意国际动向，1918年作为《大公报》记者前往欧洲采访巴黎和会，也是与会的唯一中国记者。会后，赴欧洲各国考察。1920年7月回国后，在《大公报》开辟栏目，介绍西方文化与新思潮。不久，因直皖大战皖系失败，《大公报》一蹶不振，胡政之遂辞职，转任林白水《新社会》报总编一职。

1921年8月胡政之在上海成立国闻通讯社，负责向各报提供稿件。为能自由发表言论，1924年胡政之又创办《国闻周报》。周报内容丰富，有时政、经济评论、一周大事及文艺专栏等，撰稿人除胡政之外，还有吴鼎昌、潘公展、叶楚伧等。1926年，周报随新记《大公报》的出版迁到天津，1936年《大公报》沪版创刊，复迁回上海出版，至1937年上海沦陷前被迫停刊。

开办新记《大公报》后，胡政之掌握报社经营的全局，每日上午处理发

① 孙宏：《新记大公报对早期编辑权和经营权两者关系的处理》，《新闻实践》2002年第12期。

行、广告等经理事务；下午参加编辑会议，评比各报内容，寻找新闻线索，安排记者采访；晚上和吴鼎昌、张季鸾商讨社务，研究时事，选择社评题材，每星期还撰写几篇社评。一天工作常常达 12 小时。

胡政之不仅在行政管理、人才录用、报纸经营上自有一套办法，而且在报纸发展的大方向上也表现出独到的眼光、气魄和信心。1936 年《大公报》沪版创刊，发行达 10 万份，成为全国性的民营大报。1937 年抗战爆发，天津、上海沦陷，《大公报》迁往武汉、重庆和香港出版，胡政之率徐铸成负责《大公报》香港版。1941 年 12 月 25 日香港沦陷前，胡政之便未雨绸缪，提前派徐铸成于 1941 年 2 月 15 日创办《大公报》桂林版。抗战胜利前后，胡政之雄心万丈，想创办《大公报》广州版，以天津、重庆、上海、广州占领华北、华西、华东、华南四大据点，建立起一个覆盖全国的庞大的报业集团，尤奈时局多变，最终成为不可实现的构想。但他凭着办报多年，对国家政治问题特质的清醒认识，于 1948 年初，投入大量经费在美国创办英文版的《大公报纽约双周》，3 月 15 日，又恢复《大公报》香港版，作为以后的出路。他计划以香港为退路，以后再到新加坡、美国办报。然而，4 月 4 日，这一计划尚在执行中，他便因长期劳累而一病不起。回到上海辗转病榻一年后，于 1949 年 4 月 14 日病逝。第二天《大公报》上海版发表他 1943 年写的纪念张季鸾的文章《回首十七年》，不料也成了对他自己的纪念。

胡政之一生以报人自任，多次拒绝做官。他曾说："我与社会上层人物和达官权贵虽多交往，但只有公谊而无私交，所谈皆国内外时势大事，从不涉私，这样对于事业是有利的。"他为中国新闻事业创造了一系列独具风格的办报经验。

张季鸾（1888—1941 年），名炽章，笔名一苇、榆民等，陕西榆林人。1888 年 3 月 20 日生于山东邹平，1901 年，父亲死后，他随母亲扶柩返回榆林，后就读烟霞草堂，师从大儒刘古愚，得到陕西学台沈卫（沈钧儒叔父）的赏识和器重，1905 年官费留学日本，任《夏声》杂志编辑，开始走上"言论救国"的道路。1910 年在于右任主办的上海《民立报》任记者。辛亥革命后，担任孙中山先生的秘书，负责起草《临时大总统就职宣言》等重要文件。1913 年受命北上创办北京《民立报》，并且发出了中国近代报业史上第一份新闻专电，披露袁世凯政府与六国银行团签订的"善后大借款"合同全文，引起轩然大波，张因此被捕，系狱 3 月。出狱后回上海先后任《大共和日报》编译和《民信日报》总编辑，积极进行反袁宣传。1916—1924 年任北京、上海两地的《中华新报》总编辑。

1926年9月，张季鸾担任新记《大公报》主笔，负责处理版面、指挥采访、撰写评论。他每天午后到报馆主持编务，一是研究当天的经济行情以及京津沪各报的新闻言论和版面编排，评短论长；二是对编辑人员进行分工；三是预测当天可能发生的重要新闻，初步考虑第二天报纸的版面轮廓。晚间则亲自处理重要新闻的标题及版式，为吴、张的评论润色，或亲自为报纸撰写社评，常常工作到凌晨两三点钟。张季鸾写社评，切中时事，细腻深刻，注重报纸对社会的匡扶作用，而且思维敏捷，挥洒自如。他习惯提笔疾书，能根据版面大小控制行文长短，有时为了赶时间、抢速度，他往往写好一段先行付排，后稿写完，前稿已排版完毕，而后，他自校自改，一气贯通。张季鸾凭着他"文笔犀利、议论精辟的新闻评论，首创一格的新闻编辑和标题，以及由于他的特殊新闻敏感，指挥采访、写作的独特新闻"提升了《大公报》的品格①。张季鸾主持《大公报》的社论始终坚持"文人论政"的传统，即使是抗战期间受到蒋介石的礼遇，他也没有放弃对当局的批评。1941年9月6日，张季鸾于重庆病逝。在他弥留之际，蒋介石曾亲往探视。去世后，周恩来、董必武、邓颖超唁电中称："季鸾先生，文坛巨擘，报界宗师。谋国之忠，立言之达，尤为士林所矜式。"毛泽东肯定他"坚持团结抗战，功在国家"。

2.《大公报》的"四不"方针及业务革新

在新记《大公报》时期，最著名的就是它的"四不"方针。《大公报》续刊号上发表了张季鸾起草的《本社同人之旨趣》一文，提出了著名的"不党、不卖、不私、不盲"的"四不"办报方针。所谓"不党"，即"纯以公民之地位发表意见，此外无成见，无背景。凡其行为利于国者，吾人拥护之；其害国者，纠弹之"。所谓"不卖"，即"不以言论作交易。换言之，不受一切带有政治性质之金钱补助，且不接受政治方面之入股投资是也。是以吾人之言论，或不免囿于知识及感情，而断不为金钱所左右"。所谓"不私"，即"除愿忠于报纸固有之职务外，并无私图。易言之，对于报纸并无私用，愿向全国开放，使为公众喉舌"。所谓"不盲"，即"夫随声附和，是为盲从；一知半解，是谓盲信；感情冲动，不事详求，是谓盲动；评诋激烈，昧于事实，是谓盲争。吾人诚不明，而不愿自陷于盲"。

"四不"是吴、胡、张三人针对当时社会环境及报界弊端，立志办对社会负责任的报纸而提出的办报方针，它为新记《大公报》在政治、经济、新闻

---

① 转引自傅国涌：《大公报三巨子——纪念〈大公报〉创立100周年》，《世纪中国》2002年6月。

及言论上的独立确立了方向。《大公报》借此形成了自己独特的风格，在变幻莫测的政治格局中，始终坚持国家至上、民族至上，做社会“公器”的立场，正是这种立场赢得了社会大众的认同，《大公报》很快在舆论界崛起，成为影响全国的民营大报。

新记《大公报》在新闻业务上较以前也有很大改观。在内容上重视自己采写新闻，重视发表言论，重视创办各种专栏和副刊。在版式上，一改过去的通栏编排为多栏编排，注重长短新闻的搭配，不同字号、字体的运用，对重要新闻配以大标题和图片予以突出，使版面错落有致，编排精美。

《大公报》团结智慧的领导班子、先进的理念、业务和管理上的革新，使一个濒临倒闭的老报起死回生，在不到半年时间里实现了扭亏为盈。并最终发展成为异地多馆的有全国影响力的大报。这些业绩将在下章详述。

三、成舍我的“世界”三报

20年代中期，在军阀统治的北京，成舍我创办的以“世界”二字命名的系列报纸：《世界晚报》、《世界日报》及《世界画报》影响很大，成为当时北方重要的民营报纸，而成舍我以个人力量办报获得成功的传奇经历也广为新闻界所称道。

成舍我（1898—1991年）原名成勋，后名成平，笔名舍我。湖南湘乡人，生于南京。14岁开始闯荡社会，从1912年到1918年，分别从事过沈阳《健报》、安庆《民岩报》、上海《民国日报》的校对、记者、编辑等工作。1918年入北京大学就读，期间，经李大钊介绍在《益世报》做兼职编辑，发表了许多文辞激烈的评论，如五四期间所写社论《安福与强盗》就因刺激了当局而遭致报纸被勒令停刊3天。1921年成舍我从北京大学毕业后，除继续任《益世报》编辑外，还通过关系兼了几份其他的差事，如众议院秘书、教育部秘书、华威银行监理等，几年下来，有了一笔积蓄。1924年，他将自己积攒的200元大洋，在北京创办了一份4开4版小报，即《世界晚报》。

《世界晚报》于1924年4月16日创刊。这是一份名副其实的小报。首先是规模小，人员总共才3个半，社长由成舍我自任，经理吴范寰，总编辑龚德柏，张恨水为副刊的兼职主编，只算半个人手。其次是办报条件简陋，报馆设在成舍我自家住所内，无印刷设备，报纸由私人印刷局承印。但成舍我和报馆同仁自采、自编、自办发行，终于在激烈的同业竞争中立下足来。

1925年2月10日，成舍我利用从财政总长贺得霖处陆续获得的4000元资金，购买了印刷设备，租下场地，创办了一份日报，即《世界日报》。《世界日报》初为对开4版，2个月后扩为8版。版面安排为：一、四版刊登广告，二、三版为国内新闻，五版为画报，六版为各国新闻和地方新闻，七版为“经济”、“教育界”、“妇女界”，八版为副刊《明珠》。1925年10月1日，第五版画报从日报分离出来，定名为《世界画报》单独出版，由褚保衡主编。初为单张4开，不久改为4开4版。先是隔日出版，不久改为周刊。头版为时事、风光，其余版面全登广告。发行上由销售改为免费赠送给日晚报订户。

为了在竞争激烈的同类报业中跻身，成舍我办报从三个方面进行突破：一是重视独家新闻的采写，注重编排上的创新。针对北京高校多、知识分子集中的特点，《世界晚报》开辟“教育专栏”，报道高校各种动态。《世界日报》也对教育新闻给予特别重视，如对“三一八惨案”采取新闻、图片、社论、专版的形式进行全面报道，向读者还原了事件真相，在社会上产生了极大影响。二是办好副刊。《世界晚报》的副刊《夜光》和《世界日报》的副刊《白光》，均由著名的鸳鸯蝴蝶派小说家张恨水主编。副刊除登载诗词随笔外，还连载张恨水的长篇小说《春明外史》和《金粉世家》等。小说连载大受读者欢迎，经常是报纸未出，读者已翘首以待了。副刊的出彩极大地推动了日、晚两报的畅销。三是实行多种多样的行销和广告策略。在报纸营销上，首先，是提高报纸知名度。办报之初，成舍我常常制造与同业或社会名流之间的笔墨官司来引起轰动效应。例如，与刘煌主持的《北京晚报》互相指责，揭发内幕，与离职的龚德柏所主持的《大同晚报》相互叫骂①，还在报纸上攻击段祺瑞之子段宏业、司法总长章士钊等，这些带有炒作性质的事件大大吸引了读者眼球。其次，是通过让利来促销报纸。当时通行报纸批发以7折为限，而成舍我以5折将日、晚两报批发给报贩，对其让利两成，大大吸引了报贩。再次，是组织报社人员到街头自卖自买自家报纸，造成抢手的假象，招徕行人购买。在广告经营上，最初招徕广告的办法可谓五花八门，其一是自编广告刊登，以吸引真正的广告主。例如广告栏曾刊登张恨水的房屋招租广告，还刊登名人发表的新年祝词等等②。其二是从别家报纸登载的广告中选登几条在自家报纸上，然后上门索要广告费。其三是低价拉广告。这些办法在办报之初

---

① 王文彬：《中国现代报史资料汇辑》，重庆：重庆出版社1996年版，第162页。转引自唐志宏《报业集团与媒体知识分子——以成舍我“世界”报系为例》，2008年11月26日世界华人传播学学术研讨会：中国西部与全球化。

② 《广告栏·新年祝词》，《世界日报》1927年1月1日。转引自唐志宏：《报业集团与媒体知识分子——以成舍我“世界”报系为例》，2008年11月26日世界华人传播学学术研讨会：中国西部与全球化。

确也奏效，不过终非上策，随着报纸广告业务的扩大，这些办法渐渐不再使用。

三份刊物在成舍我的苦心经营下，一举成功。《世界晚报》创刊不到一年，销量即达1万份；《世界日报》销量也在短时间内跃居京城第一。1926年，正当成舍我欲进一步大展拳脚时，北京的奉鲁军阀加紧了对新闻界的制裁。4月26日邵飘萍被杀，8月6日林白水被杀，林白水遇害第二天，成舍我也因言惹祸，遭军阀张宗昌逮捕，被营救出狱后深居简出了一年时间。第二年，李大钊等再遭不幸，成舍我在北京处境堪忧，遂于8月离开北京前往南京开辟新的报刊事业。“世界”三报交由同人打理，出版至1938年8月9日日军占领北平的第二天停刊。

第四节　中国广播事业的诞生

中国的广播事业最早出现在20世纪20年代。和近代报业一样，中国的第一批广播电台也是由外国人创办的，此后逐渐出现由中国政府开办和中国民间开办的电台。

一、外商在华创办电台

20世纪20年代外商在中国开办的广播电台主要有三座，均集中于上海。第一座广播电台是由美国人奥斯邦与英文《大陆报》报馆合作创办的“大陆报—中国无线电公司广播电台”，台址位于外滩广东路3号的大来洋行屋顶，呼号XRO，发射功率为50瓦，播送新闻及音乐等娱乐节目，周日播送《布道》、《祈祷》等宗教节目。该台1923年1月23日首播，曾在上海租界引发了一阵“无线电热”，但由于未经中国政府批准，4月间遭取缔停播。

第二座广播电台是由美商新孚洋行于同年5月底创办。但不久即因经费困难而停办。

第三座广播电台是由美商开洛电话材料公司创办的开洛公司广播电台，呼号为KRC。发射功率初为100瓦，后扩至250瓦。该台与《申报》报馆合作，每天上午、晚上各播音1次，共2小时。播出内容包括《申报》提供的新闻稿，另有英语新闻、中外音乐唱片、气象、商情、广告、时刻、京剧、评弹、名人演讲等。该台1924年5月15日开播，到1929年10月停播，历时5年多，是早期外商在华开办广播电台播出时间最长、影响最大的一家。

二、中国人自办广播电台

20世纪20年代以前，中国政府将广播电台与无线电报等同看待，凡私设电台、私自购买收音机、无线电设备一律查禁①。后来政府在屡次查禁广播电台事宜中，逐渐了解到播送新闻、商情及娱乐节目的广播电台不同于用于通讯联络的无线电台，对国家安全不会造成威胁。于是，1924年8月北洋政府交通部颁布了中国第一个关于无线电广播的法令《装用广播无线电接收机暂行规则》，对建立广播电台和出售、安装收音机实行有条件开放。

《暂行条例》颁布后，首先出现的是一批官办的广播电台。第一座广播电台是1926年10月1日开播的、由奉系当局支持创办的“哈尔滨无线广播电台”，呼号XOH，功率100瓦，每天播出2小时，内容有新闻、音乐、演讲及物价报告。是我国自办的第一座广播电台。

第二座广播电台是1927年5月15日开播的、由交通部创办的“天津广播无线电台”，呼号COTN，发射功率500瓦。内容有新闻、商情、音乐、讲座及戏曲节目。当时盛行京剧，为了满足听众要求，天津台还常常通过长途电话线转播北京上演的京剧。

第三座广播电台是1926年9月1日开播的、由交通部创办的“北京广播无线电台”，呼号为COPK，功率20瓦，后增至100瓦。内容与天津台类同。

1928年元旦，哈尔滨广播无线台迁至哈尔滨，呼号更改为COHB，发射功率扩大至1千瓦，播出汉语、日语和俄语三种节目。同一天，新建的“沈阳广播电台”正式开播，呼号COMK，发射功率2千瓦，和哈尔滨广播电台同属东北无线电长途电话监督处管理。

官办电台出现不久，民营电台开始出现。最早的民营电台是1927年3月19日开播的上海新新公司广播电台，呼号SSC，发射功率50瓦，内容主要为公司广告和娱乐节目。1927年底，另一座民营电台北京燕生广播电台开播。

总的说来，1923年至1928年北洋军阀统治时期，中国广播事业处于萌芽阶段。全国共有外商和中国官办、民办电台10来座，这些电台发射功率普遍不大，覆盖面有限。全国共有收音机约1万台，集中分布在电台覆盖所及的城区。

---

① 1915年北洋政府公布《电信条例》，规定电信由国家经营。

思考题

1. 试述《向导》、《中国青年》的创办经过、基本内容和主要特点。

2. 简述蔡和森、瞿秋白、恽代英、萧楚女等的办报活动，评价其对中国共产党新闻事业所做的贡献。

3. 列举国共合作时期的主要报刊及其特点。

4. 这一时期《申报》、《新闻报》企业化经营的主要特点各有哪些？

5. 新记《大公报》一举成为有影响力大报的经验有哪些？

6. 简述成舍我创办“世界”三报的经过，分析其取得成功的经验。

7. 中国广播事业是在怎样的背景下诞生的，早期中国广播事业发展的状况如何？

第八章　十年内战时期的新闻事业

十年内战时期指1927年至1937年，中国处于国民党政府与共产党政权之间激烈交战的十年。1927年，蒋介石在南京发动“四一二政变”，汪精卫在武汉发动“七一五政变”，开始清剿共产党，而周恩来等领导发动“八一南昌起义”，宣告了共产党武装夺取政权斗争的开始，至此，国共交战的局面正式形成。1927年4月18日蒋介石在南京建立国民政府，随后国民政府肃清了北洋军阀残余势力，实现了中国南北统一，在国民党内部结束了派系斗争，并开始了持续不断的对共产党工农政权的围剿。共产党在大革命失败后，开始在江西、湖南、福建等边区建立革命根据地，并于1931年11月在江西瑞金成立中华苏维埃共和国临时中央政府，在遭到国民党军队5次围剿后，不得不于1934年开始向陕北地区长征。这一时期政治格局的变化，使得新闻事业的发展呈现出新的变化和特点。总的特点是新闻事业区域化：国统区以国民党党营新闻事业为主，共产党领导的革命根据地以共产党的新闻事业为主。具体而言，新闻事业发展呈现如下趋势：

其一，国民党新闻体系开始形成并稳步发展。随着南京国民政府的建立，国民党开始构建包括报纸、电台、通讯社在内的新闻网络，国民党的新闻事业得到稳步发展。

其二，共产党新闻事业被迫调整和艰难发展。由于遭到国民党的军事和文化围剿，共产党的新闻事业遭受了极大挫折，其中一部分退守至革命根据地，一部分则在国统区转入地下，生存极为艰难。

其三，民营新闻事业企业化有了进一步的发展，且在“九一八事变”之后，政治上开始表现出强烈的爱国民主立场。在国民党新闻制度下，在错综复杂的社会政治生活中，民营新闻事业艰难地继续着其企业化之路，一度曾出现过报业集团化的趋势，但很快就被复杂的时局所中断。

第一节　国统区党派新闻事业

一、国民党党营新闻事业网的建成与稳步发展

1927 年国民党南京国民政府建立后，即着手建设其党营新闻事业，并逐渐形成了以南京为中心、覆盖全国的党营新闻事业网。这个网络的基本格局为：以《中央日报》、《扫荡报》为中心的党、政、军报网，以中央广播电台为中心的国民党广播网，以中央通讯社为中心的国民党新闻通讯网。

1.《中央日报》

1927 年 3 月 22 日，随着北伐军攻入武汉，武汉国民政府在汉口创办《中央日报》，社长由国民党中央宣传部部长顾孟余兼任，总编辑为共产党员陈启修，沈雁冰、孙伏园等一批共产党员和左翼人士参加编辑。“四一二政变”后，发表了不少反蒋文章。“七一五政变”后，“宁汉合流”，武汉《中央日报》于 9 月 15 日停刊，共出 176 号。

南京国民政府成立后，1928 年 2 月国民党在上海创办《中央日报》，孙科任董事长，国民党中央宣传部部长丁惟汾任社长，潘宜之兼任总经理，彭学沛任总编辑。编委由各方代表人物组成。1929 年 2 月 1 日《中央日报》迁址南京，受国民党中央宣传部党报委员会领导，下设经理部、编辑部。总编辑为严慎于，后鲁荡平、赖琏相继接任。

1932 年 3 月，《中央日报》改行社长制，37 岁的程沧波首任社长，言论报道直接对国民党中央负责，行政独立。内部管理实行社长领导下的总编、总经理负责制。程沧波提出“经理部要充分营业化，编辑部要充分学术化，整个事业当然要制度化效率化”① 的口号，同年先后增出《中央夜报》、《中央时事周报》。1935 年 10 月，中央日报大楼在南京新街口落成，引进轮转印报机，日出 3 大张，每日销售数由 6000 份增至 3 万份。

《中央日报》在抗战期间还出了各种地方版。1937 年 6 月，配合蒋介石的庐山军官训练团出版庐山版。1937 年 12 月 31 日南京沦陷，《中央日报》先后迁址长沙、重庆，于 1938 年 9 月 1 日在重庆复刊。此后又增设长沙、昆明、成都、西康、贵阳、屯溪、桂林、福建等地方版。

---

① 程沧波：《七年的经验》，转引自方汉奇主编《中国新闻事业通史》，第 2 卷，北京：中国人民大学出版社 1996 年版，第 256 页。

1945年《中央日报》迁回南京出版。1947年实行股份制改造，成立中央日报社股份有限公司。

《中央日报》作为国民党政府言论机关报，“一切言论自以本党主义政策为依归”①，其言论编辑方针，除了一般的“阐明党义，宣扬国策”外，更着重提出以“拥护中央，消除反侧。巩固党基，维护国本”② 为职责。1949年4月23日，《中央日报》在大陆停刊，迁台湾出版至2006年6月1日，因财政负担终刊。

《扫荡报》作为国民党的军报，在国民党报业系统中也占据重要位置。1931年5月国民党军事委员会南昌行营政训处出版《扫荡三日刊》，创办人贺衷寒称：“扫是扫除匪贼，荡是荡平匪巢。”可见该报宣传“剿共”的办报目的所在。1932年6月23日该报改名《扫荡日报》，同时发行《扫荡旬刊》、《扫荡画报》。1935年5月《扫荡日报》迁汉口出版，更名《扫荡报》，出对开3大张，面向社会发行。1938年10月武汉沦陷后该报迁重庆出版，并先后出桂林版、昆明版。1944年成立有限公司，实行报社企业化。何应钦任理事长，张治中、陈诚任副理事长，黄少谷任总经理兼总社社长，成为国统区具有重要影响力的报纸。抗日战争胜利后，改名《和平日报》，于1945年11月12日同时在南京和汉口出版。后陆续出上海、广州、沈阳、台湾、兰州、重庆、海口等版。1949年在大陆各版先后停刊，总社迁往台湾。同年7月1日恢复《扫荡报》原名在台北出版，1950年终刊。

2. 中央通讯社

中央通讯社简称“中央社”，英文缩写CNA。1924年4月1日成立于广州，直属国民党中央党部。1926年10月，随北伐军迁武汉。1927年4月18日南京国民政府成立，设南京中央通讯社。“宁汉合流”后，武汉中央社于1928年5月迁南京合并。

早期的中央社规模很小，工作人员仅20余人，没有自己的电讯设施，只是利用两部老式收音机抄收一些国外通讯社的广播稿，同时抄录一些党政官报上的文章，免费送给宁沪各报，但采用率很低。

1932年5月，中央社改行社长制，由国民党中央宣传部秘书萧同兹担任社长。萧同兹上任后，向国民党中央提出三项要求：一是中央社迁出党部，对外独立经营；二是要求拥有独立发稿权；三是拥有人事自主权。征得同意后，

① 何应钦：《本报的责任》，《中央日报》1928年2月10日。

② 赖光临：《七十年中国报业》，台湾：中央日报社1981年版，第124页。

萧同兹即提出“工作专业化”、“业务社会化”、“经营企业化”三项改革目标，并为此拟定了《全国七大都市电讯网络计划》和《中央社十年发展计划》。改制后的中央社，工作效率大为提高，规模迅速扩大。1932 年后陆续在全国设立分社及发稿电台，派驻通讯员，建立了通讯网络。1934 年，中央社耗巨资购进意大利和德国新式机器，增强发报能力；此外，中央社开始和路透社、哈瓦斯社、合众社等国外通讯社订立交换新闻合同，从而控制了新闻来源渠道，控制了无线电专发新闻的专利权，使之在国民党新闻系统中占有了重要地位。

抗战爆发，中央社总社迁至汉口，1938 年 10 月又迁至重庆，并先后在长沙、桂林、昆明、兰州、洛阳、福州等地设分社 16 个，向国内外提供中国战场、太平洋战场、欧洲战场的战讯及其他新闻，新闻收发量日均收电 3 万字，发电约 1.5 万字。成为国内最大的国家通讯社。

抗战胜利后，1946 年 4 月中央社总社迁回南京。同时接收了日本同盟社及汪伪政权中央电讯社在各地的机构，规模迅速扩张。至 1948 年极盛时，有分支机构（包括分社、办事处、特派员）国内 52 处，国外 25 处，员工达 2653 人。1949 年 11 月迁往台北。现为台湾地区政府官方通讯社。

3. 中央广播电台

1927 年 4 月 18 日，国民政府定都南京后，国民党领袖深感“主义之急于灌输，宣传之刻不容缓”①。1928 年 2 月，陈果夫联合叶楚伧、戴季陶等中央委员，在中国国民党二届四中全会上提议设立广播电台。获得通过后，即开始投资购买设备，兴建电台。8 月 1 日，中央广播电台在南京国民党中央党部礼堂举行首播式。蒋介石、陈果夫、戴季陶等致辞、讲话。许多人第一次从收音机里听到蒋介石等人的讲话。电台呼号 XKM，功率 500 瓦，每天播音 3 小时。

1930 年，陈果夫等深感电台发射功率太小，覆盖面有限，便再次牵头从德国进口全套无线电广播设备，将发射功率增至 75 千瓦，重新选址扩建。1932 年 11 月 12 日，孙中山诞辰日，在南京西郊江东门外，新建的中央广播电台正式开播，呼号改为 XGOA。每天播出 11 小时以上，内容有新闻节目、政治教育节目、知识节目、文艺节目、服务类节目等。遇有重大政治活动，如孙中山逝世纪念日、“九一八事变”纪念日、国民大会、总统大选等则全力播出。电波遍及全国及海外南洋一带，该台被称为“东亚第一，世界第三”。中

① 王崇植、恽震：《无线电与中国》，文瑞图书馆，1931 年版，第 126 页。转引自哈艳秋：《简论旧中国对广播的研究》，《北京广播学院学报》1993 年第 3 期。

央广播电台建立后，成为党国“喉舌”，由陈果夫掌控，徐恩曾、吴道一先后任电台主任。

抗战时期，中央广播电台西迁重庆，发射台和播控中心落入日军及汪伪政府之手。抗战胜利后迁回南京。1949 年随国民党政府迁往台湾。

在中央广播电台的带动下，地方台也开始发展。1932 年成立的国民党中央广播无线电台管理处下辖的地方台有福州电台、河北电台、西安电台、南京电台、长沙电台及上海正音电台。此外由交通部、军事委员会及各省市政府创办的电台有 20 来座。由此构成了以中央广播电台为核心的国民党广播网。

随着以中央广播电台、《中央日报》、中央通讯社为主干的中央新闻机构的建立，国民党地方新闻机构也创办了一大批电台、报纸和通讯网络。地方创办的报纸有三类，一类是国民党中央宣传部直接管辖的地区性报纸，如《华北日报》（1929 年创刊于北平）、《天津民国日报》（1930 年改组《河北民国日报》），第二类是由国民党省、市、县各级党部创办的报纸，这些报纸一般采用《民国日报》前冠以地方名称的报名，如《山东民国日报》、《九江民国日报》、《厦门民国日报》等。第三类就是国民党其他派系创办的报刊，如以汪精卫、陈公博为首的国民党改组派创办的《革命评论》（1928 年 5 月—9 月，周刊）等。这些报纸刊和《中央日报》一起构成了自上而下的国民党报刊宣传网。据 1936 年统计，国统区报刊 1763 家，其中约 2/3 为国民党党、政、军报刊①。

二、国民党的新闻立法与新闻管制

国民党南京政府成立后，确定“三民主义为中国唯一的思想”②，贯彻言论一律的舆论指导精神。一方面加强新闻机构的建设，另一方面加紧出台一系列新闻法规，实行舆论管制。1928 年至 1936 年出台的新闻出版法规达 20 多种。

1929 年 1 月 10 日国民党中宣部颁布《宣传品审查条例》，规定宣传品审查的 6 条标准，认定宣传除国民党以外的其他一切政党思想及理论的均为非法新闻。

1930 年 3 月 17 日国民党政府颁布《出版法》，规定报纸、杂志、书籍出

① 吴廷俊：《中国新闻史新修》，上海：复旦大学出版社 2008 年版，第 243 页。

② 蒋介石：《中国建设之途径》，1928 年 7 月 18 日在北平招待各界演讲。http://www.chungcheng.org.tw/thought/class06/0005/0008.htm.

版前登记的手续与条件。同年5月颁布《出版法施行细则》，将出版法的原则和办法进一步细化。

1933年1月19日国民党公布《新闻检查标准》，同年9月发布《修正重要都市新闻检查办法》，决定在一些重要城市设立新闻检查所，实行新闻检查。同年陆续出台了《党报及与党有关报纸审查标准》、《查禁反动刊物令》、《新闻禁载标准》、《取缔不良小报暂行办法》、《查禁普罗文艺密令》等规定，为新闻检查提供法律依据。

1934年，国民党图书杂志审查委员会颁布《图书杂志审查办法》，对一切图书杂志实行付印前稿本送审制，审查通过后发给“审查证”，方可付印。

这一时期，南京政府还颁行了《检查新闻办法大纲》（1934年8月9日）、《审查取缔大小日报标准》（1935年5月27日）、《取缔刊登军事新闻及广告暂行办法》（1935年6月10日）、《取缔发售业经查禁出版品办法》、《取缔印刷业规则》、《关于法院制裁新闻纸杂志社编辑人及发行人》、《民营广播无线电台暂行取缔规则》等规定和办法。这些法令、法规的基本精神都是寻求舆论一律，它像一张铺天盖地的大网罩住了整个国统区舆论界。

三、共产党领导的地下报刊

在国民党严密的新闻管制之下，国统区共产党的新闻事业被迫转入地下，报刊以秘密方式发行。这一时期共产党的秘密刊物主要有《布尔什维克》、《红旗》、《上海报》等，这些刊物集中于上海出版。

《布尔什维克》1927年10月24日创刊于上海，系中共中央在国统区秘密发行的机关刊物。为掩人耳目，每期以各种伪装封面出版。编委会成员有瞿秋白、罗亦农、邓中夏、王若飞、郑超麟等，瞿秋白任主任。一个月后新增毛泽东、周恩来、蔡和森、张太雷等21人为编委。初为16开，后改为32开，刊期也由最初的周刊一度改为半月刊、月刊和不定期刊。《布尔什维克》系党中央理论刊物，面对动荡多变的时局，刊物发表了一系列文章，对中国革命性质、道路、策略问题进行研究探讨，批判了国民党改组派和陈独秀等托派分子的观点。瞿秋白先后撰写了50多篇社论、评论。刊物还特辟《我们的死者》专栏，报道张太雷、向警予等百余名烈士事迹。1928年6月瞿秋白赴莫斯科参加党的“六大”后，由中央宣传部部长李立三接任编委会主任。刊物后期，“左”倾冒险主义主导党内路线方针政策时，曾配合宣传了“左”倾错误的理论和策略，给革命造成了损失。1931年初，李立三被撤销党内职务，由新任中央宣传部长的张闻天接任编委会主任。刊物出版至1932年7月停刊，共出

52 期。

《红旗》1928 年 11 月 20 日创刊于上海，系中共中央政治机关报。初为 16 开，后一度改为 32 开、8 开单张，刊期初为周刊，后改为三日刊。主编为肖保璜，主要撰稿人李立三、恽代英、谢觉哉等。《红旗》辟有“社论”、“国内外消息”、“问题与回答”、“转载”、“短斧头”等栏目，报道共产国际及中共中央的决议、宣言、报告，介绍国统区工人罢工、苏区革命根据地情况。1930 年 8 月 14 日停刊，与《上海报》合并，改出《红旗日报》。

《上海报》原名《白话日报》，1929 年 4 月 17 日创刊于上海，系中共发行的通俗报纸，主要对象为工人群众。主编李求实。该刊主要内容为，报道工人的劳动、斗争和生活，揭露国民党对工人运动的破坏，介绍苏区及红军情况。1930 年 8 月 14 日停刊。次日，与《红旗》合并，改出《红旗日报》。《红旗日报》因当局稽查，经常不能按期出刊，不久停刊。

四、左翼新闻活动

大革命失败后，中国共产党为了与国民党争夺宣传阵地，在上海发起了左翼文艺运动。其时，出现了一批直接受中国共产党领导或受其影响的左翼报刊和新闻团体。这些团体和报刊在国统区表现活跃，为共产党革命思想的宣传做出了成绩。这些报刊与新闻团体是《文艺新闻》、“中国新闻学研究会”、“中国左翼新闻记者联盟”等。

《文艺新闻》1931 年 3 月 16 日创刊于上海，是左翼文化人主办的小型周报，4 开 4 版。由袁殊任主编，鲁迅、瞿秋白、郁达夫常为其撰稿。主要报道上海左翼文化界消息。第 3 期以《在地狱或人世的作家》为题，最早披露柔石等左联五烈士遇难消息，引起社会关注。该报初发行 3000 份，后增至 1 万份。1932 年 6 月 20 日停刊，共出 60 期。1932 年“一·二八”淞沪抗战期间，曾以《烽火》刊名出版过 13 期号外。

中国新闻学研究会（简称“新研”）是受中国共产党直接影响的新闻学术团体。1931 年 10 月 23 日成立于上海，得到瞿秋白、邓中夏的支持和指导。成员主要为上海《申报》、《新闻报》、《时报》的进步编辑记者及复旦大学等高校新闻系部分师生，初期会员 40 余人。该会成立时发表《中国新闻学研究会宣言》，称：“除了致力于新闻学之科学的技术的研究外，更将以全力致力于以社会主义为根据的科学的新闻学之理论的阐扬。”1932 年 4 月，“新研”又在《文艺新闻》上发表《檄全国新闻记者书》，要求全体记者“赶速集合起来，从研究到行动，负起新闻界对社会所应负的任务”。6 月制定《新研执委会会员研究纲要》，规定了主要研究原则：一是“研究并批判目前为止的过去的新闻学及新闻专业之历史的社会存在”，审识“新闻阶级性”；二是“探求建立目前客观需要的新兴新闻学及新闻事业的有历史价值的基础理论”。由此看出“新研”以社会革命及阶级批判为旨归的新闻学研究方向。其研究阵地为《文艺新闻》及其副刊《集纳》（Journalism），以及后来的独立出版物《集纳批判》周刊。

中国左翼新闻记者联盟（简称“记联”）1932 年 3 月 20 日成立于上海，其前身为中国新闻学研究会。“记联”成立大会通过了《中国左翼新闻记者联盟斗争纲领》、《开办国际通讯社传播革命消息》、《广泛建立工农通讯员》、《开展工厂、学校、兵营的墙报活动》等决议。“记联”在上海法租界创办了国际新闻社，先后出版《集纳批判》、《华报》等，倡导言论出版自由，批判反动新闻事业，报道抗日事迹，宣传联合抗日。“记联”还在全国及国外南洋等地发展盟员组织，遭到国民党当局迫害。1934 年“记联”的外围组织上海记者联谊会大批成员被捕，“记联”转入地下活动，利用上海新声通讯社、远东通讯社等发布新闻。1935 年秋又创办中华新闻社，1936 年 6 月自行停止活动。

第二节　革命根据地新闻事业

大革命失败后，中国共产党转向农村建立革命根据地。革命根据地集革命政权、革命武装、革命群众组织和革命政党——共产党领导于一体，在国民党统治区之外形成了一个公开合法的区域，执行自己的法令、纪律和各种制度。自 1927 年 11 月第一个革命根据地——井冈山革命根据地创建开始，到 1933 年下半年，全国已建立了 10 多个革命根据地，分布于 14 个省的边界地区。各根据地，尤其是中央革命根据地都办有报刊或通讯社，共产党的新闻事业得到空前发展。

一、中央革命根据地的新闻事业

1931 年 11 月 7 日，全国苏维埃代表大会在江西瑞金召开，中华苏维埃共和国临时中央政府宣布成立。赣南、闽西两块革命根据地连成一片，成为苏维埃中央政府所在地，史称中央革命根据地，又称中央苏区。1933 年秋，中央苏区辖有江西、福建、闽赣、粤赣四个省级苏维埃政权，拥有 60 个行政县，人口达 435 万，新闻事业也随之形成规模。据不完全统计，至 1934 年 10 月中央红军长征前夕，中央革命根据地创办报刊160余种，还创办了通讯社①。这些报刊分别由中央及其各级党政军团及部委创办，印制方式既有铅印，也有石印、油印，版式上既有多版大报，也有单张小报。影响最大的通讯社及报刊是红色中华通讯社（简称“红中社”）、《红色中华》、《青年实话》及《红星报》等。

1. “红中社”、《红色中华》

红色中华通讯社和《红色中华》是中华苏维埃共和国临时中央政府主办的新闻机构。二者为一个编辑部，两块牌子，兼有报社和通讯社双重功能，编辑人员既编报纸，又编通讯稿。

红色中华通讯社，1931年11月7日成立于瑞金，当天正值全国苏维埃第一次代表大会开幕，“红中社”以CSR（Chinese Soviet Radio，此呼号一直被新华社沿用至1956年9月）为呼号，播发了中华苏维埃共和国临时中央政府成立的消息和对外宣言、相关法令及文件。“红中社”的工作分两块：一是向国内外播发电讯稿，报道红军的战绩、苏区的建设和白区群众的斗争；二是抄收国内外通讯社（国民党中央社、塔斯社）的电讯稿和广播稿，并编辑成《参考消息》（原名《无线电材料》、《每日电讯》），每日油印多份供中央领导参阅。

红色中华通讯社通过电波，首次突破了国民党的军事封锁，将苏区和红军的消息传到了外界。当时，湘赣、湘鄂赣、闽浙赣、鄂豫皖、川陕等主要苏区，都抄收“红中社”电讯在当地报纸上刊登，甚至连苏联的莫斯科也曾收到过其播发的新闻。

1934年10月红军开始长征，“红中社”停止播发新闻，只抄收国内外电讯。至1936年1月才恢复发稿，其时，社内工作分为两部分：国内报道由向仲华负责，外电部分由廖承志负责。每天播发新闻达两三千字。

《红色中华》报是苏区中央政府的机关报（从第50期起改为中央党政工青四家联合机关报），1931年12月11日创刊于瑞金，4开周刊（第49期后改三日刊，第148期后改双日刊），每期2到10版不等。该刊设有“社论”、“要闻”、“专电”、“小时评”、“红色区域建设”、“中央革命根据地消息”、“党的生活”、“工农通讯”、“赤色战士通讯”、“红色小辞典”、“工农民主法庭”、“红角”、“突击队”、“铁锤”、“警钟”等专栏，另有不定期文艺副刊

① 严帆：《中央革命根据地新闻出版史》，南昌：江西高校出版社1991年版，第81页。

《赤焰》。周以栗、王观澜、李一氓、沙可夫、瞿秋白等先后担任主编。作为苏区中央机关报，该报在宣传内容上主要突出三个方面，一是鼓动工农群众参与工农民主政权，二是指导苏区各级政府开展工作，三是报道全国革命斗争形势。该报为铅印，最高发行量达4万份，极大地发挥了“中央政府对于中国苏维埃运动的积极领导作用”①。

1934年10月3日，中央红军长征，《红色中华》宣布停刊，但留守中央苏区的瞿秋白等仍坚持不定期出刊。1935年10月，中央红军到达陕北后，《红色中华》于11月25日在瓦窑堡复刊。1937年1月29日改为《新中华报》。

2.《青年实话》、《红星报》及其他革命报刊

《青年实话》是中国共产主义青年团苏区中央局（又称“少共苏区中央局”）的机关刊物。1931年7月1日在江西永丰县龙岩创刊。总编辑部先设在江西于都，后迁至瑞金。先后出过半月刊、旬刊、周刊，开始是8开单张，后改为32开带插图的油印小册子。主编阿伪（魏挺群），团苏区中央局宣传部长陆定一、少先队中央总队长王盛荣等任编委。

《青年实话》“力求文字作风的青年大众化”（《青年实话·发刊词》），设有“青年生活素描”、“前线通讯”、“白区青年生活”、“青年卫生顾问”、“自我批评”、“轻骑队”、“工农大众文艺”、“体育”、“游戏”、“测验”、“悬赏征答”、“歌曲”等栏目。其主要宣传内容，一是刊载团中央决议和公告，报告团和青年群众工作经验；二是介绍马列主义基本知识，提高青年的思想水平；三是报道红军战斗生活和各地青年拥军参军情况，动员青年积极参加红军和军事训练，保卫革命根据地。刊物适合青年特点，内容丰富生动，形式灵活多样，在苏区青年中广受好评。当时，瑞金县城内的《青年实话》书店负责销售该刊及中央苏区其他单位发行的报刊和图书，《青年实话》发行量一度达到2.8万份。该刊出至1934年10月红军长征时停刊。

《红星报》是中国工农红军军事委员会机关报，由军委总政治部主办。1931年12月11日创刊于瑞金。初为4开4版铅印五日刊，长征途中改为油印和不定期刊。邓小平、陆定一先后任主编。

《红星报》在创刊号的《见面话》一文中明确提出报纸的最大性质、任务和作用：它要成为“一面大镜子”，照出红军工作生活的长短处；它要成为“一架大无线电”，及时传递红军、地方、全国、世界革命斗争消息；它要成

① 《红色中华》发刊词。

为“政治工作指导员”和“红军党的工作指导员”指导，开展党群工作；它要成为“红军政治工作讨论会”，就红军的政治、文化、教育、生活意见展开讨论；它要成为“红军的俱乐部”，提供故事、歌曲、游戏等，丰富红军的娱乐生活；它要成为“裁判员”，批判消极怠工、官僚腐化和一切反革命行为，使全体红军引以为戒。总而言之，报纸要加强红军里的一切政治工作，提高红军的政治水平线和文化水平线，完成使红军成为铁军的任务。

《红星报》除了有社论、要闻、专电外，还设置“前线通讯”、“捷报”、“党的生活”、“列宁室”、“红军家信”、“军事常识”、“卫生常识”、“俱乐部”、“红军歌曲”、“铁锤”、“通讯员”、“法庭”等栏目。多达500人的通讯员为《红星报》提供稿件，毛泽东、朱德、彭德怀等也曾为其写稿。报纸办得图文并茂，生动活泼，深受红军指战员与人民群众的欢迎。苏区时期的发行量达1.7万份，长征途中作为中央和红军的唯一报纸，每期坚持印七八百份发到连队①。1935年8月3日终刊。

在中央根据地，影响较大的报刊还有稍晚些时候创刊的中国共产党苏区中央局机关报《斗争》（1933—1934）和中华全国总工会苏区中央执行局机关报《苏区工人》（1932—1934）。

二、军队报刊和其他革命根据地报刊

除了中央革命根据地大量出版报刊外，红军全军和其他革命根据地也出版了大量报刊。

遵照《中央通告第51号——军事工作大纲》（1928年5月25日）指示，1928年5月后中国共产党领导的工农革命军逐渐改编成红军。红军每在一地取得武装起义胜利后即创办报刊，向工农兵大众宣传革命。如红五军在湘鄂赣创办的《工农兵》报（1929），红七军在广西百色创办的《右江日报》，红八军在广西左江创办的《工农兵》，红三军团在长沙创办的对开铅印大报《红军日报》等。此外，1931年，根据中央军委总政治部通令，红军政治机关和地方苏维埃还纷纷创办一种壁报式的报纸《时事简报》。这其中，《红军日报》在当时影响最大。由彭德怀领导的红三军团1930年7月8日攻占长沙后，接管了国民党长沙国民日报社的厂房、设备，第二天即出版了该报。报纸面向工农大众，宣传共产党的政策纲领，有消息有言论，还有副刊，影响极大，曾被长沙《大公报》撰文称赞。

---

① 金耀云：《长征途中的〈红星报〉》，《新闻研究资料》1979年第1期。

其他革命根据地也都创办了一批党、政、军、团组织的机关刊物。如湘鄂西的《列宁青年》和《红旗日报》、《工农日报》，鄂豫皖的《红旗》报、《鄂豫皖苏维埃报》，湘鄂赣的《工农兵》，湘赣的《湘赣斗争》、《江西工人》等，赣东北的《工农报》、《红色东北》，川陕的《战场日报》、《苏维埃》等。

革命根据地的报刊是一种全新的新闻事业，它是存在于国民党统治区域之外的、在工农民主政权支持下诞生的一种非营利的工农大众的新闻事业，它是中华苏维埃党政军的喉舌，它为扩大和巩固工农民主政权，争取中华民族解放发挥了巨大的舆论作用。革命根据地报刊有着自身鲜明的特色。

首先，报道内容紧密联系中心工作和斗争实际。革命根据地报刊总体上注重围绕中心工作展开宣传，同时，结合各报特定的读者群有针对性地进行宣传，做到和群众的生活、斗争实际紧密相连。如《红色中华》创刊初期以开展基层工农民主政权建设为宣传中心，1932 年 6 月起围绕第四次反围剿展开宣传，10 月又展开第五次反围剿和扩大红军的宣传，报纸宣传始终紧密联系当时的实际斗争展开，有效地引导了各级苏维埃政权的工作，也鼓舞了人民群众的革命斗志。《红星报》则以红军指战员为主要读者对象，报道主要围绕红军的斗争生活展开，《青年实话》以青年为主要读者对象，报道侧重从青年角度展开，如参军拥军等等。

其次，报道形式追求通俗化。革命根据地报刊注重工农大众的实际文化水平，做到了通俗生动、短小精悍。如《红星报》的消息和通讯常常不超过百来字，且文字浅近、口语化，还常配以插图漫画。《青年实话》的宣传也是一目了然，如春耕时，动员农村青年“一定要做到红军有饭吃”；动员妇女做军鞋，要做到“不让一个红军哥哥打赤脚”。省苏维埃机关报《工农日报》的主编谢觉哉在报纸上开辟“新名词释义”专栏，要求写文章要改造深奥词语，使用工农了解的浅白文字。

最后，形成了艰苦奋斗的办报作风。革命根据地报刊普遍存在着设备简陋、物质匮乏、办报条件艰苦的困难，这固然造成了多数报纸质地粗糙、装帧简陋的状况，但另一方面也形成了革命根据地报刊艰苦奋斗的办报作风：不论条件多艰苦，办报都要力求最好。例如湘鄂西根据地中共中央分局的《红旗日报》，只有 6 个人，1 人负责采访、编辑、校对，2 人刻写蜡纸，2 人油印，1 人收发。为了扩大篇幅，由 8 开改 4 开，他们用只能印 8 开版的油印机印刷，经过拼接的 4 开版面，居然不露接头痕迹，清晰美观。革命根据地报刊开创的艰苦奋斗的优良传统，在以后的革命岁月里得到了传承。

第三节　国统区民营新闻事业

十年内战期间，国统区民营新闻事业总的发展趋势是：报纸数量有所增加，地区分布出现重心南移，大报的企业化进程得到推进，政治倾向在“九一八事变”以后，由普遍的中立转向了有明显的政治偏向。

一、《申报》的变革

《申报》的变革源于1929年的内部人事变动。1929年冬，总主笔陈冷、经理张竹平、协理汪英宾等或因政见不同，或因另起山头相继辞职。几位骨干离去后，史量才聘张蕴和任总主笔，马荫良为经理，亲自制订新的报纸发展计划。1931年1月，《申报》成立总管理处，史量才自任总经理兼总务部主任，以陶行知为顾问，统筹馆务，另聘黄炎培为设计部主任。人事变动带来了《申报》的改革和政治倾向的转变。

1.《申报》的业务改革

1931年9月1日，《申报》刊出《本报六十周年纪念年宣言》，宣布实行改革，其核心精神乃是报纸“要有服务社会的精神”①。1932年11月30日，《申报》发表《申报六十周年革新计划宣言》，就革新报纸版面和内容、兴办各种文化事业提出12项具体措施。其中，在4个方面的变革尤其引人注目。

第一，重时评言论。《申报》以前的办报方针是重新闻轻评论，其头版的时评既不应“时”，也不做“评”，被人讥讽为“太上感应篇”。陶行知上任后，向史量才建议，《申报》改革要抓“一头一尾”，即评论这个“头”和副刊这个“尾”②。自此，头版“评论”开始关注时事，针砭时弊，引导舆论。例如，“九一八事变”爆发后，《申报》即发表《国人乎速梦醒奋起》等一系列时评，鲜明地表达了抗日救亡的爱国立场。此外，第四次“围剿”期间，发表《剿匪与造匪》三篇系列时评，对国民党迫害民主、发动内战进行了尖锐的批评。《申报》由此改变了以往“勿品评时事、臧否人物”的作风，培养出了报纸的舆论指导精神。

第二，大量创办、改版副刊和附刊。《申报》自1932年12月至1934年4月创办、改版了《业余周刊》、《妇女园地》、《经济专刊》、《自由谈》、《春

① 《本报六十周年纪念年宣言》，《申报》1931年9月1日。

② 马荫良：《回忆陶行知与〈申报〉》，《上海新闻学会通讯》，1986年第16期。

秋》等10个副刊和附刊①。其中副刊《自由谈》的改版影响最大。

《自由谈》创办于1911年8月，原为“鸳鸯蝴蝶派”、“礼拜六派”的重镇，专登言情小说和游戏文章。1931年9月，《自由谈》接受陶行知的建议开始重视发表评论，实行变革。陶行知以“不除庭草斋夫”为笔名，在1931年9月2日至1932年1月31日4个月内连续撰写杂文104篇，或提倡科学、或针砭时弊、或批判卖国，涉及各种社会问题，文风精悍。1932年12月，史量才聘请刚从法国留学回来的进步青年作家黎烈文担任《自由谈》主编。黎烈文依靠一大批左翼作家，将《自由谈》改版成为有思想、有艺术的散文、随笔、杂文、翻译园地。鲁迅、瞿秋白、茅盾、叶圣陶、郁达夫等经常在上面发文，并围绕一些社会和文化问题展开讨论，产生了强烈影响。至1935年11月停刊时止，《自由谈》共开展了20多次大大小小的讨论。其中著名的有“大众语讨论”、“京派与海派”之争等。鲁迅在《自由谈》上用40个笔名发表了143篇杂文②，与其他杂文作家一起在《自由谈》里创造了杂文的全盛期。

第三，开设《读者通讯》（后更名为《读者顾问》）专栏，吸引读者。1931年9月1日，《申报》在新闻版开设《读者通讯》专栏，征集读者来信，讨论社会现实问题。首期议题是求学、职业、婚姻3项，4个月中，读者来信1400多封。报纸摘登来信，展开讨论，产生了广泛影响。“九一八事变”后，该栏目将议题引向抗日救亡、政治民主，成为了宣传爱国，倡导民主的窗口。《读者通讯》的开办，既联络了读者，也实现了《申报》“对国民尽贡献之责任”、“愿为青年探路之良友”③ 的改革初衷。

第四，创办各种文化事业。1932年7月至1933年12月间，《申报》创办了《申报月刊》、开办了申报流通图书馆，创办了申报新闻函授学校、申报业余补习学校，出版了《申报年鉴》，聘请地理学专家编印出版了《中华民国新地图》、《中国分省地图》。兴办文化事业提高了报纸声誉，直接实现了报纸服务社会的改革目的。

2. 史量才和《申报》政治上的转变

陶行知、黄炎培等加盟报馆后，史量才和《申报》在政治倾向上发生了

① 方汉奇：《中国新闻事业通史》，第2卷，北京：中国人民大学出版社1996年版，第303页。

② 方汉奇：《中国新闻事业通史》，第2卷，北京：中国人民大学出版社1996年版，第304页。

③ 《本报六十周年纪念年宣言》，《申报》1931年9月1日。

很大转变：由中立保守转向激进和倾左。具体表现为积极抗日和争取民主两个方面。

在积极抗日方面，一是《申报》全面及时报道抗日战争的有关新闻。例如，“九一八事变”发生后，报纸在第一时间发了85条电讯，详述事变真相，并配发时评《国人乎速猛醒奋起》，旗帜鲜明地表达“应为维护国家维护民族，而做自卫之背城战”的抗日主张。二是《申报》积极报道和声援民众的抗日行动。例如，详细报道1931年12月17日南京学生进京请愿，惨遭军警枪杀的“珍珠桥事件”全过程，同时配发时评，赞扬学生的义举。三是史量才身体力行，积极投入抗日救亡的各种活动。“九一八事变”发生后第4天，他当选为“上海抗日救国委员会”委员，组织各界抵制日货，声援东北抗日。“一·二八事变”后，1932年1月31日他发起并组织“上海市民地方维持会”，担任会长，凭着自己的社会影响力和经济实力，积极组织各界慰问军队，救护难民，调剂金融，维持商业，以实际行动支持淞沪抗战。

在争取民主方面，1931年12月19日，《申报》独家发表了宋庆龄抗议蒋介石杀害国民党左派邓演达的声明：《国民党已不再是一个革命团体》；第四次围剿期间《申报》发表时评，言辞激烈地反对“剿共”；1932年12月，宋庆龄等发起“中国民权保障同盟”，史量才出席大会并发言，还在《申报》上发表“同盟”的宣言、声明，报道“同盟”的活动情况。

史量才和《申报》在积极抗日和争取民主上的一系列活动触怒了蒋介石，经过周密策划，1934年11月13日，军统特务在沪杭公路上暗杀了从杭州养病回沪的史量才。此事举国震惊，但真相直到40多年后才大白于天下。

二、《新闻报》股权转让风波

1.《新闻报》股权转让

《新闻报》是上海另一家创刊较早的民营大报。报馆主人美国人福开森1899年独资购得《新闻报》（1906年、1916年两次吸收华商入股后，福开森仍拥有该报2000股中的1300股，占65%），聘汪汉溪（后为汪的儿子汪伯奇）为总管，负责报纸编辑和经营。30年来鉴于中国动荡多变的政治局势，他确定了以商业性为主的、淡化政治倾向的办报方针。在汪汉溪及其子汪伯奇、汪仲伟的努力经营下，到1928年底，《新闻报》销量突破15万份，居全国日报之首。成为与《申报》齐名的沪上民营大报。1929年初，福开森决定出让股权变现，退出《新闻报》。史量才闻此便暗中差人以北四行（北方的金城、盐业、中南、大陆四大银行）名义与福开森接洽，经过一番讨价还价，以 70 万元购得福开森手中的股权，史量才与福开森正式签订让股草约。

根据草约，1929 年 1 月 13 日，史量才委派董显光为监督，前去接收《新闻报》。当即引发了《新闻报》股权转让风波。这场风波以《新闻报》内部同人抵制新股东，要求收回股权为起点，接着引发的是沪上乃至全国商界团体、同行公会及其他报纸的声援①。反对新闻托拉斯的来电来函如雪片一般寄到《新闻报》②。与此同时，国民党当局也直接介入，对史量才施加政治压力③。

迫于压力，史量才最终让出 300 股，购买 1000 股，占总股份 50%。并同意新闻报原班人马留任，不另行派人到馆，对馆务不加干涉。在这场股权转让风波中，各方的目的虽有不同，但最终形成的唯一积极结果是，新闻报回到了国人手中。

2. 股权转让风波之后的《新闻报》

风波平息后，《新闻报》仍由汪伯奇、汪仲伟主持。他们继续在业务上下功夫。一是在新闻采、写、传的方法上出奇招。例如，利用无线电收听租界警务处内部无线报警广播，使记者与出警警察同步到达现场采写新闻，赢得时间；在上海举办的全国运动会上，体育记者带着信鸽采访，现场写完稿后即通过信鸽将稿件送回报馆；在早报总编辑和夜班主编房内安装通往印报科的紧急停印电铃，以备突发性新闻及时见报。这些办法极大地加强了报道能力，使得《新闻报》能够在 20 世纪 30 年代以 15 万份销量稳居全国日报销量之首。另外，《新闻报》还于 1933 年 2 月 26 日创刊了《新闻夜报》。作为日报的补充，夜报除编发当日新闻外，更以登载每日广播节目和评弹唱词吸引了一般读者和评弹爱好者，同时，每月附赠的《美术生活》特刊也吸引了不少读者。夜报很快跻身于当时上海四大晚报（其他三份晚报为《大晚报》、《大美晚报》和《大华晚报》）之列。夜报发行至 1941 年 12 月日军进驻上海租界时停刊。

---

① 《史量才欲垄断报业，并吞新闻报统一望平街》，天津《大公报》1929 年 1 月 15 日。

② 据《新闻报》“本埠新闻”栏登载的统计，短短 10 多天，声援的来电来函达 130 多件。参见方汉奇：《中国新闻事业通史》（第 2 卷），北京：中国人民大学出版社 1996 年版，第 313 页。

③ 1929 年 1 月 13 日《国民日报》载，国民党上海特别市党务指导委员会作出决议，警告新闻报“不得将福开森股份售予反动分子”。1929 年 1 月 18 日天津《大公报》载，1 月 17 日国民党中宣部记者招待会上，中宣部发言人要求各方对新闻报加以援助。

三、张竹平与四社联合办事处

20世纪30年代，《申报》并购《新闻报》已经显露出民营大报向新闻托拉斯、报业集团发展的趋向，但终因各方阻挠没能实现真正意义上的联合经营。而同一时期，《申报》前经理张竹平则通过合资收购《时事新报》和英文《大陆报》，创办"申时电讯社"和《大晚报》，并设立三报一社共同办事处，人称"四社"，成功实现了报业的联合经营。

张竹平（1886—1944年），生于江苏太仓，毕业于上海圣约翰大学，信仰基督教，与杜月笙交往密切，是不开山门的青帮人物。1913年冬被史量才聘为申报馆经理，凭卓越的报业经营才能为《申报》跃居全国第一大民营报立下了汗马功劳。在申报工作期间，他逐步筹建自己的报业，至1930年，完全脱离《申报》开始经营自己的事业。

"四社"中，张竹平经营最早的是"申时电讯社"。1924年，张竹平开始利用《申报》和《时事新报》两报的部分编辑人员，业余摘要编辑两报电讯稿，提供给外地一些报社。随着外报对电讯稿需求量增加，1928年，张竹平决定正式成立"申时电讯社"，扩大资本，增聘专职人员，扩大业务范围，编发中英文电讯稿。1932年夏，随着业务量的增加，该社再次扩充机构：设电讯股负责收译、编发电讯；设邮讯股，负责采写、编发本埠新闻及国内外长篇通讯；设广告股，为各地报业代办介绍广告、互换广告和制作广告等业务。1934年2月，申时社由张竹平独资改组为股份有限公司，董事长杜月笙，经理张竹平，社长米星如。其时，申时社业务蒸蒸日上，国内外正式订约要求供稿的报社达180家，日均收发电讯约6万多字。另外，每日出版《申时电讯稿》、《申时经济情报》，每季度出版《报学季刊》，成为当时全国规模最大的民营通讯社①。

"四社"的支柱是《时事新报》。其前身是《舆论时事报》（1909年由《时事报》和《舆论日报》合并），1911年改组后更名为《时事新报》，后为进步党——研究系所控制。五四时期，其副刊《学灯》以宣传新思潮而著称。20世纪20年代，张竹平开始逐步参股，1928年冬，《时事新报》陷入财政危机，张竹平与人合股购得该报所有权，并自任经理，聘陈布雷为主笔。《时事新报》原本为上海《申报》、《新闻报》、《时报》之后的第四大报。张竹平接

① 姚福申：《四社：旧中国报业集团化经营的一次尝试》，《新闻大学》1997年第4期。

手后，认识到报纸的广告、销量、内容之间存在一种循环因果关系，即报纸的成功要靠广告收入，广告收入则要靠报纸的销量，销量又要靠报纸内容好，报纸内容好则要靠广告收入提供的财力支持。因此，他一手抓编辑，一手抓经营，将广告、销量、内容等方面组织在一个良性循环的经营过程中，使得报纸迅速发展，1931年发行量达5万份，紧随《申报》、《新闻报》之后，名列全国第三①。

"四社"中的英文《大陆报》原系孙中山、伍廷芳等筹资兴办，1911年8月29日创刊。后因孙中山等忙于革命，报纸被委托辗转于外国人之手，直到1931年2月被董显光、张竹平等合资购得。报纸由董显光负责经营，张竹平任理事。该报读者以在华外侨为主，同时注意吸纳中国读者。曾以"人人必读国人自办之英文大陆报"的广告词，招徕读者，并以优待办法吸纳学生订报。其时，英文《大陆报》每日发行7000份，中国读者占三分之一。

"四社"中创办最晚的《大晚报》，由张竹平于1931年秋邀人合资筹办，聘曾虚白主持笔政。未及出刊，便遇上"一·二八淞沪战争"。市民希望及时了解时局和战况，晚报下午出刊，能报道当日消息。于是，《大晚报》于1932年2月提前非正式出版《国难特刊》，因其大量及时的战时消息受到市民欢迎，日销量一度上升到近8万份，创下了上海晚报发行量之最。1932年5月，《大晚报》正式出刊。由4开一张改为对开一大张，后增至两大张，甚至两张半。《大晚报》的特色主要有6点：一是文章不带政治成见，群众爱看。二是编排醒目，一目了然。三是注重地方新闻。四是讲求通俗性，如，它是上海第一家用白话写评论的报纸；对社会新闻注意描写，摒弃平铺直叙。五是时效性强，晚报特备百余辆自行车，保证送报迅捷。六是重视公益活动。如发起儿童健康与教育运动、社会救济烟花女子运动、青年文艺运动，参加社会救济活动等，扩大了报纸知名度。

《大晚报》创刊不久，张竹平便成立了"时事新报、大陆报、大晚报、申时电讯社四社联合办事处"，实行联合经营，办事处设在大陆报馆三楼。四社联合经营的具体办法是：第一，新闻信息共享，三报将每天来自各大城市的专电、通讯和本市记者采写的重要新闻提供给申时社，申时社则把收到的国内外

① 1931年8月，据国民党中央宣传部全国日报销量统计的数据：《申报》15万份，《新闻报》15万份，《时事新报》5万份，《大公报》3.5万份，《时报》3.5万份，《益世报》3.5万份。数据转引自姚福申：《"四社"——旧中国报业集团化经营的一次尝试》，《新闻大学》，1997年第4期。

专电、通讯优先供应三家报社。第二，办公场所、印刷设备、生产物资相互调剂、充分利用。如《时事新报》代印《大晚报》，《大陆报》为《时事新报》、《大晚报》制作铜、锌版，四个单位之间纸张、油墨、印刷器材等互通有无，调剂使用。另建有一个四社共有的大资料室，有4—8人剪编资料，费用四家分担，资料四家共享，供四家单位共同使用。第三，成立“四社”出版部，出版申时社的《报学季刊》和《申时经济新闻》、时事新报的《时事年鉴》等出版物，提高了四社的声誉。第四，成立四社“业务推广部”，为三报一社做发行推广工作。

四社的联合经营不仅为三报一社带来了各种有形的方便和利益，而且，一个由日报、晚报、外文报、通讯社组成的新闻联合体，其整体上的影响力在业界也是不可小觑的。张竹平也由此在报界声名大振。当然，四社的联合仅止于业务联合，还够不上资本联合。因为三报一社各为股份公司，各有董事会，以张竹平的参股份额看，他并非四社业主，只是业务上的总经理。然而，即便如此有限的发展，四社仍然遭到了国民党新闻统制制度的扼杀，1935年，四社产权全部为孔祥熙官僚资本强行收买，四社解体。张竹平改任联合广告公司董事长、协丰矿行经理等职，1936年赴香港经商。

四、十年内战期间的《大公报》

新记《大公报》1926年9月1日续刊后不到半年就实现了扭亏为盈，在十年内战期间更是突飞猛进。到1936年上海版创刊，总资本由原来的5万元增加到50万元，职工人数由70人增加到700人，全国分销机构达1300多处，发行量由最初的2000份上升到10万份。成为具有全国舆论影响力的大报。这一时期的《大公报》有三个方面的突出特色。

1. 政治倾向上的爱国、亲蒋、反共

新记《大公报》续刊后一直坚持“四不”方针，在政治上坚持“不党”，强调以公民之地位发表意见，对国内各党阀派系一视同仁。

续刊后的三四年间，《大公报》对国内新旧军阀，各派势力的报道一视同仁，言论上各有批评和赞许。例如1930年蒋冯阎中原大战，《大公报》客观地报道了双方的政治军事形势，因而遭到双方嫉恨，报纸在蒋介石统治的南方被扣，在阎锡山统治的平津受到“警告”。《大公报》无所畏惧，不仅公布了北平当局的“警告”，而且发表社评表示“本报绝不变其独立公正之立场”①。

① 《大公报》1930年4月24日《启事》。

在十年内战期间，两极政治格局及其后民族矛盾上升的形势下，《大公报》逐渐形成了爱国、亲蒋、反共的政治立场。这也印证了张季鸾对“不党”并非中立的解释。“九一八事变”前，《大公报》对共产党领导的武装起义持反对意见，认为共产党“杀人如麻”，是“洋装张献忠”①，但对红军的军纪严明也给予了赞扬②。

《大公报》爱国、亲蒋、反共立场在抗日救亡运动和西安事变宣传中也可一见。“九一八事变”发生之前，《大公报》连续发表评论，提请国人注意东北危机。“九一八事变”爆发后，《大公报》不仅给予独家报道，同时在言论上主张“忍辱请成”。并确定了“明耻教战”的报纸编辑方针。“明耻”，即清理日本明治维新以来的侵华历史，并告知读者。这就是王芸生整理在《大公报》上连载，后来编成多卷本出版的《六十年来日本与中国》一书。“教战”，就是请军事学家蒋百里主编《大公报·军事周刊》，介绍现代军事知识，让国民做好开战准备。当“一·二八事变”爆发，日军侵入腹地，威胁中国生存时，《大公报》的态度是主张“死里求生”③；当 1932 年 5 月 5 日淞沪停战协定签字，事态暂时平息时，《大公报》发表社评《愿国民清夜自问》④，吁请当局和国民做根本反省。在此后的长城抗战、塘沽协定、何梅协定期间，《大公报》都坚持了这种与国家民族命运紧密相连的立场。

在西安事变期间，《大公报》每天发表一篇社论，阐述拥蒋反共斥张、杨的观点。认为蒋介石是唯一领袖，斥责张、杨，并严责共产党“恶意的勾煽”导致事变，要求中共自忏过去十年来对国家民族所犯的大罪⑤。

2.《大公报》的业务特色

新记《大公报》除了在版式上有较大改观外，更在内容上形成了重新闻报道、重言论、重副刊专栏的鲜明特色。

一是重新闻报道。在新闻报道上《大公报》不依赖通讯社提供的通稿，而是注重建设自己的通讯网络，指挥自己的记者、通讯员采写有特色的新闻。《大公报》地方通讯和本埠新闻全为本报记者、通讯员采写；两个整版的要闻版，有一半是本报专电和通讯，有时甚至不用一条外电。《大公报》的记者、

① 《大公报》1928 年 3 月 21 日社评《第三国际与中国》。

② 《大公报》1930 年 4 月 11 日短评。

③ 《全国同胞只有一条路》，《大公报》1932 年 2 月 2 日。

④ 《大公报》1932 年 5 月 7 日。

⑤ 方汉奇：《中国新闻事业通史》，第 2 卷，北京：中国人民大学出版社 1996 年版，第 330 页。

通讯员往往能采写到很多第一手材料和独家新闻，如曹谷冰1932年赴苏联采访写作的访苏通讯，1935年范长江赴西北采写的西北旅行通讯，对红军长征动态成功报道，1934年8月王芸生上庐山就时局问题采访段祺瑞、林森、汪精卫等政要的访谈，等等，都引起了社会极大关注。

二是重言论。在言论上，《大公报》的社评和星期评论最为人称道。张季鸾、胡政之以及其后的王芸生都是写社评的高手。《大公报》社评多与重大新闻同步刊发，或评论、或解析，总能立足于国家立场和民族利益，不回避、不退缩，真切反映舆论民情。《大公报》星期评论也是其言论的一大特色。1934年元旦，《大公报》开辟“星期论文”，每周邀请一位知名专家学者写一篇论文，论述时事政治和社会、经济、文化、军事、外交等各种问题，撰稿人包括胡适、丁文江、翁文灏、梁漱溟、傅斯年、陈衡哲、蒋百里、潘光旦、费孝通、沈从文等一百多位，他们的教育背景、专业领域不尽相同，但都乐意为《大公报》撰稿。自1934年1月7日至1937年7月25日，《大公报》“星期论文”共刊发169篇文章，成为当时极具影响力的知识分子论坛。

三是办丰富多样的副刊及专栏。在《大公报》历史上曾创办过包括《文学副刊》、《文艺副刊》、《小公园》、《医学副刊》、《经济研究周刊》、《社会科学》、《读者论坛》、《儿童周刊》、《戏剧》、《妇女与家庭》、《图书周刊》、《军事周刊》等在内的40多个副刊。其中以《小公园》影响最大，持续时间最长。而以沈从文主编的，作为京派文学实践和文学批评重地的《大公报·文艺副刊》（1933—1937年）最受文学界瞩目。京派所持守的独特文学观、批评观及创作观，对当时及以后的中国文学产生了深远影响。

3.《大公报》的经营管理特色

在经营上，新记《大公报》创建之初，采取股份制公司模式，股东除北方金融巨头吴鼎昌外，还有盐业银行、中南银行、大陆银行、久大银行、永利银行、经济研究会；个人股东有范旭东、张伯苓、周作民等，胡政之、张季鸾二人以劳力入股；到1928年底，还增设了“荣誉股”。良性机制加上苦心经营，《大公报》规模迅速扩大。接办之初，职工不过70人，月支出不满6000元，发行量仅2000多份，第二年发行量就翻了3倍，第三年突破万份。到1936年上海版创刊，职工达700人，月支出10万元，全国分销机构1300多处，发行量超过10万份。

在人事管理上，胡政之实行任人唯贤的办法。他亲自制定《大公报社职工任用及考核规则》，规定了6项考核标准、3项奖惩办法。科学的人才考核和培养机制，使得《大公报》培养出了徐铸成、张琴南、金诚夫、王文彬、许萱伯、金庸、曹谷冰、孔昭恺、范长江、孟秋江、萧干、徐盈、彭子冈等一大批享誉全国的知名记者和编辑。在职工福利方面，《大公报》规定职工享有恤养金、子女教育补助、医药补助、婚丧补助等待遇。此外，还有“年终奖金惯例”等制度。

在报业文化建设方面，《大公报》热心社会服务，慷慨捐资救灾，倡导戏剧和体育，组织“大公篮球队”、“大公剧团”，并首创“大公文学奖”。这些活动以《大公报》品牌为依托，全方位扩大了报纸的影响力和社会声誉。

《大公报》领导层的眼光、智慧和经验，报纸业务上的突出特色以及经营管理上的行之有效，使其发展迅猛。至抗战前夕，《大公报》已是津、沪两地出刊的全国性大报。抗战时期，《大公报》也经历了停刊、易地设馆的辗转周折，但报馆上下一心，坚持出版，创造了中国新闻业的传奇：《大公报》渝、港、桂版一度同时发行，1941 年 4 月获密苏里新闻学院最佳报纸奖。新记《大公报》自 1926 年续刊至 1949 年，前后一共创办了 6 馆 10 报①。6 馆的地点是津、沪、汉、渝、桂、港；10 报指各馆一份日报，另出有 4 份晚报：上海大公报临时晚报、香港大公报晚报、桂林大公报晚报和重庆大公报晚报。

五、成舍我的《民生报》、《立报》

离开北京“世界三报”后，1927 年成舍我在南京开始了新的事业，这就是 1928 年 4 月 18 日创刊于南京的《民生报》②。该报为 4 开小报，初出 1 张，后增至 2 张 8 版，最多时出到 4 张 16 版。社长成舍我，总编张友鸾，坚持“小报大办”、“精选精编”的方针，“重视言论、竞争消息、广用图片”，很受欢迎，发行量 1 年后就达 1.5 万份，最多时达 3 万份，超过了南京《中央日报》。1934 年 5 月因揭露行政院院长汪精卫部下彭学沛贪污渎职一案，报纸于 7 月间被查封，成舍我被囚禁 40 天。最后宪兵司令部以“五项命令”③ 释放成舍我，永久查封了《民生报》。

1 年后，成舍我在上海与人合资 10 万元另办起一份小型日报，这就是 1935 年 9 月 20 日创刊的《立报》。该报 4 开 4 版（1937 年一度改出 4 开 6

---

① 方晓红：《中国新闻史》，南京：南京师范大学出版社 2007 年版，第 191 页。

② 吴廷俊：《中国新闻史新修》，上海：复旦大学出版社 2008 年版，第 267 页。

③ 五项命令是：一、《民生报》永远停刊；二、不许再在南京用其他名义办报；三、不得以本名或其他笔名发表批评政府之文字；四、不得在任何公共集会作批评政府的演说；五、以后如果离开南京，无论到任何城市，应当向当地最高军警机关报告行止。成舍我：《由小型报谈到“立报”的创刊》，转引自方晓红：《中国新闻史》，第 234 页。

版)，社长成舍我，总编由张友鸾、褚保衡、萨空了先后担任。该报以“对外争取国家主权独立，驱逐敌寇；对内督促政治民主，严惩贪污”① 为宗旨，提出“报纸大众化”的口号。业务上继续坚持“小报大办”、“精选精编”的办法。编排方面，一版为要闻；二版为国内外要闻和副刊《言林》；三版为本市新闻和副刊《花果山》；四版为文体新闻和副刊《小茶馆》(《点心》)。

《立报》力求新闻报道上的创新，一是对来自通讯社的通稿实行改头换面，从标题、内容，到字号都重新加工编排，做到精练、醒目；二是对重大事件展开大型连续报道，如 1936 年 11 月 23 日，沈钧儒等“七君子”被捕，《立报》当天头版加黑框发表《今晨七人被捕》的消息，此后 8 个月，对案件展开跟踪报道，对《沈钧儒等答辩状》不惜横跨三版加以全文刊载，让人见识了“小报大办”的架势。三是组织采写独家新闻。很多重要事件，《立报》都派记者亲往采访。如 1935 年“一二·九”运动期间，上海学生赴南京请愿，《立报》即派记者随行，记者写回大量独家报道，引起上海市民的广泛关注。

《立报》办有三个副刊，吸引了不同阶层的读者。《言林》由谢六逸主编，主要登载著名作家及文艺青年的作品；《花果山》由张恨水、包天笑主编，主要连载长篇小说，刊登各种风物小志、历史掌故等；《小茶馆》由吴秋尘、萨空了先后主编，主要介绍各种知识、趣闻等。

《立报》的政治倾向是爱国和民主的，这一点不仅体现在其对抗日救亡运动的积极报道上，还体现于其不厌其烦地在言论上倡导团结抗日。

由于《立报》政治上爱国、业务上创新，受到广大市民喜爱，创刊不到半年日销量即达 10 万份，到上海沦陷，1937 年 11 月 25 日《立报》宣告停刊前，最高日销量曾达到 20 万份，创当时全国报纸发行新纪录。1938 年 4 月 1 日，《立报》在香港复刊，同年 12 月 24 日终刊。

六、邹韬奋的“六刊一报”

邹韬奋（1895—1944 年)，是十年内战期间出现的著名新闻出版人和报刊评论家。原名恩润，出生于福建永安一个破落的地主官僚家庭，先后就读于南洋公学和上海圣约翰大学。1926 年接编《生活》周刊，开始步入其新闻职业

① 梁家禄、钟紫、赵玉明、韩松：《中国新闻业史》，南宁：广西人民出版社 1984 年版，第 349 页。转引自方汉奇：《中国新闻事业通史》，第 2 卷，北京：中国人民大学出版社 1996 年版，第 344 页。

生涯。此后主持、创办了《大众生活》、《生活日报》、《生活星期刊》、《抗战》三日刊、《全民抗战》、《大众生活》香港版等，人称“六刊一报”。另办有“生活书店”。伴随着其职业生涯，他由一个资产阶级的改良主义者转变成为一名坚决的反帝爱国者和共产主义的信仰者。

《生活》周刊创刊于1925年10月11日，是上海中华职业教育社为宣传职业教育、进行职业指导而创办的刊物。1926年10月24日，职业社编辑股主任邹韬奋接编后，确立该刊宗旨为“暗示人生修养，唤起服务精神，力谋社会改造”①，主要刊登有关个人修养、职业修养的文章，以加强青年人的职业教育。1927年起，该刊几乎每期发表一篇署名“韬奋”的“小言论”，大受欢迎，“韬奋”也由此成名。此后，随着时局的变化，刊物逐渐加强了对时事的关注，期望通过公正的言论，精当的评述②，引导读者的社会责任意识。1929年12月，刊物在形式上也由原来的单张改为16开本册装。内容和形式上的革新，使刊物发行量节节攀升，由最初不到2000份上升到1928年的4万份，再到1930年的8万多份。

“九一八事变”后，《生活》周刊发生了一系列变化。一是大量刊载与时政有关的材料，宣传抗日救亡，完全变成了“新闻评述性质”的刊物③。二是大胆批评国民党的不抵抗政策，揭露国民党官员的贪腐丑行，成为受读者欢迎、遭当局忌恨的刊物。三是1932年以后，公开发表一系列拥护社会主义，宣传社会主义，介绍辩证唯物主义和历史唯物主义的文章④。1932年《生活》周刊被国民党当局禁邮。7月，邹韬奋决定成立生活书店。该刊发行量不降反升，超过15万份，创当时全国杂志销量最高纪录。

1933年6月，邹韬奋被国民党特务列入暗杀名单。7月，《生活》周刊宣告脱离中华职业教育社，由刚成立的生活出版合作社出版发行。7月14日，邹韬奋即乘船出国，流亡欧洲。《生活》周刊由胡愈之、艾寒松编辑，出至同年12月16日第8卷第50期被当局查禁。

流亡期间，邹韬奋考察了英、法、美、苏、德、意等国，对不同社会制度

---

① 邹韬奋：《我们的立场》，《生活》第6卷第1期，1930年12月13日。转引自方汉奇：《中国新闻事业通史》第2卷，北京：中国人民大学出版社1996年版，第403页。

② 邹韬奋：《我们的立场》，《生活》第6卷第1期，1930年12月13日。

③ 邹韬奋：《我们最近的思想和态度》，《生活》周刊第7卷第1期，1932年1月9日。

④ 邹韬奋：《我们最近的思想和态度》，《生活》周刊第7卷第1期，1932年1月9日。

下的政治、经济、文化方方面面进行了观察和记录，并将其陆续写成通讯寄回国内发表，这些通讯最后汇编成《萍踪寄语》和《萍踪忆语》两部书，为读者看清世界大势、认识中华民族的出路提供了启迪。

1935 年 8 月 27 日，邹韬奋回国。11 月 16 日在上海创办《大众生活》周刊。发刊词宣称，以“力求民族解放的实现，封建残余的铲除，个人主义的克服”① 为奋斗目标。结合当时的国内形势，该刊重点揭露了日本策划“华北自治”的阴谋，抨击了国民党镇压抗日军民的罪行；以大量篇幅刊载“一二·九运动”期间，各地学生爱国活动的报道和图片，并发表评论表示支持；积极报道上海文化界救国会、北平文化界救国会等团体的活动，刊登其宣言。《大众生活》成为当时救亡运动的舆论机关。在编排方面，《大众生活》周刊设“大众信箱”、“星期评坛”、“时事在地图中”、“社会漫画”、“国难课程教材”等栏目，内容十分丰富。此外，封面、封底、画页的设计讲究。图文并茂的《大众生活》成为读者喜爱的杂志，发行之初即销售 15 万份，很快又增加到 20 万份。1936 年 2 月，《大众生活》出至第 1 卷 16 期被当局查封，邹韬奋流亡香港。

一到香港，邹韬奋就开始筹办酝酿已久的《生活日报》。1936 年 6 月 7 日，《生活日报》在香港出版。该报为一中型报，略大于 4 开，每日出 2 张 8 版（本埠为 3 张 12 版），周日出《生活日报星期增刊》3 张 12 版。《发刊词》称：“本报的两大目的是努力促进民族解放，积极推广大众文化。”坚持“以全国民众的利益为一切记述评判和建议的中心标准”。《生活日报》积极宣传抗日民族统一战线，反对内战，成为了抗日救亡活动的舆论阵地，得到中共的赞许和支持。1936 年 7 月 31 日，接受中共南方局建议，《生活日报》自行停刊，迁上海出版。《生活日报星期增刊》改为《生活日报周刊》继续在港出版。

在上海，《生活日报》未获当局登记许可，无法出版。1936 年 8 月 22 日，《生活日报周刊》改名《生活星期刊》，迁至上海出版，邹韬奋任主编兼发行人。该刊在原来 12 页文字之外另加了 4 页图片，内容更加丰富。并从 11 月 1 日第 22 期起，改原来的报格式为 16 开本。11 月 22 日，邹韬奋与上海救国会其他负责人沈钧儒、李公朴等“七君子”被国民党当局逮捕。《生活星期刊》出版至 12 月中旬第 28 期停刊。

1937 年 8 月 13 日，日军进攻上海。出狱不久的邹韬奋很快在 8 月 19 日创

① 《我们的灯塔》，《大众生活》周刊第 1 卷第 1 期，1935 年 11 月 16 日。

办了《抗战》（一度改名《抵抗》）三日刊，积极宣传全面抗战。11 月 12 日上海沦陷，该刊迁至武汉。1938 年 7 月 7 日与李公朴主办的《全民》周刊合并为《全民抗战》三日刊，邹韬奋任主编兼发行人。1938 年 10 月武汉沦陷，《全民抗战》迁至重庆。1941 年 2 月 22 日“皖南事变”后，国民党当局查封了《全民抗战》周刊和“生活书店”。邹韬奋愤而出走香港。

在香港，1941 年 5 月，邹韬奋复刊了《大众生活》周刊。该刊宣传抗日，倡导民主，出版至年底香港沦陷时停刊。经中共南方局安排，邹韬奋辗转到苏北抗日根据地，1943 年因耳癌返上海治疗，次年 7 月 24 日病逝，享年 49 岁。根据其临终要求，中共追认他为党员。

纵观邹韬奋一生的报刊工作，热心为读者服务，立足大众立场是其办报思想的核心。这不仅体现在其所办刊物普遍开设“读者信箱”、“大众信箱”、“信箱”等栏目，一心为读者着想上，在其他方面也都体现出来，如选稿坚持“有价值与有趣味”的标准，文风追求“明显畅快”的平民文字，报刊经营强调维护读者利益，不登害人、骗人的广告，等等。正如毛泽东所概括的：“热爱人民，真诚地为人民服务，鞠躬尽瘁，死而后已，这就是邹韬奋先生的精神，这就是他之所以感动人的地方。”

思考题

1. 试述国民党党营新闻事业网形成的历史背景及其基本格局。

2. 简述十年内战期间国统区主要左翼报刊和新闻团体以及它们的活动情况。

3. 革命根据地新闻事业是怎样建立的？有何特点与意义？

4. 评述十年内战期间《申报》的变革。

5. 评述《新闻报》股权转让风波的缘起、经过及结果。

6. 简述张竹平“四社联合办事处”的经营模式。

7. 十年内战期间《大公报》在政治倾向、新闻业务及经营管理方面有哪些特色？

8. 简述《立报》新闻业务的特点。

9. 简要评述邹韬奋的报刊出版活动及其新闻思想。

第九章　抗战时期的新闻事业

1937年7月7日，卢沟桥事变，日本发动全面侵华战争。7月8日，中共中央通电全国，呼吁全民族抗战。7月17日，蒋介石发表庐山谈话，表示对日应战。“八一三事变”后，8月14日，国民政府发表《自卫战声明书》，宣告“绝不放弃领土之任何部分”。至此，中国进入全面抗战。中国军民经过艰苦卓绝的殊死抵抗，仍不敌日军入侵，平津很快被占，华北沦陷。接着，11月、12月沪宁先后失守，次年10月，武汉被占，长沙被围……此后8年，中国社会处于战争的动荡之中，中国新闻事业也染上了战乱的色彩。原来相对稳定的新闻格局随着战事的变化被打破：众多新闻媒体不得不展开大迁徙，新闻中心发生转移；新闻宣传的主题最初普遍聚焦于同仇敌忾，抗日救亡，此后则掺杂了一些国共之间舆论斗争的喧嚣；新闻格局形成了政治地域分布上的国统区新闻、抗日根据地新闻及沦陷区新闻。其中，国统区以国民党党营新闻为主，同时合法存在各政治派系、民间团体的新闻机构；抗日根据地主要是共产党领导的新闻机构；沦陷区以异质的敌伪新闻为主，进步报刊依托租界顽强生存。

第一节　抗战时期国统区新闻事业

一、国民党新闻中心大迁徙及发展趋势

1. 国民党媒体的大迁徙及各大报系的形成

1937年11月20日，国民党政府发表《迁都宣言》，宣布迁都重庆，新闻机构随之动迁，并很快形成了战时国民党新闻事业新格局：一是中央主要新闻机构迁往重庆，重庆成为战时新闻中心。二是国民党党报、军报纷纷开设分版，形成了规模庞大的党报、军报网络，但受战时客观条件限制，报纸质量有所下降。

在国民党媒体大迁徙中，首先转移的是国民党中央级的新闻机构。“七七

事变”后，国民党机关报《中央日报》在社长程沧波指挥下开始转移。大部分人员及主要设备先分头向长沙、重庆转移，部分人员留下继续出报。1937年11月12日上海沦陷，在战争氛围中，《中央日报》坚持出版到11月26日开始撤退，12月13日南京被占领。1938年1月10日，《中央日报》长沙版出版，编号接南京版，张明炜任社长。同年9月1日，重庆《中央日报》出版，编号接长沙版，设为中央日报总部，程沧波任社长兼总主笔。长沙版继续刊行，改为分版，设分社主任。

随着《中央日报》的内迁，中央广播电台、中央通讯社相继迁往重庆。1938年3月10日，国民党中央广播电台在重庆恢复播音。在中央广播电台内迁停播过程中，汉口广播电台、汉口短波广播电台和长沙广播电台联合接替中央台播音。中央通讯社于1937年11月迁往武汉，武汉沦陷后迁入重庆。国民党军事系统的核心报纸《扫荡报》也于1938年10月1日由武汉迁至重庆出版。与此同时，国民党在重庆还出版了大量时事政治性刊物如《中央周刊》、《三民主义半月刊》、《文化前线》等。这样，重庆成为了国民党战时新闻中心。

为了适应战时宣传，国民党的报纸还纷纷在各地开设分版。《中央日报》继1937年6月开设第一个分版——庐山分版（1937年8月停刊）后，陆续又在贵州、昆明、广西、湖南、成都、福建、福州、安徽、芷江（贵阳版分版）、屯溪等地开设分版共11个，形成了庞大的中央日报系统。其他几家直属中央的党报也随着时局变化而转移并开设分版，如《中山日报》、《民国日报》、《武汉日报》、《西京日报》等都办有数量不等的分版。军报《扫荡报》迁重庆后，陆续在桂林、昆明等地创设分版，军委会创办的《阵中日报》在抗战期间全国10个战区均开设分版，《扫荡简报》作为一种小型的流动性战地报纸在各集团军或军开设分版计50个，以上三者构成了国民党的军报系统。战时国民党中央党报系统、军报系统形成了一个庞大的报系网络。

除了上述大报系外，国民党中央其他直辖党报以及地方党报在抗战中也得到发展。据统计，抗战期间，国民党先后创办过中央党报18家、地方党报412家、军报170家、共计600家，当时国统区报纸按1100家计，国民党党部、军部报纸占了53.9%，大大高于战前40.5%的比例①。

战时国民党报纸的种类虽增加了，但由于战时器材匮乏和人才欠缺，报纸

① 蔡铭泽：《中国国民党党报历史研究》，团结出版社1988年版，第204页。转引自吴廷俊：《中国新闻史新修》，上海：复旦大学出版社2008年版，第303页。

质量普遍下降。一是报纸篇幅减少；二是报纸印刷质量降低；三是内容匮乏，多为中央社的战时新闻和国际新闻及《中央日报》内容的转载，各报无特色可言①。

2. 国民党的新闻宣传与新闻政策

国民党报纸的新闻宣传在抗战初期以抗日救亡为主旋律，进入抗战相持阶段后，反共的声音开始甚嚣尘上。

抗战初期，《中央日报》的抗战宣传表现在3个方面：一是对“七七事变”和“八一三事变”的真相予以报道，对日军暴行进行揭露。“七七事变”后，《中央日报》要闻版整版报道了事件经过，并发表社论驳斥日方散布的歪曲事实真相的谣言，对日军在平津的暴行予以愤怒的谴责。二是在言论上表明抗战的决心，鼓励全民抗战。如《中央日报》发表社论《和战之最后关头》对1937年7月17日蒋介石庐山谈话给予阐发、评述，鼓励全民抗战到底。三是对中国军民的英勇抗战予以报道和赞扬。《中央日报》开辟《各地通讯》专栏，对平津战场上的军民、上海淞沪抗战中的将士以及平型关战役中的八路军浴血奋战、奋勇出击的事迹给予及时报道和高度赞扬。在战地采访和与敌人的周旋中，国民党报人及其家属有100多人为国捐躯②。

进入抗战相持阶段，特别是在1939年1月国民党五届五中全会确立“防共、限共、溶共、反共”的方针之后，国民党成立了“防共委员会”，制定出台了《限制异党活动办法》、《异党问题处理办法》、《处理异党实施方案》、《沦陷区防范共产党办法草案》等一系列文件。国民党的新闻机构由此加紧了反共宣传。首先是在舆论上强调“一个领袖、一个意志、一个纲纪、一个目标”的意识；其次是在具体报道和评论上将攻击的矛头直指共产党。1941年“皖南事变”前两天，《中央日报》发表社论《以统一保障胜利》，指出：“统一的象征在哪里？贯彻政令是统一，贯彻军令是统一，整肃纲纪是统一，制裁叛逆是统一”，言辞之间对共产党领导的军队已暗含杀机。皖南事变后，国民党的新闻机构便统一口径，攻击共产党，宣传的主题逐渐偏离抗日统一战线的精神。

为了控制舆论，国民党还出台了一系列战时新闻检查制度，实行战时新闻管制。如1938年7月颁发的《修正抗战期间图书杂志审查标准》规定：“立

① 曾虚白：《中国新闻史》，台湾三民书局1989年版，第409—410页。

② 蔡铭泽：《中国国民党党报历史研究》，团结出版社1988年版，第210页。转引自吴廷俊：《中国新闻史新修》，上海：复旦大学出版社2008年版，第304页。

言态度完全以派系私利为立场，足以妨碍民族利益高于一切之前提者”，“言论偏激狭隘，足以引起友邦反感，妨碍国务外交者”，均属“谬误言论”；“鼓吹偏激思想，强调阶级对立，足以破坏集中力量抗战建国之神圣使命者”，“鼓吹在中国境内实现国民政府以外之任何伪组织，国民革命军以外之任何伪匪军，及其他一切割裂整个国家民族之反动行为者”，均为“反动言论”①。其他相关法规还有：《战时图书杂志原稿审查办法》（1938 年 7 月）、《图书杂志查禁解禁暂时办法》（1939 年 5 月）、《非常时期报社通讯社杂志社登记管制暂行办法》（1943 年）、《非常时期军办报社通讯社杂志社登记管制暂行办法》（1943 年）、《国民军事教育新闻发表标准》（1943 年）、《战时出版品审查办法及禁载标准》（1944 年 6 月）等等，这些为国民党实行战时舆论一律的新闻管制提供了法律依据。

除了立法，1939 年 6 月，国民党中央还成立了执行新闻管制的专门机构战时新闻检查局，在各省市设新闻检查所，主要县市设新闻检查室。由此，全国布下了一张图书杂志审查和新闻检查的大网。国民党的新闻检查系统虽然在舆论控制上得到了加强，但国统区新闻界检查与反检查的斗争却从未停止。

二、抗战中兴起的报刊和新闻团体

在重庆战时新闻中心形成之前，上海、武汉一度成为抗战的宣传中心。上海、武汉沦陷后，大批媒体转移到重庆，还有一部分转移到了桂林，桂林也成为抗战时期的一个新闻中心。在以上地区，各种政治势力、民间团体及个人主办的报刊都积极宣传抗日，形成了战时国统区同仇敌忾、一致抗日的强大的舆论声势。

“八一三事变”后，上海各大报刊都积极投入到抗战宣传中，报道抗战新闻，发表抗日言论。这些报刊有成舍我的《立报》、史量才的《申报》、《大公报》沪版、《新闻报》等报纸，以及上海编辑人协会主办的《文化战线》旬刊，上海市职业界救亡协会主办的《救亡周刊》、《战线》五日刊、《战时联合旬刊》，上海各界抗战后援会漫画救亡协会出版的《救亡漫画》，生活教育社编辑的《战时教育》旬刊，《战时妇女》、《战时学生》、《七月》等几十种期刊。它们成为 1937 年上海如火如荼的抗战新闻事业的主力军。

上海沦陷后，国民党政府军事委员会迁至武汉，武汉成为当时中国军事、

① 刘哲民：《近现代出版新闻法规汇编》，上海：学林出版社 1992 年版，第 247 页。转引自方晓红：《中国新闻史》，南京：南京师范大学出版社 2007 年版，第 216 页。

政治、经济中心，也成为抗战初期的新闻中心。当时武汉新闻界除了本地原有报刊外，还有从上海、南京等地迁来的报刊以及在武汉创办（复刊）的抗日报刊和新闻团体，共计七八十种。其中突出的有《武汉日报》、《扫荡报》、《全民抗战》、《群众》、《新华日报》、《国民公论》、《战时青年》、《战斗旬刊》、《抗战文艺》、《救亡漫画》、《救中国》、《战地》、《自由中国》等报刊，以及著名的新闻团体"青记"和"国新社"。

桂林是与重庆同一时期的另一个新闻文化中心。这里远离国民党统治中心，进步的新闻事业有较大的活动空间。外迁的和新办的新闻机构，除了"国新社"、《新华日报》分馆、《大公报》桂林版、《救亡日报》、《国民公论》以外，还有《野草》、《文学创作》、《戏剧春秋》、《文艺生活》、《文化杂志》等几十种期刊，本地原来的新闻机构如桂系的《广西日报》和民间的《力报》与上述进步刊物共处一城，相安无事。

在战时国统区，除了国民党的新闻媒体外，有影响的还有以下几种。

1.《抗战》三日刊与《全民抗战》

《抗战》三日刊1937年8月19日创刊于上海，由邹韬奋创办并主编，16开12版。以"力求适合抗战紧急时期的需要"为宗旨，刊物系统报道并评述国内外时事，反映群众的抗日呼声，曾刊登过共产党对时局的宣言、通电和文章。每期附地图说明的《战局一览》和战地通讯尤其受读者欢迎。当年9月在租界当局的压力下，一度改名《抵抗》。1937年11月上海沦陷前迁至武汉出版，并恢复原刊名。

1938年7月7日迁武汉的《抗战》与李公朴主办的《全民》周刊合并为《全民抗战》三日刊。邹韬奋任主编兼总发行人。在武汉，该刊发行量一度达到30万份，创当时杂志发行量之最①。10月中旬，武汉告急，该刊迁往重庆出版。

在重庆，《全民抗战》坚持抗日宣传，争取民主自由，受到国民党的严格审查。篇幅为2.8万字的刊物，每期被审查抽样的稿件占四分之一，甚至过半，社论常常被要求改写两三次。但该刊与国民党展开检查与反检查的斗争。1941年1月，邹韬奋为"皖南事变"所写的社论被全文扣发，刊物以"开天窗"的方式表示抗议。在处境越来越困难的情况下，1941年2月10日，邹韬奋愤而离开重庆，辗转去了香港。随后，《全民抗战》也于2月22日遭到国民党查封。

① 方晓红：《中国新闻史》，南京：南京师范大学出版社2007年版，第243页。

2. “青记”与“国新社”

(1) 中国青年新闻记者学会

中国青年新闻记者学会简称“青记”，1938年成立于武汉。是国统区合法的带有统一战线性质的记者组织。

“青记”的发起要追溯到1934年夏的“上海记者座谈会”，它是由恽逸群、袁殊等几名记者、编辑自由组合的一个松散的每周聚餐会。上海沦陷前，周恩来指示范长江、夏衍等牵头，于1937年11月8日在其基础上成立“中国青年新闻记者协会”，基本会员24人。上海、南京沦陷后，大部分会员来到武汉，决定将协会更名为“中国青年新闻记者学会”。1938年3月30日，“中国青年新闻记者学会”在武汉召开成立大会及第一次全国代表大会。上海、武汉、长沙、广州、西安、重庆、香港及南洋都派代表参加，出席会议的有国民党中宣部部长邵力子、监察院院长于右任，《新华日报》社长潘梓年，文化界名人郭沫若，新闻界名人张季鸾、邹韬奋等。会议通过了《中国青年新闻记者学会成立宣言》和学会《简章》，推选《大公报》范长江、《扫荡报》钟期森和《新华日报》徐迈进为常务理事，朱明为秘书。

“青记”的宗旨是，将记者组织起来，加强自我教育和自我扶助，以适应抗战宣传和未来新闻事业发展。“青记”成立后，在组织抗战宣传、联络记者和媒体、进行学术研究方面都做出了成绩。抗战初期出入各战区采访的战地记者，大多为“青记”会员。“青记”学术组出版《新闻记者》月刊，进行学术研究，介绍业界状况，交流工作经验，产生了较大影响。“青记”开办的“记者之家”在帮助青年投身新闻工作、解决报社人才需求、协助华侨及外国记者进行抗战报道等方面做了大量工作。

武汉失守后，“青记”向长沙、桂林撤退。1939年5月，总会迁至重庆，并在成都、长沙、广州、延安等地设立分会，会员由约150人，发展到约1000人。1941年春，总会和国统区各分会被国民党查封。香港、延安和抗日民主根据地各分会仍继续活动，直至中华人民共和国成立。

(2) 国际新闻社

国际新闻社简称“国新社”，1938年10月成立于长沙，是国统区共产党领导下的公开合法的新闻通讯社。

该社筹备于武汉，成立于长沙，发展于桂林。1938年秋，应国民党军事委员会国际宣传处的要求，在得到周恩来指示后，范长江以“青记”会员为骨干，开始着手筹备通讯社。未及成立，武汉就失守，遂迁往长沙挂牌。在成立最初的一年多时间里，主要为国际宣传处提供对外宣传的报道材料①。“长沙大火”后，国新社迁往桂林，11 月在桂林成立国新社总社，社长范长江，总编辑黄药眠。迁至桂林后，该社一方面继续组织对外宣传报道，一方面扩大业务，开始向国内报纸提供通讯稿。1939 年下半年，国新社设香港分社、重庆办事处、金华办事处，成为全国性的通讯社。

国新社政治上主张抗日民主，在抗战期间向国内外报纸发送了大量新闻通讯和专稿。“皖南事变”后，1941 年 5 月，国新社桂林总社和重庆办事处被查封，香港办事处则坚持到 12 月底才停止活动。日本投降后，1945 年 12 月，国新社上海办事处成立。1946 年初，香港分社重建。直到新中国成立，国新社才完成其历史使命。

3.《救亡日报》

《救亡日报》是上海文化界救亡协会的机关报，也是文化界抗日统一战线的报纸。《救亡日报》创刊于上海，后迁广州，再迁桂林出版。“皖南事变”后，于 1941 年 2 月 28 日停刊。

“淞沪会战”爆发后，国共商定，双方派出人员并拿出资金，由上海文化界救亡协会负责出版《救亡日报》。郭沫若被推为社长，共产党派出总编辑夏衍，国民党派出总编辑樊仲云。编委包括巴金、王芸生、金仲华、茅盾、柯灵、曾虚白、叶灵凤、郑伯奇、郑振铎、谢六逸、萨空了等文艺界、新闻界、社会科学界知名人士和一些国民党人士。经费由上海文艺界救亡协会和国民党共同解决。后国民党工作人员陆续退出，报纸主要由共产党领导。

在上海期间，《救亡日报》充分体现出文化界抗日统一战线的性质。大量发表著名作家、教授、社会名流为宣传抗日、团结、进步所撰写的文稿，如宋庆龄的政论，何香凝的诗词，郑振铎的杂文，冯玉祥的诗歌，李公朴的战地通讯，郭沫若的通讯和评论，田汉的戏剧、小品、新闻特写，等等。《救亡日报》还坚持将办报与组织救亡运动相结合。社长郭沫若曾组织 3 个战地服务团赴前线慰问伤兵、救济难民，同时将《救亡日报》分发给士兵和民众，回来后将前线的情况写成访问记向读者报道。《救亡日报》在处境危难的上海，发行量每天在 1000 份以上，最多时达 3500 份。1937 年 11 月 12 日上海沦陷后，该报于 22 日出版“沪版终刊号”，发表郭沫若撰写的终刊词《我们失去的只是奴隶的枷锁》和夏衍撰写的社论《告别上海》，与上海人民相约：“上海光复之日，即本报与上海同胞再见之时。”

① 吴廷俊：《中国新闻史新修》，上海：复旦大学出版社 2008 年版，第 315 页。

上海沦陷后，《救亡日报》先迁至广州，1939 年 1 月 10 日再迁至桂林复刊。在桂林，《救亡日报》改变了上海、广州时期文人办报喜登长文、好发议论、新闻性不强的办报状况。一是重新安排版面，第一版登载篇幅短小的国内外要闻和社论，第二、三版专登国内政情及广西和桂林的社会消息，第四版除了副刊《文化岗位》外，有时开辟音乐、美术等方面的专刊，也注意邀请文化名人撰写专稿。二是改变文风，力求简洁生动，通俗易懂。桂林时期的《救亡日报》办出了独特风格，在内容上做到了周恩来为报纸所提出的要求，即"讲人民群众要讲的，讲国民党不让讲的，讲《新华日报》不便讲的"，成为了各界人士都爱看、都想看的报纸，发行量由 2000 份增加到 8000 份，影响及于西南、华南各省与海外。"皖南事变"后，《救亡日报》于 1941 年 2 月 28 日被迫停刊。

三、国统区的共产党报纸：《新华日报》和《群众》周刊

《新华日报》是共产党直接领导下在国统区公开出版的第一张机关报，1937 年底筹备于南京，1938 年 1 月 11 日创刊于武汉，1938 年 10 月 25 日迁至重庆出版，1947 年 2 月 28 日被国民党当局查封。

1. 南京筹备，武汉出版

《新华日报》是国共第二次合作的产物。1937 年 8、9 月间，国共第二次合作正式建立，以周恩来为首的中共代表团进驻南京，同时设立八路军南京办事处。经中共代表团积极争取，国民党同意在南京公开出版中共报刊。10 月，周恩来领导潘汉年、章汉夫等齐聚南京，开始筹备出版《新华日报》和《群众》周刊。仅 1 个月时间就试版送审，而此时南京已危在旦夕，《新华日报》未及出版即向武汉转移。12 月 11 日，《群众》周刊先在武汉出版，《新华日报》随后于 1938 年 1 月 11 日出版。

《新华日报》创刊时为对开 4 版的大型报纸，王明任董事长，社长潘梓年，总经理熊谨玎，总编辑先后为华岗、吴克坚。《新华日报》和《群众》周刊在宣传上，第一，以巩固和加强抗日民族统一战线为旨归。报纸开辟《团结》专刊，报道和刊载了国民党临时全国代表大会（1938 年 3 月）及第一届国民参政会（1938 年 7 月）的消息、文件，并发表社论提出期望。第二，《新华日报》还重点对国民党上层流行的"亡国论"和"速胜论"论调进行了分析和批评，阐述了持久战的思想，刊载了毛泽东的《抗日游击战争的战略问题》及周恩来、朱德等人的文章。第三，全面反映了抗日战争各战场的形势，重点报道了八路军、新四军的英勇事迹，介绍了各抗日根据地的政治、经济、

军事、文化及人民群众生活情况。第四，注意反映群众的愿望和呼声，《新华日报》开辟“大众信箱”（“读者信箱”）专栏，还刊载“读者意见表”，与群众打成一片。《新华日报》在武汉时期也宣传了王明“一切为着抗日民族统一战线，一切经过抗日民族统一战线”的右倾思想，抬高了蒋介石和国民党的地位。10月初《新华日报》改由周恩来领导后，即以三期连载长篇社论《论目前的抗战形势》，阐述持久战和游击战的观点，纠正了王明的右倾错误。

《新华日报》的影响及于国内外。至1938年8月，《新华日报》先后在山西、重庆、广州、西安设立分馆，在长沙、潼关、郑州、洛阳、许昌、宜昌、黄陂、南昌等地设立分销处。在国际上，英国《工人日报》曾发贺电祝其创刊，苏联《真理报》撰文对其加以称赞，许多国外机构和人员也通过它了解到中国共产党的抗日主张和抗日根据地情况。

1938年10月25日武汉沦陷，《新华日报》当天发表社论《暂别武汉》宣布停刊，而先行安排转移到重庆的部分人员在同一天推出《新华日报》重庆版。

2. 重庆时期

重庆时期的《新华日报》在组织领导上由中共南方局领导，周恩来任董事长，社长潘梓年，总编辑先后为吴克坚、章汉夫。

在重庆，报纸的生存环境更为复杂艰难。国民党对付《新华日报》的办法是：“让你办报，不让你讲话；让你印报，不让你发行。”从报道内容、出版发行、物资来源上限制《新华日报》的活动。在以周恩来为首的中共南方局领导下，《新华日报》以“有理、有利、有节”为原则，与国民党当局进行了形式多样的斗争。

在报道内容上，国民党依照《战时出版品审查办法及禁载标准》等法令，强行要求《新华日报》送审，任意删改和扣押稿件。对此，《新华日报》根据不同情况，采取“拒检”、“暴检”加以应对，取得了抗检的胜利。例如，1939年10月19日《新华日报》以“拒检”的方式发表了《毛泽东同志与中央社等记者谈话》一文。1939年9月16日，毛泽东在接见路过延安的国民党慰问团随行的三名记者（中央社刘尊棋、《扫荡报》耿坚白、《新民报》张路西）时，针对国民党一系列反共活动，严正申明共产党“人不犯我，我不犯人，人若犯我，我必犯人”的自卫反击原则，并重申了坚持抗战、团结、进步，反对投降、分裂、倒退的统一战线立场。重庆的三名记者将谈话整理成文，《新华日报》将刊登了该文的报纸不送审，提前出版，印好后一大清早送到读者手中。又如，1941年“皖南事变”发生后，国民党新闻检查人员坐镇

《新华日报》进行监视，对此，报纸编辑和印刷人员排了两个不同的报版，一个是没有皖南事变报道和周恩来题词的报版，以应付检查；一个是载有关于皖南事变真相的报道、评论以及周恩来的题词（“为江南死国难者致哀!”“千古奇冤，江南一叶；同室操戈，相煎何急”）的报版，避开检查人员的监视，直接印刷后送市内发行。等到国民党检查人员发现时，皖南事变的真相已公之于众。除了“拒检”，《新华日报》有时也采取“暴检”的办法以示抗议。如在一篇文章被删处注明“被略”、“遵检”、“以下奉命删登”等字样，如果全文被扣发就在版面上留一大块空白，即“开天窗”。

在发行上，国民党收买重庆派报业工会头头，不准报贩售卖《新华日报》，扣留寄往外埠的邮件，使订户读者收不到《新华日报》。对此，《新华日报》雇请了100多名出身贫寒的报丁、报童，实行自办发行，使发行量达到5万份之多。

在物资供应上，对于当时最紧张的纸张，国民党往往采取推、拖、扣，企图限制《新华日报》印报。对此，中共一方面据理力争，争取公平地分配纸张；同时组织人员到市场上零星购买纸张，或到产纸地区收购纸张，解决了“纸荒”问题。

《新华日报》面对复杂的生存环境，不仅在宣传报道上实现了党中央为其确立的巩固全民族团结，巩固国共长期合作，争取民族独立、民权自由、民生幸福而发挥应有作用的目标，做到了中央提出的“对于任何进步现象，和任何有利工作，加以应有的阐扬，对于一切腐化堕落现象，和一切汉奸国贼败类，加以无情的暴露”的要求①。在报纸业务上也精益求精。在重庆举办的各报排字、浇版、印刷竞赛中，《新华日报》三项均名列第一。《新华日报》在重庆成为“编得好、印得清、出得早、销得多”的报纸。

抗战胜利后，1946年4月重庆《新华日报》由中共四川省委领导，改为四川省委机关报。社长张友渔，总编辑熊复，经理于刚。1947年2月28日该报被国民党勒令停刊，3月9日全体人员撤回延安等解放区。

第二节　抗日革命根据地新闻事业

抗战爆发后，共产党领导的根据地有了新的发展。1937年9月，根据国

---

① 《1939年1月中共中央电贺新华日报报周年纪念》，转引自《新华日报报志》，http：//zl. xhby. net/system/2008/01/03/010178833. shtml，新华报业网2008年1月3日。

共协议，中共中央所在地陕甘宁革命根据地改为陕甘宁边区，苏维埃政府改为边区政府，首府延安成为中国共产党领导人民抗战的政治中心。此外，八路军、新四军及人民抗日武装在敌后又建立了华北、华中、华南三大抗日根据地。在这些地区，共产党有着相对独立的合法自治权，共产党领导的新闻事业因此得到了新的发展。

一、陕甘宁边区新闻事业

1. 中共中央主办的报刊：《解放》周刊与《新中华报》

在共产党领导的抗日根据地中心陕甘宁边区，中共中央在边区首府延安主办了大量报刊，为建设边区、指导抗战发挥了重要作用。

(1)《解放》周刊：中共中央政治理论刊物

《解放》周刊是中共中央的综合性政治理论刊物，1937 年 4 月 27 日创刊于延安，铅印 16 开本。初为周刊，后改为半月刊。主要负责人张闻天，编辑主任吴亮平。

该刊辟有“时评”、“论著”、“翻译”、“通讯”、“文艺”等专栏，经常发表毛泽东、张闻天、朱德、周恩来、博古等的文章。创刊时，该刊积极宣传抗日救亡主张及抗日民族统一战线理论和策略，发表了毛泽东的《中国抗日民族统一战线在目前阶段的任务》①，七七事变发生后，该刊发表《中国共产党为日军进攻卢沟桥通电》和《七月八日红军将领为日寇进攻华北致蒋委员长电》②，敦促国民党联合抗日。抗战进入相持阶段时，该刊着力宣传了持久战，发表了张闻天《论抗日民族革命战争的持久性》以及彭德怀《争取持久战胜利的先决条件》等文章，为抗战起到了指导作用。此外，该刊对抗日根据地的建设和抗战工作进行了报道和评论，连载发表了刘少奇的论著《论共产党员的修养》。1941 年 8 月 31 日，《解放》周刊出至 134 期停刊。

(2)《新中华报》：中共中央机关报

《新中华报》前身是苏区中央政府机关报《红色中华》。1936 年 1 月在陕西瓦窑堡复刊，为陕甘宁边区政府机关报，油印五日刊。为适应国共合作及抗日民族统一战线的新形势，1937 年 1 月 29 日《红色中华》改名为《新中华报》。1939 年 2 月 7 日，《新中华报》改组为中共中央机关报兼陕甘宁边区政府机关报和陕甘宁边区党委机关报，铅印三日刊，4 开 4 版。向仲华、李初

① 《解放》第 2 期。

② 《解放》第 10 期。

梨、曹若茗先后主持报社工作。

《新中华报》在陕甘宁边区和抗日民主根据地范围内发行，一是宣传坚持抗战、团结、进步，反对投降、分裂、倒退。在国民党发动的第二次反共高潮中，发表抗议通电、社论和中共中央的一系列文件，报道“皖南事变”真相，阐明中国共产党的政策。二是对八路军、新四军及其他人民抗日武装的战绩和边区政治、经济、军事、文化、教育等方面的成就，作了比较系统的报道，并发表重要评论。毛泽东的《和中央社、〈扫荡报〉、〈新民报〉三记者的谈话》和《相持阶段中的形势与任务》、《新民主主义的宪政》，朱德写的代论《扩张百团大战的伟大胜利》和彭德怀谈百团大战的伟大意义等文章，都在此报发表。

1941 年 5 月 15 日《新中华报》停刊，次日与《今日新闻》合并，改组为延安《解放日报》。

（3）延安的其他报刊

除了《解放》周刊、《新中华报》外，中共中央还在延安先后出版了一批新的报刊。

1939 年 1 月 15 日，八路军总政治部出版了月刊《八路军军政杂志》，主编为八路军总政治部宣传部部长肖向荣。毛泽东撰写的发刊词指出，该刊的目的是提高八路军的抗战力量，同时向抗战人民与抗战友军贡献八路军的抗战经验。该刊于 1942 年 3 月停刊。

1939 年 4 月 16 日，全国青年联合会延安办事处出版了半月刊《中国青年》，主编胡乔木。该刊以帮助青年、指导青年为目的。第 2 期、第 3 期分别发表了毛泽东的论文《五四运动》和演讲稿《青年运动的方向》。该刊于 1941 年 3 月出至第 3 卷第 5 期停刊。

1939 年 6 月 1 日，中共中央妇女运动委员会机关刊物《中国妇女》月刊出版。该刊以发动全国妇女投身抗日运动为宗旨。主要撰稿人为毛泽东、张闻天、邓颖超、蔡畅等。毛泽东曾为该刊题词：“男女并驾，如日方东，以此制敌，何敌不倾。”该刊出至 1941 年 3 月 8 日停刊。

1939 年 10 月 20 日，中共中央还创办了党内理论刊物《共产党人》月刊（后改为不定期刊），主编张闻天（洛甫）。该刊以党的建设为中心，毛泽东在发刊词中指出，其宗旨是“帮助建设一个全国范围的、广大群众性的、思想上政治上组织上完全巩固的布尔什维克化的中国共产党”，并明确提出了“中国共产党在中国革命中战胜敌人的三个法宝”，即“统一战线、武装斗争、党的建设”的论断。该刊于 1941 年 8 月停刊。

1940年2月7日，中共中央职工运动委员会出版了月刊《中国工人》。毛泽东撰写的发刊词指出，要依靠群众来办报，文字要生动等。该刊于1941年3月出至第13期停刊。

1940年2月15日，陕甘宁边区文化协会出版了月刊《中国文化》，16开铅印。艾思奇任主编，编委有艾思奇、周扬、丁玲、张仲实、范文澜、肖三等。创刊号发表了毛泽东的著作《新民主主义论》，文章指出"科学的态度是'实事求是'"，是"《中国文化》出版的态度"。该刊于1941年8月20日停刊。

1940年3月25日陕甘宁边区文化协会大众读物社还创办了《边区群众报》，谢觉哉任社长，胡绩伟任主编。该报以农村基层干部和农民为读者对象，采取通俗易懂、生动活泼的形式来宣传党的政策，是延安出版时间最长、发行最广的报纸。出版至1948年1月10日改为《群众日报》。1954年10月改为《陕西日报》。

此外，1940年秋"在华日人反战同盟"延安支部创办的日文月刊《士兵之友》出版，该刊由日本人森健等主持，以反法西斯侵略战争为宗旨，向侵华日军士兵发行。1945年9月停刊。

1940年11月22日，延安还出现了拼音文字报《Sin Wenz Bao》(《新文字报》)。该报为配合陕甘宁边区新文字冬学扫盲运动而办，周刊，4开2版。毛泽东曾为其题词："切实推行，愈广愈好。"朱德也为其题词："大家适用的新文字，努力推行到全国去。"该报随着新文字冬学扫盲实验工作的结束，于1943年1月停刊。

2. 新华通讯社和延安新华广播电台

(1) 新华通讯社

1937年1月，为适应抗战形势需要，红色中华通讯社改名为新华通讯社，简称"新华社"，1月25日开始使用"新华社"电头对外发稿。此时新华社在机构上与《新中华报》是报、社一家。1939年初，为加强新华社的工作，中央决定新华社与《新中华报》分家，各自成立独立组织机构，同受中共中央党报委员会领导。新华社独立后，向仲华为第一任社长。1941年5月，根据中共中央指示，新华社迁址清凉山，与《解放日报》一起成立统一的领导机构，博古兼任两社社长。

自1939年起，各根据地除设立新华社分社外，还成立了一些地方通讯社，由于组织不统一，任务不明确，行动分散，有些通讯社发表了一些违反党的政策和中央指示的言论，造成了不好影响。为此，1942年5月，中共中央发出

《关于统一根据地对内对外宣传的指示》，根据指示，新华总社对各地通讯社进行了整顿：各地方通讯社均改为新华社分社，单独跟延安新华总社建立业务关系。并规定凡属全国、全党、全军性质的新闻电讯，一律由新华总社发布。这样既加强了党对宣传工作的领导，保证了党中央方针政策的正确发布，又扩大了新华社的组织系统，推动了根据地新闻事业的发展。

在抗日战争期间，新华社业务不断发展。自 1943 年起，根据不同报纸需求，实行分类发稿：一是对敌后抗日根据地广播，每天发稿五六千字，包括国内外新闻、文件、社论和重要论文等；二是对陕甘宁边区广播，每天发稿 1500 字，只发新闻；三是对重庆等大后方广播，只发根据地新闻、通讯和论文摘要。1944 年八九月间开通英文广播，每日对外播发稿件约 4000 字。新华社还先后开设新闻台和通报台，前者负责抄收中外通讯社电讯；后者负责总社与敌后抗日根据地各分社间的通讯联络，业务包括抄收分社来稿，为分社抄收总社稿件补漏纠错。

到抗战结束时，新华社的组织和业务已颇具规模：总社人员达 100 余人（编辑翻译人员约 30 人，电台人员约 70 人），业务分为报纸、广播、电台三个传播渠道；每日发稿量增加到 1 万多字。在各地形成了分支机构和通讯网，为向全国性通讯社发展奠定了基础①。

（2）延安新华广播电台

延安新华广播电台是中国共产党创建的第一座广播电台。1940 年 12 月 30 日试播，呼号为 XNCR，发射功率约 300 瓦。

1940 年 3 月，周恩来从苏联带回一部共产国际赠送的广播发射机，并亲自主持成立了广播委员会，筹建广播电台。军委三局抽调出 30 多人具体承建。他们开凿了 3 孔窑洞作为机房和播音室，用旧汽车的引擎带动发电机发电，用大木杆架设天线。年底，延安新华广播电台试播成功。

延安新华广播电台每天播音 1 次 2 小时，后增至 2 次 3 小时，3 次 4 小时不等。在行政上电台隶属于新华社的一个部门，即口语广播的部分，广播稿由新华社广播科提供。广播主要内容为中共中央重要文件，《新中华报》、《解放》周刊和《解放日报》的重要文章、社论，国际国内新闻以及名人演讲、科学常识和文艺节目。每次同时用国语和日语各广播一次。在语言广播的同时，用国际通码向世界各国播发新华社电讯。电台的播音能传到重庆，较远的

① 方汉奇：《中国新闻事业通史》，第 2 卷，北京：中国人民大学出版社 1996 年版，第 545 页。

山东抗日根据地也能收到。毛泽东为“皖南事变”发布的命令和谈话、《陕甘宁边区施政纲领》等都是通过电台传播到各地的。

延安台的创建是中国无产阶级广播事业的开端，标志着中国共产党的新闻事业从报刊文字传播进入语音广播阶段。1943 年春，延安新华广播电台因发射机大型电子管损坏，暂停播音。1945 年 9 月 5 日恢复播音。

二、各抗日根据地报刊的发展

1937 年至 1939 年，随着敌后抗日根据地的建立和发展，各种小型报刊纷纷创办，数量庞大。但由于各方面条件限制，报刊质量和宣传水平显得参差不齐。1939 年 5 月 17 日，中共中央发出《关于宣传教育工作的指示》，要求集中力量办好各省委、区委及带有独立性的地委、中心县委机关报。这样，从 1939 年至 1941 年，各地停办或合并了一些小报，创办和加强了各级党委机关报，形成了各大根据地宣传中心，提高了各级党报的质量。

1. 中共中央晋察冀分局机关报《晋察冀日报》(《抗敌报》)

《晋察冀日报》原名《抗敌报》，1937 年 12 月 11 日在河北省阜平县由晋察冀军区出版。1938 年 11 月改为中共中央晋察冀分局（北方分局）机关报，1940 年 11 月 7 日更名为《晋察冀日报》。

该报 4 开 4 版，邓拓任社长兼总编辑。报纸开设了“社论”、“军区要闻”、“一周时事”、“国际风云”、“边区生活”等栏目和《老百姓》等副刊。在积极宣传党的抗日主张和抗日根据地各项方针政策方面，成为晋察冀分局开展工作的重要工具，也是传播马列主义、毛泽东思想的重要阵地。在战争的残酷环境下，报社人员一边办报，一边作战。反“扫荡”时，他们用骡子驮着物资设备，在游击战中出报，创造了“八匹骡子办报”的佳话。

《晋察冀日报》于 1948 年 6 月 14 日终刊，共出 2854 期，成为中国共产党在华北抗日根据地创办最早、出版时间最长的党报。次日，与晋冀鲁豫《人民日报》合并成为中共中央华北局机关报华北《人民日报》，第二年 3 月迁北平，成为中共中央机关报《人民日报》前身。

2. 中共中央北方局机关报《新华日报》华北版

《新华日报》华北版 1939 年 1 月 1 日创刊于晋东南沁县，4 开 4 版铅印，何云、陈克寒先后任社长兼总编辑。该报是武汉沦陷前，《新华日报》一部分人员及设备转移到此创办的。发行量一度达到 3 万份。在 1939 年 7 月反“扫荡”时，报社化整为零，出版了东线、西线、南线、北线四个版的油印报纸。1943 年随着中共中央北方局撤销，中共中央太行分局成立，10 月 1 日该报改为太行版，成为中共中央太行分局机关报。1949 年 8 月 20 日因撤销太行区建制而终刊。

《新华日报》极大地发挥了抗日根据地的宣传作用，同时还举办记者培训班，出版大量书籍，为根据地文化事业做出了贡献。

3. 中共中央晋绥分局机关报《抗战日报》

《抗战日报》1940 年 9 月 18 日创刊于山西兴县，4 开 4 版铅印。1942 年 9 月中共中央晋绥分局成立后成为分局机关报。初为三日刊，后改为二日刊，1944 年 9 月 18 日改为日报。首任总编辑赵石宾。创刊词提出该报主要任务是："抗战到底，团结到底，建设晋西北。"毛泽东曾为其提出指导意见：排新闻时，"应以本地为主，国内次之，国际又次之"。强调报纸要联系当地群众，要有地方指导意义。1946 年 7 月 1 日该报改名为《晋绥日报》，并因率先开展反"客里空"运动而名噪一时。1949 年 5 月 1 日终刊。

4. 中共中央山东分局机关报《大众日报》

《大众日报》1939 年 1 月 1 日创刊于山东沂水县王庄，初为中共苏鲁豫边区党委机关报，不久中共中央山东分局成立后改为分局机关报。首任社长刘导生，首任总编辑匡亚明，此后，匡亚明、陈沂先后担任社长。该报一创刊即提出要"为大众服务"十分注重联系群众，大力发展通讯员队伍。在极其恶劣的战争环境下坚持按期出报，先后有数百名干部职工在与敌人的斗争中献出生命。1949 年 4 月迁至济南出版。1955 年改为中共山东省委机关报出版至今，是我国报业史上连续出版时间最长的党报。

5. 中共中央华中局机关报《江淮日报》

《江淮日报》1940 年 12 月 2 日创刊于江苏盐城，初为中共中央中原局机关报，次年中原局和东南局合并成立华中局后，改为华中局机关报。该报为对开日报，由中原局书记胡服（刘少奇）兼任社长，王阑西任总编辑。发刊词由陈毅起草，说明该报既是党报，也是华中人民的喉舌，还是新四军华中总指挥部指导军事斗争的公开报纸。其主要社论多由刘少奇亲自撰写和审改，曾发表过陈毅《论皖南事变及新四军的态度》一文。该报影响及于华中抗日根据地和华北根据地，敌占区上海、南京以及国统区重庆等地，发行量约 1 万份。1941 年 7 月 22 日因日军"扫荡"被迫停刊。

以上述报纸为代表的抗日根据地报纸在极度恶劣的战争环境下，艰难而顽强地成长，为抗日战争发挥着宣传作用，也为中国新闻事业史书写了不平凡的一页。

三、根据地新闻界整风与《解放日报》改版

1.《解放日报》的创刊

《解放日报》1941年5月16日创刊于延安，为中共中央机关报，是抗日根据地和解放区的第一张大型日报。

《解放日报》是解放区进入极端困难时期创办的。1941年开始，日军调集大部分兵力对华北、华中抗日根据地进行残酷的“扫荡”。与此同时，国民党顽固派掀起了第二次反共高潮，对八路军、新四军展开围攻，对抗日根据地实行封锁。以延安为中心的陕甘宁边区经济陷入严重困难，物资奇缺的境地；另一方面，党的宣传工作面临着比以前更为繁重的任务。而中共中央机关报《新中华报》为4开4版三日刊，在时效性和篇幅上都无法满足复杂形势的需要。有鉴于此，1941年5月，中共中央决定将延安《新中华报》和《今日新闻》合并，改出大型的《解放日报》。

《解放日报》初出对开2版，当年9月改为对开4版。博古（秦邦宪）、廖承志先后任社长，总编辑由杨松、陆定一、余光生先后担任。《解放日报》是革命根据地出版的第一份大型的、每日出版的中央机关报，也是抗日战争和解放战争时期革命根据地影响最大的报纸。报头和发刊词均为毛泽东题书和撰写。发刊词指出：“本报的使命为何？团结全国人民战胜日本帝国主义一语足以尽之。这是中国共产党的总路线，也是本报的使命。”《解放日报》创刊不久，苏德战争爆发（1941年6月22日），报纸立刻进行全面报道，并发表社论，分析国际形势，提出建立国际反法西斯统一战线的主张。

2.《解放日报》的改版与根据地新闻界整风运动

《解放日报》创刊后的10个月里，由于办报人员缺乏在农村分散环境下办报的经验，出现了一些机械模仿国外大报办报方式的做法，如过多刊载国际新闻，对根据地群众和实际工作关注不够，文艺副刊有偏离党的立场的倾向等等，这影响了党报的宣传效果，限制了党报应有作用的发挥。结合1942年2月1日开始兴起的延安整风运动，中共中央对《解放日报》在内的党报进行了整顿。

1942年3月8日，毛泽东为《解放日报》题词：“深入群众，不尚空谈。”3月16日，中共中央宣传部发出《为改造党报的通知》，要求各地方党组织加强对党报的领导和参与；各级党报加强对党的政策的宣传，加强对党的工作和群众生活的反映；积极开展批评与自我批评。根据通知精神，《解放日报》进行了全面整改。

首先，《解放日报》开展了批评与自我批评，对工作中出现的缺点和失误进行了检查，广泛听取了读者的意见。3月31日，毛泽东和《解放日报》的社长博古召开报纸改版座谈会，征求党内外各方面人士对报纸改革的意见。毛泽东在会上指出，整顿“三风”（即延安整风的主要内容：反对主观主义以整顿学风，反对宗派主义以整顿党风，反对党八股以整顿文风）要好好利用报纸，报纸批评的方针是既要严肃、尖锐，又要诚恳、与人为善。还对《解放日报》副刊登载的《野百合花》、《三八节有感》等杂文所宣传的错误思想进行了批评。

接着，《解放日报》进行了全面改版。1942年4月1日，《解放日报》发表改版社论《致读者》。社论检查了过去报纸的缺点，提出报纸应该与整个党的方针政策、党的动向密切相连，应该加强党性，成为党中央的喉舌；加强群众性，成为人民群众的喉舌和朋友；加强战斗性，与各种错误倾向作斗争；加强组织性，密切联系根据地实际，指导群众运动的发展。并将这些作为改进报纸的方向。

改版后的报纸，第1版为反映各解放区情况的要闻版，第2版为陕甘宁边区版，第3版是国际新闻版，第4版是副刊和各种专论。而此前，第1、2版均为大篇幅的国际新闻，第3版为国内新闻，第4版才是陕甘宁边区新闻和副刊，这种编排使报纸明显脱离了边区实际工作和群众生活。改版后的《解放日报》在宣传内容上也密切联系边区的实际工作及群众生活，1942年4月1日创办的“党的生活”专栏，专门登载联系实际的整风稿件；4月9日创办的“一得书”专栏，连续登载谢觉哉的一组联系实际、有感而发的，短小精悍的杂文小品；5月13日创办的《学习》专刊，专门登载有关整风的论文、杂感、经验介绍、问题解答等。1943年边区大生产运动兴起，报纸即大力宣传“自力更生”、“丰衣足食”的方针，报道相关消息通讯达3000多篇，此外，报纸对八路军、新四军的部队斗争生活也进行了全面生动的反映。改版后的《解放日报》从形式到内容都增强了报纸的党性、群众性及战斗性，真正成为体现党的意志的机关报。

最后，《解放日报》实行“全党办报”，加强了党组织对报纸的领导和参与。1942年9月，党中央决定《解放日报》兼为中共中央西北局机关报，从组织上来保证“全党办报”的贯彻执行。1942年9月9日，西北局作出《关于解放日报工作问题的决定》，责成各级党组织在党内进行关于党报的教育，要求全体党员经常看党报，帮助发行党报和组织担负党报的通讯工作，各级党委要定期检查自己对《解放日报》所做的工作并向西北局汇报；各分区党委及县委宣传部长要担任《解放日报》通讯员并负责组织所在地区的通讯工作。还规定，西北局每月开会讨论一次有关陕甘宁边区问题的宣传方针，报社派负责人列席会议，报社编辑会议西北局也派人参加。

随着《解放日报》的改版，其他抗日根据地党报，如《新华日报》华北版、《抗战日报》等也进行了类似的整风改版工作，加强了党报与根据地斗争实际以及人民群众生活的联系，增强了报纸的党性、群众性及战斗性。

第三节　沦陷区的新闻事业

一、日伪新闻业

1931年九一八事变后，日本发动侵华战争，占领了我国东北三省。1937年卢沟桥事变后，日本发动全面侵华战争，又强占了我国华北、华中、华南大片领土。在这些地区，日本侵略者扶持傀儡政权，对新闻出版事业进行了殖民统治。他们镇压抗日爱国的报刊、通讯社和电台，扶持创办日伪报刊、通讯社及电台，对沦陷区实行舆论控制，对沦陷区民众实行奴化宣传。

1. 东北沦陷区伪满新闻机构

在东北，1932年3月1日，日本侵略者扶持溥仪建立了伪满洲国。伪满当局设立了控制思想舆论的统治机构资政局弘法处。1935年10月，伪满当局又建立了控制东北地区报纸的报道、言论、经营的统治机构——满洲弘报协会。1937年伪满当局又设弘报处，包揽宣传文化一切事务。伪满当局还颁发了一系列法律，如《出版法》（1932年10月）、“弘报三法”（即《通讯社法》、《新闻社法》、《记者法》，1941年8月）等，对东北地区报刊出版、禁载事项和发行进行严格管制，将新闻社（报社）、通讯社和新闻记者的一切活动都纳入严格控制之下。

伪满洲国的新闻机构集中于长春和沈阳。日伪最早成立的新闻机构是1932年12月成立的满洲国通讯社（简称“国通社”）。该社出版发行《时事通讯》、《摄影通讯》、《经济新闻》、《特别新闻》等刊物，垄断了东北地区新闻的收集及报刊电台的新闻发布。伪满洲国的报纸有《大同报》、《盛京时报》、《醒时报》等中文报纸，以及《满洲新闻》、《满洲日日新闻》等日文报纸。1942年伪满实行新闻社制，将东北地区的各大报纸合并，成立《康德新闻》、《满洲新闻》和《满洲日日新闻》三大新闻社，以垄断整个东北报纸的新闻发布。1944年5月《满洲新闻》和《满洲日日新闻》又合并为日文《满洲日报》。

伪满洲国的电台有“新京发送局”以及奉天、哈尔滨、大连等广播电台，同时还设立了“满洲电信电话株式会社”（简称“电电”），垄断东北地区的广播和电报电话业务。

2. 华北沦陷区日伪新闻机构

在华北，1937年12月14日，日本侵略者扶植汉奸王克敏、王揖唐等在北平成立伪“中华民国临时政府”。傀儡政府成立后，新闻事业的管制由伪华北政务委员会政务厅情报局接管。伪“临时政府”还利用法律手段钳制华北沦陷区民众的言论出版自由，1938年7月15日颁布了《出版法》，对报刊出版、禁载事项等进行严格规定。伪“临时政府”还通过其直接控制的“华北宣传联盟”、“华北新闻协会”、“华北广播协会”等组织，对华北地区新闻业实行垄断政策。

华北的日伪新闻机构集中于北平和天津。北平的报刊有《新民报》、《实报》、《晨报》、《华北日报》、《华北新报》等，其中《新民报》是日伪组织“新民会”掠夺成舍我《世界日报》资产，于1938年1月1日创办的大型报纸。《实报》原系创刊于1928年的北方小有名气的小型报，北平沦陷后，社长管翼贤被日本人收买后，《实报》沦为汉奸报纸。《晨报》本为五四时期著名报刊，“七七事变”后一度停刊，1939年6月改组复刊后成为一份汉奸报纸。天津的日伪报刊主要有《庸报》、《东亚晨报》、《新天津报》、《冀东晨报》、《天声日报》等。其中《庸报》原为天津三大报之一，影响仅次于《大公报》、《益世报》，随着天津沦陷被日本人接管后，逐渐成为华北地区销量最大的日伪报纸。

华北的日伪广播电台有1938年1月1日开播的伪北平中央广播电台，以及由华北广播协会控制的北平、天津、济南、青岛、石家庄、唐山、太原、徐州等8座广播电台。这些电台都是这些城市原有的广播电台，“七七事变”后沦入敌手，被日伪所控制。1939年9月成立的伪“蒙疆联合自治政府”也设有蒙疆广播协会，控制绥远、察南、晋北等地广播业，在张家口、大同、呼和浩特、包头等城市办起广播电台。

3. 华中沦陷区日伪新闻机构

八一三事变后，1937年11月、12月，上海，南京相继沦陷。1938年3月28日，日本侵略者扶持汉奸梁鸿志等在南京成立伪“中华民国维新政府”。1940年3月30日，日本侵略者又联合汪精卫在南京成立伪“中华民国国民政府”（北平伪“临时政府”改称“华北政务委员会”，隶属汪伪政权；南京伪维新政府也合并到汪伪政权）。伪“维新政府”成立后设置宣传局，主管文化及新闻宣传事宜。并在各省、市、县成立相应的“宣传委员会”，以保证其新闻宣传统制的实施。在法律方面颁布了《出版法》和《著作权法》，主要内容与伪满、伪“临时政府”相关法律类似，都是为讨好日本主子、维护傀儡政权统治服务。汪伪政权成立后即着手制定并颁布新闻法律法规，将迁往重庆的国民党政府颁行的法律法规统统名之为“修正公布”。根据法律条款对华中沦陷区的新闻机构进行了重新整顿。

华中地区的日伪新闻机构集中于上海和南京。上海的日伪报刊主要有《新申报》、《中华日报》、《平报》、《国民新闻》、《新中国报》、《新中国报》等。其中《新申报》是日军指挥部出资创办的大型日报，为日本人在华中地区的重要喉舌。主持人是日本人坂尾与市。《中华日报》是汪精卫集团的机关报，社长林柏生。南京的日伪报刊主要有《新南京报》、《南京新报》、《总汇报》、《南京晚报》、《民国日报》等。其中《南京晚报》由日本人田义一控制。

在华中地区，日伪为控制新闻来源，建立了一些通讯社。在上海，先有日本同盟社华文部，汪精卫投敌后，改为汪伪组织的“中华通讯社”。汪精卫在南京建立伪国民政府后，5月1日，上海的“中华通讯社”与南京“维新政府”所属的“中华联合通讯社”合并为“中华电讯社”，隶属伪中央宣传部，成为沦陷区新闻通讯事业的最高统制机关。“中华电讯社”除在南京设立总部，在东京、香港、上海、广州、武汉、杭州等地设立分社，总社社长为林柏生。

日伪政权建立后十分注重对广播业的控制，1941年2月汪伪政府成立了“中国广播事业建设协会”，3月又成立了“宣传部广播无线电台管理处”来创建和管理华中地区广播业。在上海，以原有电台为基础，建立了“大上海广播电台”，成为日军军事当局的喉舌。在南京，日军设立了“南京广播电台”，汪伪政权建立后，1942年3月改为中央广播电台，成为汪伪政权的喉舌。

二、沦陷区的爱国报刊

在充斥着日伪新闻管制的沦陷区，仍有一些爱国力量和人士坚持创办报刊以抵抗日伪的奴化宣传，鼓舞中国军民的抗日士气。

在天津，1937年7月30日沦陷后曾出现过20多种小型抗日报刊。这些报纸大多是由知识分子主办的油印小报，由于敌伪宣传管制，这些报纸一般出版时间较短，印刷条件很差。其中出版时间较长、影响较大的有《高仲明纪事》。该报1937年创刊，由爱国职业报人编辑，油印小报，秘密发行，共出了700多期，每期发行6000余份，在天津地区普遍流传，曾先后3次被敌伪查抄，1939年停刊。《炼铁工》则是由粗通文墨的工人编辑的秘密小报，在天津各工厂流传。天津的这些爱国报刊虽然出版时间不长，但在维系沦陷区民族意识和爱国情感方面，发挥了重要作用。

沦陷区爱国报刊影响较大的是一批在租界公开出版的报刊。在上海，从1937年11月沦陷至1941年12月珍珠港事变、日军侵入租界为止，这段时期的租界在四面都是日军侵占的沦陷区中间，就像一座“孤岛”。上海租界的这4年零1个月时间被称为“孤岛时期”。期间，中国共产党和其他爱国力量利用租界的特殊环境，以外商的名义创办了一批抗日报刊。其中影响较大的有《每日译报》、《导报》、《文汇报》、《申报》、《新闻报》等。

《每日译报》的前身是《译报》。《译报》于1937年12月9日由中国共产党上海地下组织创办，夏衍主编，日出4开1张。该报为一份纯翻译性的报纸，利用当时租界内合法出版的各种外国报刊，选择性地翻译外国报纸的新闻、通讯和言论。报纸透露了日军南京大屠杀的重大消息，介绍了中国共产党领导全国人民进行抗战的事迹，反映了陕北人民的新生活，表达了各国人民对中国人民的支持。销数最高达2万份。当时新闻、文化界誉之为“像黑夜天空里的一颗星星，在浓黑里射出一股悦目的光芒”。因受日伪威胁，该报在出版了12期后即被迫停刊。

《译报》停刊后，1938年1月21日，中共决定以外商名义出版《每日译报》，他们雇用英人裴士为发行人，鲍纳为经理。实际主持人为梅益，林淡秋、胡仲持、戴平万、王叔任等参加编辑工作。该报初出4开1张，后改为1张半、4开2张，到6月28日更进一步扩大为每天对开1张附4开1张。除了翻译外报，还刊登一些自己编写的新闻，转载国内报刊稿件，增设“社会动态”、“新闻钥”等栏目，开办“星期评论”、“时代妇女”、“职工生活”、“书报评论”、“社会科学讲座”、“青年园地”、“戏剧电影”等周刊，和“爝火”、“大家谈”、“前哨”等副刊，内容十分丰富。该报转载和翻译稿件中有毛泽东的《论持久战》、《中国的军队和人民》，周恩来的《论保卫武汉及其发展前途》、《论抗战新阶段与侵略者新政策》，以及中共六大六次会议决议等读者难得的文献。有些外国通讯社将重要稿件译发欧美各国。《每日译报》引起了国内外新闻界的重视，日本与汪伪政权勾结租界当局于1939年5月18日吊销了其登记证，《每日译报》被迫停刊。

《文汇报》创刊于1938年1月25日，由沪宁、沪杭铁路局高级职员严宝礼与几个铁路局职工集资创办。为避免日伪新闻检查，特雇请英国人克明担任名义上的发行人兼总主笔，实际担任经理的是严宝礼，总编辑为胡惠生等。不久，《大公报》向该报投资1万元，并派徐铸成担任该报主笔，全面主持报纸编辑和言论工作。《文汇报》创刊时日出对开1张，不久即扩大为对开2大张，4月份再扩大为日出3大张，编排上有要闻版、国际新闻版、本市新闻版、经济新闻版、教育和体育版、社会服务版和通俗副刊等。报纸观点鲜明，大力伸张民族正义，积极宣传抗日救国宣传，内容十分丰富，创刊5个月销量就超过5万份。《文汇报》的抗日立场招致日伪的忌恨，多次威胁破坏都无法阻止出报，最后他们收买名义上的报纸发行人克明，致使《文汇报》于1939年5月18日被迫停刊。

思考题

1. 抗战时期国民党新闻事业经历了哪些变迁，在新闻宣传和新闻政策上有何新动向？

2. 简述中国青年新闻记者学会、国际新闻社和《救亡日报》在抗战中的作用。

3. 试述《新华日报》创办的历史背景及经过。其新闻宣传和斗争情况如何？

4. 抗战时期陕甘宁边区创办了哪些报刊，有何作用？

5. 试述延安新华广播电台创建的经过及意义。

6. 延安《解放日报》是怎样进行整风改版的，其成效与影响如何？

7. 沦陷区有哪些主要的爱国报刊，其宣传和斗争情况如何？

第十章　解放战争时期的新闻事业

1945 年 8 月 15 日，日本帝国主义无条件投降，八年抗战胜利结束，国内的政治形势也发生了急剧变化，中日民族矛盾基本解决，国共两党的矛盾上升为主要矛盾。两党的政治主张突出地集中在，是继续坚持一个大地主大资产阶级专政的半殖民地半封建社会的国家，还是建立一个民主统一、独立自由的新中国？自称为“介于中国两大政党对峙局面中”的民主党派也纷纷发表对时局的看法，反映中间势力的要求。

与此相适应，中国新闻界从抗日战争时期的联合状态中分化整合为代表国、共两大政党利益的新闻事业——国民党新闻事业和共产党新闻事业，以及代表中间势力的民营新闻事业，他们各自为自己的政治主张宣传鼓吹，直到 1949 年大变革的完成。

第一节　国统区的新闻事业

一、国统区新闻中心的转移和新闻事业的重建

抗日战争胜利后新闻事业发展出现的第一个动向，就是国统区新闻事业的中心向上海、南京一带转移。以蒋介石为首的国民党统治集团，凭借其手中掌握的政权与法统，利用各种机会和手段充实和扩张国民党新闻事业的核心与骨干。主要采取了以下措施：

1. 搬迁原有新闻媒体至“收复区”

日本刚投降，国民党中央宣传部立即策划将国民党新闻机构向“收复区”转移。国民党机关报《中央日报》1945 年 9 月 10 日由重庆迁回南京正式复刊；1946 年 4 月，中央通讯社总社由重庆迁返南京；1946 年 5 月“中央广播电台”随国民党政府还都南京一道迁返；1945 年 11 月 12 日，国民党军报《扫荡报》改名为《和平日报》在南京出版，随后该报总社也由重庆迁至南京；其他一些国民党系统的报纸，如上海的《民国日报》、南京反共宣传报刊

《救国日报》等，也都利用日伪设备先后复刊。

2. 利用接管敌伪新闻媒体

1949年9月，国民党政府行政院颁布了《管理收复区报纸通讯社杂志电影广播事业暂行办法》。该办法规定：敌伪机关或私人经营的报纸、通讯社、杂志、电影制片、广播事业要一律查封，其财产由宣传部会同当地政府接收管理。随后，国民党的“收复区全国性事业委员会”又拟定了《广播事业接收三原则》。

根据这些法令，国民党政府名正言顺地在“收复区”大肆接收原敌伪新闻机构，使原日伪新闻事业一转眼就并入了国民党新闻事业之中，许多日伪报纸改头换面成了国民党机关报。9月5日，国民党中央机关报《中央日报》总编辑陈训志以出席南京受降仪式为名，由重庆飞回南京，接收了汪伪《中央日报》、《中报》和兴中印刷所的设备与资财，在战前旧址重建起《中央日报》馆。

在上海，国民党很快接收了汉奸金雄白主持的《平报》，并将它改名为《正言报》，成了国民党在上海市党部的机关报；接着又接收了汪伪《新中国报》，改出上海《中央日报》；在汉口，国民党利用原汉奸报纸《大楚报》，将其改名为《华中日报》后成了国民党在汉口的党部机关报；在北平，国民党派员接收了日伪《华北新报》，利用其设备复刊出版了国民党北平党部机关报《华北日报》。

在广播事业方面，国民党“中央广播事业管理处”早在1945年8月下旬就开始派员分赴各地接收日伪电台，并将其改建为国民党的官办电台。至1946年5月，国民党当局接收并改建的广播电台共21座，大小广播发射机41部，总发射电力为274千瓦。

3. 利用“附逆”把柄，改组和接管民营报纸

对待曾经附逆的民营报纸，国民党当局采取两种处理办法：一种是将原附逆报纸直接封闭接收，利用其设备出版国民党报纸，如《平报》、《新中国报》等。一种是附逆报纸仍可维持民营性质、用原报名出版，但由国民党派员把持报纸方向，或强行加入官股取得董事会领导权，以《申报》、《新闻报》为代表。

在战前，《申报》、《新闻报》等民营商业性大报地位巩固，影响广泛，国民党报纸根本无力与之竞争。抗战胜利后，蒋介石亲自审批国民党中宣部拟定的《上海敌伪报纸及附逆报纸处置办法》，并对如何处置《申报》、《新闻报》多次做出指示。据此，国民党中宣部拟定了《管理申报新闻报办法》和《申

报新闻报报务管理委员会组织规程》等文件，在名义上保留了《申报》、《新闻报》的名称，同意两报恢复出版，但两报必须组建由国民党要人任主任的报务管理委员会，由潘公展和肖同兹分别担任《申报》和《新闻报》报务管理委员会主任，由杜月笙和钱新之分别出任两报的董事长。通过这一措施，国民党实际上接管了申、新两报及其附属事业，将有过附敌行为的民营报纸改造成了“准党报”。

到1946年春，上海出版的各类型报纸几十家，绝大部分为国民党所控制。经过这样一系列动作，国统区新闻事业在数量上急剧膨胀起来。至1946年5月国民党政府宣布还都南京时，国民党在接收敌伪新闻机构的基础上，重建起一个较战前更为庞大的国民党新闻事业网。

4. 组建报团、走企业化发展道路

抗战胜利后国民党党营新闻事业发展的一个重要表现就是组建报团、走企业化道路。

早在20世纪30年代，在程沧波、肖同兹等人的努力下，国民党新闻事业就提出了企业化经营发展的思路。战后，国民党集团重新制定了党报企业化发展计划，正式实施企业化政策。1947年5月30日，经过一年的筹备，国民党《中央日报》社股份有限公司正式成立，由陈果夫任董事长，马星野任社长兼发行人，它标志着国民党党报企业化经营管理筹备过程的完成。

此后，国民党各大党报均按照《公司法》改组为企业组织，形成一个个报业集团。国民党中央日报报业集团发展成为拥有12个分社的报团组织，影响遍及全国；《扫荡报》改为《和平日报》后，发展成为拥有9个分社的全国性大型报业集团。此外，《武汉日报》、《中山日报》、《东南日报》等有一定影响的报纸，也纷纷改建为报团组织，在其他城市建立分社，出版地方分版。

二、共产党在国统区的新闻事业

面对国民党集团肆意劫夺新闻阵地的形势，中国共产党采取了针锋相对的方针，利用国共合作形式上存在的历史条件和各种机会，迅速地创办共产党直接领导的新闻机构，将党和人民的新闻事业扩展到收复区。

1945年9月14日，正在重庆同国民党谈判的中共领导人毛泽东、周恩来致电中共中央并转华中解放区负责人，指示尽快派人到上海、南京等地办报：“上海《新华日报》及南京、武汉、香港等地以群众面目出版的日报，必须尽速出版。根据国民党法令，可以先出版，后登记。早出一天好一天，愈晚愈吃亏。”根据电报精神，中共中央立即派人到上海、北平、南京等各大城市办报。

《联合日报》创刊于1945年9月21日，是根据中共中央南方局提出的争取在上海办一份民间日报的建议而创办的。为了隐蔽党的面目，该报由美国新闻处任发行人，并声称“以纯粹民间资本、无党派立场，发挥民间舆论精神”。11月30日，该报被国民党当局指令停刊。后经中国共产党的努力，该报又于1946年4月15日恢复出版，改名《联合晚报》。

《建国日报》是《救亡日报》总编辑夏衍根据周恩来的指示，于1945年9月22日返沪筹划出版的。该报原定恢复《救亡日报》原名，后经周恩来指示改名为《建国日报》。周恩来对该报的办报方针与宗旨作了指示：要争取公开合法，重点放在反对内战，争取民主；民报与党报分开。1945年10月10日，《建国日报》在上海问世，报头栏标有“上海文化界救亡协会主办，社长郭沫若，总编辑夏衍”一行字样，以示其与抗战初期创刊的《救亡日报》一脉相承。夏衍在《复刊词》中说：“《建国日报》是人民的报纸，我们必当以人民的意志为意志。”该报一出版，即因其内容充实、文字简短、敢于说话等特点吸引了大批读者，但仅出了15天，便被国民党当局无理查封。

《新华日报》除重庆版外，在上海南京分别成立了筹办处，筹划上海版和南京版的出版事宜。但由于国民党的百般刁难与阻挠，《新华日报》无法在上海、南京等地出版。在这种情况下，1946年6月，中共决定先将《群众》杂志由重庆迁到上海，由半月刊改为周刊，担负起中共中央机关报的宣传重任。

在中共上海地下党组织的领导下，一些中共地下党员和进步人士，还创办了《文萃》周刊和《消息》半周刊。《文萃》周刊创办于1945年10月9日，由孟秋江主持编务，是根据毛泽东、周恩来电报精神创办的一份集纳性、文摘性刊物，以转载重庆、成都等地报刊的进步文字为主，旨在将内地的民主运动扩展至上海，后该刊逐步改版为时事政治性刊物。但由于国民党当局的迫害，《文萃》只出版了10期即被查封，编辑陈子涛、骆何民、吴承德三人被捕并惨遭杀害，史称“文萃三烈士”。《消息》半周刊创办于1946年4月7日，以报道时事政治新闻为主，但也只出了14期就被查封。在此期间，中共上海地下组织还趁民营电台纷纷申请复业之机，秘密创办党在国统区唯一的广播电台“中联广播电台”，以上海市文化运动促进会的名义开办，1946年3月初开始播音，至7月间被国民党当局借口整顿而查封。

在北平，中国共产党于1946年1月取得可以办报的合法地位后，立即开始筹办党的新闻事业。2月22日，中共华北地区机关报《解放》报创刊，由徐特立任社长，同日成立新华社北平分社，由钱俊瑞任社长。《解放》是我党为了对付国民党反动派的反革命行径，揭露蒋介石内战阴谋而在北平创办的公开机关报。它致力于宣传中共和平、民主、团结的方针，阐述抗日战争胜利后的时局，揭露国民党破坏停战协定的现象，驳斥反动报刊的造谣污蔑，深受群众欢迎，被读者称为“真正的精神食粮”，发行量最高时曾达5万份。4月3日，国民党当局以“查户口”为名，逮捕了《解放》报社和新华社北平分社的39名工作人员。5月29日，报社和新华分社被反动当局查封。由于国民党的压制和迫害，中共在国统区极其困难的条件下勉强维持出版的只有重庆《新华日报》、上海《群众》杂志，但也分别于1947年2月28日、3月2日被查封。

在华南地区，党的新闻事业也迅速发展。日本宣布无条件投降后，中共中央即电报指示中共广东区党委迅速派人去广州、香港占领宣传阵地。根据这一电报的精神，中共广东区党委立即做出决定，由东江纵队的《前进报》派出6位同志赴香港建立宣传阵地。经过两个月的筹备，战后共产党在香港创办的第一家党报《正报》于1945年11月13日创刊，初为4开三日刊，自第15期起改为双日刊，1946年7月21日起改为杂志型旬刊，后改为周刊。出至1948年11月13日，因党在华南地区的工作重点的转移而自动停刊。该报除了在港澳和华南地区广泛发行外，还远销新加坡、马来西亚等地，在海外华侨中也有巨大影响，最高发行量达2万份。

《华商报》本来是1941年4月8日在香港创办的晚报，当时的领导人是范长江。当年年底，由于日寇进攻香港而停刊。1946年1月4日，该报在香港宣布复刊，并由晚报改为早报，是中共领导的统一战线的报纸，董事长是香港华北银行副经理、爱国民主人士邓文钊，总编辑是著名的国际问题专家刘思慕，总经理是民主同盟负责人萨空了。

《人民报》是由农工民主党于1946年3月1日在香港创办的报纸。一个月后，由于形势的需要，迁往广州出版。

这三家报纸在华南形成鼎足之势，紧密团结，互相支援，对于反对国民党反动派的独裁统治，争取和平、民主，起到了重要作用。

三、民营新闻事业的发展

当国共两党在收复区努力扩大自己的新闻事业的同时，民营新闻事业在战后也获得了较大发展。

战前在上海、北平、天津、南京等大城市出版的一批著名商业性大报在战后纷纷迁回原地出版，其中不少报纸也朝着报团方向发展。其中发展较好的民营报刊有《大公报》、《文汇报》、《新民报》、《益世报》和《世界日报》等。

上海的《文汇报》1939年被迫停刊后，于1945年8月8日在上海复刊，是抗战之后最先复刊的民营报纸。复刊后的《文汇报》接纳了许多中共地下党员和进步的新闻工作者，因此，报纸立场有了很大改变。在拥护政治协商会议、支持检举内奸的群众活动、揭露羊枣事件真相、报道“下关惨案”、反对内战、要求和平团结等方面，做了大量的工作。1947年5月25日，《文汇报》因报道“五·二〇”惨案，并支持学生爱国运动，与《新民报》、《联合日报》一同被国民党政府查封。此后，部分工作人员赴香港参加香港《文汇报》的创刊工作。

1945年11月1日，《大公报》上海版复刊，李子宽任经理，徐铸成任总编。12月1日天津版复刊，王芸生任总编辑。至1948年3月15日，《大公报》发展成为一个拥有上海、天津、重庆、香港4个分版的报团组织。这个阶段的《大公报》一方面对国民党在战后的种种表现表示不满，另一方面对中国共产党的武装革命也表示出明显的反对。

抗战胜利后，陈铭德、邓季惺将《新民报》总管理处迁回南京。1946年元旦出南京版晚刊，10月10日南京版日刊复刊，同时在南京、上海、北平、重庆、成都五地发行，发展成为拥有南京、上海、北平、重庆、成都5个分社、8种报纸（包括日报、晚报）的报团，日销量达到12万份，是大后方发行量最大的报系。《新民报》坚持在重庆的一贯风格：重视社会新闻，注重版面设计与标题制作，副刊的品位较高，很受读者欢迎。由于《新民报》所经历的每个时期都有共产党人参加工作，所以该报政治倾向基本上是进步的。1947年5月25日，上海《新民报》晚刊因揭露国民党军警殴打学生的暴行被查封。1948年7月8日，南京版也被国民党政府勒令停刊。

战后《益世报》很快在天津复刊，由刘浚卿之子刘益之为总经理，原总编辑兼总经理刘豁轩再度受聘担任社长兼总编辑。该报复刊后，在政治上标榜所谓的“不偏不倚”，以争取读者，发展较快。同时在天津、北平、南京、上海、重庆等地出版，日销量8万余份。

成舍我的“世界报系”也于1945年11月20日复刊了《世界日报》和《世界晚报》。

在一些老牌报纸恢复发展的同时，又产生了一批新的民营报刊。具有代表性的除了前文提到的1945年9月21日创办于上海的《联合日报》外，还有储安平于1945年11月创办于重庆的《客观》周刊和1946年9月创办于上海的《观察》周刊，民盟在1946年2月创刊于重庆的《民主报》。这些刊物以批评时政、倡导民主为主，言论大胆，切中时弊，很快得到社会公认，影响很大。

民营广播电台也获得发展。战前上海是中国广播事业的中心，民营商业性广播电台在战后陆续恢复，到1946年初发展为43座。为了遏制民营台的发展势头，国民党政府交通部于1946年2月公布了《广播无线电台设置规则》，对电台的设置、分布、数量、功率以及广播内容等各方面均详加限制。国民党交通部上海电信局还奉命自3月起对上海民营电台进行整顿，决定限制上海民营广播电台数目"绝对不超过20座"。据此，上海54家民营电台被封闭，仅剩22家民营电台继续播音。

四、国统区新闻抗暴事件

抗战胜利后，国民党集团为了钳制舆论，加强了新闻统制。国统区进步新闻机构及一切不利于国民党统治的新闻媒体都遭到迫害与摧残，激起了一些民主报刊的反抗，发生了一系列反抗新闻暴力事件，掀起了一次又一次争取新闻自由的浪潮。

1. 新闻拒检运动

1945年八九月间发生的"拒检运动"是当时声势最大的一场斗争。8月7日，重庆国讯书店自行出版《延安归来》一书，揭开了"拒检运动"的序幕。该书是黄炎培应国讯书店之邀，将他7月访问延安的见闻整理而成的访问记，翔实记载了中国共产党各项政策的实施情况和解放区的政治、经济、军事等各方面的成就。遭到国民党书刊检察官的删改，国讯书店在其他进步出版机构的支持下，决定不将此书送交当局检查而自行出版发行。《延安归来》出版后，进步人士张志让、杨卫玉、傅彬然三人起草了重庆杂志界宣布"拒检"的联合声明，在征得《宪政》月刊等16家杂志社的签名后，于8月17日正式发表，庄严宣布自9月1日起一致不再送检，并将这一决定正式函告国民党中宣部、宪政实施协进会和国民参政会。8月27日，重庆杂志界联谊会集会，在拒检声明上签名的杂志社增至33家。

重庆16家杂志社拒检声明一发表，立即轰动了整个文化界，并得到各界的支持与响应。由生活书店、新知书店等19家出版社组成的新出版业联合总处宣布坚决支持重庆杂志界的拒检声明，社会各界人士纷纷发表文章予以积极响应。9月8日，成都16家新闻出版机构集会，一致决定以行动响应重庆出版界的拒检斗争，宣布从即日起，不再送交任何机关检查，并发表《致重庆杂志界联谊会公开信》予以声援。至此，由重庆出版界发起的拒检运动扩展到成都，并由出版界扩展到新闻界。此外，昆明、桂林、西安等地的新闻界也纷纷成立联谊会，集体投入拒检运动。

拒检运动的兴起和发展，使正在玩弄“和谈”阴谋的国民党当局陷入被动局面。为了缓和矛盾，国民党当局被迫于9月12日由国民党中宣部部长吴国桢出面宣布自10月1日起废止战时新闻检查制度。至此，国统区新闻文化界为之奋斗多年的取消新闻出版检查制度的斗争，经过为期两个月的拒检运动的洗礼，终于获得了巨大的胜利。

2. 羊枣事件

拒检运动的胜利，使得国民党当局做出了种种让步。1945年10月10日，迫于外界压力，蒋介石签订的《国共双方会谈纪要》上写道：“一直认为政府应保证人民享有一切民主国家人民在平时应享受身体、信仰、言论、出版、集会、结社之自由，现行法令，当依此原则，分别予以废止或修正。”

但是国民党政府的让步，只是表面文章而已，并没有真正放弃其一贯奉行的新闻统制政策。虽然废除了新闻检查制度，但其实施地区仅限于西南、西北等国民党统治区，即使在已经废除新闻检查的地区，国民党当局也利用各种手段和方式控制新闻舆论；他们还指使特务密探在暗地里对进步新闻事业进行迫害和捣毁，包括写恐吓信、绑架、纵火、袭击等卑劣手段。更令人发指的是，蒋介石在政协开幕式上宣布保证人民自由、释放政治犯等多项政治诺言，而著名记者与军事评论家羊枣却在杭州狱中被虐待身亡。

羊枣（1900—1946年）原名杨潮，号九寰，湖北沔阳人。1933年初在上海加入中国左联，同年加入中国共产党，从事新闻宣传工作，是20世纪30年代活跃在中国新闻战线上的极具才干的新闻工作者，也是著名的军事评论家。他先后在《星岛日报》、《世界知识》等任记者、编辑或撰稿人。他的文章慧眼独具、见解独到、判断准确、言词犀利。有关抗日战争的评论，一再招致国民党当局的嫉恨。

1945年7月15日，因与新四军浙东游击队秘密联系，羊枣被国民党逮捕。国民党要羊枣为他们办报，并许以少将军衔。羊枣讽刺说：“一个阶下囚，司令长官要授予少将军衔，这岂不是自欺欺人的笑话！”终因不畏国民党的威胁利诱，于1946年1月11日被迫害致死，史称“永安冤狱”。国民党当局的倒行逆施，证明新闻界在国民党的统治之下不可能有真正的新闻自由。

羊枣被监禁致死的消息传出后，国内外舆论一片哗然。1月23日，上海新闻记者61人联名发表向国民党当局抗议的声明，要求彻底查清羊枣死因，严惩非法逮捕羊枣的祸首，平反永安冤狱，释放同案被捕人士。

1946年4月8日，蒋介石被迫电令福建当局，将羊枣事件中被捕的政治犯全部无条件释放。至1948年秋，经多方努力，在事件中被捕的政治犯才陆续全部获释。

3. 校场口事件

1946年1月，国民党迫于和平民主力量的压力，召开了由各党派参加的政治协商会议，通过了一系列有利于和平民主的决议，于1月31日闭幕。2月10日，“陪都各界政治协商会议协进会”所属的23个团体联合发起在重庆校场口举行庆祝政协成功大会，并推定郭沫若、李公朴、章乃器等20余人组成大会主席团，参加大会的群众近万人。大会尚未开始，主席台上下及周围已被国民党特务、打手数百人占领。章乃器、李公朴、施复亮、马寅初、郭沫若等上前制止，均被打伤。当场受重伤者60余人，轻伤者不计其数，酿成“校场口血案”。

当时，中央社却将此事件说成“民众互相殴打”，这种颠倒黑白的宣传激起了许多在场记者的愤慨。《新华日报》联络了重庆各报记者42人，通过报纸报道事件真相，同时联名发表致中央的公开信，在信中指出了中央社制造的谣言，并向对方提出报道应忠实于事实的忠告。重庆地区《新民报》、《民主报》等报纸，均发文批评国民党政府的挑衅活动。全国各地的民主人士也纷纷通电抗议国民党特务暴行，要求惩办凶手。重庆、上海、南京、北平、成都、昆明等地先后组织了血案后援会，抗议国民党破坏政协的暴行。

4. 南京下关惨案

1946年夏，全面内战迫在眉睫，国内各阶层人民异常焦虑，他们以各种方式，为制止内战的全面爆发而努力。6月中旬，上海人民团体联合会协商推选教育、工商、宗教等各界人士组成上海人民和平请愿团。

6月23日，上海各界人士5万余人集会游行，欢送和平请愿代表团以及学生代表赴南京请愿。当天晚上，上海请愿代表到达南京下关车站时，遭到了国民党特务的围攻殴打，这就是震惊中外的“下关惨案”。

当时被打伤的还有在场采访的上海《大公报》、《文汇报》、《新民报》的若干名记者。“下关惨案”的发生，在京沪激起强烈反响，京沪各报以及美联社、合众社、法新社等都做了报道，各界人士纷纷谴责国民党镇压民主运动的暴行。各地新闻界联名向全国人民呼吁，要求严惩凶手，保障人身自由，争取新闻自由。在南京的中共代表周恩来、董必武、邓颖超等闻讯立即到医院慰问。7月19日，周恩来写信给民建等17个政团，代表中国共产党对他们反对内战、坚持和平的态度表示肯定。

“下关惨案”使民建从血的教训中逐渐觉醒过来，进一步认清了国民党政府坚持内战、镇压人民的真实面目。

5. 沈崇事件

沈崇是北京大学先修班的女生，1946 年 12 月 24 日晚去东长安街平安电影院看电影的途中，遭到美国士兵强奸。事件发生后的第 2 天，一家私营通讯社最先发出了一条简讯，然而国民党却下令不许各报登载。第 3 天，《新民报》等报纸登出简讯，结果报纸被查封。

沈崇事件传出后，北平、天津、上海、南京、武汉、重庆等全国数十个大中城市学生和各界人士约 50 万人，于 12 月底至 1947 年 5 月，举行声势浩大的示威游行，抗议美军暴行，要求严惩美军暴徒及其主管人员，并在北平组织中美联合法庭公开审判；美军最高当局公开道歉，并确实保证在美军撤退以前不得再有非法事件发生；美军立即退出中国等。

当时，美联社、合众社等肆意造谣，歪曲事实，《燕京新闻》因此接连发表了数篇独家新闻，报道了事实的真相。重庆《新华日报》团结了 76 家新闻界同行联名登报声援学生抗暴斗争。《解放日报》也针对此事件，不断发表消息、评论、资料等近 1 个月。

6. “五·二〇”惨案

1947 年，全国各地又爆发了反饥饿反内战的学生游行示威活动。5 月 20 日，为镇压学生运动，国民党政府在首都南京派军警殴打逮捕了数十名学生，制造了“五·二〇”惨案。

第二天，南京《新民报》对此事发表了头条新闻，并发了数幅照片。上海《文汇报》、《联合日报晚刊》、《新民报》晚刊不顾国民党政府的禁令，均发表了本报南京专电，并对此发表评论。国民党政府勒令三报停刊。

当时，上海《学生报》、北平《清华周刊》等学生报刊也都转载了各界对学生的声援。学生的爱国热情鼓舞了国统区的人民，“反饥饿、反内战、反迫害”的斗争运动在国统区广泛开展起来。

第二节　解放区的新闻事业

一、解放区新闻事业概况

与国共两党军事上的较量进程相适应，这一时期，解放区新闻事业经历了发展、收缩、再发展 3 个阶段。

1. 初期发展阶段（1945年8月—1946年6月）

抗日战争胜利后，中国共产党除了利用国共两党合作形式上存在的历史条件，在国统区创办自己的报刊以外，还迅速扩大解放区的地盘，大力发展解放区的新闻事业。主要表现在以下几个方面：

（1）加强原有报刊建设，并大力创办新报刊

1945年8月15日，山东解放区的《大众日报》由两日刊改为日刊，当年冬天，中共中央华东局成立，《大众日报》又改为华东局机关报；1945年9月12日，中共中央晋察冀分局机关报《晋察冀日报》迁至新解放的张家口出版，并成为晋察冀解放区的第一张大型城市日报；1946年7月1日，中共中央晋绥分局的机关报《抗战日报》改为《晋绥日报》，发行地区大为扩展。

在华中，根据华中局、华中军区的决定，中共中央华中局机关报《新华日报》华中版于1945年12月9日在淮阴地区的清江市创刊，后成为华中解放区最有影响的报刊之一。

在晋冀鲁豫解放区，恢复出版《冀南日报》，新出版《新华日报》的太岳版，太行版等。

在华北，1946年5月15日，中共中央晋察冀分局机关报《人民日报》在河北邯郸创刊，日出对开4版。该报《发刊词》说，“本报的出版，在于发扬晋冀鲁豫边区人民驱逐日寇，热爱民族，热爱和平民主的传统精神”，“我们的口号是毛主席昭示我们的：全心全意为人民服务，这也就是本报的方针和宗旨”①。

在东北，中共吉林省委机关报《吉林日报》于1945年10月10日在吉林市创刊；中共中央东北局机关报《东北日报》于11月1日在沈阳创刊，自1946年5月28日起在哈尔滨出版。

这样，从地方到中央，形成了县、市、地区、中央这样的多层结构的报刊网。

（2）广播事业空前发展，人民广播网初具规模

1945年9月5日，经过改装、调试和改进发电设备，延安新华广播电台重新正式开始播音，呼号不变。播送节目有时事新闻、解放区消息、时评及名人讲演等。

人民军队收复关内和东北地区的一些中小城市后，这些城市中的人民广播

① 方汉奇：《中国新闻事业通史》，第2卷，北京：中国人民大学出版社1996年版，第742页。

电台在没收、利用日伪广播电台设备的基础上创建。1945 年哈尔滨广播电台开播；8 月 24 日，张家口新华广播电台开始播音，1947 年还增设英语新闻节目；1946 年 1 月 6 日，大连广播电台开播。据统计，到 1946 年 9 月，各地已建立起人民广播电台 11 座。①

这一时期，以延安新华广播电台为代表的人民广播电台，在宣传上的最大特点是立足解放区，以国统区听众为主要对象，帮助国统区听众了解中国共产党的政策、主张和解放区的生产建设情况，揭穿蒋介石集团的造谣歪曲宣传。

（3）新华社获得长足进步

抗战胜利后，新华社进入了一个新的发展阶段，在组织建设方面，新华社总社的工作机构较前扩大，充实，分为国内新闻、国际新闻、英文广播、口语广播 4 个编辑部门。同时在解放区各地先后设立了若干分社，从而强化了新华社的整体力量，总社和分社的联系也得到了加强。

到 1946 年 4 月，新华社在全国已建立了 9 个总分社、40 多个分社，形成了一个颇具实力的新闻通讯网。

此后，中共中央又提出了“全党办通讯社”的口号，制定了《新华社、解放日报暂行管理规则》，对新华社和解放日报社实行报社合一、以通讯社为主体的体制，新华社社长与总编辑分别兼任《解放日报》社社长和总编辑。

在业务建设方面，新华社总社提出了提高报道水平、改进新闻写作、加紧业务学习等新的任务与要求。不仅新闻数量迅速增长，报道质量也有了显著提高。

（4）无产阶级新闻教育事业得到发展

新闻事业的发展也促成了新闻教育的发展。1946 年 2 月，华中新闻专科学校在江苏淮阴成立，这是解放区第一个较正规的新闻学校，由范长江任校长。另外各解放区原有的和新开办的某些高等学校，如延安大学、华北联大、山东大学、中原大学等，也曾设立过新闻系或新闻专修班，他们为党培养了一批新闻工作者。

2. 收缩阶段（1946 年 6 月—1947 年 7 月）

1946 年 6 月，国民党军队悍然对解放区发动进攻，全面内战爆发。国民党蒋介石依仗军事上的暂时优势和美国人的援助，狂妄地宣称要在 3 至 6 个月内消灭人民解放军。1946 年 10 月 11 日，蒋介石军队攻占了晋察冀解放区首府张家口，此时共攻占解放区 135 座城市。

① 吴廷俊：《中国新闻史新修》，上海：复旦大学出版社 2008 年版，第 359 页。

战争初期，由于敌我力量对比悬殊，解放区范围不断缩小，新闻事业也遭到了很大的破坏。在突围、撤退和转战过程中，许多报刊被迫从城市迁回农村出版发行，由大报改为小报，由铅印改为油印，由日刊改为双日刊、三日刊或不定期刊。发行范围和数量也不断压缩，有些报刊甚至停刊。解放区新闻事业在这个时期由发展转为收缩。

1946年6月24日，由于国民党22万军队进攻中原解放区，使抗战时期坚持在鄂豫皖敌后出版了7年的《七七日报》停刊；10月11日，张家口市被占领，当地的报纸和广播电台被迫停刊、停播和迁移，其中《晋察冀日报》迁回阜平出版，并由对开1张改为对开半张；1946年12月26日，《新华日报》华中版被迫停刊；1947年3月，国民党军队对陕甘宁解放区发动重点进攻，延安《解放日报》于3月9日起由原来的1张4版改为半张2版，3月13日在延安出版了第2117号后撤离，3月15日起在子长县史家畔村出版，并改为日出1小张2版。

刚刚发展起来的人民广播事业也被迫收缩，或停播或迁址。

哈尔滨广播电台于1946年下半年转移到佳木斯，并于9月13日起改组为东北新华广播电台；张家口新华广播电台于1946年10月转移到阜平山区，并改组为晋察冀新华广播电台，于1947年元旦开播；延安新华广播电台在蒋介石军队尚未占领延安时，已经秘密转移。1947年3月19日，蒋介石军队占领延安，20日，延安新华广播电台即开始进行广播，21日更名为陕北新华广播电台，继续报道毛泽东指挥作战的消息。

在这种情况下，党中央充分运用新华社这个强大的武器。新华社承担起报纸、通讯社、广播电台的三重任务，除播发新闻外，还发表社论、时评、读者问答等，起到了很大的作用。

1947年3月，中国共产党中央机关撤离延安。新华社总社分两队撤离：一队由廖承志率领，东渡黄河，向河北涉县太行山一带转移；一队由范长江率领，跟随中共中央行动，负责收译国民党中央通讯社和外国通讯社电讯，为中共中央提供国内外情报，抄收新华社总社的文字广播等。

3. 恢复和再发展时期（1947年7月—1948年秋）

1947年7月，解放军开始反攻，战争形势发生了根本的变化。在解放区不断扩大的情况下，无产阶级的新闻事业随着解放战争的胜利进入了迅速发展的阶段：新闻事业中心开始由农村向城市发展；许多被迫停刊的报纸逐渐恢复出版，许多城市报纸纷纷创办。

1947年11月12日，《新石门日报》在华北重镇石家庄创刊，后改名《石家庄日报》；1948 年 1 月 1 日，《内蒙古日报》在乌兰浩特市出版；3 月 15 日，《吉林日报》迁回沈阳市出版；1948 年 6 月 15 日，中共中央华北局机关报《人民日报》在平山创刊，由原《晋察冀日报》和晋冀鲁豫《人民日报》改组而成，实际上发挥着党的全国性机关报作用。

这一时期，新华社也迅速发展。1948 年 4 月，新华社两部会合于河北平山。为加强对新华社的领导，中共中央任命胡乔木为新华社总编辑，廖承志任新华社管理委员会主任委员，下设编辑部和广播管理部。

二、解放区新闻事业的两大宣传

这一时期，解放区的新闻宣传工作主要集中在两个方面：军事宣传和土地改革宣传。

1. 解放区的军事宣传

在国民党军猖狂进攻解放区的情况下，军事宣传报道被提到重要的地位。1946 年 6 月 30 日，毛泽东写信给新华社、解放日报社的负责人，指示说："从现时起，凡各地蒋军向我进攻之消息，均请发表，并广播；因蒋口头说停战，实际在作战，我应发表新闻予以揭穿。"

为做好军事宣传报道工作，新华社的军事报道网迅速发展。战争初期，总社和各分社派记者组或记者团随军到前线进行采访活动，后在此基础上扩建为前线分社。6 月 24 日，中共中央军委和中宣部联合发出《关于建立野战兵团新华分社、改进发布战报办法的指示》，要求"各野战兵团均须成立新华分社"。此后，人民解放军各部队普遍建立军事分社或支社，形成了一个强大的军事报道网，在解放战争中发挥了极为重要的作用。

从军事宣传的内容上看，在各个不同时期，宣传的侧重点也不同。

内战刚开始时，由于国民党占据暂时的优势，又有美帝国主义的支持，人民解放战争能否取得胜利，是人们最关心的问题，这时的宣传重点是帮助解放区军民树立起必胜的信心。对此，新华社等新闻机构不仅加强军事评论工作，通过各种评论和述评，分析战局，展望光明前景，还注重运用具体的战例，揭穿美蒋"纸老虎"的本质，鼓起军民必胜的信心。

1947 年 7 月，我军转入战略进攻，新华社以及其他新闻机构更是全力投入大反攻的报道与宣传中，此时的重点在于号召将革命进行到底。7 月 1 日，新华社发表《努力奋斗，迎接胜利》；7 月 2 日，新华社报道刘邓大军渡黄河、挺进中原的胜利消息；9 月 12 日，新华社发表《人民解放军大举反攻》的社论，指出蒋介石的全面攻势已被粉碎；在三大战役和渡江战役期间，新华社和其他新闻机构进行声势浩大的系列报道和评论，出现了一批优秀的新闻作品，至今仍震撼人心。

此外，新华社和新华广播电台的节目，在瓦解敌军方面取得了很大的成绩。许多国民党士兵纷纷倒戈，投向解放区。1946 年 7 月，原国民党上尉刘善本第一个驾机起义飞抵延安后，延安新华广播电台播发了刘善本对国民党空军官兵的广播讲话《赶快退出内战漩涡》。自 1947 年 1 月 20 日起，延安台又每天播发放下武器、脱离内战的国民党军官的名单。同年 9 月 5 日起，陕北台正式开办《对蒋军广播节目》，后改称《对国民党广播节目》，每天播出半个小时。邯郸台、东北台等也有过类似的节目。这类节目以国民党官兵为主要对象，采用多种宣传形式，向他们宣传中共对时局的主张和宽大政策，报道人民解放军不断胜利的形势，揭露国民党当局的造谣欺骗，号召他们弃暗投明。这类节目在分化瓦解敌军的作战意志方面发挥了很大作用。

2. 土地改革宣传

在进行解放战争的同时，中国共产党在解放区进行了彻底的土地改革。这样，土地改革宣传就成了解放区新闻战线上的另一项重要工作，它与军事宣传共同构成解放区新闻工作的基本内容。

(1) 反“客里空”运动

1946 年 5 月 4 日，中共中央发出《关于土地问题的指示》，将抗战时期实行的减租减息政策改变为没收地主土地分配给农民的政策。1947 年 9 月，中共中央召开全国土地会议，进一步制定了《中国土地法大纲》，规定了彻底消灭封建以及半封建剥削的土地制度，实行耕者有其田的制度，土地改革运动在全国展开。

土地改革兴起后，新华社和解放区的报刊、电台等立即展开相关报道活动。除了宣传土地改革路线、方针、政策，传播与推广先进典型经验以外，还大量刊登揭发封建地主阶级剥削罪恶的报道和材料，积极反映农民的呼声，为农民伸张正义，收到了较好的社会效果。

但是，土地改革刚开始时，一度存在着右的倾向，并且在新闻宣传中反映出来。主要表现为过分渲染地主“拥护土改”，主动“献地”的行动，对土地运动这场阶级斗争的激烈性、严重性视而不见。而且这类宣传多为失实报道，这引发了农民对党报的不信任和不满情绪。

1947 年 4 月，刘少奇领导工作委员会到达晋绥解放区，检查土地改革工作，发现了明显的右倾偏向以及农民对党报的不信任心理。6 月，在中共中央晋绥分局的领导下，开始纠正右的倾向。

6月15日，《晋绥日报》刊载了苏联剧本《前线》中有关“客里空”的章节片断，并发编者按，指出要“肃清客里空”。“客里空”是该剧本中塑造的一个善于弄虚作假、溜须拍马的战地特派记者形象。他惯写假新闻，从不深入战场，而是待在指挥部，根据得到的点滴材料，添枝加叶，捕风捉影，甚至凭空捏造。后来终于露出马脚，被红军从前线赶走了。《晋绥日报》在“编者按”中说：“我们的编者作者应该更加警惕，并勇敢地严格检讨与揭露自己不正确的采访编写的思想作风，更希望我们每一个读者都起来认真、负责、大胆地揭发客里空和比客里空更坏的新闻通讯及其作者，在我们的新闻阵营中肃清客里空。”

6月25日和26日，《晋绥日报》发表了《不真实新闻和客里空之揭露》，刊载部分不真实新闻及其作者、编者的检讨文章，公开揭露了检查出来的新闻报道中的不真实现象。并号召群众加以检举，协助报社弄清真实情况。

由于反“客里空”运动对当时各解放区的新闻事业均具有普遍意义，中共中央决定在全解放区推广这一运动。新华社也于9月1日发表社论，号召解放区新闻界向《晋绥日报》学习，“彻底检查自己的立场与作风”。

在新华社的号召下，解放区的各家报纸、新华社总社及各分社，均全面检查了“客里空”的问题，由此在解放区掀起了一个反“客里空”运动的高潮。而反“客里空”运动自身也向纵深方向发展：由对新闻报道失实现象的纠查深入到对新闻工作者立场与作风的检查。

这次运动从1947年4月开始，一直持续到1948年春季才告一段落。此后，“客里空”便成为新闻界的一个代名词，以此泛指一切制造不真实新闻的记者和新闻界中不真实的报道。

这场由《晋绥日报》发起的解放区新闻战线反“客里空”运动，具有三个显著特点①：①进行了公开的彻底的自我批评；②运动具有广泛的群众性，许多读者向报社提供了大量的口头和书面材料；③把肃清“客里空”与端正领导作风结合起来。通过运动，一些中上层领导干部基本改变了过去“只许别人说自己好，不许别人指出自己的缺点；只许赞扬，不许批评；多赞扬受之无愧，但批评一句就面红耳赤”的作风。

这次运动的意义也是重大而深远的。一是检查、纠正了新闻报道失实现象，维护了新闻真实性的原则。为了有效地防止新闻报道的失实或偏差，《晋绥日报》创造性地运用了“编者按语”这一编辑手段；二是批判了解放区新

① 曾宪明：《中国百年报人之路》，呼和浩特：远方出版社2003年版，第358页。

闻工作中的立场和作风问题，并且带动了其他解放区的新闻工作者的自我改造运动，解决了党的新闻队伍中的成分不纯问题，使解放区新闻队伍的战斗力大为加强；三是克服了土地宣传中右的倾向，充分发动群众参加运动，提高了报纸在群众中的威信。另外，通过这次运动，广大新闻工作者对党的新闻事业的责任心显著增强，不真实的新闻大为减少，报纸业务发生了显著变化。

（2）纠正“左”的倾向

反“客里空”运动开展时正值解放战争激烈进行之时，因此运动开展得并不普遍和深入，导致在反对右的错误倾向时助长了“左”的错误倾向，致使土地改革宣传报道在1947年下半年、特别是第四季度犯了严重的“左”的错误。主要表现是：在土地改革运动的路线宣传中，不是全面地宣传党的总路线，而是孤立地宣传贫雇农路线，排斥与打击中农与其他工商业者，对土地改革运动起到了误导作用；在整党的问题上有一定的唯成分论，错误地强调“群众要怎样办就怎样办”，助长了尾巴主义的作风等。

当这些问题出现后，党中央及时发现并立即着手解决。1948年2月11日，毛泽东为中共中央起草了党内指示《纠正土地改革宣传中的“左”倾错误》，要求各地党的机关、新华社总社和各地分社以及各地报纸工作人员，检查工作，纠正错误。

对于新闻界来说，这是继反右倾之后的又一次端正新闻工作者的立场、观点、方法的学习运动。经过全面地纠正“左”倾宣传错误，解放区新闻工作者端正了立场、澄清了是非观念，改进了作风，同时也提高了新闻工作的能力。

（3）毛泽东《对晋绥日报编辑人员的谈话》

1948年3月下旬，毛泽东和中共中央领导人在经过晋绥解放区时，于4月2日在山西兴县蔡家崖村接见了《晋绥日报》工作人员，发表了重要讲话，对土地改革中新闻工作的改革做了一个深刻的总结。此讲话即后来整理成文的《对晋绥日报编辑人员的谈话》①。

毛泽东在谈话中总结了土地改革中新闻宣传工作的经验教训，肯定了《晋绥日报》反“客里空”运动后的进步，也指出了随后进行的反对“左”倾偏向的必要性。指出，“在我们纠正偏差的时候”，“应当采取分析的态度，不应当否定一切”。

① 以下参见毛泽东：《对晋绥日报编辑人员的谈话》，《毛泽东选集》，第4卷，北京：人民出版社1991年版，第1318-1322页。

谈话还精辟地阐述了无产阶级党报理论的几个基本问题，如关于党报的作用和任务，关于办报的路线与方针，关于无产阶级党报的风格以及党报工作者的学习与修养等等。

在谈到党报的作用和任务时，毛泽东说："马克思列宁主义的基本原则，就是要使群众认识到自己的利益，并且团结起来，为自己的利益而奋斗。报纸的作用和力量就在它能使党的纲领路线，方针政策，工作任务和工作方法，最迅速最广泛地同群众见面。"因此，"办好报纸，把报纸办得引人入胜，在报纸上正确地宣传党的方针政策，通过报纸加强党和群众的联系，这是党的工作中的一项不可小看的、有重大原则意义的问题。"

对于无产阶级党报的风格，毛泽东指出："我们党所办的报纸，我们党所进行的一切宣传工作，都应当是生动的，鲜明的，尖锐的，毫不吞吞吐吐。这是我们革命无产阶级应有的战斗风格。"

对于办报的路线和方针，毛泽东在谈话中第一次完整地进行了阐述："靠全体人民群众来办，靠全党来办"，"不能只靠少数人关起门来办"，即"全民办报"和"全党办报"。

对于党报工作者的学习与修养问题，毛泽东认为：报纸工作人员"要向群众学习"，"报社的同志应当轮流出去参加一个时期的群众工作"，以慢慢丰富自己的"实际知识"，这样"工作才能够做好"，"才能够担负起教育群众的任务"。

毛泽东《对晋绥日报编辑人员的谈话》进一步丰富了无产阶级的党报理论。

(4) 刘少奇《对华北记者团的谈话》

1948 年 5 月，党中央和毛主席到达河北省平山县西柏坡村，以此作为领导全国解放战争的中心。

1948 年 9 月至 10 月间，中共中央在西柏坡村召集华北《人民日报》和新华社华北总分社的一部分记者进行学习。10 月 2 日，刘少奇在学习会上作了重要讲话。一方面立足于土改宣传的经验教训，深入地阐述了新闻事业的性质和任务；一方面在此基础上论述了新闻工作者的修养问题。此讲话即后来整理成文的《对华北记者团的谈话》。

刘少奇在讲话中首先阐明了新闻工作的重要性。他说，新闻工作是党和人民群众联系的一座桥梁，党依靠它来联系群众，指导群众，指导各地党和政府的工作；又依靠它把人民的一切活动、情绪反映上来，帮助党了解情况。

谈话着重阐述了党和人民的新闻工作者必备的四个条件："第一要有正确

的态度”，要如实报道与反映实际情况；“第二必须独立地做相当艰苦的工作”，要到处去看、去问，做许多研究工作，独立地进行思考、分析和判断；“第三要有马列主义理论修养”，要学习唯物史观、认识论，学习阶级分析的方法；“第四要熟悉党的路线和政策”，要经常学习、研究，时刻注意党的各项方针政策的执行情况。

毛泽东、刘少奇的讲话和中共中央的文件，为共产党新闻事业进城发展在理论上指明了道路。

第三节　共和国成立前夕新闻格局的变化

一、国民党新闻事业退出大陆

蒋介石发动全面内战的时候，国民党反动新闻事业达到了它发展的顶峰。主要表现在：

国民党党政军系统主办的报纸遍布全国。据1947年国民党中央宣传部的统计，国民党中央直辖党报已发展到23家，总销量为45万份。除中央直辖党报外，在省级党报之下，各地县级党部主办的报纸更多，几乎占全国报纸总数的一半。通过改组、投资等方式，使一批有影响的民营报成为国民党的准党报，这类报纸的总销量达到40万份。

新闻通讯事业发展壮大。国民党中央通讯社的国内分社从18家发展到43家；国外分社和特派员办事处，从12家发展到25家；国民党系统的广播电台发展到100多家，其中国民党中央广播事业管理处直辖的电台有41家。

但是，“国民党新闻事业的所谓‘强大’，实际上是在国民党反动派加强法西斯统治的政治形势下出现的，这也决定了它具有反动性和腐朽性”①。主要表现在：一是新闻宣传颠倒是非，混淆黑白。早在抗战胜利之初，就企图把内战的责任推给中国共产党，宣传只有“戡乱”，没有内战。国民党发动全面内战后，又诬陷中国共产党“依旧迷信暴力”，“称兵叛乱”。而在人民解放军由防御转入进攻之后，国民党当局更是开动了所有的宣传机器，全力以赴进行“戡乱总动员”。二是歪曲事实，违背新闻真实性原则。为了国民党反动派的政治、军事的需要，肆无忌惮地造谣中伤。内战爆发前，国民党的新闻机构对中国共产党及其领导的解放区竭尽造谣诬蔑之能事；内战爆发后，更多的是炫

---

① 吴廷俊：《中国新闻史新修》，上海：复旦大学出版社2008年版，第383页。

耀其“赫赫战功”：如有些国民党军官在战场上已向人民投降，而国民党报刊上却在悼念他们“为党国捐躯”；在辽沈、淮海、平津三大战役中，国民党新闻机构把丢盔弃甲的全线溃逃说成是英明果断的“战略转移”；国民党大势已去，蒋介石“引退”、求和之时，《中央日报》还在那里讲要“打到底”，“安定京沪”，“固若金汤”之类的谎话。

实际上，自1948年秋起，国民党新闻事业的一些主要负责人已在安排后路。三大战役胜利结束后，国民党赖以维持其反动统治的主要军事力量基本上被摧毁，其新闻事业也遭到毁灭性打击，开始逃往台湾。“中央通讯社”在1948年下半年先后关闭各地分社，12月初，南京总社也运走了一批通讯设备到台北，1949年7月，“中央通讯社”在台北成立总社办事处，12月换上“中央通讯社总社”招牌；1949年3月，《中央日报》在台北出版，军报《和平日报》也迁往台湾，并于7月1日恢复《扫荡报》之名；中央广播电台也在南京解放前夕运走一批设备，迁往台湾等。就这样，国民党经营了20多年的新闻事业随着人民解放战争的节节胜利，在大陆上全面瓦解。

二、中间报刊“左”转

“二战”胜利后，随着国内主要矛盾的变化和国共两党在政治、军事力量上的消长趋势，民营报纸的政治倾向也再次出现了分化。

一部分民营报纸坚持站在中国共产党和人民的立场上继续进行爱国宣传，成为中国共产党革命斗争的得力助手。如《新民报》系列报纸、张友鸾创办的《南京人报》、上海的《文汇报》、武汉的《大刚报》等等，这些报纸不满意国民党的黑暗统治，主张民主革命，其中一些报纸因此而遭到国民党当局的封禁。

一部分民营报纸对中国革命进程视而不见，奉国民党政府为“正统”，成为国民党反动派的帮凶。如天津的《益世报》、《新星报》、《自由晚报》、《天津夜报》，北京的《世界日报》，上海被国民党劫夺的《申报》和《新闻报》，以及国民党CC派的喉舌《新夜报》等。

还有一部分由“第三方面”人主办的鼓吹“第三条道路”的报刊。所谓“第三条道路”是指既不满于国民党的大地主、大资产阶级专政，也不愿实行共产党的人民民主专政，而希望走英美式的资产阶级专政的道路。这方面的代表性的报刊有储安平主编的《观察》杂志，刘不同在南京创办的《大学评论》周刊和著名的民营大报《大公报》。

1. 储安平和《观察》："第三条道路"的幻灭

1946 年 9 月 1 日，储安平在上海创办了《观察》周刊，该刊经常登载一些不满国民党政府的言论，要求结束国民党的独裁统治，同时对共产党及共产主义也时有微词，成了"第三条道路"政治倾向的代表。

（1）储安平生平简介

储安平出生于宜兴望族，1928 年入上海光华大学英文系，1932 年毕业。1933 年起，在南京《中央日报》任副刊编辑。1936 年赴英国伦敦大学做研究工作。1938 年回国至重庆，先后担任《中央日报》撰述、编辑，复旦大学教授，中央政治学校研究员。1940 年 8 月，在湖南安化县蓝田国立师范学校任教师。1945 年春，在湖南辰溪《中国晨报》任主笔。日军占领桂林后，他在重庆创办《客观》周刊，共出版 17 期。1946 年春赴上海，9 月 1 日创办《观察》半月刊，任社长和主编，兼任复旦大学教授。

中华人民共和国成立后，储安平历任国家出版总署专员、新华书店副总经理、出版总署发行局副局长。1954 年任九三学社中央委员、宣传部副部长，并当选第一届全国人大代表。1957 年任《光明日报》总编辑。1958 年 1 月被错划为资产阶级右派分子，1966 年遭受"文革"残酷迫害。

（2）储安平与《客观》周刊

1945 年 11 月 11 日，《客观》周刊在重庆创刊，发行人张稚琴，主编储安平，编辑有吴世昌、钱清廉、聂绀弩等人。储安平以"安平"署名，为《客观》撰写"客观一周"专栏文章，颇为引人注目。后来，他在主持《观察》周刊时期所持的不少思想，在这些政论中都有所体现。

储安平反对国民党一党专政，认为国民党的腐败已使它失去了革命的活力，尤其以一党专政抗拒国家民主化进程。他也批评共产党，承认共产党有刻苦精神，但不承认极端的社会主义能适行于中国，认为在一个讲究"一致"的政党统治下，人民是不会有真正的民主和自由的，因为人民有无思想言论的自由，是一个国家有无民主的前提。他比较笃信英国的民主制度，要求走军队国家化和民主宪政的和平道路，指出用武力相斗是难以走上民主道路的。他还希望大量培养中国的自由主义知识分子及其中产阶级，"为了达到造成一个民主的中国的目的，我们应当用种种方法以鼓励中国的中产阶级抬头，成为民主政治的干部。其中特别对于自由思想的大学教授及著作家等，应鼓励他们出面说话，建立一个为民主国家所不可缺少的健全的舆论”①。

总之，储安平的政论表现了一个具有自由主义思想的知识分子对抗战胜利之后国民党、共产党和中国资产阶级知识分子三方的评价。

《客观》共出 17 期，储安平主编了 12 期，第 13 期起改由吴世昌主编。

（3）储安平与《观察》周刊

1946 年 9 月，储安平在上海创刊《观察》，杂志封面的英文是：INDEPENDENCE（独立）、NON－PARTY（无党无派）、THE OBSERVER（观察）——这是《观察》的基本立场，“民主”、“自由”、“进步”、“理性”、“公平”、“独立”、“建设”、“客观”是该刊物的“基本原则和主张”。解放前共出版 5 卷 113 期。

该周刊继承了《客观》的自由主义作风，以知识分子的良知和责任感，要求遵循客观、公正的原则立场，对国家政治、经济、文化多方面地进行自由评说，希望依靠言论的力量影响政府的决策，并以此唤起社会的良知。

《观察》云集了当时一大批最著名的自由主义精英知识分子，如曹禺、胡适、卞之琳、周子亚、宗白华、吴晗、季羡林、柳无忌、马寅初、梁实秋、冯友兰、傅雷、费孝通、朱自清、钱钟书等。他们放言论事，以坦率、犀利、公允和智慧的笔调，对政治、军事、经济的焦点问题做了尽可能客观的报道和评论，吸引了大量的知识分子读者，销量从 400 份迅速飙升到 10 万份，左右着舆论界自由主义运动的风向，在国统区的影响很大。

储安平在《观察》上所作政论时评，主要内容包括对国民党腐败政治的批评，给学生运动以同情与支持，维护言论自由权利和价值，以及讨论美国对华的有关政策等。《观察》每出满 24 期，储安平就要写一篇总结性的报告书。多次对国民党政府的强烈批评，引起国民党的不满。1948 年 12 月蒋介石亲自下令国民党政府查封《观察》，并逮捕了《观察》工作人员，这就是当时震惊中外的“《观察》事件”。

2. 王芸生与《大公报》的“左”转

自由主义的政治趋向最初只是表现在以《观察》为代表的少数时事政治性刊物上，随着国民党的政权日渐崩溃，有些著名的大报也开始了这样的宣传。包括一直极力维护国民党统治的《大公报》。

1929 年 8 月 22 日，应《大公报》总编张季鸾的邀请，王芸生进入《大公

① 《客观》第 12 期，第 1 页。

报》，成为一名职业新闻记者，从此他的一生就和《大公报》无法分开了。王芸生历任该报天津、上海、重庆等版编辑、主笔、总编辑。1931 年至 1932 年，写出七卷本《六十年来中国与日本》。当时中日问题是人人瞩目的焦点，日本史学界非常重视这本书。该书在当时已成为研究中国近代史特别是中日关系史必不可少的参考书。王芸生因此一举成名，成为日本问题专家，深受张季鸾的青睐，也奠定了他在《大公报》的地位。1935 年他一跃成为《大公报》编辑主任，仅在张季鸾、胡政之之下。抗日战争期间，王芸生在武汉、重庆协助张季鸾主持《大公报》笔政。1941 年，任重庆《大公报》总编辑，成为该报言论的主要撰稿人和该报评论委员会主任委员。

抗战胜利后，王芸生任上海版《大公报》总编辑。1947 年 2 月 27 日至 3 月 15 日，王芸生以《大公报》总编辑身份参加中国赴日记者团，对投降后的日本进行考察，他为战后日本人民坚韧不拔的奋斗精神所感动，为帝国主义扶持日本军国主义复活的状况而担忧。回国后，将自己在日本的见闻写成《日本半月》等 12 篇文章在《大公报》上发表。10 月 23 日，王芸生在天津南开大学作了题为《我对国事的看法》的讲演，揭露了美帝国主义扶持日本军国主义复活的阴谋。国民党对王芸生和《大公报》很是不满。1948 年 7 月 8 日，国民党勒令南京《新民报》停刊，《大公报》对此发表言论，主张废除钳制人民言论自由的《出版法》。国民党的《中央日报》连续发表社评，指责《大公报》，并说《大公报》的总编王芸生是"新华社的应声虫"。7 月 19 日，《中央日报》再发社论《王芸生之第三查》，表示要"三查王芸生"。对此王芸生感到苦闷和彷徨，他开始思考个人和《大公报》的前途问题。

1948 年 10 月 30 日，王芸生收到了由《大公报》地下党转给他的毛泽东的口头邀请，希望他尽快离开上海，到北平参加新的政治协商会议。经过几天的考虑，王芸生终于做出重大决定：投奔共产党。11 月 5 日，王芸生只身到了台湾，三天后又飞到香港，发表了题为《和平无望》的社论，在中共党员和进步人士的帮助下，领导了《大公报》香港版的起义，在国内外引起了强烈反响。1949 年 6 月 17 日，上海《大公报》发表了王芸生写的《大公报新生宣言》，宣告《大公报》为人民所有："今后的大公报，从经济观点上说，是私营企业，而在精神上，是属于人民的。大公报全体职工同人，业已郑重确定了工作方向与目标：为人民服务，为新民主主义服务；并郑重确定了工作态度：向人民负责。"至此，《大公报》和王芸生都获得了新生。

随着《大公报》宣告新生，几乎所有有影响的民营报刊都做出了"留下来”的选择，只有成舍我和他的《世界日报》等极少数的报人报纸跟随国民党撤离大陆到台湾去了。

《观察》和《大公报》的事实说明，在国共两党对决的时刻，自由知识分子主张所谓的“第三条道路”是行不通的，也是不识时务的。伴随着国民党蒋介石在大陆统治的全面崩溃，中间报纸的“左”转无疑是历史的抉择。

三、共产党大陆新闻事业网的初步建立

1. 新闻事业重心由农村移至城市

1948年秋后，人民解放战争向全国推进，大批城市被解放，随着人民政权机构进入城市，党的新闻事业的重心也逐步开始从乡村转移到城市，并新创办了一批城市报刊。但我党过去的新闻事业大多在远离城市的革命根据地，面对的是比较单纯的农村，对稿件的水平要求较低。进城以后，面对的是千变万化的城市，发布新闻的对象包括各个行业阶层的人民。此前尽管有重庆《新华日报》等城市报刊的办报经验，但已经远远不能满足城市宣传的需要。党的新闻事业经过了对城市的一段时间的摸索、适应的过程，逐步掌握了城市新闻工作的特点。

自1948年下半年起，中共中央、中央宣传部、新华总社总结了党在城市报纸宣传工作中的经验教训，发出了一系列有关城市新闻工作方针的指示与决定。8月15日，中共中央宣传部发布《关于城市党报方针的指示》，提出了关于城市党报工作的三大注意事项：①报纸主要为工农兵服务，但同时也要为干部、工商业者和知识分子服务；②报纸以报道农村与工厂的消息为主，同时兼顾市场、学校以及其他地方；③报纸副刊，必须宣传马克思主义，深入浅出地对读者做教育工作。

1949年3月5日至13日，中国共产党在河北平山西柏坡召开了七届二中全会，毛泽东在会上代表党中央做了报告，明确指出，“从现在起，开始了由城市到乡村并由城市领导乡村的时期”，“从我们接管城市的第一天起，我们的眼睛就要向着这个城市的生产事业的恢复和发展”，城市中的各项工作，包括报纸、通讯社、广播电台的工作，“都是围绕着生产建设这一个中心工作并为这个中心工作服务的”①。毛泽东的这一报告，从理论上解决了党的工作重心由农村向城市转移、党在城市斗争中必须依靠工人阶级等重要问题，为进城后党的工作规定了基本方针与任务。这一报告，也为党的城市办报方针提供了

① 《毛泽东选集》，第4卷，北京：人民出版社1991年版，第1427-1428页。

理论依据，从而使党的城市办报方针趋于成熟。

2. 对旧有新闻事业的处理

随着城市的陆续解放，清理、接管旧有新闻事业的工作也在1948年后被提上了议事日程，旧有新闻事业的清理与接管，是一项很复杂、政策性很强的工作。为此，中共中央颁发了一系列文件，从清理接管工作的基本原则、政策界限到具体的工作方法，都做了明确的指示与规定。1948年11月8日，中共中央颁布了《关于新解放城市中中外报刊通讯社处理办法的决定》，指出：清理、接管工作的基本出发点是“报纸刊物与通讯社是一定的阶级、党派与社会团体进行阶级斗争的一种工具，不是生产事业，故对于私营报纸、刊物与通讯社，一般地不能采取对私营工商业同样的政策”。清理、接管工作的基本原则是“保护人民的言论、出版自由，剥夺反人民的言论出版自由”。《决定》对清理、接管工作的政策界限与具体方法也作了明确规定。11月20日，中共中央又颁布了《对新解放城市的原广播电台及其人员的政策的决定》，规定了清理、接管旧有广播事业工作的政策。

根据中共中央的决定与指示，各地党和政府有关部门，以既严肃又慎重的态度，开始着手清理、接管旧有新闻事业，并按照不同的情况，采取不同的处理办法：对于国民党党政军系统和反动党派所主办的报刊、通讯社和广播电台，一律由人民政府接管，没收其一切设备与资产，不准以原名复刊或发稿；对于各民主党派、人民团体主办的报刊与通讯社，不仅允许其向人民政府登记后继续刊行与发稿，而且予以保护与支持；对于私人经营的报刊、通讯社与广播电台，既不采取无限制放任的政策，以防止它们为反动政治势力所利用，也不采取简单地一律取消的政策，而是根据不同情况，区别对待；对长期坚持进步态度的报刊、通讯社，予以保护，准其向人民政府登记后继续营业；对持中间立场的，不禁止其依靠自己的力量继续营业，但须依法登记；对反动的则予以没收，停止其继续营业。

对于民营广播电台，因其直接联系群众，且可能为敌人作通讯联络之用，故在军管期间一律归军管会统一管理，在其管理之下准其继续营业；私营的短波广播电台，则一律停止其播音。

对于外国人在华的新闻事业，人民政府根据不同的情况，采取不同的处理方法：对帝国主义国家在华设立的新闻机构，一律予以封闭，禁止它们对中国报纸发稿；对外国私商主办的报刊，如上海的《字林西报》、《大美晚报》、《密勒氏评论报》，则准其继续出版。

对于旧有新闻事业的工作人员，采取区别对待、妥善处理的政策。除少数查有实据的特务分子、反革命分子依法处理外，其余均由人民政府安排，明显的进步分子与确有学识的中间分子留用；一般的编辑与记者，对于比较容易改造者，应经过短期教育后分别留用，然亦不应轻易使其担任编辑与记者工作，对于思想顽固、生活腐化不易改造者，应听其或助其转业；技术人员（出版、经理、广播、电务等方面的技术人员）则按对待一般技术人员的方针办理；私营新闻单位的工作人员，原则上由原单位自行处理。

3. 共产党新闻事业格局在全国形成

1949年是中国人民革命走向全面胜利的一年，也是人民新闻事业走向全面胜利的一年。1月31日，北平和平解放后，中共中央领导的新闻机构陆续迁至北平。2月1日，华北《人民日报》北平版内部试刊，2月2日公开出版。3月15日，华北《人民日报》迁入北平出版。8月，中共中央决定该报为中共中央机关报，胡乔木、范长江先后任社长，邓拓任总编辑。

新华通讯社于1949年3月25日随中共中央迁入北平，并根据中央决定，逐步调整全国各地的分社组织，在各大区建立总分社，各省、市、自治区建立分社，在解放军部队中也建立总分社、分社、支社各级组织，努力组建一个统一的集中的国家通讯社。6月24日，新任社委会成立，社长由胡乔木兼任，副社长为范长江、陈克寒（兼任总编辑）。

在新华社迁入北平的同一天，陕北新华广播电台也迁入北平，改名为北平新华广播电台，向全国播音。6月5日，中共中央将原新华社的口语广播部，扩充为中央广播事业管理处，由廖承志任处长，领导与管理全国的广播事业。此后，广播事业与新华社脱离，进入了独立发展的历史阶段。9月27日，北平新华广播电台再次改名为北京新华广播电台。在此前后，其他全国性报刊也陆续迁至北平出版，或在北平创刊。

到新中国成立时，报社、通讯社、广播电台在全国迅速创立，形成了全国统一的共产党和人民的新闻事业网。

1949年7月13日，中华全国新闻工作者协会筹备会在北平成立，胡乔木任筹备会主任，胡愈之、廖承志任副主任，萨空了、徐迈进分别任正、副秘书长，解放区和国统区两支进步新闻工作队伍胜利会师。筹备会还推出12名正式代表、2名候补代表，代表国统区和解放区的新闻界参加新政协，共筹建国大计。

思考题

1. 简述国统区新闻抗暴事件。

2. 评述“拒检运动”的经过与结果。

3. 鼓吹“第三条道路”的报刊是在什么背景下出现的？结果如何？

4. 新华社在解放战争中发挥了哪些重要作用？

5. 试述解放战争时期解放区“反客里空”运动及其意义。

6. 毛泽东《对晋绥日报编辑人员的谈话》和刘少奇《对华北记者团的谈话》两篇文章分别阐述了哪些重要问题？

7. 试述中共中央处理新解放城市中旧有新闻事业的政策和措施。

第十一章　社会主义新闻事业的建立与发展

第一节　社会主义新闻事业的建立（1949—1956）

一、社会主义新闻事业的创建与初步发展

1. 新闻事业的社会主义改造

1949年10月1日，中华人民共和国的成立，开辟了中国历史的新纪元，也揭开了中国新闻事业的新篇章，中国新闻事业开始进入社会主义革命和社会主义建设时期。

1949年至1956年7年间，依靠中国共产党和人民政权的力量，中华人民共和国政府对旧的中国新闻事业进行了清理、整顿与改造工作。对于南京国民政府主办的新闻机构采取没收其机器设备及资产归为国有的手段，用于建设人民的新闻事业。对于民族资产阶级经营的私营新闻机构，利用公私合营、合并改组，逐步赎买的方式，转为国家所有制。经过有领导、有计划、有步骤的调整和改造，中国构建了一个具有社会主义性质的新闻事业系统，这个系统是以《人民日报》为中心、以党报为主体的公营报刊系统，以新华通讯社为主体的国家通讯社系统和以中央人民广播电台为中心的国营人民广播电台系统。

报刊是新中国成立初期最普及也最重要的新闻传播工具，全国形成了以人民日报为首的各级党报为主体的、多种人民报纸并存的新中国的报业结构。全国报纸在党和政府的领导下，按照不同地区、不同读者对象，实行统一分工，各有侧重。据统计，1950年全国各类铅印报纸有382种，1951年增至475种。经过1952年的整顿和1953年的调整，至1954年10月，全国共有报纸248种；按报纸种类划分，综合性报纸有68种，工人报纸有55种，农民报纸84

种，青少年报纸16种，少数民族文字报纸20种，外文报纸2种，专业报纸3种。①

(1) 共产党的机关报。共计151种，居全国报纸的首位。通过党报系统，迅速传播党和政府的声音，反映人民的要求。它们是党政的主要耳目喉舌，也是人民的主要耳目喉舌。《人民日报》是中国共产党中央委员会机关报。

(2) 工人报纸。这类报纸主要以工会干部和工人群众为读者对象。从全国总工会到各大行政区、省（市）工会，一般都出版有工人报纸，它们围绕国民经济的恢复和发展，努力为职工群众服务。《工人日报》是中华全国总工会机关报。

(3) 农民报纸。当时没有全国性的农民报纸。省一级农民报纸发行数较多的有山东《农村大众报》、《山西农民》、《黑龙江农民报》、《四川农民报》、《甘肃农民报》、《安徽农民》等。这类报纸以广大农村干部和农民为读者对象，通俗易懂，发行面广，成为了提高农民政治文化水平的重要园地。

(4) 青少年报。《中国青年报》，中国新民主主义青年团（后改名为中国共产主义青年团）中央机关报。它以全国广大青年、团员和青年团干部为读者对象，用马列主义、毛泽东思想和现代科学文化知识武装青年，帮助青年树立革命的人生观，培养青年高尚的生活情操，反映和指导全国青年运动的发展。它具有鲜明的思想性和知识性，深受青年读者的喜欢。

《中国少年报》，共青团中央主办的中国少年先锋队队报。它以爱国主义、共产主义思想培养少年儿童，指导先锋队工作的开展。

(5) 少数民族文字报纸。在全国20种少数民族报纸中，共使用了9种少数民族文字。其中主要有：中共内蒙古自治区委员会主办的蒙文版的《内蒙古日报》，中共中央东北局主办的朝文版的《东北朝鲜人民报》（后改为《延边日报》），中共新疆维吾尔自治区委员会主办的《新疆日报》维吾尔文版、哈萨克文版和蒙文版，西藏自治区委员会主办的藏文版的《西藏日报》等。它们为宣传中共的路线、方针、政策，特别是民族政策，宣传爱国主义和民族团结做出了贡献。

(6) 专业报纸。主要有《人民铁道报》、《健康报》、《中国邮电工人报》、《中国海员报》、《电业工人报》等。

党和国家对新华通讯社也进行了一系列调整，将新华社组建为中华人民共和国国家通讯社。1950年3月28日，中共中央发出《关于改新华社为统一集

① 黄瑚：《中国新闻事业发展史》，上海：复旦大学出版社2007年版，第279页。

中的国家通讯社的指示》。1950 年 4 月 25 日，中央人民政府新闻总署通过《关于统一新华通讯社组织和工作的决定》。据此，新闻总署对新华社的组织机构进行调整。新华社在华北、东北、华东、中南、西南、西北 6 个大行政区建立 6 个总分社，在各省会城市建立分社，支社一律取消，对于一些需要设立相当于支社机构的城市，则派驻记者组或记者；除第三野战军总分社及其所属机构外，其他野战军中的新华社分支机构一律取消，其工作人员根据需要有的继续留在部队政治部门，有的转入该大区的新华总分社。经过调整，新华社的工作、人事组织与财务统一归属新华总社管理，新华社改组成了一个集中统一的国家通讯社。它作为国家新闻统一发布机构，授权发布中央人民政府的一切公告和公告性新闻，并担负每日向全国报纸和广播电台供给国内外重要新闻的任务。1952 年起增加供给图片新闻的业务。

为了便于向海外华人、华侨介绍新中国，中国新闻社于 1952 年 9 月 14 日在北京成立，10 月 1 日开始发稿。中国新闻社由国内一批热心新闻事业的知名人士发起组织，由 33 人组成理事会，金仲华任社长。其编辑机构最初设在新华社内，取名华侨广播组（后改为部）。该社以海外华侨、港澳同胞和外籍华人为对象，在宣传上根据华侨爱国统一战线的基本方针和政策，报道祖国政治、经济、文教、卫生等方面的建设成就和闽粤要闻、侨乡情况，以促进爱国华侨的大团结。每日广播华语记录新闻 5000 字，后逐渐增至 8000 字，同时向海外航寄新闻稿《中国新闻》，还发行有关中国风光、文物、建设等内容的照片，以后逐步增加供应文字特稿、摄制电影、制作唱片、出版画报等业务。

中央人民广播事业管理处于 1949 年 10 月 1 日改组为中央广播事业局。它既是新闻宣传机关，又是事业管理机关。1950 年全国共有各级人民广播电台 65 座，总发射功率为 272 千瓦。1952 年完成对分散在 7 个大城市的 33 座私营广播电台的社会主义的改造，全部收归国家经营。1950 年 4 月，国家新闻总署规定广播宣传主要担负三项任务，第一是发布新闻、传达政令；第二是社会教育；第三是文化娱乐。这一时期，初步建成了以中央人民广播电台为中心的 4 级广播电台；并大力发展基层收音站、建立推广农村有线广播站。形成从中央到各大行政区、省（市）到地市、县区乡村的广播宣传网络。至 1954 年底，全国共有县广播站 101 座，中小城镇广播站 705 座，有线广播喇叭 49854 个。①

---

① 吴廷俊：《中国新闻史新修》，上海：复旦大学出版社 2008 年版，第 399 页。

2. 社会主义新闻事业的管理机制

社会主义新闻事业是一种崭新的新闻事业，其形式和内容与中国历史上的新闻事业有很大的差异，为保证中华人民共和国的新闻事业健康、有序的发展，党和政府在中华人民共和国成立之初就颁布了很多政策性文件与法规，并设立了国家新闻行政管理机构新闻总署。

（1）新闻基本法规的颁布。

1949 年 9 月 21 日，中国人民政治协商会议第一届全体会议一致通过了具有临时宪法性质的《中国人民政治协商会议共同纲领》。其中第五条规定："中华人民共和国人民有思想、言论、出版、集会、结社、通讯、人身、居住、迁徙、宗教信仰及示威游行的自由权。"第四十九条规定："保护报道真实新闻的自由。禁止利用新闻以进行诽谤、破坏国家人民的利益和煽动世界战争。发展人民广播事业。发展人民出版业，并注重有益于人民的通俗书报。"这些规定，确立了中华人民共和国实行新闻自由的原则，即在报道真实新闻和不进行违法活动的前提下，广大人民享有充分的言论、出版自由；确立了国家积极发展为人民服务的新闻事业方针。

为了确保新闻事业的正确发展，根据《共同纲领》和相关宪法，党和国家还颁布了一系列有关新闻出版的法规文件，主要包括：《全国报纸杂志登记暂行办法》（1950 年）、《期刊登记暂行办法》（1952 年 8 月 16 日）、《中共中央关于报纸和期刊的创办、停办和该刊的办理手续的几项规定》（1956 年 2 月）、《管理书刊出版业印刷业发行业暂行条例》（1952 年 8 月 16 日）等。此外，国家还制定了有关新闻宣传活动应该遵循的条文，包括：《关于统一发布中央人民政府及其所属各机关重要新闻的暂行办法》（1949 年 12 月 9 日）、《保守国家机密暂行条例》（1951 年 6 月 8 日）等。

（2）新闻总署的成立。

1949 年 11 月 1 日，中央人民政府政务院正式设立新闻总署，作为领导与管理全国各类新闻媒介与新中国新闻工作的行政机构。新闻总署由胡乔木出任署长，范长江、萨空担任副署长。下属机构和单位有一厅（办公厅）、一社（新华社）、三局（广播事业局、国际新闻局、新闻摄影局）、一校（北京新闻学校）。与之相应，各大区设新闻出版局，各省、市设置新闻出版处。

新闻总署成立后，为调整和发展新中国的新闻事业做了大量工作：第一，加强和改进报纸经营管理工作；第二，对于不同新闻媒介之间和不同报纸之间的分工进行了统一调整；第三，主持全国新闻工作会议，全面促进新闻事业的发展；第四，指导新闻业务工作的改革；第五，协助进行对私营新闻事业的社会主义改造。

中华人民共和国成立初期新闻政策法规的颁布与新闻总署的建立，使得新中国的新闻事业不仅有法可依，而且还有职责明确的新闻行政管理机构，避免了新闻事业管理的随意性，为巩固新生的人民民主专政政权、恢复和发展经济做出了贡献。但是，随着对私营新闻机构改造的完成，1952 年 8 月 7 日新闻总署被撤销，在之后相当长的时期内，全国新闻事业主要由中共各级宣传部门负责领导。

二、社会主义新闻事业的探索与实践

1. 新闻工作的改进与新闻业务的建设

新中国成立后，为了使新闻工作和新闻业务适应新时代的特点和要求，党和政府围绕新闻宣传工作采取了一系列的改进措施，并加强了新闻业务的建设。

1950 年 3 月 29 日全国新闻工作会议召开，会上，新闻总署署长胡乔木着重指出改进报纸工作的 3 个方面：联系实际，联系群众，开展批评与自我批评，为改进新中国的新闻事业指明了方向。此后，中共中央、中宣部、新闻总署、新华总社又颁布一系列相关文件，反复强调上述问题，其中比较重要的有：1950 年 4 月 19 日中共中央发布的《关于在报纸刊物上展开批评与自我批评的决定》，5 月 1 日新闻总署颁布的《关于改进报纸工作的决定》，1954 年 7 月 17 日中共中央政治局通过的《中共中央关于改进报纸工作的决议》。

根据联系实际、联系群众、开展批评与自我批评的指导思想，新闻工作进行了许多重大的改进，以加强新闻工作与社会实际、人民群众的联系。在新闻体制方面，实行总编负责制与采编合一制，改变了中华人民共和国成立初期报纸编辑部一般只笼统地分社编辑、采访、通讯联络三大部门的格局。如中共中央机关报《人民日报》和各省、市委机关报将采编合而为一，改设国内政治、工商、农村、文教、文艺、国际新闻、理论、群众工作等部、组，并实行编委会领导下的总编辑负责制。此外，各新闻机构还建立起广泛的通讯员网与群众性的读报小组。广播收音网的普遍建立，是广播工作联系实际、联系群众的重要措施之一。根据新闻总署 1950 年 4 月 10 日发布的《关于建立广播收音网的决定》的精神，全国各县市人民政府、人民解放军各级政治机关以及其他机关、团体、工厂、学校均设有专职或兼职的收音员，收听和记录中央和地方人民广播电台的新闻报道，向群众介绍广播节目，组织群众收听重要节目。

积极开展批评与自我批评，是中华人民共和国成立初期新闻工作的一大特点，也是新闻工作联系实际、联系群众的一个重要方面。1950 年 4 月 29 日，中共中央颁发了《关于在报纸刊物上展开批评和自我批评的决定》，这一决定从政权建设和党的建设的高度阐释了开展报刊批评的重要意义。《人民日报》是当时开展批评与自我批评的先锋，在 1951 年至 1953 年 3 年中，其日均刊登批评稿件超过 4 篇。在《人民日报》的带动下，这一时期各大报纸集中揭发和批评了一些重大典型事件，其中影响最大的是关于中共天津地委书记刘青山、天津专署专员张子善盗窃国家财产被判死刑案件的连续报道。各报还将报刊批评与当时的整党、整风活动的宣传结合起来，在社会上引起强烈的反响。

学习社会主义苏联的新闻工作经验，也是中华人民共和国成立初期我国新闻建设的一个重要指导思想。在学习苏联经验方面，首先，翻译了大量苏联新闻工作理论与实践的文章，出版了有关书籍和刊物。1950 年 1 月 4 日，《人民日报》开设专刊《新闻工作》，这是介绍和学习苏联新闻工作经验的第一个重要园地。其次，派出新闻代表团到苏联访问学习，邀请苏联新闻代表团来我国介绍经验。通过学习苏联新闻工作经验，我国新闻工作者系统学习了列宁、斯大林的办报实践、办报思想和苏联新闻工作的传统，加深了对于无产阶级新闻事业党性原则的认识，并在很大程度上用以指导建成了我国新闻事业的基本体制。另一方面，在学习苏联经验中，也发生了不从实际出发的教条主义错误，对于苏联经验不是经过认真思考、立足本国实际进行分析和批判性地加以取舍，而是生搬硬套、盲目模仿，以致束缚了自己的创造性，严重阻碍了我国新闻事业前进的步伐。直到 1950 年全国新闻事业进行改革时，这种状况才得以改善。

2. 新闻宣传报道的成绩与失误

中华人民共和国成立初期，新闻宣传在经济生产、政治外交、思想文化方面均取得过重要成绩，但也存在一些严重失误。

在基本完成社会主义改造的 7 年中，经济宣传报道始终是新闻工作的一个重要内容。该时期经济宣传报道的重要成绩，一是紧密配合党和政府的中心工作；二是突出报道国家重点建设的成就，展示国家经济建设日新月异的全貌，激励人们热爱祖国投身建设的热情；三是让人民群众充当宣传报道的主角，突出宣传人民群众中的先进人物和先进事迹。但是这一时期的经济宣传报道，对其社会作用与服务对象等问题的认识不够明确，因而片面强调报道的指导性与思想性，大多从领导的角度看问题；指示、教训的口吻多，而从群众的角度提问题，满足群众需要和兴趣的报道少；介绍生产过程多，反映职工生活少。

在政治宣传报道方面，《人民日报》、新华社等新闻机构成功地报道了开国盛典、第一次全国人民代表大会、《中华人民共和国宪法》、日内瓦会议和万隆会议等重大政治、外交活动，为塑造一个人民民主专政制度的新中国的光辉形象做出了重要贡献。

在思想文化宣传报道方面，中华人民共和国成立初期的新闻机构既做出了许多成绩，也出现过严重的失误。中华人民共和国成立初期，为了引导广大人民摆脱国内外反动派的思想影响，用无产阶级思想改造旧的意识形态，以巩固和促进社会政治、经济制度的变革，《人民日报》、新华社、中央人民广播电台等新闻机构根据中央的指示，加强理论宣传，采取多种形式对马列主义学习做了广泛系统的报道。第一，介绍马列主义经典著作，普及马列主义基本知识；第二，加强新闻报道的思想性，重视新闻评论，努力运用马列主义立场、观点、方法，透彻地讲清事物的道理，提高读者的思想觉悟和马列主义水平；第三，组织读者讨论一些思想认识问题；第四，开展学术思想讨论和批判。在这方面，着重宣传报道了中共中央和毛泽东领导发动的意识形态领域3次较大的斗争，既有成绩，又有严重失误，包括对电影《武训传》的批判，关于《红楼梦》研究和胡适资产阶级唯心论思想的批判，从对胡风文艺思想的批判到揭露、声讨“胡风反革命集团”事件。

三、1956年的社会主义新闻工作改革

1956年，我国社会主义改造基本完成，党和国家的工作重心逐渐转移到全面建设社会主义上。在这样一个新形势下，新闻工作落后于现实生活的矛盾日益明显。1月，党中央召开了讨论知识分子问题的会议。4月，提出了发展科学文化的“百花齐放，百家争鸣”的方针。同月，毛泽东在中共中央政治局扩大会议上做了“论十大关系”的报告，总结我国经验，分析学习苏联经验中的弊端，提出了探索适合我国国情的社会主义建设道路的任务。5—6月，刘少奇在主持党中央日常工作时听取了新华社、中央广播事业局的工作汇报，对新闻工作做了重要谈话，强调要从教条主义、党八股中解脱出来，对于别人的经验，不要盲从迷信，要独立思考。在国际方面，1956年2月，苏共“二十大”召开，揭露和批评了斯大林的错误，批判了个人崇拜，这使得人们的思想活跃起来。就是在这样的形势下，我国报纸、通讯社、广播电台进行了重大改革。

《人民日报》率先改版，为全国的新闻改革作出了典范。《人民日报》围绕“扩大报道范围，力求适应读者的需要”、“开展自由讨论”、“改进文风”的三个基本要求，对报纸进行改版，其目的是把《人民日报》真正办成党和

人民的报纸。1956 年 7 月 1 日，《人民日报》以对开 8 个版的新貌呈现在读者面前，比原来扩大了一倍的篇幅，从形式到内容焕然一新。改版后的《人民日报》在半年多中，内容充实，形式活泼，较好地报道宣传了党的方针政策，反映了群众的声音，体现了全国欣欣向荣的、生机勃勃的政治、经济、文化的形势，为如何办好无产阶级执政党的机关报进行了有益的探索，并带动了全国报纸通讯社，电台等新闻事业的改革。

1956 年以《人民日报》为典范的新闻工作的改革，是中华人民共和国成立以来新闻界的一件大事。这次改革历经一年多时间，从中国实际出发，注重满足人民群众的需求，为办好我国社会主义新闻事业开辟了道路，具有深远的意义和影响。首先，广电新闻工作者的新闻观念得到了更新与解放。这次改革冲破了教条主义的束缚，破除了盲从迷信，认识到对于苏联经验要结合本国实际有分析地加以借鉴，不可盲目照搬；对于国内外资产阶级的办报经验，不能全盘否定，也可批判地接受其中有益的部分。其次，广大新闻工作者明确了要建设好我国的社会主义新闻事业，必须从实际出发，在继承中国新闻事业优良传统的基础上进一步创新，使得新闻事业的社会主义内容和中国民族形式相结合。再次，这次改革受到了广大读者的欢迎和支持，并带来了报纸发行量、特别是自费订阅部分的大幅度增加。

这次改革也有偏颇之处，比如在反对教条主义思想时，有人又走向了全盘否定学习苏联新闻工作经验的历史必然性和受益方面的极端。又如，在对待旧中国资产阶级报纸的传统问题上，有人主张不加分析批判地学习继承。尽管如此，这次改革的思想和成果在我国新闻史上写下了重要一笔，它的影响是重大深远和不可磨灭的。1957 年的反右派斗争开始后，1956 年兴起的新闻工作改革，因反右扩大化等诸多原因中途夭折。

第二节 社会主义新闻事业的曲折进程（1957—1976）

一、整风运动与反右派斗争中的新闻事业

1956 年社会主义改造的完成标志着社会主义制度在中国的基本确立，从 1957 年至 1965 年，我国开始全面建设社会主义。正当中国的新闻工作改革蓬勃开展的时候，国际形势出现了动荡，如“批判斯大林”、波兰波兹南事件、匈牙利事件等。而国内也出现了罢工、罢课等少数人闹事的问题。毛泽东及时研究了国内外形势，认为只有正确区分和处理社会主义社会两类不同性质的矛

盾，尤其是要正确认识和处理人民内部的矛盾，才能避免“波匈事件”在中国发生，才能巩固中国新生的社会主义制度。为此，中共中央决定开展全党的整风运动。

1957年4月27日，中共中央发出《关于整风运动的指示》，5月1日在《人民日报》上刊载。5月2日，《人民日报》发表社论《为什么要整风》，阐释这次整风的目的、意义和方法。广大群众和爱国人士积极响应中共中央的号召，围绕正确处理人民内部矛盾这一主题，向党组织和党员干部提出批评与建议，帮助党整风。从此，整风成为新闻媒介的报道中心，“鸣放”成为整风时期的关键词。

根据中共中央的指示，《人民日报》和各地各级党报立即转移到以整风为核心任务的宣传报道中来。各地报纸纷纷发表社论，阐释整风运动的意义、内容和方法，动员人民积极行动起来，参加到整风运动中来。它们以大量篇幅比较客观地报道了中共中央统战部邀请各民主党派负责人举行的座谈会上的发言记录。在这些发言中，民主党派和无党派人士本着“知无不言，言无不尽”的精神向共产党及其领导人提出了许多中肯的批评，其中难免有些偏激情绪和不妥之处。对此，5月19日，《人民日报》发表社论《继续争鸣，结合整风》，予以鼓励。《人民日报》这种支持“鸣放”的态度，带动和鼓励了其他各报的“大鸣大放”，其中最为活跃的有《文汇报》和《光明日报》。

在报道整风的同时，新闻界也就自身工作开展了“鸣放”。5月16日至18日，中华全国新闻工作者协会研究部、北京大学新闻专业、中国人民大学新闻系联合召开新闻工作座谈会，与会人员有来自北京、上海、辽宁、山西等地的新闻工作者200多人。与会代表就新闻实践和新闻理论上的许多问题进行了热烈的讨论，涉及的主要方面有：克服官僚主义、宗派主义、主观主义在新闻工作中的影响，加强与改善党的领导；党报的性质、作用与任务；新闻自由与新闻体制；中国报纸的传统；新闻工作者的地位和待遇等。与会者积极“争鸣”各抒己见，提出的许多意见很有建设性，但也有些意见有片面性或比较偏激甚至是错误的。因此，对这些意见加以分析、研究、批评和引导是有必要的。

在新闻界和全国各界积极进行“大鸣大放”的同时，中共中央和毛泽东密切关注着形势的发展。6月8日，毛泽东为中共中央起草了《组织力量反击右派分子的猖狂进攻》的党内指示。同一天，《人民日报》发表社论《这是为什么》。由此，一场大规模的反击“右派分子”的斗争拉开大幕。一时间，报刊上反击右派的文章铺天盖地而来。在反右派斗争中，全国共有55万人被划为“右派分子”①，包括一些新闻工作者。据统计，6月11日至9月底，在《人民日报》上点名批判的新闻界的“右派分子”有104人；到1958年2月，上海市揭发的新闻界“右派分子”有72人，其中《文汇报》有21人，1957年6月至7月，《光明日报》有18人被划为右派。

反右派斗争对中国新闻事业和新闻界影响巨大，教训也极为深刻。在1957年宣传报道整风时，全国新闻界一派活跃气氛。其中有极少数人和极少数新闻作品，乘机否定党的领导、攻击社会主义制度，对此进行批判是有必要的，但斗争严重扩大化了，不少人被错划、错批。“左”倾思想从此呈现上升势头，1956年开展的新闻工作改革也因此停止，不再提及。反右派斗争的扩大化，给中国社会主义事业的进步，给各行各业、包括新闻事业的健康发展，造成了极为严重的后果。从反右派斗争的教训中，至少可以认识到两点：第一，新闻工作一定要实事求是，既要反“左”，又要防右；第二，要正确地开展批评与自我批评。只有正确认识社会主义新闻事业的特点与规律，在理论结合实践的基础上才能办好社会主义的新闻事业。

二、“大跃进”运动中的新闻事业

1957年，虽然在政治思想路线上发生了反右派斗争扩大化的错误，但在经济建设方面仍取得了超额完成第一个五年计划的成绩。在这种形势下，中国共产党内的“左”倾冒进思想进一步发展，很快导致了以高指标、瞎指挥、浮夸风和共产风为基本特征的“大跃进”运动。1958年5月，中共八大二次会议提出“鼓足干劲、力争上游、多快好省地建设社会主义”的总路线。此后，“大跃进”运动迅速被推广为群众运动。7月，农民公社诞生，也迅速成为一项群众运动。当时的新闻工作为“大跃进”运动大力鼓吹，推波助澜，也犯了“左”倾错误。这种错误主要表现在4个方面：第一，总路线宣传中的“唯意志论”。当时的新闻宣传片面强调社会主义建设的“快”字，认为“快”是整个总路线的核心，片面强调人的主观能动性，否认客观条件。像“重要的不是条件，而是人，人是条件的主人”，“人有多大胆，地有多大产”这样类似的唯心主义论调充斥各大报纸。第二，农业生产“大跃进”中的“浮夸风”。这类“浮夸风”突出表现在随意夸大农业生产的产量，1958年初，全国新闻媒介争先恐后地报道小麦高产“卫星”，“卫星”一个比一个高，

① 参见《中华人民共和国实录》，第4卷（上），长春：吉林人民出版社1994年版，第114页。

从亩产几百斤到几万斤。这些报道明显违反生产常识，极大地损害了新闻事业自身的形象。第三，工农业生产中的瞎指挥。报纸上采用了一些不符合自身功能和职责的做法，如发表“进度表”（“绿化进度表”、“兴修水利进度表”、“改革农具进度表”等）。第四，人民公社化运动宣传中的“共产风”。

“大跃进”的宣传报道，就整体而言，是脱离了客观实际和违背了新闻规律的，许多报道（包括一些新闻图片），存在严重的浮夸和失实，有的纯属虚构。新闻宣传报道的这种做法无疑助长了“浮夸风”，使得虚假掩盖了事实。

三、新闻事业的调整和发展

20 世纪 60 年代初，由于“大跃进”和人民公社化运动的失误，我国国民经济出现了极为困难的局面。面对这种形势，中共中央在 1962 年开始对国民经济实行“调整、巩固、充实、提高”的方针。在这个方针的指导下，新闻事业经过调整，有了新的发展。主要表现在这样几个方面：

一是中国电视事业的诞生。早在 1955 年初中央广播事业局就向国务院提交了创办电视台的方案，当时发展文教事业的五年计划列入了这一项目。1956 年 5 月 28 日，刘少奇在同中央广播事业局负责人谈话时，讲了对于建立电视台、生产电视接收机和创办彩色电视节目的意见。1957 年 4 月，中央广播事业局组建电视实验台筹备机构。1958 年 5 月 1 日，北京电视台（1978 年 5 月 1 日改名中央电视台）开始试播，9 月 2 日正式开播。1958 年试播的还有上海电视台、哈尔滨电视台（1978 年 7 月 1 日改名为黑龙江电视台）、天津电视台。

二是广播事业的质量有所提高。“大跃进”运动中，全国的地方广播电台数量曾迅猛增加，但大多因为仓促上马、设备简陋，所以质量低下。从 1962 年开始，中央广播事业局着手对广播事业进行整顿。通过压缩规模、合理布局，广播电台的数量减少接近一半。广播事业的规模有所缩小，但质量得到了提高。

三是新华通讯社事业发展显著。1958 年 3 月，根据中共中央的指示，新华社各地分社和人民日报社记者站合并。合并后，两家单独挂牌，联合办公，在财务和编制上由当地省市委领导，在业务上接受新华总社和人民日报社同当地省市委的双重领导。与此同时，新华社的国外事业也得到了拓展。到 1966 年，国外的分社发展到了 51 个，驻外人员 200 多人，形成了以北京为中心连接世界大部分国家和地区的通信网络，新华社通过这些线路，每天用英、法、西、俄、阿拉伯 5 种文字向世界数十个国家播发新闻，向 81 个国家和地区的

240 多家报刊发送新闻图片稿件。由此，新华社开始走向世界，成为颇具影响力的大型通讯社。

四是新闻教育的发展。新闻教育在这一时期有了较快的发展。1958 年 6 月，北京大学中文系新闻专业并入中国人民大学新闻系。同年 9 月 2 日，中央广播事业局直属的第一所高等专科学校——北京广播专科学校成立，后于 1959 年改名为北京广播学院。在 1958 年创办的还有广州暨南大学新闻系、江西大学新闻系、杭州大学新闻系和安徽大学新闻专业等。中共中央直属高级党校新闻班于 1958 年停办后，有些教师调往中国人民大学新闻系和上海复旦大学新闻系，加强了两系的师资力量，这两系在 1959 年分别出版了《马克思恩格斯论报刊》、《中国报刊研究文集》等书。

中国共产党历来重视调查研究，1958 年“大跃进”的深刻教训，更突出强调了调查研究的重要性。1961 年之后，在国民经济困难面前，中共中央重新倡导大兴调查研究之风。在深入实际、调查研究的基础上，各新闻事业单位积极改进工作作风，新闻工作的面貌有了新的变化。根据中央领导人的指示，新闻单位一方面发表社论或者文章，大力宣传和倡导调查研究之风，另一方面深入实际，开展调查研究。调查研究的开展使得新闻工作作风踏实了、深入了。来自第一线的报道增多了，“第一手材料”受到普遍重视。这一时期，报刊本身的面貌发生了一些积极变化，其主要表现是以讲求知识性、趣味性为主的报纸副刊的大批出现和报刊杂文文体的兴起。调查研究的深入开展，使得新闻界出现了一种良好的风气，这为做好新闻工作提供了有利条件。在国家经济困难的情况下，新闻工作者精诚团结，艰苦奋斗，很快纠正了“大跃进”宣传报道的错误，还出现了一批很好的新闻作品，如中国青年报记者的《为了六十一个阶级兄弟》，南方日报记者的《西行记谈》等作品都是影响深远的优秀作品。

经过调整，国家经济形势有所好转，各方面的工作包括新闻宣传工作也有所起色。但是在政治思想领域，“左”倾思潮却日益严重地泛滥起来。1962 年 8 月，毛泽东在北戴河会议上提出“党的基本路线”，他还着重强调了社会主义历史阶段的阶级斗争的重要性。在这种思想的指导下，新闻界奉命在意识形态领域进行了一系列的批判活动，其中最主要的有对小说《刘志丹》的批判，对昆曲《李慧娘》的批判，对历史剧《海瑞罢官》的批判。在这些批判中，声势最大、影响最坏的是对吴晗的历史剧《海瑞罢官》的批判。

《海瑞罢官》创作于 1960 年底，是吴晗根据毛泽东关于学习海瑞、敢于讲真话的谈话精神创作的。但江青等人看完演出后坚持认定《海瑞罢官》是一株“大毒草”，是在为地主资产阶级分子“平冤狱”。而毛泽东也错误地认为，该剧是在影射彭德怀罢官事件，使得对《海瑞罢官》的批判具有了严重的政治性质。为正确领导学术批判活动，1966 年 2 月，彭真主持召开“文化大革命五人小组”（由彭真、陆定一、康生、周扬、吴冷西 5 人组成）会议，起草《文化大革命五人小组关于当前学术讨论的汇报提纲》（通称《二月提纲》)，试图把已经开展起来的批判运动仅限制在学术讨论的范围，但遭到了毛泽东的反对。以江青为首的四人帮乘机抛出“文艺黑线专政论”，表示要“坚决进行一场文化战线的社会主义大革命”，自此，意识形态领域的批判运动更加猛烈地开展起来，而对《海瑞罢官》的批判则成为了点燃“文化大革命”的直接导火线。

四、“文化大革命”时期的新闻事业

1966 年，5 月 16 日，中共中央政治局扩大会议通过《中国共产党中央委员会通知》（通称《五一六通知》)，要求全党“高举无产阶级革命的大旗，彻底揭露那批社会主义的所谓‘学术权威’的资产阶级反动思想，夺取在这些文化领域中的领导权。而要做到这一点，必须同时批判混进党里、政府里、军队里和文化领域各界里的资产阶级代表人物、清洗这些人，有些则要调动他们的职务”。

由于《五·一六通知》明确地把新闻界规定为批判和夺权的对象，所以“文化大革命”一开始，新闻界就受到了严重的冲击和摧残。首当其冲的是中央和北京市宣传方面的领导人及新闻单位。1966 年 5 月，中共北京市委第一书记和市长彭真、中共中央宣传部部长陆定一作为“反党集团”的主要成员被打倒。《燕山夜话》、《三家村札记》及其作者北京市委书记邓拓、北京市副市长廖沫沙和吴晗遭到由《文汇报》、《解放军报》带头的全国报刊的围剿，分别被斥为反党反社会主义的“毒箭”、“混进党内的阶级敌人”和“反党工具”。在中央的号令下，许多省、市委在“文化大革命”开始后，也以“报社是知识分子成堆的地方”为由，将所属新闻单位（主要是报社）定为首先开展“文化大革命”的重点，派驻了工作组，领导报纸批判本地“三家村式的人物和文章”，发动群众搞鸣放，揭批主要领导人的“修正主义言行”。而随后红卫兵运动和大串联的兴起，各省、市委机关报普遍受到社内外“革命群众”、“造反派”的批判与冲击，不少地方的报纸因受到造反派的冲击而一度中断出版或停刊，大批的新闻工作者被批斗、下放基层劳动。“文化大革命”成为当时新闻宣传的唯一中心，经济、文教、科技等各方面的报道都与“造反”挂钩，在国际报道中也用上了领袖语录。

在对新闻界进行彻底批判与“夺权”的同时，在整个“文化大革命”中，特别是在大部分党政领导机关陷于瘫痪和半瘫痪、全国一片混乱的情况下，林彪、江青反革命集团，则长期直接把持新闻媒介，乘机兴风作浪，煽动极“左”思潮，愚弄群众，抬高自己，打击党内健康力量，把新闻媒介变成篡党夺权的舆论工具。由此，新闻媒介在“文化大革命”中的新闻宣传主要有四个方面：一是发动“文化大革命”的宣传；二是推动“个人崇拜”的宣传；三是批判“走资派”的宣传；四是宣传“左”倾思潮及极“左”路线。

“文化大革命”开始后，伴随着群众性的“造反”狂潮，从1966年夏秋到1968年秋，社会上涌现了一大批“文革小报”，当时较为正式的泛称是“革命群众组织报刊”。据统计，这些小报全国多达6000余种。这种小报，最先出现在北京的大专院校，是大字报和传单的延伸。这种小报都在极“左”的思潮的统治下，积极宣传“文化大革命”，狂热地鼓吹“造反”和对毛泽东的个人崇拜。在“文化大革命”初期，这些小报对运动在基层的广泛展开起到了重要的鼓动作用，成为当时特定历史条件下的独特的新闻媒介。1968年8月以后，随着毛泽东和中央对群众组织政策的改变，工人和解放军宣传队进驻大专院校，小报和群众组织一起，退出了历史舞台。

第三节　社会主义新闻事业的改革与发展（20世纪80年代以来）

一、拨乱反正中的新闻事业

1976年10月，中共中央毅然决然地采取措施，一举粉碎了“四人帮”，我国新闻事业也从多年的禁锢中解放出来。为了肃清极“左”路线的影响，全国掀起了揭发批判“四人帮”的斗争。新闻界在这场拨乱反正中发挥了重要作用。各新闻单位根据中共中央的指示，发表了大量的消息、评论或文章，揭批“四人帮”在政治、经济、文化等各方面的罪行。

正当揭批“四人帮”的工作在全国普遍进行时，1977年2月7日两报一刊发表社论《学好文件抓好纲》，公开提出了“两个凡是”的口号：“凡是毛主席作出的决策，我们都坚决拥护；凡是毛主席的指示，我们都始终不渝地遵循。”这是要把“文化大革命”的错误继续推行下去。“两个凡是”的出现并不是偶然的。由于中共中央意识形态方面的负责人不愿批判极“左”错误，新闻界揭批“四人帮”的斗争虽取得了很大成绩，但仍未摆脱“左”倾思想的束缚。同年7月，邓小平在中共十届三中全会上提出：“两个凡是”不符合马克思主义，应当准确地理解毛泽东思想的整个体系，而不能只从“个别词句”去理解。1978年3月26日《人民日报》发表评论《标准只有一个》，指出“真理的标准，只有一个，就是社会实践”，由此掀起了一场影响深远的关于真理标准问题的讨论。这预示着思想解放运动即将到来。

在关于真理标准问题的讨论中，新闻界旗帜鲜明地进行了宣传。1978年6月至11月，中央和地方报纸发表了许多阐释“实践是检验真理的唯一标准”的文章。报刊上开展的这场真理标准问题的讨论，冲破个人崇拜和“两个凡是”的束缚，重新确立了解放思想、实事求是的思想路线，推动了各行各业拨乱反正的顺利开展。在真理标准问题的讨论中，新闻工作者思想解放，积极在新闻宣传报道中拨乱反正，报纸、广播、电视相继停办或撤销了“文革”中的栏目或节目，“文革”前的一些优秀栏目和节目得到恢复，“文革”中被停办的一些报刊也相继复刊。

报刊发表一批重要文章，从理论上把多年来被“四人帮”颠倒的理论是非问题重新纠正过来，批判和否定了“四人帮”在文革期间强加给教育界、文艺界及其他各界的不实之辞和错误估计，17年“黑线专政论”受到彻底批判，对解放人民的思想起了很大作用。在十年“文革”中，“假、大、空”的文风曾经盛行一时，随着拨乱反正工作的展开，新闻界逐渐肃清了一些错误思想，呈现出一派新气象。与此同时，我国的新闻教育事业也得到了恢复和发展，高校新闻系恢复招生。1978年，中国社会科学研究院研究生院成立，同年，新中国成立以来的第一个新闻学研究机构——中国社会科学研究院新闻研究所成立。我国的新闻教育与研究进入蓬勃发展时期。

二、改革开放中的新闻事业

1978年，党的十一届三中全会的胜利召开从根本上冲破了长期以来“左”倾错误的严重束缚，端正了党的指导思想，重新确立了马克思主义的思想路线、政治路线和组织路线。1981年十一届六中全会通过《关于建国以来党的若干历史问题的决议》，这标志着拨乱反正历史任务的顺利完成。这两个会议对新闻界解放思想。加快新闻宣传改革有着深远的影响。

党的十一届三中全会以后，我国进入了一个以经济建设为中心的发展时期。新闻宣传工作的中心也随之转移到对经济建设的报道上来，有关经济建设的报道成了新闻宣传的主旋律。报刊、广播、电视宣传中经济建设的宣传数量增多了，质量也提高了，新闻工作在经济建设中发挥了重大作用。

社会主义现代化建设是在曲折中进行的，由于极“左”思潮的干扰和外来资本主义思想和生活方式的影响，我国改革开放经历了几次大的风浪。为了确保社会主义现代化建设的顺利进行，必须维护社会的安定团结，必须坚持社会主义道路，人民民主专政，中国共产党的领导和马列主义、毛泽东思想四项基本原则，在这方面，新闻事业担负着重要使命，经历了严峻考验。

根据中共中央指示，1981 年至 1987 年，新闻界进行过三次大规模的批判资产阶级自由化思潮的运动。一次是 1981 年对电影文学剧本《苦恋》的批判，一次是 1983 年对“人道主义和异化问题”等精神污染的批判，一次是 1986 年底和 1987 年初对资产阶级自由化思潮的批判。在对资产阶级自由化进行批判的同时，新闻界又加强了对社会主义精神文明建设的宣传报道。报刊、广播、电视大量宣传报道了社会上开展的“五讲四美三热爱”，对一些先进典型人物的报道在社会上引起了强烈的反响。

1989 年春夏之交，受国外政治形势以及当时党的某些领导人资产阶级自由化思想的影响，我国出现了政治风波，由最初的学生上街游行要求惩治“官倒”和腐败发展到被一些别有用心的人利用，形成反革命暴乱。在对这次反革命暴乱的平息中，绝大多数新闻媒介立场坚定、旗帜鲜明，站在党中央的一边，较好地发挥了舆论导向作用。但也有少数新闻单位不仅没有很好地宣传党的方针和政策，反而同党中央唱对台戏，散布资产阶级自由化观点，对动乱起了推波助澜的作用。1989 年党的十三届四中全会后，在以江泽民为核心的党中央的领导下，新闻界经过反思，深刻认识到新闻舆论导向的作用，宣传报道有了一些良好的新变化。

20 世纪 80 年代初，随着改革开放的推进，我国新闻事业得到了全面的发展，报纸、广播、电视等新闻媒介进入前所未有的繁荣期。1978 年，我国报纸总数仅为 186 家，到了 1989 年，已达到 1816 家，报纸的种类也得到了相应的增加。广播、电视事业在这一时期也取得了突飞猛进的发展。1980 年，全国拥有广播电台 106 座，电视台 38 座，到 1988 年分别达到 461 座和 422 座。有线电视也逐步推广到全国，并向农村发展。到 1988 年我国有线电视用户已达 500 万户以上。

随着社会主义市场经济体制的建立，新闻改革从酝酿步入实践。报纸从“阶级斗争的工具”，转变为以刊登时事为主的、面向社会大众的传播机构。真实、及时、客观、讲求新闻价值成为新闻媒介的发展方向和新闻从业者的共同追求。新闻媒介普遍加大了新闻信息含量，新闻报道以新为主，增强了时效性，开拓报道领域，扩大信息量，重视可读性。同时，新闻媒介对自身内部经营管理也进行了探索和改革。部分新闻单位摆脱了完全依靠政府财政补贴的体制，走上了自主经营、自负盈亏的企业化的发展道路，不仅实现了报社经济收入的增加，而且增强了市场竞争力。新闻教育、新闻研究和受众调查取得显著成绩。除了原有的中国人民大学、复旦大学等新闻专业外，一些大学纷纷创办新闻系或专业。到1989年底，我国设有新闻系或专业的高等院校已达51所，在校生达5000多人，比以往大大增加，全国几乎所有省、市、自治区都有培养新闻人才的基地。

三、我国新闻事业的改革成就

改革开放以来，我国新闻事业获得了空前发展，我国的报刊、广播电视、通讯社、网络新闻媒体、新闻摄影、新闻教育、新闻研究在改革中不断前进，取得了令人瞩目的成绩。

自1978年改革开放以来，我国的报纸进入前所未有的繁荣时期。到2000年我国正式批准发行的报纸数量达2100家左右。全年报纸发行量在50万份以上的（含零售）近30家，日报千人拥有量超过100份。已形成以党委机关报为主体，兼有政治、经济、文化、科技、教育、体育等内容的多品种多层次的结构。20世纪90年代以来，尤其是1992年党的十四大确立了社会主义市场经济体制后，中国的报业加快了管理体制的改革。1996年广州日报报业集团挂牌成立，随后报业集团试点工作不断扩大，截至2000年10月，已有16家报业集团。总资产180亿元，年广告收入60多亿元，集团利润16亿，到2000年，全国有182家报纸、11家期刊纳入各级党委机关报和报业集团。报业集团化经营不仅可以增加报业自身的经济实力，而且在保证取得经济效益的同时，也可以保证取得更好的社会效益。

在改革开放的浪潮中，我国的广播电视业也得到了长足的发展。广播业的改革和发展稳步前进，电视业更是突飞猛进，成为我国发展最快的产业之一。1982年全国仅有广播电台118座，电视台47座，到1995年已分别发展到1210座和976座。各省、市、自治区和所有中等以上地区级城市以及不少的县城都有了电台和电视台。1996年底广播的人口覆盖率达到83.7%，电视人口覆盖率达86.1%。我国的有线电视业和卫星电视业的发展也从无到有。有线电视台到1996年达到近300座，有线电视用户近5000万；至1998年，全国省市自治区电视台都已上星。到2000年，我国共有省辖市以上电视台374座，县级广播电视台1273座，有线电视台234座，广播电视人口覆盖率显著提高，分别达到92.1%和93.4%。这些都极大地丰富了群众的社会文化生活，并且使我国电视业在观念、体制和思路上都发生了巨大的变化，带动了其他媒介总体水平的提高。

我国新闻通讯事业在改革开放中得到了健康发展。新华通讯社已从一个国内通讯社发展成了具有中国特色的社会主义现代化的世界性通讯社，由单一的新闻发布机构壮大为拥有薄纸刊物、信息网、出版社、新闻学研究、新闻教育和其他多种经营的综合性的全国最大的新闻集团。新华社的分社遍及全国各省、直辖市、自治区以及香港、澳门特别行政区，并在世界其他地方设有分社。新华社不仅向国内新闻机构供稿，而且用英、法、俄、西班牙和阿拉伯5种文字对外发稿。新华社拥有大量的先进设备和技术，形成了以北京为中心的通畅、可靠、能担负多种业务传输的国内外通信网络。稿件传递、业务往来主要通过国际卫星线路和微波有线话路进行，发稿效率显著提高。新华社还同国际性的新闻组织和许多国家的新闻机构进行了广泛的接触，并同许多外国通讯社签订或达成协议，互相交换文字和图片新闻。

中国新闻社从1978年恢复建制以来，进入了一个新的发展时期。该社设有广东、福建、上海、广西、海南、香港6个分社和澳门记者站。在美国、日本、法国设有分社。在纽约、曼谷、马尼拉有发稿代理机构。

1994年，我国大陆正式接入互联网，1995年，网络接入和服务向社会开放，从此，我国网络新闻媒体迅速发展。1995年5月20日，《中国贸易报》率先在互联网上建立自己的网站。1997年7月1日，《人民日报》网站开通；同年11月7日，新华社的新华网开通。随后，全国许多媒体建立了各自的网站，并加强合作。

我国的新闻教育在20世纪80年代取得成绩的基础上，20世纪90年代又获得长足的进步。2000年，新闻学专业点已发展到140多个，每年培养新闻传播专业的学生近万人，专业教师近2000人。除新闻学专业外，一些高校新设了国际新闻、广播电视、广告学等专业，新闻学作为一门独立学科日趋完善，1997年，国务院学位委员会又正式将新闻传播学列为一级学科，下设新闻学、传播学两个二级学科。同时，在职新闻从业人员的培训和新闻教育自学考试工作也获得较大的发展。我国已形成一个具有博士生、硕士生、本科生、专科生、自学考试、在职培训等多层次、多专业、多形式的新闻教育格局。

改革开放以来我国新闻学术研究也在蓬勃发展，从中央到地方各级新闻研究机构逐渐建立起来，取得了一批研究成果。1984年11月，中国新闻教育学会成立，其宗旨是交流新闻教育经验、提高新闻教学和科研水平。1992年6月，中国新闻史学会成立，主要从事中国新闻事业史研究。中央和各省市主要新闻事业单位都建立了自己的新闻科研机构，出版了大量的新闻学刊物。

国际形势风云变幻，中国社会的发展日新月异，面对不断变化的社会环境，中国新闻的改革应该与时俱进、积极创新，使我国的新闻事业进一步发展壮大，提高国际竞争力。

思考题

1. 怎样评价反右派斗争中的新闻宣传？
2. 20世纪60年代初期，大陆新闻工作有哪些调整和改进？
3. “文化大革命”对中国的社会主义新闻事业产生了什么影响？
4. 新闻界在“拨乱反正”中起到了哪些作用？

第十二章　台湾、香港、澳门的新闻事业

第一节　台湾新闻事业

一、1949年以前的台湾新闻事业

台湾近代的新闻事业始于19世纪80年代。1885年是台湾新闻事业史的一个重要里程碑，在这之前，台湾还没有在当地出版的报纸，台湾民众主要依靠订阅大陆的报纸来了解国内外的信息。1885年7月12日，台湾的第一张近代报纸《台湾府教会公报》创刊，揭开了台湾新闻事业发展史的第一页。

1895年，甲午战争后清朝政府与日本政府签订了《马关条约》，沦于日本帝国主义统治之下的台湾，其新闻事业也走上了一条扭曲的发展道路。日本占领台湾初期严禁台湾人民办报，当时在台湾出版的《台湾新闻》、《台湾日报》、《高山国》、《台湾日日新报》、《台北州报》等报，都是日本人创办的。其中，《台湾新闻》于1986年在台北创办，是日本派驻台湾总督府的机关报，也是日本人在台湾创办的首家报纸。1900年日本驻台总督曾颁布《台湾新闻纸条例》，对台湾的新闻事业进行管理。不少报纸因触犯条例被迫停刊。

20世纪20年代以后至抗战前夕，台湾的新闻事业有了一些缓慢的发展。除日本人办的报纸外，旅日的台湾留学生和台湾的抗战志士们也开始组织团体，创办报纸，由在日本出版逐渐发展到在台湾出版。其中影响较大的有1920年创刊的《台湾青年》（月刊）和1923年创刊的《台湾民报》（半月刊）。1927年，《台湾民报》迁回台湾出版，并于1930年改名为《台湾新民报》，由半月刊改为周刊，1932年又改为日刊，成为台湾人民自己创办的第一份日报报纸。

"卢沟桥事变"后，日本加强对台湾新闻事业的管制，禁止用中文办报，并严格限制报纸的出版。在日本政府的高压政策下，台湾的新闻事业日益萎缩，截至1944年春，全台湾只剩下《台湾日日新报》、《台湾新闻》、《台湾日

报》、《东台湾新报》、《高雄新报》、《兴南新闻》等6家报纸，这些报纸多数由日本人主办，只有《兴南新闻》1家为中国人主办。1944年后，日本败局已定，为加强控制，日本驻台当局强行将6家报纸合并，改名为《台湾新报》，在台北独家出版。通讯社也只保留日本官办的同盟社1家，以实现对台湾新闻事业的垄断。

1945年8月台湾光复，台湾地区的报纸事业有了蓬勃发展的迹象。1945年10月至1946年12月，新创刊的报纸有近20家，大多集中在台北、台中、台南等地。《台湾新生报》是台湾光复后创办的第一家日报，于1945年在台北创刊，其前身是《台湾新报》。随后，《民报》、《人民公报》、《中华日报》、《台湾工商日报》、《台湾经济日报》、《工商经济报》、《和平日报》、《自由日报》、《东台日报》、《兴台新报》、《鲲声报》、《民声报》、《国身》、《自强晚报》等十几家报纸相继创刊。1947年，台湾报纸的创办达到了一个高潮，据统计，该年出版的报纸有28家，期刊近30种。战后台湾报纸的繁荣，反映了台湾民众迫切需要借助报刊来表达自己的声音。

台湾报纸短暂的繁荣之后，在国民党当局的压制之下，很快遭遇滑铁卢。随着台湾人民协会等进步组织被迫解散后，《人民公报》等进步报刊也被封闭。而以《民报》为代表的由台湾地方人士主办的报纸也遭到暴徒的袭击，机器设备被捣毁。“二二八事件”前后，国民党当局不仅查封了数家民营报纸，而且还逮捕了不少有“误导”言论的编辑记者，期间，《民报》社长林茂生、《人民导报》社长宋斐如等被杀害。“二二八事件”后期，除两家国民党当局直接控制的机关报外，其余所有报纸全部被停刊。

台湾的新闻事业直至“二二八事件”完全平息后才逐渐开始复苏，但不少民营报纸在国民党的高压之下已经元气大伤，无力再出版，由此，另一批新创刊的报纸开始涌现。1949年初，台湾的报纸又增至20余家，期刊达到百余种。

二、国民党迁台后的新闻事业

1949年12月7日，蒋介石集团迁至台北，为了巩固其独裁统治，1950年1月起在台湾实行“戒严”，在戒严时期严格控制和限禁台湾新闻事业，极大地阻碍了台湾新闻事业的发展。

1. 1949年以来的台湾报业

1951年6月10日台湾“国民政府行政院”以全省报纸、杂志“已达饱和点”和“节约用纸”为理由，宣布对今后新申请创办的报纸、杂志、通讯社

“从严限制登记”。1952年4月11日又以行政命令宣布“停止报纸登记”，这被台湾新闻界习惯地成为“报禁”，包括限证、限张和限印。在此期间，台湾的各种报纸版面安排大体相同，即前面几个版常用来刊载国内外要闻、社论、短评、通讯、特写、专栏和地方新闻，后面的版面则用来刊载综合性副刊、长篇连载，以及各种体育、文艺、影视、家庭、医药保健方面的文章或广告。各报在国内问题上基本是统一的调子。国民党当局直接控制下的报纸公开宣布他们的言论以“国家、主义、责任”为原则，坚持“国家立场、领袖立场、国军立场”，而其他非官方的报纸大多也以“拥护国策”、“宣扬国策”为基调，强调以“贯彻政府主张和立场”为宗旨。同时，在台湾但凡稍具规模的报纸，除了采用“中央通讯社”和其他国外大通讯社的稿件外，一般都在联合国总部和美、英、日、德等国家和地区派有特别记者。

2. 1949年以来的台湾广播事业

(1) 公营广播电台

台湾的公营广播电台有12家，包括以“中国广播公司”为首的8家党政部门主办的电台和4家军队主办的电台，总发射功率为私营电台的20多倍。“中国广播公司”在台湾长期以来一家独大，不但主导了台湾“军部”以外的整个广播电台事业，而且台湾电台的广告总收入大半都被其囊括。台湾军队原有11家85个广播电台，主要以台湾的军人为对象，同时通过中波与短波对大陆广播，进行反共宣传。主要的电台有“中央广播电台”、汉声广播电台、复兴广播电台以及正声广播公司的几家电台。1992年迫于民间开放频道的呼声，台湾“国防部”让出部分频道，由对电台频道资源的垄断转为利用与控制频道资源间接掌控，通过“中央广播电台”、复兴广播电台与财团合作成立广播公司，表面上是民营公司，实际仍是由其进行幕后操纵。

(2) 民营广播电台

1949年，民本、凤鸣、益世几家民营广播电台从祖国大陆迁到台湾，构成了民营广播电台的基石。1990年9月，“新闻局”宣布台湾各广播电台可以自由参加“全国联播”节目，民营的正声率先推出联播节目，其他民营电台一路跟进，纷纷在这一时段推出新的综合性节目，但小功率电台专业性强、财力薄弱、采编人才缺乏，掌握的资源有限，节目制作能力差，不得不以局部联营、联合制作节目的方式扩大听众群，台湾数十家地方中小功率电台通过合纵连横的方式形成跨地区或全省性电台联播网，极大地冲击了原来的全省性广播网。

3. 1949 年以来的台湾电视事业

台湾电视起始于20世纪60年代，在长达30多年的时间里，由3家电视台垄断经营电视事业，即1962年创办的台湾电视公司，简称“台视”；1969年创办的中国电视公司，简称中视；1971年创办的中华电视公司，简称华视。3家电视公司都是由政府部门和民间企业界人士合资经营的，其中官股占有较大比重。20世纪80年代末，卫星电视和有线电视异军突起。如今台湾的民众生活在信息爆炸的时代，无线电视、有线电视与卫星电视并存，国际性、区域性、邻国的卫星互相交错、渗透、覆盖台湾有限的天空。这种全方位的、立体的、纵横交错的电视网络使民众的选择余地大大增多。

4. 1949 年以来的台湾新闻通讯事业

1949年12月，国民党的官方通讯社“中央通讯社”从南京经广州、重庆、成都迁至台北，作为总社，负责发布国内外重要新闻。“中央通讯社”一向以“正确、迅速、客观、公正”标榜，但实际上仍是直接为“国民党中央党部”所掌控，他的大多数稿件都代表着国民党当局的观点。国民党迁台之后，还陆续办了一些规模较小的通讯社，这些通讯社并非综合性通讯社，而是以发布专业新闻和地方新闻为主，分工比较明确，或偏重于政治，或偏重于军事，或偏重于工商经济。在台湾报禁解除后，新闻通讯社进入多元化发展时期，1998年，台湾的通讯社已经由原来的37家增加到238家，11年间增长了5倍多。但新成立的通讯社资金少开支大，往往入不敷出，加上资讯电子传播科技迅速发展，工商企业对市场资讯的需求趋向专业、精准、迅速、权威，一般小的通讯社是无法满足这些要求的，所以台湾通讯社的起落很大，能经常见到的通讯社稿也不过三四十家。目前台湾党政军机构所办的通讯社数量少，但优势明显，主控着台湾对外新闻和军事消息、国际新闻报道，也把持着政令、军令以及重要的采编和发稿权。在200多家通讯社中，除“中央通讯社”是综合性的通讯社，更多的是地区性的专业通讯社，分工明确，订购对象狭窄。

5. 台湾当局的新闻法与台湾新闻政策

从1949年“南京国民政府”迁台到1988年报禁解除的37年间，台湾的报刊与报人以莫须有的各种罪名受到迫害的事例举不胜举，可谓是新时期的“文字狱”。《自立晚报》、《民族报》、《公论报》都曾因发表触怒当局的文章而遭遇勒令停刊的处分。

台湾报禁解除后，当局废除了与戒严令相关的行政命令与政令法规，台湾新闻事业步入商业化自由竞争时期，当局对新闻媒介的控制方式也有所改变，新闻政策也有所调整，对党营和部分民营的媒介，当局不再直接发号施令，而是通过笼络其负责人的方式间接地控制。"行政院新闻局"代替警备部门负责对新闻事业的管理。对于言论和新闻报道，当局强调"依法办事"，即以《刑法》、《特别刑法》、《出版法》、《广播电视法》的有关规定进行处理，而不再行政干预。此外当局还利用台湾新闻评议会制定的《新闻道德规范》及解禁前夕台北报业公会、台湾省报纸事业协会制定的《解除报禁后各报应共同遵守的八条规范》，要求新闻媒介加强自律。

第二节　香港的新闻事业

一、香港报刊业

香港是中国近代报刊业的发源地之一，中国最早的一批近代报刊，有不少是在香港创办的。香港的报业是在中西文化的交汇中发展起来的，不仅西文报纸在香港有着重要的地位，中文报业的孕育、诞生和进步也深受西方新闻事业和西方文化的影响。香港的西方资本主义的社会模式，给报纸提供了得天独厚的条件。太平洋战争爆发以前，香港报业得到了空前发展。日占时期，香港绝大多数报纸被迫停刊。

战后香港报业的发展，是与政治、经济的利益和矛盾紧密相关的。近半个世纪以来的香港报业，正是在政治、经济的风云变幻中，不断兴衰起伏、曲折发展的。由此香港当代报业的发展大致可分为3个阶段。

1. 政治斗争中曲折发展的香港报业（"二战"结束到20世纪60年代末）

从"二战"结束到20世纪60年代末，是香港当代报业的第一阶段，这一时期影响香港报业布局和报纸内容的主要因素，是中国的政治局势。1949年前后中国共产党和台湾国民党都在香港布置了宣传阵线，香港的报业因此而形成了左右对峙、左中右三派并存的局面。所谓"左"，即维护中华人民共和国态度鲜明的《大公报》、《文汇报》等，而台湾国民党主办与倾向国民党的报纸如《香港时报》属于"右"派报纸，其余的多为中间报纸，在解放后尤其是20世纪60年代创刊的报纸大都走中间路线，人们用"两头小中间大"来形容香港的报纸结构。

据1946年的《香港年报》记载，当时香港共有14家中文报纸，4家英文报纸。14家中文报纸包括9家日报，5家晚报，其中占据主要地位的是《华侨日报》、《星岛日报》和《工商日报》，这几家报纸均创刊于二三十年代，当时销量最大的是《华侨日报》，每日销量为38000份。4家英文报纸为《中国邮报》、《星期日先驱报》、《南华早报》、《香港电讯报》，其中《南华早报》创刊于1903年11月7日，是香港现存英文报纸中历史最长、影响最大的一家。1949年星系报业创办人胡文虎创办英文报《虎报》，该报与《南华早报》成为香港最著名的两家英文报纸。

战后“左”派爱国报纸发展很快，主要有《大公报》、《文汇报》、《新晚报》、《晶报》、《香港商报》，在20世纪五六十年代全盛时期，它们曾三分香港报业的天下。香港《大公报》创办于1938年，战后直到20世纪80年代中，主要由费彝民等负责。该报以报道财经新闻为主，以工商界人士为主要读者对象。香港《文汇报》创刊于1948年9月9日，其宗旨是以文会友、以文报国，宣传中华文化、促进内外文化的交流，内容重心放在文教方面，以文员和学生为主要读者对象。《新晚报》是《大公报》的姊妹报，创办于1950年10月5日，曾是一张办得十分成功的“灰色”晚报，该报非常重视社会新闻的采访报道，加强“波经”（球经等体育新闻）、马经并在香港首家开辟新派武侠小说连载专栏，刊登梁羽生、金庸的武侠作品，一时间洛阳纸贵，两位作者也因此而名声大噪。这3家报纸坚持爱国民主的立场，政治态度比较鲜明，被称为“红色报纸”。1952年10月创刊的《香港商报》与1956年创办的《晶报》则属于“侧面”爱国的报纸，比较中性，走的也是大众化报纸的路线，意在争取处于中间立场的香港同胞。《香港商报》以其贴近大众、服务大众的办报路线赢得了广大的受众，其销售量不断攀升，鼎盛时期直逼当时发行量最大的《成报》。《晶报》的统战宣传工作十分出色，在香港、台湾和海外华侨中极具影响，是当时唯一能够在台湾畅行无阻的“左”派报纸。

五六十年代香港的右派报纸也颇具竞争力。台湾国民党在香港的宣传喉舌《香港时报》，主要进行反共宣传及宣扬国民党的成就。该报创办于1949年，在台北设有分社，报纸半数销往台湾。《香港时报》的业务特点是着重经营体育版，体育新闻吸引了不少读者。香港还有一些拥护或倾向国民党的商办报纸，其中以《工商日报》为代表。这家大报战前在香港就已举足轻重，战后一度与《华侨日报》、《星岛日报》形成“三报鼎立”之势，该报支持和拥护台湾国民党政府的重大政策，其读者主要是商界的亲台人士、亲台的“自由工会”的职工。此外，香港部分中间报纸的立场也倾向台湾，在报眉上印有“中华民国”的字样，较有名的有《华侨日报》、《星岛日报》。《华侨日报》较注重台湾消息，称台湾为“自由中国”。另外《红绿日报》、《超然日报》、《真报》、《新闻夜报》、《天下日报》等香港报纸也是维护“中华民国”的右派报纸，并且这些报纸销量不菲。

由于香港政府的倾向实际上“抑左护右”，言论宣传方面也偏向右派报纸，右派报纸颇倚重港府的力量，所以比较得势。左右派报纸经常展开激烈的论战，使得香港报坛的言论显得异常活跃，在激烈的政治斗争和新闻业务的角逐中，左右派报纸各有建树。五六十年代报社的数量和实力大增、报纸种类繁多。软性报刊在20世纪60年代以后发展迅速，纯娱乐性报纸和马经报纸开始风行。中、英文报纸均得以快速进步。多家大报竞相扩大出版规模，组成集团争出“系列产品”，其中以英文《南华早报》和“星系报纸”最为活跃。报纸也不断更新设备、提高编采手法。报社之间还开始加强交流，注意培训新闻人才。这个时期堪称晚报的黄金时期，晚报市场空前繁荣。同时战后风行一时的趣味不高的软性新闻、色情内容和揭秘新闻，渐呈泛滥之势。

2. 经济腾飞期日趋兴盛的香港报业（20世纪70年代末到80年代末）

香港经济在20世纪70年代开始起飞，为报业的蓬勃发展提供了条件。如果就报社数量而言，20世纪70年代堪称香港报业发展史上最兴旺的时期，报社最多时达到128家，创下历史纪录。随着香港社会本土意识的增强，一批以本地意识为价值取向的商业化报纸成为香港报业的主流，其中尤以走大众化路线的报纸影响最大。这些报纸较多报道富刺激性或阴暗面的内容，如灾难、犯罪、暴力、性等，并以提供娱乐内容为主，文字上简洁通俗、常用方言俗语。《成报》是1954年到1977年的20多年里，办得最成功的一张大众化报纸，销量冠全港报纸之首，但20世纪70年代末，创办不到10年的《东方日报》后来者居上，成为近20年来香港销量最大的报纸。此外还有《天天日报》、《新报》、《快报》等，都是较有影响的大众化报纸。

大众化报纸以赚钱为目的，奉行在商言商的宗旨，迎合读者的需要，提供了不少消遣娱乐的内容和社会环境方面的消息，但公信力不高，香港同时也需要严肃的高质量的大报。《明报》是严肃类报纸的典型代表。《明报》最主要的特色是其着力经营的中国报道。从20世纪60年代开始，该报的中国新闻和有关言论就开始引人瞩目，内地“文化大革命”中，该报大量刊登“文革”消息，首家开辟中国消息专版，并在副刊开辟多个专栏刊登有关中国大陆的“内幕新闻”，备受读者注意。20世纪70年代《明报》销量就跻身于日报的第3位，仅次于大众化的《东方日报》和《成报》。

这个时期专业性报纸也开始发展，香港经济的飞速发展和股市的空前兴旺，给财经类报纸提供了较大的发展空间，主要报纸竞辟财经专版，新办的《财经专业报》更是着力经营。《信报》全称《信报财经新闻》，被称为香港第一家财经专业报，在短短数年间即稳立激烈的报业市场。

20世纪70年代香港经济的腾飞带动了香港股市的飞速发展，香港报业打破原有的办报模式和经营管理方式开始上市，这也标志着香港报业企业化发展进入了新的阶段。20世纪70年代“南华早报有限公司”和“星岛报业有限公司”发售股票，在证券交易所上市，开创了香港报业史上的新里程。随后，新报社、东方日报社、天天日报社、明报社、成报社等相继发售股票，借此集资扩展实力。

香港的电视业20世纪60年代末开始普及，以后不断发展，加剧了新闻事业的跨媒体竞争，报业受到极大冲击，晚报更是首当其冲。到20世纪70年代中期以后，香港的晚报逐渐退出历史舞台。

3. 香港回归前后异彩纷呈的报业

香港只是个弹丸之地，620万人生活在面积仅1000多平方公里的山地岛屿上。但香港新闻业相当发达，就人口与报纸数量之比而言，堪称世界之最。根据香港政府的统计数据，1995年香港每日印行的报纸达59家，而其中仅每日印行的综合性日报就有20家左右。这在世界大都会中是绝无仅有的。香港报纸的每日发行量约为200万份，平均每千人约310份报纸。人均占有率在亚洲仅次于日本，而两倍于世界的平均数量。这么多报纸能生存于香港如此狭小的空间，自由竞争是其发展的最重要动力。

正是在不断的竞争当中，香港报业汰旧纳新，调整报业结构。而在香港回归前后的这段过渡期，有数家报纸因机制老化而停刊。右派报纸《工商日报》、《香港时报》因为其落后于时代的政治性办报方针等原因而脱离读者，每况愈下，分别于1984年、1991年关门大吉，香港报业长期左、中、右并存的格局从此成为历史。而一度执香港报业之牛耳的《华侨日报》也于1995年因亏损巨大而停刊。与此同时，香港还有数份大报易主，其中尤以《南华早报》、《明报》的几度转手最引人瞩目。香港报业经过多年的竞争和筛选，报业格局基本形成。报纸的数量大致稳定，读者市场也趋向饱和。过渡时期有多家新创办的报纸，但能够立足的却很少。80年代创办的财经类报纸一时成风，但至今仍在出版的只有《经济日报》。台湾力量也在香港创办了几份报纸，包括《中报》、《香港联合报》等，但不久就相继停刊。20世纪90年代新办的报纸中，以大众化的《苹果日报》造势最大、投资最大，该报对香港的报业形成较大的冲击。1995年底大众报纸为了回击，以《东方日报》为首掀起了一场减价大战、数家有历史的报纸只得以“停刊”迎战，非大众化的报纸也受到不小的冲击，至今余波未平。有经济实力的新报的出版，也显示香港报业格局已在逐渐改变，随着大资本的投入和报纸实力的增加，香港报纸的企业化已势在必行。

1997年7月1日香港回归后，香港传媒业进入历史的新纪元，并继续保持着亚洲传媒中心的重要地位。回归前后香港不断有中英文报纸出版，但大多无疾而终，来去匆匆。1999年3月，大众化的《太阳报》问世，该报仿效1995年《苹果报》创刊的策略，以低价打入市场，引发减价大战，经过3个月的恶斗，主要的大众化报纸约投入上亿元来换取市场的占有率。目前大众化报纸的读者占有率有所上升，从过去的不到七成上升到接近八成。

据《香港年鉴》统计，1999年在香港注册出版的本地和外地报纸，日报达到45份，期刊达684份。其中中文报纸26份，英文报纸8份。中文报纸中专门报道香港和世界新闻的19份，另外有3份是财经类报纸，其余的专门报道娱乐新闻。面向香港的中文日报共有13份，传统的左派报纸3份、大众化报纸6份、精英报纸4份，包括2种财经日报、2种综合报纸；英文报2份。这是经过市场不断地整合而形成的格局。

二、香港广播电视、通讯社等

1. 广播事业

香港的广播事业1949年以前是“香港电台”独霸天下的时代，该台从1928年6月开始无线广播，中英文两台同时播出是在10年后。1951年港英政府新闻处公共关系主任负责管理该台，并由政府支付经费，因而长期被认为是官方的喉舌。1980年起，香港电台成为全港第一个全日24小时广播的电台。1949年3月21日，丽的呼声有限公司开始播音，自此打破了香港电台的垄断地位，这是伦敦“丽的呼声”在香港的分支，初期各有1个中、英文台，1956年7月又开设第2个中文台，用粤语、普通话播音。1957年丽的呼声增设有线电视台，称为“丽的映声”，首次进行有线黑白电视播映。当时还不能自制节目，只能播映欧洲电视片的原声带，也没有中文配音。1959年8月，香港商业电台开始播音，加入与香港电台、丽的呼声的角逐。

港英政府直到1990年才开始招标第2个商业电台，当年12月，新城广播电台成为第2家商营电台。1991年7月，新城广播电台正式开播，打破了香港30年来只有2个商营广播电台的局面。新城广播电台定位于“窄播”，以争取特定的听众群为目标，其开播的3个电台为劲歌台、金曲台、新闻台，其中劲歌台是一个纯音乐台，听众多以18至25岁的青年人为主，而新闻台24小时进行英语广播，60万名使用英语的人士是其广播对象。

目前香港共有15个广播电台。其中香港政府开办的“香港电台”占7

个，私营的“商业电台”和“新城电台”各占3个。“香港电台”的主要台和“商业电台”各台都是每天24小时不间断播出节目，从信息、教育、娱乐等方面满足香港各阶层的需要。“新城电台”的特点是中英语并用。还有2个英军广播电台，主要为驻守香港、汶莱和尼泊尔的英军服务。各台每周总共播出2000小时，听众占9岁以上人口3/4左右。

2. 电视事业

香港的电视普及率极高。20世纪90年代以来，香港电视机的家庭普及率已达98%，录像机的家庭普及率超过62%。香港广播事务管理局的调查显示，近年来，香港居民收听收看广播电视的时间平均为每天3.5小时，收看中文商营电视节目仍然是香港家庭每天获取信息和娱乐消闲的主要方式。香港目前有两家享有专利权的私营电视机构，一家是“电视广播有限公司”（简称“无线”），另一家是“亚洲电视有限公司”（简称“亚视”），均设中、英文台各1个，共计4个台，平均每周总共播出560多个小时。香港电视台播出的中文电视节目，特别是“黄金时间”播出的节目，大多数均是自行制作。20世纪70年代以来，“无线”一直雄踞电视市场，收视率一度曾超过八成；近年来，“亚视”奋起直追，其香港台（粤语台）已赢得33%的平均收视率。港府官办的香港电台自1976年起增设电视部，制作时事与公务、教育等电视节目，但没有自设频道播出，而是通过港府立法，指定两家商营电视机构拨出黄金时间播出。

有线电视方面，早在1988年香港政府就批准设立第2个电讯网络，为香港市民提供有线电视和其他非专利电讯服务。但是直到1993年10月，香港的有线电视才启播。九仓有线电视公司（简称“有线电视”）提供约30个电视收费频道。其中有全天播出的粤语新闻台，以按月收费的形式经营；有4个按次收费的电影频道和一个收附加费的电影台（HBO）。此外，“香港电讯”正试验一项“自选录像服务”（VOD），可通过电话线将用户所需的节目直接传送至家中的电视机。

卫星直播电视也发展迅速。1991年，香港和记黄埔集团成立香港卫星电视有限公司（简称“卫视”）。同年8月26日以香港为基地，通过亚洲卫星一号播出5个频道的电视节目，其中4个频道以英语播出，内容以音乐、体育、新闻及综合节目为主，另一个则以普通话播出，节目主要来自祖国大陆、香港、台湾等地区。卫视还与大陆合资创办了凤凰台，专以普通话播出。1994年，香港无线电视台创办了“无线卫星台”（TVBS），以台湾为主要市场，其收视率在台湾电视用户中已达90%。同年底，传讯电视网络公司（简称“传讯电视”）开办“中天”和“大地”2个新闻信息卫星频道，全天播出华语新闻节目。此外，还有卫星广播公司华娱卫星电视台（简称“华娱”），在香港提供免费节目，致力于发展亚太地区“纯粹娱乐、全无新闻”的娱乐电视台。

3. 通讯社

香港的通讯事业由来已久，1949年之后的发展尤为迅速。1951年，香港地区开始实行通讯社登记制度。同年，港英政府通过立法，规定所有的通讯社必须向当时的华民政务司（现名民政司署）登记，香港本地的通讯社是在1952年后发展起来的。1952年5月至7月间，金融通讯社、中联通讯社、华联通讯社、自联通讯社、泛亚通讯社、新亚通讯社、中国通讯社、时代新闻社、国际通讯社、大众通讯社、大陆通讯社11家香港本地的通讯社根据香港的法律登记正式成立。至1975年发展到了32家。以后，数量的多少起伏很大。这些通讯社中，稍具规模的只有“泛亚”、“新亚”、“中国”、“时代”、“国际”、“大众”等。其他的旋办旋停，寿命很短。特别是港英政府成立新闻处后，本地通讯社的重要性降低，因新闻处发布的新闻时效性强，比本地通讯社的新闻稿速度快捷，而且方便得多。

由于历史上、地理上、政治上和经济上等多方面因素，香港长期是中外信息沟通、东西方文化交流、海峡两岸新闻集散乃至形形色色思想交锋和信息交换的通都大邑。正是由于这种独特地位，随着自由港和金融中心的发展，香港也成为国际信息中心。香港有120多家外国新闻传播机构，其中包括西方的主要通讯社、报社等都在香港设立亚太地区总部或分社，派驻记者，以香港为基地从事收集和传播新闻信息的业务。美联社、合众社、路透社、法新社、时事社和共同社等均在香港设有分社或支社。路透社的香港亚太地区总部利用香港与伦敦间的时间差，在伦敦时间的夜间，代替伦敦总部向全球发稿。新华社、中国新闻社和台湾的“中央社”等都在香港有分支机构或记者，并向香港发稿。香港当地还有几家小规模的通讯社，专门采写本港新闻。其中，新亚通讯社专门采写法庭消息。

三、香港新闻媒介的管理

作为香港资本主义体制重要组成部分的香港新闻传播媒介，其基本运作方式以崇尚资本主义新闻自由的观念与实践为主。这种新闻自由是香港社会普遍认同的一项基本权利。但是，香港新闻传播媒介享有的新闻自由并不是绝对的自由，它是在港英政府立法“严苛”的环境中，在立法之外，港英政府对新闻媒介还实行着某些直接或间接的管理和影响下的一种自由。

1. 法制管理

据香港传播法学者梁伟贤的统计，香港沿用的法律中，直接与大众传播媒介有关的有30余项。其中主要法律约7项，包括《本地报刊注册条例》、《书籍注册条例》、《电讯条例》、《电视条例》、《电影检查条例》、《管制淫亵及不雅物品条例》及《广播事务管理局条例》等。次要法律20余项，如《诽谤条例》、《消防条例》等，虽不直接针对大众传播媒介，但却直接影响媒介机构的运作。此外，香港不少法律中的某些条款与媒介机构的运作或言论、新闻自由有关，如《商标条例》等。

从以上颁布的法律法规可以看出，港英政府对大众传媒的立法是相当苛严的。正如香港的一位法律学者所指出的，“只要政府需要的话，随时可以引用现存法律中的一系列规定”。为了适应新的情况和更巧妙地控制新闻媒体，20世纪60年代后期起至今港英政府对传媒的管理法律作了修订。1986年以来，港府采取了媒介“监管自由化”的政策。1997年3月，港府正式废除了久被香港新闻媒介诟病的《刊物管制综合条例》；1988年撤销了《公安条例》中易被滥用的“虚假消息”条款等。

2. 行政管理

港英政府对新闻媒介的行政管理集中表现在电子传媒上。电台、电视台的业务仍要经过港督会同行政局批准。港府的影视及娱乐事务管理处实行对广播事务的监管。港府广播署管辖香港电台。至于对印刷媒介的管理，按照西方社会的新闻自由原则，港府一般无法直接干预，主要通过有关机构和港府新闻处，加强同新闻媒介的联系，从而间接施加影响。港府新闻处创办于二次世界大战之后，原名公共关系办事处，1959年改为现名。下设新闻科、公共关系科、外调事务科和宣传科。其主要任务就是通过新闻媒介，推介港府政策；了解舆情，供港府决策参考；向海外推出香港形象。新闻处注意同各传媒机构保持良好的关系，必要时通过有选择地向个别传媒机构提供独家新闻、开吹风会等形式，影响媒介，引导舆论。

3. 行业自律

除了香港现行的法律和行政监管体制，香港的新闻媒介还在行业自律下进行运作。某些香港新闻媒介存在着新闻报道中滥用新闻自由权利的现象，如从对影视明星的流言蜚语、探隐揭秘到对政治人物的歪曲影射乃至人身攻击；从新闻报道中的细节失实到夸大其词、捕风捉影乃至凭空虚构等，都时有发生。这些现象的发生，有的是无意的，有的则是有意的；有的可以通过法律或行政手段来解决，很多则无法指望单靠法律或行政手段来解决。为此香港当局曾在

1984 年底提出要成立一个类似英国新闻评议会的报业自律组织，来监察新闻报道，维护职业道德，但因响应者寥寥而搁浅。因此，香港新闻媒介防止新闻自由权利的滥用，还得靠各媒介机构的新闻职业道德自律。目前，虽然香港新闻媒介机构尚未形成普遍接受的职业道德准则，但其基本内容还是清楚的：新闻报道应该真实、准确、客观、全面、公正，不得歪曲、隐瞒、虚构事实；新闻报道要考虑传统道德、社会风化等因素。当然，许多严肃的香港新闻媒介机构还是享有良好的职业道德准则和专业标准的，它们的职业工作在香港市民和国际社会中享有良好的声誉。

第三节　澳门新闻事业

一、报刊

澳门在历史上是我国最早的对外开放的门户之一，其报业发展有长达 170 余年的悠久历史，这段历史大致可分为 3 个阶段：

1. 第一阶段 1822—1899 年

1822 年 9 月，在澳门创刊了我国境内的首家外文报纸，这就是葡文的《蜜蜂华报》。此后，澳门出现了一个葡文报的短暂勃兴时期。从 1822 年到 1839 年之间澳门出现的葡文报纸达 8 种之多。1839 年，林则徐作为钦差大臣到广东禁烟时，曾派人到澳门搜集外文报刊，翻译出版《澳门新闻纸》，其资料来源主要是《广州周报》和《广州纪事报》，这两种英文报刊原来在广州出版，1839 年迁至澳门。这一阶段最有影响的中文报纸要属《镜海丛报》和《知新报》。《镜海丛报》是孙中山先生参与创办的一份周报。该报是资产阶级革命派创办最早的报纸之一，它于 1893 年至 1895 年出版。《知新报》创办于 1897 年 2 月，是维新派创办较早、出版最长的一种报刊。在何廷光及康有为的弟弟康广仁的努力下，它在维新变法的鼓吹中发挥了很大的作用。

2. 第二阶段：1900—1949 年

这一阶段主要有 3 家中文报和 1 家葡文报。它们分别是：《大众报》，1933 年创刊，陈天心创办，1948 年由蔡凌霜接办。该报除在 20 世纪 40 年代曾因经济原因短期停刊外，一直坚持出版到现在，是澳门现存最早的中文报纸。《华侨报》，1937 年创刊，是由香港华侨日报社社长岑维休委派赵斑斓到澳门创办的。该报和《大众报》一起，在抗日战争中积极宣传抗日救亡思想，起到了很好的作用。《市民日报》，1944 年由何曼公创办。《号角报》，1947 年创刊，是澳门天主教会创办的一份葡文周报。该报以宣传天主教义为主，对澳门大事也时有批评。

3. 第三阶段：1950 年至今

在这一阶段，除上述 4 家报刊延续出版至今外，《澳门日报》的问世无疑是澳门报业史上的一个里程碑。新中国成立后，澳门的一些爱国人士积极筹办新的报纸。1950 年 3 月，澳门知名新闻工作者张阳创办了拥护新中国、坚持祖国统一立场的《新园地》旬刊，后改周刊。1958 年 8 月 15 日，又在《新园地》的基础上创办了《澳门日报》。目前《澳门日报》是澳门规模最大、销售最广的报纸，发行量约占澳门中文报纸的七成到八成，在澳门具有很大的社会影响力。该报电讯稿以新华社和中新社为主。现任社长为李成俊。《华侨报》在 1969 年改由赵斑斓独资经营，与香港《华侨日报》完全脱离关系。现任社长是赵斑斓之子赵汝能。该报电讯稿以美联社为主，一般不发表言论。目前发行量在澳门位居第二。《大众报》在 1982 年增出葡文版，成为澳门目前唯一同时用中、葡文双语出版的报纸。1983 年设立“珠海特区版”，在报道特区建设成就上很有特色。1973 年到 1994 年该报的社长为蔡凌霜之子蔡克铭。1994 年蔡克铭病逝后，由黄宇光担任社长。其发行量目前居澳门第三。澳门的其他中文报纸还有《星报》（日报，1963 年创刊）、《正报》（日报，1978 年创刊）、《现代澳门日报》（日报，1991 年创刊），葡文报纸除《号角报》外，还有《澳门人报》（日报，1963 年创刊）、《澳门晚报》日报，1982 年创刊）、《澳门论坛报》（周报，1982 年创刊；另出中文版）、《澳门商业报》（周报，1987 年创刊）。澳门的外文报刊发行量都很小，每期不过发行数百份，所有报纸加起来也只有 2000 多份。

澳门报业虽然有着悠久的历史，但其发展的速度一直相对较慢。在内地、香港、台湾报纸的夹击之下，澳门报业一度举步维艰。目前，香港报纸每天都有万余份销往澳门，内地和台湾的报纸也有一部分涌入澳门。这对在夹缝中生存的澳门报业是一个严峻的考验。不过以 20 世纪 70 年代末中葡建交为分界，报业的发展有了明显的变化，报纸的种数增加，内容亦有大的提升。特别是 1999 年 12 月 20 日澳门回归祖国后，政府希望澳门传媒能够淡化香港传媒一直以来的强势影响，开拓独立的市场空间，获得更多的发展机会。

二、广播电台、通讯社

1. 回归前澳门的广播电视事业状况

澳门的无线电广播事业已有 60 多年的历史。澳门电台是澳门最早的无线电广播电台，于1933年8月26日开播，每晚9点至11点用葡萄牙语播放新闻和音乐。1948年，澳门电台成为官方电台，隶属于澳门政府新闻旅游处，1962年由邮电厅负责主办，1980年2月至1981年一度由葡萄牙广播公司管理。除官方电台外，土生葡萄牙人保罗于1950年创办了绿村商业广播电台，最初只播放音乐，到1964年开始用粤语广播商业新闻。1981年，该台改由澳门商业广播（香港）有限公司经营，每天播出时间为早晨7时至晚上12时。澳门广播电台于1982年组成澳门广播电视公司（“澳广视”），分为中文台和葡文台两部分，并增添新闻广播。澳门的电视事业起步较晚，1984年5月13日正式开播。澳门电视台属官办，创建初每周只播40小时，仅覆盖本地。1988年月“澳广视”转为私营；1989年，该台进行改革：接收私人股份，延长播放时间，推出新节目，现场直播在澳门举行的一些大型活动；1990年9月17日，该电视台设中文和葡文两个频道分别播放中文和葡文节目。

2. 回归后澳门广播电视事业的发展

回归后，澳门广播电视业获得了与两岸三地以及海内外更多的交流和合作机会，得到较大的发展。至今，澳门已成为一个以有线电视和卫星电视为主的广播电视事业较发达的城市。2000年3月22日，绿村广播电台重新开播，节目内容更加丰富，除时事新闻外，还有音乐、体育及赛狗节目，而且覆盖面扩展到香港和珠江三角洲地区。考虑到澳门仍有部分葡语听众，该台在每天的播音中设置8小时的葡文节目。回归后，作为官方交流平台的澳门广播中文台逐渐向年轻化及本土化靠近，以吸引本地听众。澳门电台在2005年6月进行节目大改革，根据本地听众口味，推出更多新型节目，如鼓励创意的比赛《新声大激赏》，借此吸引年轻听众。2000年7月8日，澳门有线电视正式开播，该台由中、葡、澳三方投资4.5亿元成立。前期，该台通过微波传送，提供40余个中、英、葡语频道，而且该台以转播为主，不播放自制节目。澳门有线电视的成立，使澳门居民有了更多的频道选择，而且各个语种、各种类型的频道的推出也标志着该台逐渐向分众化和细分化转变，有助于澳门居民收看到更多高质量的节目。

1999年7月，澳门卫视成立。该台由宇宙卫视经营。经过两年的发展，该台已从一个小电视台发展成为拥有6个频道，全天24小时播放的卫星台，包括旅游台、生活台、五星台、澳亚台、财经台和卡通台，共约50套节目。其中五星台和澳亚台已分别获得中国大陆落地许可。澳门卫视以澳门为据点，覆盖包括两岸三地、澳洲、日本、韩国及北美的广大地区，已经粗具国际性传媒的规模。

2002年6月1日起，澳门卫视的6个频道进行转星播放，覆盖范围增加到30多个国家和地区。“澳门卫视国际商务台（即莲花卫视）于10月29日在澳门正式开播。莲花卫视是澳门卫视全新的商务频道，以商务、财政类资讯为频道定位，关注商人、商机、商情等。”莲花卫视通过亚洲二号通讯卫星，覆盖以亚太地区为主的全球53个国家和地区，节目24小时滚动播放。

2001年7月24日，澳门东亚卫视模拟试播，2002年初正式开播。该台由香港丰德丽投资建立。开播初期，东亚卫视的节目主要由香港的亚洲电视提供。东亚卫视覆盖包括中国、日本、韩国、南亚以及俄罗斯和澳洲在内的广大地区。该台的观众主要为华人，设两个频道：一个以年轻消费者为对象的频道，以推动优质生活为主；另一个以资讯为主，并在2001年获得内地的有线落地权。除经营卫星电视，东亚卫视获准兴建了一座东亚卫视影城，每年可制作约5000小时节目，供东亚卫视播放。

2001年11月10日，亚洲联合卫星电视（UTV）正式开播，UTV是由中、台、港、澳四地联合创办的卫星电视台。该台总部设在澳门，业务中心设在北京，已取得中国大陆落地权，主要向亚洲地区华人提供新闻、娱乐、资讯服务等多方面的节目。该台注重与海内外国家和地区合作，交换和购买节目资源，这包括日韩及两岸三地的新闻资源、电视剧和娱乐节目、著名电影影库以及一些纪录片和专题报道。

2004年6月，CBN（中国商务网）卫视在澳门正式开播，CBN卫视由金燕国际传媒投资建立，以播放经贸节目为主。该卫视总部设于澳门，在北京、上海、成都、广州和香港设有办事处。除经营卫星电视主业，CBN卫视也从事新闻采访、节目制作和广告策划等服务。把澳门作为连接中国和海内外的纽带，金燕传媒致力于将CBN卫视打造成一个具有电视媒介和商务服务双重作用的平台。该卫视覆盖全球53个国家和地区，而且节目已获得在新加坡、泰国和马来西亚等东南亚国家的落地权。2004年下半年开始，该卫视还取得了在亚洲及北美部分地区的落地许可。

综上所述，澳门广播电视业的一个显著特点就是卫星电视业务比较发达。特区政府为推动澳门传播事业，多次强调要对外开放卫星电视业务。卫星电视的发展不仅能增加收入和就业岗位，而且能提高澳门的国际形象，使澳门居民有更多渠道接收外界的信息，创造一个自由民主的信息环境。另外，澳门广播电视业存在着公营和私营并存、本地和外地多方资本并存的局面，这也是其特点之一。

3. 通讯社

澳门最具规模的国外通讯社是葡萄牙通讯社澳门分社，于1988年设立，用中、葡、英3种文字发稿。1989年该通讯社又将澳门分社改组为亚太区总分社，下辖澳门、香港、北京3个分社。此外一些通讯社在澳门派有驻地记者。澳门本地有5家通讯社，即澳门通讯社、时事新闻社、宇宙新闻社、金星通讯社和时代通讯社，负责向相关报纸提供“狗经”和社会新闻，它们的规模很小，无法和国外的通讯社形成竞争。实际上担负澳门新闻通讯社任务的是澳门日报社，该报社从香港租用两条新闻专线，通过卫星直接接收新华社和外国主要通讯社的新闻，共本地其他报纸选用。1987年，新华社在澳门设立分社。

整体而言，无论报纸、广播、电视，澳门居民每天都可以自由阅读本地、香港、台湾以及内地和世界各地的新闻信息和电视节目。澳门的新闻事业虽然发展有限，但仍是一个新闻事业比较发达的城市。澳门新闻事业的本地化以及国际化经验值得借鉴。

思考题

1. 什么是台湾的“报禁”？评述台湾“报禁”的实质。
2. 香港是如何对新闻媒介进行管理的？
3. 澳门的新闻事业经历了哪几个阶段？

主要参考文献

[1] 方汉奇．中国新闻事业通史［M］．第1卷．北京：中国人民大学出版社，1992.

[2] 方汉奇．中国新闻事业通史［M］．第2卷．北京：中国人民大学出版社，1996.

[3] 方汉奇．中国新闻事业通史［M］．第3卷．北京：中国人民大学出版社，1999.

[4] 吴廷俊．中国新闻史新修［M］．上海：复旦大学出版社，2008.

[5] 黄瑚．中国新闻事业发展史［M］．上海：复旦大学出版社，2001.

[6] 刘家林．中国新闻通史［M］．上．武汉：武汉大学出版社，1995.

[7] 方汉奇．中国新闻传播史［M］．北京：中国人民大学出版社，2002.

[8] 张之华．中国新闻事业史文选［C］．北京：中国人民大学出版社，1999.

[9] 戈公振．中国报学史［M］．上海：上海古籍出版社，2003.

[10] 丁淦林．中国新闻事业史新编［M］．成都：四川人民出版社，1998.

[11] 丁淦林，张之华．中国新闻事业史［M］．北京：中国人民大学出版社，1995.

[12] 方晓红．中国新闻史［M］．南京：南京师范大学出版社，2007.

[13] 陈玉申．晚清报业史［M］．济南：山东画报出版社，2003.

[14] 蔡铭泽．中国国民党党报历史研究［M］．北京：团结出版社，1988.

[15] 王韬．漫游随录［C］．长沙：湖南人民出版社，1982.

[16] 王韬．弢园文录外编［C］．郑州：中州古籍出版社，1998.

[17] 中国史学会编．戊戌变法［M］．上海：神州国光社，1953.

[18]《新闻界人物》编辑委员会．新闻界人物（1）[C]．北京：新华出版社，1983.

[19] 谭嗣同．谭嗣同全集 [C]．上．北京：中华书局，1981.

[20] 曾宪明．中国百年报人之路 [M]．呼和浩特：远方出版社，2003.

[21] 白杰飞．清末我国新闻立法研究 [D]．太原：山西大学新闻系，2007.

[22] 中山大学中国近代现代教研组．林则徐集·奏稿 [C]．中卷．北京：中华书局，1965.

[23] 梁启超．饮冰室合集·文集 [C]．北京：中华书局，1996.

[24] 中国社科院近代史研究所近代史资料编辑部．近代史资料 [C]．北京：中国社科院出版社，1979（2）.

[25] 方汉奇，张之华．中国新闻事业简史 [M]．北京：中国人民大学出版社，2001.

[26] 张静庐．中国现代出版史料 [M]．北京：中华书局出版社，1959.

[27] 王文彬．中国报刊的副刊 [M]．北京：中国文史出版社，1988.

[28] 陶菊隐．记者生活三十年 [M]．北京：中华书局，1984.

[29] 孙宏．新记大公报对早期编辑权和经营权两者关系的处理 [J]，新闻实践，2002（12）.

[30] 傅国涌．大公报三巨子——纪念〈大公报〉创立100周年 [J]，世纪中国，2002（6）.

[31] 王文彬．中国现代报史资料汇辑 [C]．重庆：重庆出版社，1996.

[32] 唐志宏．报业集团与媒体知识分子——以成舍我"世界"报系为例 [R]．世界华人传播学学术研讨会：中国西部与全球化，2008-11-26.

[33] 哈艳秋．简论旧中国对广播的研究 [J]．北京广播学院学报，1993（3）.

[34] 金耀云．长征途中的〈红星报〉[J]．新闻研究资料，1979（1）.

[35] 马荫良．回忆陶行知与〈申报〉[J]．上海新闻学会通讯，1986（16）.

[36] 姚福申．四社：旧中国报业集团化经营的一次尝试 [J]．新闻大学，1997（4）.

[37] 曾虚白．中国新闻史 [M]．台湾三民书局，1989.

[38] 严帆．中央革命根据地新闻出版史 [M]．南昌：江西高校出版社，1991.

[39] 刘哲民．近现代出版新闻法规汇编［C］．上海：学林出版社，1992．

[40] 新华日报报志［Z］．http：//zl. xhby. net/system/2008/01/03/010178833. shtml，新华报业网，2008-1-3．

[41] 钟紫．澳门的新闻传播事业［J］．暨南学报，1990（2）．

[42] 李亚．澳门广播电视事业一览［J］．声屏世界，2008（4）．

[43] 柳旭东．澳门传媒业概览［J］．新闻知识，1999（12）．

[44] 钟紫．香港的新闻传播事业［J］．暨南学报（哲学社会科学版），1997（4）．

[45] 宁树藩．十九世纪香港报业概述［J］．新闻大学，1997．

[46] 陈昌凤．香港报业五十年［J］．新闻爱好者，1997（6）．

[47] 明安香．香港的报业：社会多棱镜——香港新闻传播纵览之二［J］．新闻战线，1997（4）．

[48] 明安香．香港新闻媒介的管理与运作——香港新闻传播纵览之四［J］．新闻战线，1997（6）．

[49] 明安香．异彩纷呈的香港大众传播事业——香港新闻传播纵览之一［J］．新闻战线，1997（3）．

[50] 明安香．荧屏争辉电波劲——香港新闻传播纵览之三［J］．新闻战线，1997（5）．

[51] 谢骏．香港的社会文化背景与新闻传播事业的特点［J］．中国社会科学研究院学报，1996（1）．

[52] 钟期荣．香港新闻传播的特色与展望［J］．新闻记者，1997（6）．

后　记

本书系普通高等学校新闻传播学应用型系列教材之一，是为普通高校新闻传播系本科生了解我国新闻事业发展历史，进一步探讨我国新闻传播活动规律提供的一个基础性蓝本。

本书概括地叙述了从古代到20世纪末中国新闻事业发展的历史，向读者提供了中国新闻事业演变历程的基本知识。先秦的口头传播、秦汉的文字传播是中国新闻传播活动的历史渊源；唐代进奏院状的出现和宋代小报的兴起，及其至清末的发展演变，是中国古代新闻事业以官方邸报和民间小报两种形态存续千年的历史；中国近代新闻事业以外国人在华办报作为开端，带动了国人自办报纸，国人办报又在维新变法、辛亥革命、五四运动等社会变革运动中得到了极大推进，这一阶段后期出现了通讯社这一新的媒体形态；进入现代中国社会，政党新闻事业和民间新闻事业并驾齐驱，在新闻理念和新闻业务上有了极大的革新，并出现了广播这一新的媒体形态。1949年新中国成立后，伴随着民族国家的成长，大陆新闻事业在曲折中前进，改革开放后得到前所未有的发展。港澳台新闻事业在特殊的历史背景和文化环境下各自有着不同的发展轨迹，提供了我国新闻事业发展的另一些经验。

本书注重社会历史对新闻事业的影响，将新闻事业发展轨迹置于社会历史变化的线索之中加以梳理，以便于学生掌握中国新闻事业发展的大致脉络。对于新闻活动和新闻经验的叙述，主要选择那些被学界公认的史实加以突出，同时注意吸收新见，评价力求中肯简要。总之，为学生的“学”和教师的“教”提供一个线索清晰简明的中国新闻事业史蓝本是本书编写的重要目的。当然，在撰写过程中仍难免有不尽如人意的地方，我们恳请读者给予批评和指正。

本教材由彭红燕负责全面规划，制定编写原则和细目，审读、修订、校对全部文稿。五位高校新闻学专业的教师承担了教材各部分的撰稿任务，具体分工如下：

范兴昕：第一、四章。

姜小凌：第二、三、十章。

吴鸿芳：第五、六章。

彭红燕：第七、八、九章。

李　明：第十一、十二章。

要特别感谢武汉大学出版社的易瑛编辑，正是在她的敦促和支持下，本书才得以顺利出版，她对工作的认真、执著和耐心给人留下了深刻印象。

编　者

2011 年 3 月 30 日